JN290391

ポスト・ケインジアン叢書

30

アメリカ金融システムの転換

21世紀に公正と効率を求めて

編 ディムスキ
　エプシュタイン
　ポーリン

監訳 原田善教

日本経済評論社

Transforming the U.S. Financial System:
Equity and Efficiency for the 21st Century
Edited by Gary A. Dymski, Gerald Eqstein and Robert Pollin
Copyright © 1993 by M.E. Sharpe, Inc.

Japanese translation rights arranged
with M.E. Sharpe Inc., New York
through Tuttle-Mori Agency Inc., Tokyo

目　次

図 表 一 覧　　　　　　　　　　　　　　　　　　　　　xiii
凡　　例　　　　　　　　　　　　　　　　　　　　　　xv

日本語版への序文 ……………ディムスキ/エプシュタイン/ポーリン　1

  1. クリントン政権のマクロ経済政策と金融監督政策　　1
  2. クリントン政権下での金融市場の動向　　3
  3. 株式市場ブームの原因　　5
    (1) 金融規制緩和　7
    (2) 不平等の拡大と収益性の上昇　7
    (3) アメリカの資産保有パターンの変化　8
    (4) 外国の資産保有パターンの変化　8
    (5) 熟練した連邦準備政策　9

第1章　序　　論 ……………ディムスキ/エプシュタイン/ポーリン　13

  1. 問題の所在　　15
  2. 金 融 政 策　　19
  3. 銀行業と金融規制　　24
  4. 金融市場と生産的投資　　33
  5. 結　　論　　37

第1部　金融政策と金利

第2章　金融政策と金融構造，投資 ……………ファザーリ　41

1. はじめに：いくつかの広汎なテーマ	41
2. 今まで以上の大量投資が必要か	45
3. 我々は投資の決定について何を知っているか	48
(1) 資本コストと新古典派投資モデル　48	
(2) 販売高と加速度原理　50	
(3) 金融と投資　53	
4. 投資の決定要因についての実証的証拠	58
(1) 動機づけとデータ　58	
(2) 企業の異質性　60	
(3) 回帰分析の結果　62	
5. 政策的含意	66

第3章　1990年代の金融政策
公正と成長に対する障害を克服するために　……………エプシュタイン　74

1. はじめに	74
2. 金融政策の有効性	78
3. インフレ制約	87
4. 対外制約	94
5. 国内金融制約	102
6. 金融政策についての政治制約，対外制約，金融制約との対決	104
7. 結論	108

第2部　銀行・金融規制

第4章　アメリカの金融構造の再構築
競争条件の平等化と社会契約の更新　………………………ディムスキ　117

1. 商業銀行の窮状と不適切な改革	117
銀行の規制緩和を越えて：金融改革　118	

　　　　　　　　　目　　次　　　　　　vii

　2.　金融構造の構成要素と機能　　　　　　　　　　　　　120
　　　金融構造の機能とは何か　121
　3.　旧来のアメリカの金融構造の設計と衰退　　　　　　　123
　　　(1)　銀行と社会契約　124
　　　(2)　旧来の金融構造の衰退　125
　4.　銀行規制と金融改革へのフリーマーケット・アプローチ　128
　　　財務省案　130
　5.　「ナロウバンク」とリスクの構造的軽減　　　　　　　132
　6.　フリーマーケットの論理の陥穽：より突っ込んだ批判　136
　　　(1)　多くの業務を行う大銀行が成功する銀行ではない　137
　　　(2)　アメリカの銀行の大規模化はアメリカの競争力を高めない　140
　　　(3)　信用市場は公共財の性格をもつ（スピルオーバー効果）　141
　7.　結論：競争条件の平等化と社会契約の更新　　　　　　143
　　　(1)　金融改革へのオルタナティブ・アプローチ　144
　　　(2)　競争条件の平等化　145
　　　(3)　社会契約の更新　149
　　　(4)　おわりに　154

第5章　金融システムの進化と改革の可能性…………ウォルフソン　159

　1.　はじめに　　　　　　　　　　　　　　　　　　　　　159
　2.　戦後の金融システム　　　　　　　　　　　　　　　　160
　　　(1)　政府の保護　160
　　　(2)　競争の制限　161
　　　(3)　初期条件の重要性　161
　3.　戦後金融システムの困難性の増大　　　　　　　　　　163
　　　(1)　条件変化と問題の増加　163
　　　(2)　競争制限の侵食　164
　4.　戦後金融システムの再構築に向けて　　　　　　　　　166

　　　　(1) 競争障壁の部分的な崩壊　166
　　　　(2) 政府の保護の増大　169
　　5. 銀行システムの現況　　　　　　　　　　　　　　171
　　　　(1) 財務状態の悪化の継続　172
　　　　(2) 経済条件　174
　　6. 改革の枠組み　　　　　　　　　　　　　　　　　174
　　　　(1) フリーマーケット・アプローチ　174
　　　　(2) S&Lの破綻からの教訓　176
　　　　(3) 公的規制アプローチ　178
　　7. 公的規制の目標　　　　　　　　　　　　　　　　180
　　　　(1) 限定された目標を達成するための公的規制の利用　180
　　　　(2) 多様な課題　181
　　8. 公的規制のメカニズム　　　　　　　　　　　　　183
　　　　(1) 安全性と健全性の規制　183
　　　　(2) 資産規制　184
　　　　(3) 公的投資　185
　　　　(4) 民主主義の必要性　185

第6章　パラレル・バンキング・システム
　　　　　　　　　　………………ダリスタ/シュレジンガー　189

　　1. はじめに　　　　　　　　　　　　　　　　　　　189
　　2. パラレル・バンキング・システムの進展　　　　　196
　　3. パラレル・バンキング・システムを促進する銀行の役割　203
　　4. ファイナンス・カンパニーの構造と経営　　　　　208
　　5. ファイナンス・カンパニーが直面する諸問題　　　213
　　6. 公共政策の重要性　　　　　　　　　　　　　　　219
　　　　(1) 金融政策の実行と最後の貸し手機能の遂行　219
　　　　(2) 説明責任と投資家保護　221

(3) ファイアウォールの欠如　223
　　(4) ポートフォリオの多様化　224
　　(5) 集中と非競争的な慣行　225
　7. 統一的な規制の必要性　228
　　(1) パラレル・バンキング・システムを免許制にする提案　229
　　(2) どういった機関が免許制となるべきか　230
　　(3) 免許制はどういった形態となるべきか　231
　　(4) 免許制にはいかなる公的な義務があるか　232
　　(5) 免許の規定には，どのような健全性規制が含まれるべきか　232
　　(6) 誰が認可と規制を行うのか　234

第7章　もはや銀行救済は必要ない
　　　　預金保険改革に関する提案 ……………………………ダリスタ　239

第8章　銀行と地域社会，公共政策……………………………キャンペン　242

　1. はじめに　242
　2. 地域再投資政策の目的　245
　3. 地域社会のニーズに銀行は応えているか？　247
　　(1) モーゲージ貸出　248
　　(2) 銀行サービス　250
　　(3) 地域社会の経済開発のための融資　251
　　(4) 情報開示とデータの利用可能性　253
　4. 状況のひどさを理解しよう：その原因とメカニズム　254
　　(1) 収益性の高い事業機会を開拓できないこと　255
　　(2) 人種差別　257
　　(3) 監督当局の失敗　261
　　(4) 金融改革と規制緩和　262
　　(5) 個々の銀行が制御できない要因　264

5. 地域再投資政策の課題　　　　　　　　　　　　　　　　　265
    (1) 人種差別との闘い　268
    (2) 基本的銀行サービス　269
    (3) CRA 検査と評価の過程の改善　269
    (4) CRA 実績を改善するためのインセンティブ　271
    (5) 情報開示の拡大　272
    (6) む　す　び　273

第3部　金融市場と生産的投資

第9章　アメリカ金融市場は信用を効率的に配分したか
1980年代の企業リストラについて…クロッティ/ゴールドシュタイン　279

  1. はじめに　　　　　　　　　　　　　　　　　　　　　　279
  2. 1980年代の合併・買収からの株式プレミアム：投機か効率性か　　　　　　　　　　　　　　　　　　　　　　　　283
    (1) 買収プレミアムの源泉：理論　283
    (2) 買収プレミアムの源泉：経験的証拠　290
  3. 合併ブームのコストとは何か　　　　　　　　　　　　　294
    (1) 人 的 問 題　294
    (2) 合併負債の長期的な重荷：投資とR&Dの不安定性　299
    (3) 負債依存と長期投資，R&D支出：理論　302
    (4) 負債依存と長期投資，R&D支出：経験的証拠　305
  4. 結論と政策的含意　　　　　　　　　　　　　　　　　310

第10章　年金基金と資本市場，経済の将来展望
………………バーバー/ギラドゥーチ　321

  1. 概観：年金基金と経済の将来展望　　　　　　　　　　321
  2. 年金基金の構造と管理　　　　　　　　　　　　　　　328

(1) 年金制度の類型　328
　　　(2) 年金資産の管理　330
　　　(3) 年金基金の投資に関する基本的な問題　331
　　　(4) アメリカ資本市場における年金基金の概観　335
　　3. 経済的・社会的な投資責任に関する議論　337
　　　(1) 経済目標設定投資（ETI）の発展　337
　　　(2) 経済目標設定投資の現状　340
　　　(3) ETIへの批判　343
　　4. 長期投資戦略の奨励政策　347
　　　(1) 年金基金のための産業政策と資本市場政策　347
　　　(2) 長期投資を奨励し投機を抑制する租税政策への転換と規制　349
　　　(3) 年金加入者のライフサイクル全体を見通した年金投資の規制枠組みの採用　352
　　　(4) ETIの促進と長期投資のための新しい手段と仲介機関の創設　353
　　　(5) 加入者の共同代表を命じる法律の制定　356
　　5. 結論：我々自身のために投資する　357

第11章　連邦準備による公的な信用配分
　　　なぜ必要か，どうすべきか………………………ポーリン　363

　　1. はじめに　363
　　2. 金融システムの機能不全　366
　　　(1) 金融不安定性　366
　　　(2) 短期志向　368
　　　(3) 説明責任の欠如　370
　　　(4) 政策の無力性　372
　　　(5) 構造変化のための信用政策　374
　　3. 公的な信用配分政策の手段　375
　　　(1) 民主化　378

(2) 割引窓口による準備供給の強化　379
　　　(3) 資産に対する必要準備率　381
　　　(4) その他の信用配分手段　384
　　4. 信用配分政策の経験　　　　　　　　　　　　　　　　385
　　　(1) 日　　本　387
　　　(2) フランス　389
　　　(3) 韓　　国　390
　　5. 本当に機能したか？　　　　　　　　　　　　　　　　392
　　6. 進化的転換　　　　　　　　　　　　　　　　　　　　396

参考文献　　　　　　　　　　　　　　　　　　　　　　　403
訳者あとがき　　　　　　　　　　　　　　　　　　　　　435
索　　引　　　　　　　　　　　　　　　　　　　　　　　440

図 表 一 覧

【表】

- 表 2.1　名目金利
- 表 2.2　販売高伸び率別サンプル企業の特徴
- 表 2.3　投資・資本比率における投資決定要因の影響度の回帰分析の結果（販売高伸び率別）
- 表 2.4　投資決定要因の変化から生じた投資の変化率
- 表 3.1　フェデラル・ファンド・レートの1%の下落が実質GNPに与える影響についてのMPSモデル・シミュレーション（伝達経路別）
- 表 3.2　金融緩和政策に対する制約と障害
- 表 3.3　オルタナティブな金融構造と中央銀行構造をもつ改革
- 表 3.4　金融構造の各国比較
- 表 3.5　オルタナティブな政策枠組みの下で，インフレ制約，対外制約，金融制約に対処するための戦略
- 表 5.1　銀行システムの制度的枠組み
- 表 6.1　代表的なファイナンス・カンパニーの規制された関連金融機関
- 表 6.2　短期金融市場投資信託（MMMF）の資産
- 表 6.3　国内非金融部門による信用市場債務残高に占める代表的金融仲介機関の総資産の比率
- 表 6.4　国内免許の商業銀行とファイナンス・カンパニーの資産残高
- 表 6.5　国内のファイナンス・カンパニーによって発行されたCP残高の変化と国内免許の商業銀行の貯蓄預金・定期預金残高の変化
- 表 6.6　CP発行残高
- 表 6.7　国内ファイナンス・カンパニーの資産，負債の主要項目
- 表 6.8　家計と非金融企業による信用市場債務残高
- 表 6.9　主要ファイナンス・カンパニーによるCP発行
- 表 6.10　代表的なファイナンス・カンパニーへの銀行の信用保証
- 表 6.11　資産規模別上位12社のノンバンク・ファイナンス・カンパニー

表 6.12　General Electric Capital Corporation の連結バランスシートの主要項目
表 6.13　Chrysler Financial Corporation の短期負債
表 6.14　Westinghouse Credit Corporation に 60 億ドルの信用保証を行った銀行
表 10.1　金融部門別の資産額
表 10.2　金融部門別の資産構成比
表 11.1　アメリカ政府の信用配分
表 11.2　1985 会計年度における主要政策分野別連邦政府貸出

【図】

図 2.1　純非住宅投資
図 3.1　実質長短金利（フェデラル・ファンド・レート，AAA 格債券金利－インフレ率），1955-92 年
図 3.2　フェデラル・ファンド・レートおよびそれと 10 年物財務省証券金利との格差
図 3.3　米独短期金利格差，ドルの対ドイツ・マルク相場
図 3.4　2 つの拡張期（1976-79 年，1990-92 年）におけるドルの対ドイツ・マルク相場
図 3.5　米独インフレ格差，1974-92 年
図 11.1　負債比率と金利，1961-90 年

凡　例

1. 本文中の原著者注は［　］で，訳注は〔　〕で表している．
2. 本文中の人名，企業名等は，わが国で通例通例使用されている表記を使用したが，発音の相違が著しい場合には別の表記を用いた．
3. 引用された著者，著書，論文名は既訳のものについては，訳出されたものをできる限り使用した．引用は，既訳のものについては，訳書を参照したが，文体等を考慮して必ずしも訳書から忠実に引用していない．なお，邦訳書については，巻末の参考文献で明示しておいた．
4. 節や項には便宜上通し番号を付した．

日本語版への序文

ディムスキ/エプシュタイン/ポーリン

　我々は『アメリカ金融システムの転換』が邦訳されることを大いに歓迎する．本書の初版以来約10年が経過したが，そこで我々が提起した問題——アメリカ金融システムの不安定性と不平等性という問題と公正で安定的な金融システムを創出するためのオルタナティブな政策手段という問題——は，なお今日でも緊急の課題である．

　相対的にみてクリントン政権下でのアメリカ経済のパフォーマンスのよさ——社会のあらゆる部門に利益を与える経済の活発化と大雑把に特徴づけられる——は，不安定な金融投機に依存していると我々はみている．この金融投機を生み出した主な2つのものは，連邦準備の金融政策と金融市場の規制緩和であった．この点を簡単に振り返っておくことは日本の読者に役立つであろう[1]．

1. クリントン政権のマクロ経済政策と金融監督政策

　大統領に就任する以前から，クリントン政権の財政・金融政策の焦点は財政赤字の削減にあった．1997年に均衡予算を達成したにもかかわらず，クリントン大統領は連邦債務残高の削減あるいはゼロをはっきりと目指して厳格な財政政策を維持した．そうした財政引締めは，2つの機構を通じて金利の低下をもたらしたと思われる．つまり，不足気味の信用に対する公的部門による需要を減少させ，連邦準備が金融緩和政策を追求することを可能にした．そして，低金利は，民間投資主導の成長過程を刺激することになった．

　財政政策の状況と比べて，金融政策はクリントン政権下アラン・グリーンスパンの指揮の下で緩和されてきた．連邦準備は，インフレ抑止論者がこれ

まで勧告してきた水準を十分に下回るほどの失業の減少が望ましいとみなすようになった．同時に，グリーンスパンは，労働者の賃金の大幅な上昇を懸命に防止してきた．失業率に同調的な連邦準備の態度にもかかわらず，金利は依然として過去の水準を上回っていた．少なくとも部分的には，連邦準備は，こうした高金利を維持することで海外資産の保有者がアメリカの信用市場から資金を引き揚げることを阻止できた．

　他の連邦準備政策は，最後の貸し手としての緊急救済行動であった．まさにブッシュ政権下でとりわけ1987年の株式市場暴落時に行われたように，これはグリーンスパンによって行われた．しかし，クリントン政権の財務省の幹部ロバート・ルービンとローレンス・サマーズも，1994-95年のメキシコ金融危機と1997-98年の東アジア金融危機の際に緊急救済を行った．また，彼らは1998年のLTCMの緊急救済も指揮した．こうした介入は，実質的に民間信用市場のなだれうつ崩壊を阻止するとともに，こうした市場で活動する富裕な投資家の実質的な利益を守ることに成功した．同時に，これらの緊急救済はこうした市場の特徴である投機的な金融行動を許すことになった．それは一層の過剰投機を用意し，後により深刻な恐慌をもたらすであろうことを意味していた．

　投機的な金融市場の管理という点で，クリントン政権が他に主に行ったことは，金融規制に関する大恐慌期に創られたグラス・スティーガル法の枠組みの廃棄がうまくいくよう支持することであった．グラス・スティーガル法の解体には，事実上も法律上も，本書の諸章で述べられているように（とりわけ，第5章参照），長い時間がかかった．金融市場の革新的な参加者は，金融サービス産業の業態間に隔壁を創出し商業銀行が1つ以上の州で営業することを阻止することに焦点を当てたこの古い規制装置をたやすく回避してきた．しかし，ポイントは，グラス・スティーガル法と完全な規制緩和との両方に対抗する第3のものを考案することにある．それは，例えば投機的な金融取引に対する課税や，投機的ではない生産的な投資への貸出に対しては低い必要準備率を設定するといった政策の組み合わせを通じて案出されよう

(第 11 章参照). しかし,クリントン政権は一度もそうしたアプローチを考察しなかった. まったく逆に, クリントン政権のグラス・スティーガル法廃棄の主要な影の実力者ルービンは, 財務省を辞めてから新規に合併された投資銀行と商業銀行との融合体たるシティグループの共同経営者に転出したことで, その廃棄から個人的にも利益を享受する筆頭であった. グラス・スティーガル法を正当に解釈すれば, 商業銀行シティコープと投資銀行トラベラーズの合併は認可されなかったはずである. ともかく, 金融市場の規制緩和と債務削減を通じた低リスクの財務省証券の供給の減少[2]によって, クリントン政権は, 今や 1 日 24 時間金融市場カジノを大いに育成することになってしまったのだ.

2. クリントン政権下での金融市場の動向

クリントン政権下での最も劇的な経済の変化は, 株式市場ブームとそれと結びついた諸変化に由来するアメリカの金融構造の転換であった. 表はこの点を表したものである. ケネディ/ジョンソンとレーガン/ブッシュの時代には, アメリカ経済の上位 500 社のスタンダード・アンド・プアーズ社による株価指数 (S&P 500) は, 年率 6.2% も急上昇した. ニクソン/フォードやカーターの時代には, 実際に S&P 500 は実質で下落した. クリントン時代には, それは過去に例のないほど年率 17.6% の上昇率を記録した.

クリントン政権下の株式市場のパフォーマンスは, 様々な大統領の時代の対 GDP 比でみると大変驚くべきものである. 理論的には, 1 景気循環における株価変動はその基礎である実物経済のパフォーマンスを反映すると考えられる. それゆえ, S&P 500 と GDP との成長率の違いを測定することによって, 株式市場がどの程度実物経済の発展に対応していたのかをみることができる. ここで再度, クリントン政権下の経験がいかに過去に例をみないものであるかがわかる. 1993 年以来, 株価上昇率は実質経済成長率を 13.9% も上回っていた. 経済政策が圧倒的に資本とりわけ金融資本に有利に行われ

表 クリントン政権下でのアメリカ金融市場の転換

	1961-68 ケネディ/ジョンソン	1969-76 ニクソン/フォード	1977-80 カーター	1981-92 レーガン/ブッシュ	1993-99 クリントン
S&P 500実質年平均上昇率(%)	6.2	−3.6	−2.8	6.2	17.6
S&P 500実質上昇率−実質GDP成長率(%)	+1.4	−6.3	−6.2	+3.3	+13.9
総家計債務/個人可処分所得(%)	65.8	64.3	70.0	77.8	94.2
総家計債務/金融資産(%)	17.1	19.1	22.2	23.0	21.8
家計銀行預金+政府証券/総金融資産(%)	25.1	25.4	26.6	26.0	17.8
実質金利(10年もの財務省証券利回り−消費者物価指数上昇率)	2.2	0.6	−1.2	5.5	3.7

出所：Economagic web site; U.S. Flow-of-Funds Accounts of Federal Reserve System.

たレーガン/ブッシュ時代ですら，株価はGDPをわずか3.3％上回っていたにすぎない．

また，表はクリントン時代の家計の金融行動の変化をいくつか示している．表の第3列の数値は，消費ブームがいかに負債によってファイナンスされていたかを示している．家計債務——モーゲージや消費者債務を含む——は，クリントン時代に可処分所得の94.2％に達するほど劇的に増加した．これは，それ自体前例のない水準であったレーガン/ブッシュ時代の77.8％という比率に匹敵するものである．総金融資産に対する家計債務を示す次の列は，こうした債務の拡大がいかに所得よりもむしろ資産価値の増大を担保に行われたかを示すものである．それゆえ，家計の債務/資産比率は，クリントン時代に実際にわずかに下落したのである．一方で，債務/所得比率は急上昇した．しかし，家計資産の構成内容は著しく変化した．伝統的に，財産所有者は，クリントン時代以前は付保された銀行預金や債務不履行のない財務省証券の保有比率を安定的にほぼ25-27％に維持してきた．クリントン政権下で，この「安全資産」の比率は以前のパターンから大きく逸脱し，17.8％に

下落した[3]．

　表の最後は 10 年もの財務省証券の実質金利を示している．これによれば，金利はクリントン時代にレーガン/ブッシュ時代と比べて平均 5.5% から 3.7% に低下した．しかし，クリントン政権下の 3.7% という金利は以前のどの大統領の時代よりもはるかに高い．実際，1947 年から 79 年の期間の財務省証券の実質平均金利は 1.2% であり，クリントン時代の金利水準の 3 分の 1 以下であった[4]．この数値によれば，家計債務の著しい増加が低金利に対する反応だと論じることは難しい．金利は，レーガン/ブッシュ時代の過去に例のないほどの高さと比べて低いというのが現実である．つまり，そのときの金利は過去のどんな基準からみても高かったのだ．さらに，クリントン政権の積極的な財政赤字削減を基本的に正当化する根拠は，信用総需要を削減し連邦準備に金融緩和政策を採らせることによってだけ金利を劇的に引き下げうるということであった．しかし，実際に，金利は，財政赤字が急増したレーガン/ブッシュ時代と比べて低下したが，財政黒字を達成したにもかかわらず歴史的にみて高いままであった．財政赤字だけが 1980 年代の実質高金利の原因であるという主張は，明らかに再考されなければならない．

3. 株式市場ブームの原因

　バブルの通常の説明は，コンピュータやインターネット関連の技術の劇的な進歩に重点を置いている．この技術進歩は大きな生産性の上昇を生み出すと考えられている．しかし，国民経済計算がコンピュータによる改善のため特に上方修正された後でさえ，生産性の著しい上昇はクリントン大統領の任期中にみられなかった．とはいえ，生産性が，クリントン大統領の任期の最初の 3 年間の 1993-95 年の 0.8% という惨めな数値と比べて 1996-99 年には年平均 2.6% に加速したことは，銘記されるべきである．しかし，こうした生産性の数値がクリントン政権下の株式市場ブームを支える十分な基礎であるとは決して言えない．まず第 1 に，新しい生産性の数値が正確であると仮

定しても，2.6％という生産性の上昇率は，クリントン時代の株式市場ブームのようなものなど何も起こらなかったケネディ/ジョンソン時代の3.4％をはるかに下回っている．さらに，最新の研究によれば，生産性の統計は実際おそらくかなり水増しされているようだ[5]．

もちろん，生産性の急上昇が将来インターネットによってもたらされるという見込みはある．しかし，その可能性を認めるにしても，現在の著しい株高を説明することはできない．ドグ・ヘンウッドは次のように述べている．「最近熱狂的に取り扱われているインターネット株は，アメリカの金融史上前例のないことだ．4月初めに，ウェブ上で航空券を販売しわずかな収益しかあげていないプリンスライン・ドット・コムの時価総額はユナイテッド・エアラインの2倍の高値になり，アメリカン・エアラインとほぼかわらなくなった．アメリカ・オンラインはディズニーとタイム・ワーナーの合計とほぼ等しくなったし，GMとフォードの合計を越えてしまった．ヤフーの時価総額は，ボーイングよりも3分の1高く，イーベイはCBSとほぼ等しかった．ピーク時に，AOLの株価収益率は720を，ヤフーは1486を，イーベイは9571を誇示した．……むろん，熱狂的な奴らの反応だが，これらは将来に対する思い上がった賭けなのだ．しかし，以前の世界を変化させたような出来事はこのように時価総額を高めはしなかった．……RCAの株価収益率のピークは，1929年に73であった．1961年にゼロックスの株価収益率は123であった．アップルの株価収益率は1980年に150もの最高値に達した．そして，これらすべての企業はまさにすばやく利益をあげ，一度そうなればその成長率はすばらしかった．1970年代初めのいわゆる成長株の時代に，市場を引きつけた50もの魅力的な株の株価収益率は，40から60であった．……そうした評価は行き過ぎとして有名な話であった」[6]．

1990年代のバブルの歴史的に独特な性格を前提として，バブルの原因を明確に説明するにはまだ少し時間が必要である．しかし，さしあたり，なおある程度暗闇での手探り状態ではあれ，5つの重要な要因を指摘しておくことはできよう．

(1) 金融規制緩和

チャールズ・キンドルバーガーらは，投機熱が金融市場において歴史的に繰り返し発生する様を十分に示した[7]．1929年のウォール街の崩壊と1930年代の不況の後，戦後すべての主要な資本主義経済諸国の政府は，破壊的な投機が再び起こることを阻止するために広範囲にわたる金融規制のシステムを構築した．その結果，第2次大戦後の25年間，株式市場は相対的に安定していた．この経験はクリントン政権下の株式市場ブームの1つの簡単な説明を示唆している．つまり，いかにバブルが出現し発展するかを正確にあらかじめ知ることは決してできないものの，効果的な規制がなければ，過剰投機は金融市場で必ず起こる．この意味で，クリントン時代の資産インフレはすべての制約を破壊して進行した．というのは，政府がそうした発展を阻止するための何らの適切な統制も行わなかったからである．

(2) 不平等の拡大と収益性の上昇

クリントン政権下の経済成長の果実はますます富裕層に求められるようになった．ほとんどの労働者にとって賃金は，GDPが増加し生産性が上昇したときでさえ停滞もしくは低下し続けていた．産出量の増大と生産性の上昇につれて賃金が低下すれば，利潤は必ず増加する．クリントン政権下で利潤はここ30年間のピークに到達した．1997年に利潤を生む総企業所得のシェアは21.6%であった．それと対照的に，その循環的なピークはニクソン政権下で18%（1973年），カーター政権下で17.4%（1979年），レーガン政権下ですら18.4%（1989年）であった[8]．1996年以降の測定された大きな生産性の上昇が結局は本物で維持できるのであれば，このことは，労働側が交渉力を強めるまで，さらに大きな利潤シェアを生み出すであろう．しかし，労働側は相変わらず弱いので，ホワイトハウスの住人が民主党か共和党かにかかわりなく，政治システムが富裕層を引き続き著しく有利にしている状況の下では，クリントン政権下での利潤の急増は収益性の一層の上昇期待を与えている．

(3) アメリカの資産保有パターンの変化

アメリカの家計がどの程度そのポートフォリオを低リスクの銀行預金や財務省証券からリスクの高い資産とりわけ株式に動かしてきたかについては，表によって確認された．投資信託やデリバティブ市場の発展が，株式所有に伴うリスクの分散を通じて確実にこのシフトをもたらしている．しかし，このことはまた，財産所有者が株式を今や以前よりは危険ではないと信じるようになってきたことを示唆している[9]．クリントン政権によってだけ投資家たちのこうした心理状態が生み出されたわけではないことははっきりしている．一部，そうした考え方は，収益性の上昇とりわけ投資家の期待に応えた高収益というプラスのフィードバック効果から生じた．グリーンスパン自身は，資産保有者たちのそうした「根拠なき熱狂」を繰り返し挫こうとしてきた．しかし，連邦準備とクリントン政権が金融市場の規制緩和を推進したことに伴って熱狂が発生し，それがグリーンスパンによる沈静化に向けた強い勧告をかき消してしまった[10]．

(4) 外国の資産保有パターンの変化

外国がアメリカに所有している資産が，アメリカが外国に所有している資産を超えたので，1989年からアメリカは純債務国になった．1990年代を通じて，外国の資産保有者はアメリカの金融市場でドル表示の資産をますます購入するようになった．1998年末に，対外債務の大きさは1.5兆ドルに達し，GDPの18％となった．この2年間で規模は3倍に膨れ上がった[11]．外国の貯蓄のこうした流入は，持続するアメリカの経常収支赤字の裏面を表している．実際，外国人がドルでの支払いを喜んで受け取りドル表示の資産に投資し続けていることが，経常収支赤字を支えているにすぎない．ここにはアメリカ以外の世界の株式市場の不安定性が，アメリカの資産を大きく魅力的にしたことがある．ウォール街のバブルとは無関係に，外国の投資家は株式とともにアメリカの債券を選好している．というのは，債券の収益が常に最も高いからではなく，債券がリスクを調整するには最善の選択とみなされたか

らである．同時に，1998年に外国によって所有されたアメリカ資産の増加の主な理由は，その純保有が新たに増加したからではなく，むしろアメリカの保有する海外資産の価格と比べて，外国が以前購入し保有しているアメリカ資産の価格が上昇したことにあった．

アメリカの金融市場に流入した外国の貯蓄は，証券に対する総需要を増大させ，それゆえ他の条件が変わらなければ証券価格を上昇させる．アメリカ株式市場時価総額に占める外国所有のシェアは，1990年代を通じて明らかに一定で約8％であったので，ここでの効果は主に間接的であった．しかし，ダリスタによれば，アメリカ債券の外国による購入の増加は債券価格を引き上げ利回りを低下させたので，国内投資家を株式に向かわせることになった．「アメリカの株式市場は，大規模な資本流入の代替効果のおかげで，これまで急速に膨張したのだ」[12]．

(5) 熟練した連邦準備政策

連邦準備は，失業をインフレ抑止論者が主張する水準以下に十分低下させたことを賞賛されてきた．しかし，グリーンスパンは，過去そうであったように，雇用不安が労働市場の逼迫時でさえ労働者による賃金引き上げ要求を阻止するであろうと理解していた．でも，クリントン政権下でグリーンスパンが実際に成し遂げたことは，株式市場を支えるために金融市場の流動性を維持しなければならないことと，アメリカに外国の貯蓄が継続的に流入することを保証するように金利を十分高く維持しなければならないこととの間にバランスをとったことにあった．それを無に帰すような市場の圧力が高まったときでさえ，グリーンスパンは確かにこのことを十分うまくやってきた．さらに，メキシコ危機，東アジア危機，LTCM危機が相次いで勃発したとき，グリーンスパンとルービンが成功裏に終わった緊急救済策を指揮していなかったならば，アメリカの株式市場は，おそらくこれらのショックの累積的な効果がグローバルな金融市場を駆け巡るにつれて急落したであろう[13]．「成功した」緊急救済策が意味するところは，債務不履行の連鎖反応を阻止

したばかりか，アメリカの投資家の資産を保護したことにある．――なぜなら，アメリカ人投資家の大きな損失はほぼ確実にアメリカのバブルを破裂させるからである．

全体的にいえば，アメリカ経済――したがって結果的に世界経済が，非常に不安定な状況にあることははっきりしている．誰も日本の金融崩壊の正確な時期や規模，その結末を予測できなかったように，どのようにして，いつアメリカの金融バブルがはじけるのかわからない――実際あらかじめ知ることはできない．しかし，明らかに，「アメリカ金融システムの転換」が，来るべき数カ月，数年のうちにますます重大な経済的・政治的課題となるであろう．本書が，我々の眼前にある困難ではあるが避けることのできない難問に対する一筋の光となって役立てば幸いである．

注

1) この問題についての一層の展開は，Robert Pollin, "Anatomy of Clintonomics", *New Left Review*, May-June 2000, pp. 17-46 を参照されたい．以下の議論はこの論文によっている．
2) 財務省証券は，デフォルトリスク０の独特の商品である．しかし，それでも，とりわけインフレ環境下では，市場リスクにさらされている．
3) Wynne Godley は，家計部門のこうした金融パターンの継続が不可能となった理由について詳細な分析を行っている．*Seven Unsustainable Processes: Medium-Term Prospects and Policies for the United States and the World*, Levy Institute, Annandale 1999 を参照せよ．
4) 金利についての歴史的な展開は，Robert Pollin and Gary Dymski, "The Costs and Benefits of Financial Instability: Big Government and the Minsky Paradox", in Dymski and Pollin (eds), *New Perspectives in Monetary Macroeconomics*, Ann Arbour 1994, pp. 369-402 を参照せよ．
5) 例えば，連邦準備制度理事会の Marcello Estavao と Saul Lach は，製造業部門の公式の数値が，臨時人材派遣機関に対する製造業の雇用の外部委託の影響を適切に計算しなかったために，0.5％ポイントだけ水増しされていると論じている．"Measuring Temporary Labour Outsourcing in U.S. Manufacturing", *NBER Working Paper 7421*, October 1999 を参照せよ．ハーバード大学の James Medoff と彼の同僚 Andrew Harless は，2000 年問題と関連した労働活動も最近の生産性の数字を大きく水増ししていると論じている．同じやり方で，ノ

ースウェスタン大学の Robert Gordon は，1995年以来事実上すべての生産性の上昇がコンピュータの製造業で起こったと主張している．Gordon の主張によれば，「コンピュータの製造業以外の経済部門の99％ではまったく生産性の上昇は起こっていない」．Medoff/Harless と Gordon の議論は，James Grant, "Wired Office, Same Workers", *New York Times*, May 1, 2000, p. A27 において紹介されている．

6) "The United States", *Monthly Review*, July 1999, p. 129.
7) 特に Kindleberger, *Manias, Crashes and Panics : A History of Financial Crisis*, New York, 1977（吉野俊彦・八木甫訳『金融恐慌は再来するか』日本経済新聞社，1980年）を参照せよ．
8) Lawrence Mishel, Jared Bernstein and John Schmitt, *The State of Working America 1998-1999*, Ithaca, 1999 参照．
9) こうした心理状態を視覚的に表現した最近のビジネス書のタイトルには，James Glassman and Kevin Hassert, *Dow 36,000* や David Elias, *Dow 40,000 : Strategies for Profiting from the Great Bull Market in History* があり，それらに負けまいと Charles Kadlec and Raplh Acampora, *Dow 100,000 : Fact or Fiction* もある．こうした書物に対する洞察に満ちた解毒剤となるものは，Robert J. Shiller, *Irrational Exuberance*（植草一秀監訳『根拠なき熱狂』ダイヤモンド社，2001年）である．
10) もちろん，ロバート・ルービンは，新たなシティグループの共同経営者として規制緩和の最新の成果から最も顕著で早くに利益を受ける者となる前，財務省にいるときに金融規制緩和の明白な第一人者であった．前財務長官ローレンス・サマーズは，経済学者としてかつてその危険性に不安を示していたとしても，熱心な規制緩和促進論者である．Lawrence and Victoria Summers, "When financial markets work too well: a cautious case for a securities transaction tax", *Journal of Financial Services Research*, 1989 を参照．
11) Jane D'Arista, "International Capital Flows and the US Capital Account", *Capital Flows Monitor*, December 6, 1999 を参照．
12) *Ibid.*, p. 2.
13) 「確実に」ではなく「おそらく」としたのは，海外市場の状況の悪化がアメリカへの外国人の投資を一層増加させるといった相殺の可能性があるからである．しかし，LTCM を完全に倒産させても，アメリカの「根拠なき熱狂」たるバブルが破裂しなかったと考えるのも難しい．

第1章 序　　論

ゲーリー・ディムスキ/ジェラルド・エプシュタイン/ロバート・ポーリン

　アメリカの通貨・金融システムは崩壊しており，修復しなければならない．貯蓄金融機関の崩壊と救済がその明白な証拠である．最近の政府見積もりによれば，アメリカの納税者は3,000億ドルもの負担を引き受けることになりそうだし，低所得層にとって最も利用しやすかった住宅金融機構も機能不全に陥ってしまった．しかし，金融システムの問題はそれよりもずっと広い範囲で起こっている．例えば，銀行業も以前とは比べものにならないほど不安定になっている．1947-1979年の銀行の年平均破綻率は，0.04％にすぎなかったのに，1980年代には年平均0.78％ほどにも達した．貸出機関のこうした脆弱化は，債務不履行と破産の水準が非金融企業と家計で上昇したことに対応している．また，実質金利は，1980年代から1990年代初めにかけてかなり高かった．1980年から1989年の長期金利は平均7.2％であったが，1947年から1979年ではわずか1.2％であった．政府の拡張的安定化政策が展開される前の時代の1875年から1941年の期間でさえ，長期金利の平均は4.4％であり，最近よりかなり低かった[1]．

　もっと重要なことは，金融システムの機能不全が経済全体のパフォーマンスに大きな影響を与えている，という点である．このことは雇用や起業の機会に影響を及ぼしており，所得水準や手頃な住宅を手に入れる機会や退職後の生活保障を決定する大きな要因になっている．それは，経済の長期的な成長と安定に，したがって子供たちや将来世代に，影響を及ぼしている．さらに，経済から誰が何を得るのか，つまり経済的福祉が広く公正に分配されるのか，それとも最近の傾向のように少数の資産家にますます集中するように

なるのか，ということにも大きな影響を及ぼしている．

　長きにわたって支配的な経済理論は金融構造が経済全体のパフォーマンスとは無関係であると主張してきたが，本書はそれとは正反対の立場に立っている．血流が酸素やホルモンや細胞を作る栄養分を体全体に行き渡らせているように，金融構造は経済の循環システムであって，経済の存続に必要な要素を経済全体にくまなく送り届けているのである．

　本書で取り組もうとしているのは次の2つの課題である．1つは金融システムの根本問題を解明することであり，もう1つは公正や効率や生産性の向上を一層押し進めるようなやり方で，そうした問題に取り組める新しい政策アプローチを提言することである．本書では広い視野に立ってこうした目的が追求される．第1部では，金融政策が検討される．いかに金融政策が最近の高金利や不安定性をもたらしたかが考察される．最近はもっぱらインフレ抑制に関心が寄せられているようであるが，本書では，低金利環境を復活させることができるような金融政策を追求できるかどうかという点が明らかにされる．

　第2部では，銀行やその他の金融機関とともに，これらの金融機関を規制する政府案が検討される．確かにアメリカでは，1930年代に野心的でしかも非常にうまく機能した規制システムが発展したが，今ではもうその規制の構造は役に立たなくなってしまった．本書ではこのような機能障害が生じた理由が説明され，規制のための新たなアプローチが提言される．

　第3部では，金融構造と非金融分野の生産的投資との関係に焦点が当てられる．規制が緩和された金融構造がどうして著しい投資資金の配分ミスを惹き起こして生産活動の成長を妨げるようになるのか，ということを理解するための重要な経験として，1980年代に起こった合併や買収や乗っ取りが検討される．また，長期投資の育成との関連で年金基金の役割が検討され，金融的安定性や長期投資を促し，金融システムの説明責任を拡大するのに連邦準備が果たしうる役割についても論じられる．

　本書では広範囲にわたって政策が取り上げられており，提言が統一された

ものになっているとは必ずしもいえない．章によって焦点が当てられる問題が違っているばかりでなく，導出される提言も各章で強調点が違っているし，実質的に違っている場合もある．しかし，全体を通してみると，諸章の提言には一貫性があることもわかる．以下，本書の考え方の核心部分を構成している主論点と政策アプローチについて要約しておくことにしよう．

1. 問題の所在

アメリカの基本的な経済問題は，国民の生活水準が過去20年の間に停滞あるいは低下したことである．生活水準の低下については，さしあたり，以下の5つの基本的な理由を指摘することができる．
　①生産性の伸びの低下と優良な雇用を創出する経済力の減退
　②主要都市における生活条件の悪化
　③所得，富，機会の不平等の拡大
　④企業，家計，連邦政府における負債依存度の上昇
　⑤ブームと崩壊の破壊的サイクルをコントロールする政府の能力の低下

　これらの問題はいずれも金融システムの脆弱性と密接に関連している．次のような論理的なつながりが考えられよう．第1に，民間の金融構造は，生産的投資よりも優先的に企業の合併・買収，不動産投機といった非生産的支出に融資を行うように偏っている．そのため，公的投資も民間投資も不十分で不適切になり，生産性の伸びが低下するようになっている．また，こうした金融システムの偏りは，著しい負債依存と投機を促進し，景気後退を招いたり拡張を持続性のないものにすることによって循環的変動を激しいものにしている．

　第2に，金融構造には社会における富と権力の分配が極めて不公平であることが反映されているが，その金融構造自身がまた富の不平等化を促進している．劣悪地域への貸出拒否やその他の形態の差別と無視によって，金融システムは相対的に資源が乏しいとはいえ生産的に資金を活用できる地域社会

に信用を供給しないようにしている．と同時に，このシステムは，十分すぎるほど資金をもっている資産家には，資金を生産的に活用しない場合でさえ，大量の信用を与えている．そのために都市の生活条件が悪化し，不平等が拡大している．

　第3に，こうした問題の他に，実質金利が意味もなく高止まるのを連邦準備の金融政策が助長している，という問題がある．この高金利は，生産的投資の比率を低下させ，財政赤字を拡大し，負債依存を続けさせ，富裕層にはさらなる所得を再分配することによって，不平等を拡大している．

　第4に，規制的金融システムは，こうした問題を解決するのに役立つどころか，事態をますます悪化させている．例えば，年金基金を規制するシステムは，生産的で賃金の高い仕事をアメリカ経済に創り出す計画に対して年金資金が支出するのを禁じてきた．また，今ではよく知られていることであるが，1980年代に不動産投機が全国に蔓延したときにも，銀行監督当局はただそれを傍観していただけであった．納税者は，貯蓄貸付組合の破綻によって，こうした無視の代償を今支払わされているが，銀行システムでもまもなく同様の救済が必要になるのではないかと恐れている．さらに，こうした救済が財政赤字を拡大しており，乏しくなった公的資金をやりくりするために教育や保健や公的インフラストラクチャーが削減されている．

　こうした困難を招いた責任が民間金融機関にあるという見方にすべてのエコノミストが同意しているわけではない．実際，多くの人々は，金融部門に対する政府の関与に問題があり，金融部門を規制緩和すれば問題は解決されるとみなしている．しかし，アメリカの金融機関が1970年代にラテン・アメリカへの無謀な貸出ブームにのめり込んだときにも，投機家が莫大な金額を注ぎ込んでオフィスビルや贅沢な分譲マンションを過剰に建設したときにも，また，ドレクセル・バーナム・ランベールの「ジャンク・ボンド」王マイケル・ミルケンに（1987年）1年間に5億ドルも注ぎ込んで合併やLBOを画策できるようにしてやって非金融企業が過剰な負債を背負い込むようになったときにも，そうすることを政府監督当局が強制したわけではない，と

いうこともわかっている．民間金融機関が自分でそうしたのである．

　フリーマーケットの信奉者は，民間金融機関が過ちを犯すことを認めている．フリーマーケットの信奉者の考えでは，フリーマーケット・システムは失敗した者が罰せられることを要求するだけである．要するに市場参加者は泳ぐか溺れるかを強制されるのである．この議論の問題点は，溺れる金融機関が多すぎるとみんな溺れてしまうということにある．というのは，銀行やその他の金融機関の活動が常に非金融企業の活動よりもはるかに大きな影響を与えてきたからである．銀行もその他の金融機関も貯蓄を取り扱い，他の経済主体に貸出を行っているが，その結果可能になる投資が将来の経済を構築する．1930年代の大恐慌や1980年代の銀行融資による不動産ブームの崩壊を惹き起こした銀行取付は，1990年代には長期の景気後退をもたらした．これらのことは，民間の金融活動の不安定化が経済全体に大きな影響を及ぼすことを示している．金融システムを規制し，民間市場の失敗から国民を保護しなければならないのは，そのためである．

　しかし，現下の問題は，大恐慌の中で創出され，1932年のグラス・スティーガル法の可決で始まる規制的金融システムがもはや機能しなくなってしまったことである．過去60年の間に条件は劇的に変化したが，そうした変化に対応するように規制的環境が適切に改善されることはなかった．グラス・スティーガル・システムは競争制限と公的保護によって金融安定性と効率性が促進されるようにデザインされていた．このアプローチは，低金利，低インフレ，グローバルな統合度の低さ，金融革新の相対的な欠如といった，1930年代に広範にみられた一連の条件に基づいて作られたものであるが，これらの条件は今はもう存在しない．今必要とされているのは，規制緩和でもなければ旧い規制にしがみつくことでもない．単純に規制をもっと増やすことでもない．規制を一層適切なものにすること，もっと包括的に言えば，金融改革のための新しいアプローチを作成することが必要なのである．新しいアプローチの目標は，多くの人々に信用が供与されるといった程度に設定されるべきではない．それは，適切かつ効率的に信用が配分され，浪費的で

有害な目的ではなく社会的に生産的な目的を促進するために信用が配分されるように，設定されるべきである．

　本書のどの章においても，おそらく失敗するだろうと思われる金融改革に関する様々な提言が取り上げられ，批判されている．というのは，そうした提言は民間市場の効率性を過大評価しているか，規制的枠組みに過度の信頼を置いているからである．最も重要なことは，対案となる政策が本書でも提起されていることである．多くの点で，本書の提言は改革のための伝統的なアプローチと訣別するものになっている．しかし同時に，現行の政策機関や監督機関に実行可能で実際的な考え方を提供できるようにも配慮されている．

　本書は，以下の4つの原則に基づいて作成されている．

①市場を操作するが，抑圧はしない．金融市場での活力に満ちた民間活動を支持するとともに，政府が当然管理すべきであると思われるものを制限することについても認める．したがって，本書では，行政機構をあまり拡大しないで公的支出を低い水準にとどめるような提言が支持される．本書の目的は，現在の市場行動の大きな流れを方向転換させることであり，小さな渦に至るまですべてを変えることではない．

②下からの説明責任．行政当局が規制対象金融機関に取り込まれやすいことや，利害が大きくなるほど被規制者が規制者をコントロールしようとすることは明らかである．これをコントロールするメカニズムは，民主的な説明責任のための包括的で継続性のある機関を設立する以外にはない．

③競争条件の平等化の促進．グラス・スティーガル・システムの主要な問題の1つは，異なるタイプの金融機関に不平等な規制が課されたことである．その結果，厳しく規制された金融仲介機関からほとんど規制されなかった金融仲介機関に取引が移ってしまった．この問題を解決するためのはっきりとしたアプローチは，規制緩和，すなわち競争条件の緩和であった．このアプローチが1980年以来試みられてきたが，憂鬱な結果しか得られなかった．したがって，すべての金融機関に対して首尾一

貫した規制を行うべきだという対案が論理的に導かれる．
④社会契約の更新．金融機関の活動は，預金者や株主ばかりでなく，金融機関が活動している地域社会や経済環境全体に大きな影響を与える．金融機関は，公的に付保された預金と同様の公的保護を受けるのと引きかえに，地域社会に与える影響にもっと責任を負うべきである．とりわけ，民間金融機関を支援し安定化するために公的資金が投入される場合には，国民はその投資から明白かつ直接的な便益を得るべきである．

以下では，金融政策，銀行業と監督政策，投資金融という3つの領域でこれらの原則を適用する方法について概説することにしよう．

2. 金融政策

アメリカの金融システムは，連邦準備の金融政策と密接に関連している．簡単に言えば，金融政策が効果的でなければ健全な金融システムは得られないが，効果的な金融政策を達成するには金融構造が不安定であってはならない．財政赤字によって財政政策がマクロ経済政策手段として活用できなくなったので，金融政策が連邦政府の最も重要な政策手段となった．その結果，金融政策の失敗は大きな犠牲を強いることになった．例えば，1980年代後半の過度な金融引締め政策は1990年代初頭の長期にわたる景気後退をもたらすことになった．

また，1980年代の経験は，不健全な金融システムが金融政策を実行する連邦準備の能力をいかに侵食したか，ということを教えている．1980年代半ばに経済拡張を促進しようとして金融政策がいく分か緩和されたときにも，創造された信用の多くは生産的投資には回らなかった．新しい資金の大部分は，敵対的買収や不動産投機へと向かった．こうしたことによって金融緩和政策と経済成長との結びつきは弱められることになった．

1990年代初めに景気後退に対して金融政策が緩和されたときには，1980年代に非金融企業と銀行によって蓄積された過剰負債が，金融緩和政策の障

害になった．銀行は企業に貸し出すよりも自己資本の再建を試みた．非金融企業は新規の設備投資のために借り入れるよりも，低金利を利用してバランスシートから負債を減らそうとした．

もちろん，財政赤字の急増も含めて，1980年代から1990年代初めに金融システムが直面していた構造的な不均衡を前提すれば，最善の金融政策が採られたとしても，十分には機能しなかったであろう．実際に起こったことは，連邦準備は政策の失敗を通じてシステムの構造問題に寄与したにすぎない，ということであった．ガルブレイスが強調しているように，連邦準備が犯した最も基本的な誤りは，連邦準備が1980年代のほとんどの期間ひたすらインフレの抑制に焦点を合わせ，それ以外のすべての重要案件を無視したことである．

連邦準備の金融引締め政策は，ガルブレイスが示しているように，インフレ圧力の根本原因に狙いを定めることによってではなく，周期的な景気後退と成長の長期的停滞という犠牲によって，インフレを抑制したにすぎなかった．ファザーリが第2章で明らかにしているように，引締め政策は，実際には，投資の減少によって，したがってまた生産性成長率の低下によって，インフレ問題に寄与したのである．

最後に，ガルブレイスが指摘しているように，1990年に景気を回復させようとしたときには，インフレ抑制に執着したために連邦準備に対する信頼性が低下した．例えば，ガルブレイスによれば，1990年代初頭に短期金利が急落したときになぜ長期金利が高いままだったのかという点は，景気回復の牽引者としての連邦準備に対する信頼性が失われていたことによって説明できる．インフレ圧力の再燃を示す初期の兆候をみて，連邦準備がすぐにまた金利を引き上げるであろう，と市場は信じたのである．

第2章は，1980年代に追求された金融引締め政策が広範囲にわたってマイナスの結果をもたらす重要なメカニズムについて明らかにしている．ファザーリは，金融政策とマクロ経済のトランスミッション・メカニズムを理解するための新しいアプローチを展開している．そのアプローチは近年ますま

す受け入れられるようになったが，信用の供給者としてだけでなく信用リスクとニーズの審査官として銀行が果たす特別の役割が強調されている．このアプローチでは，銀行は，金融政策の効果が経済に伝達される際の主要な媒介環となっている．

このアプローチによると，銀行はプロジェクトに投資したくても十分に資金を調達することができない企業に対する重要な信用供給者である．言い換えると，そうした企業は「信用を割り当てられている」のである．信用を割り当てられる企業には，経済において技術的に最先端にいる比較的小さな企業が多い．金融引締め政策で銀行の短期金利コストが上昇すると，銀行がそのコストを借り手に押しつけるようになる．こうして中小企業の収益見通しは低下し，信用を獲得したり拡張したりする能力も抑制されることになる．逆に，金融緩和政策が採られるときには短期金利は低下し，中小企業の収益見通しは上昇する．それが刺激となって銀行は中小企業への信用供与を増やそうとし，企業も拡張のテンポを速めることができるようになる．

第2章には本書にとって重要ないくつかの教訓が含まれている．第1に，銀行は重要な非金融企業に対する信用供給者として金融システムで特別の役割を果たしているが，この役割は保護されなければならない．第2に，金融政策が成功するかどうかは銀行や他の金融機関が効率的に活動しているかどうかに依存している．ファザーリはこの論点についてうまく論じている．最後に，金融引締め政策は潜在的なスタグフレーション問題を悪化させる．こうしたことが起こるのは金融引締めが最先端技術をもつ企業の生産的投資計画を損ない，その企業の生産コスト削減能力を低下させるからである．こうして企業の価格引き下げ能力は抑制される．

では，なぜ連邦準備は自滅的な金融引締め政策を追求したのであろうか．それについては，議会と大統領がマクロ経済政策に対する責任を放棄したことから，インフレ抑制に本気で取り組む機関が連邦準備しかなくなった，という寛大な説明もある．しかし，この解釈では，連邦準備はインフレの抑制と景気後退の回避をもっとうまく調和させるようなアプローチをなぜ採用し

なかったのか，ということが説明できない．

　エプシュタイン（第3章）とガルブレイスによれば，問題の核心は，連邦準備が，概して議会や市民に対しては十分な責任を負っていないのに，主要金融利益集団に対しては過剰な責任を負っている，という点にある．これらの金融権力はインフレをとりわけ忌避しがちである．連邦準備が過度にインフレを恐れるのはそのせいである．もっと一般的に言うと，ここで取り上げられているのは，会社所有や物的富の保有によって権力を行使できず，金融システムが効率的かつ公正に機能しているかどうかに自らの厚生を依存している「利害関係者」，すなわち家計や地域社会や労働者に対して金融機関が説明責任をもっている，という問題である．それは本書で繰り返し取り上げられる問題でもある．

　どうしたら金融政策はもっと効率的に機能するのだろうか．ガルブレイスとエプシュタインは，大手銀行や大手金融機関の影響から連邦準備を隔離しなければならない，と指摘している．本書の執筆者たちは，この目的を達成するためにそれぞれ異なる方法を提案している．ガルブレイスは，連邦準備の主要な政策決定機関である連邦公開市場委員会から地区連邦準備銀行総裁を排除するというリー・ハミルトン下院議員とポール・サーバンス上院議員の提言を支持している．地区連邦準備銀行総裁は通常は地区の民間銀行家と緊密な関係をもっている．ガルブレイスの第2の提案は，地区連邦準備銀行総裁の制度的な権限については現在の水準にとどめるが，地区連邦準備銀行の幹部がもっと広く選挙人に対して責任を負うようにする，というものである．州政府に地区連邦準備銀行総裁を任命させることも1つの方法である．ポーリンは，第11章で，地区連邦準備銀行取締役の直接選挙を提案している．異なるアプローチは，公開市場委員会の決定を敏速に公表させたり（ガルブレイス），連邦準備の任命権を議会に直接与えたり（エプシュタイン）することによって，もっと強力な政策監督権を議会に与える，というものである．方法はともかく，連邦準備の政策に対する民間金融機関の影響力を低下させることが執筆者全員の一致した重要な構造改革である．

第2に，連邦準備に委託された任務は変更されるべきである．連邦準備は物価の安定にのみ責任を負うべきではない．新戦略は，(厳密に定義された)構造的財政赤字の長期的減少に配慮しつつ，持続的インフレ圧力問題に取り組めるように構想されなければならない．そうすれば連邦準備は，低金利を維持し(ガルブレイス)，生産的投資計画への信用配分を改善すること(ポーリン)に，もっと焦点を合わせることができるであろう．

　最後になるが，金融政策と財政政策の協調関係を改善することも重要な構造改革であるが，この点についてはエプシュタインとガルブレイスが提案している．2つの政策は，相互に侵害することなく相互に支えあうように，調整されなければならない．金融機関に対する連邦準備の説明責任を縮小し，政策の焦点をインフレの抑制からシフトさせることは，このプロセスに寄与することになろう．

　エプシュタインは，第3章で，こうした政策提言に対して起こりうる多くの反対意見に反論を加えている．そこでは，低金利の維持と生産的投資の促進を一層強く志向する金融政策の追求に対して，3つの大きな障害が存在することが明らかにされている．すなわち，インフレの危険(「インフレ制約」)，金利が国際水準以下に低下するのを阻止する金融市場の国際的統合(「対外制約」)，実質長期金利を低下させようとする連邦準備の努力を無力化する，流動性の高い期待重視型の金融市場(「金融制約」)である．

　これらの制約を評価する場合には経済的障害と政治的障害を区別することが重要であるとエプシュタインは指摘している．経済的障害とは産出量の減少や政策の経済的効果の低下が起こることであり，政治的障害とは所得分配効果したがって政策の政治的効果が低下することである．しかし，適度なインフレの場合には，たとえ経済的コストがかかったとしても，それほどのものにはならない，という証拠をエプシュタインは提示している．また，エプシュタインによれば，対外制約に影響される程度はマクロ経済政策が実施されるときの環境によって決まるが，その中で最も重要なものは，政策がコントロールされているという感触を国際金融市場が得ているかどうかである．

金融市場制約の影響力も政治体制の安定に対する金融市場の姿勢に大きく依存している．エプシュタインはこうした制約を克服するために補完的な政策が時々必要になることを示唆している．しかし，エプシュタインは，金融緩和政策に対する経済的障害は誇張されやすい，とも指摘している．実際，緩和政策に対する政治的障害である所得分配をめぐる闘争は，経済成長に対する制約という装いをとることが多い．

こうした理由から，強い力をもつ金融集団に対する連邦準備の説明責任を縮小し，地域社会に対する連邦準備の説明責任を拡張する政策は，新しい政策アプローチに対する政治的障害から経済的障害を分離するのに役立つであろう．連邦準備の決定に対する金融界の影響力が相対的に減少するように見直されるならば，財政政策と金融政策の補完関係を拡張する連邦準備のイニシアティブが促される，という追加的な利益も得られるであろう．最後に，連邦準備が改革されれば，金融・銀行システムの改革は政治的に容易になるであろう．しかし，ガルブレイスが注意を促しているように，従来の連邦準備は建設的な通貨・金融改革に対する最も強力な反対者であった．

3. 銀行業と金融規制

貯蓄貸付産業の崩壊と銀行破綻率の上昇によって，金融仲介システム――銀行，貯蓄貸付組合（S&L），保険会社やファイナンス・カンパニーといった「非銀行仲介機関」から構成される――は改革せざるをえなくなった．金融仲介機関の不安定性が増大したことによって，貧しい地域社会や中小企業に対して信用を供与する意欲と能力が低下することになったが，このこともこの産業を根本的に点検・整備する必要性を強めることになった．

金融機関を取り巻くこうした規制環境を再構築することによって銀行・金融仲介システムを改革する必要があるということは，衆目の一致するところである．問題は，構造変化が達成されるべきかどうかではなく，どのようにして達成されるべきかということなのである．

残念ながら，ほとんどの改革提案は率直に言ってうまくいきそうにない．そうした提案では安定性は回復しないであろうし，信用へのアクセスも拡大しないであろう．グラス・スティーガル法の規制を必要とした諸条件がとっくの昔に存在しなくなったというのに，いくつかの提案は，旧来のグラス・スティーガル法のアプローチを維持することが本質的に必要だと信じている．しかし，もっと悪いのは，存在したこともない金融的・経済的条件に基づく自由放任政策に賛成するフリーマーケット擁護論者たちである．必要とされているのは，現在の金融市場に関する現実的な理解に基づいて構築される一連の新しい規制原理である．

ディムスキは，第2部の諸章を参照して，現在のアメリカの金融市場がどのように機能しているかを概観している．ディムスキは効果的な公的規制を必要とする市場に関するいくつかの特徴について特に検討を加えている（第9章も参照）．

ディムスキが強調しているように，現在の金融市場には4つの特徴があり，それらは非効率や不安定や不平等への固有の傾向を助長している．その4つの特徴とは，不完全情報や不確実性の浸透，市場参加者の群集行動，市場傾向の伝染効果，市場活動から経済全般へのスピルオーバー効果または外部性である．

ディムスキが指摘しているように，情報問題は，どのタイプの投資が最も収益性が高いかを評価するのを困難にしている．この点は信用関係ではとりわけ重要である．というのは，貸出は，場合によってはほとんどまったく知ることのできない将来に関する予見に基づいて行われているからである．収益性が高くて効率のよい投資に関する確かな情報が得られないとき，金融市場は，投資に際して群集に追従する傾向がある．ケインズによれば，「「健全な」銀行家というものは——悲しいかな！——危険を予見してこれを回避する者ではなく，自分が破滅する場合は，同業者たちと一緒になって慣習的で正統的な方式を用いて破滅させられ，したがってだれをも非難することができない，といった連中なのである」(1963, p. 176, 邦訳185頁)．1970年代

のラテン・アメリカへの貸出ブームと1980年代の国内不動産開発業者への貸出ブームは，なりふり構わずに殺到する群集の存在が高くつくことを示しているよい例である．

　この群集行動は，肯定的な意味でも否定的な意味でも，伝染効果とスピルオーバー効果によって強められる．例えば，貧しい地域社会への一連の貸出は一般的にはその地域社会の繁栄を促進するであろうし，その結果貸出の返済をも可能にするであろう．こうした伝染効果は，地域社会全域に溢れ出して豊富な信用と優良な仕事を提供し，全般的な繁栄をもたらすであろう．伝染効果とスピルオーバー効果のこの組み合わせから活気に満ちた地域社会が生まれよう．当たり前だが，群集が投資を拒否するときには，伝染効果とスピルオーバー効果は驚くほど小さくなる．

　民間金融機関は自分ではスピルオーバー効果について考えたりしないし，群集からの誘惑や伝染の広がりから逃れることもできない．破滅的な結果を回避して社会的に望ましい結果が得られるように市場の影響力を誘導する仕事が公的機関に委ねられることになるのは，そのせいである．ディムスキが注意を喚起しているように，市場は作られるのであって，与えられるのではない．市場の本質的な特性が公的介入の性格に依存することになるのは，市場がそうしたものだからである．

　第5章のウォルフソンによれば，公的介入システムの基本的特徴は1930年代に創られ，その残滓は今でもまだ残っている．システムは2つの原理に基づいて編成されていた．第1は，金融機関間の競争制限であった．それには，預金金利の上限規制，商業銀行と投資銀行の分離，金融機関の一般的な業態分離があった．こうした政策は，指定された業務分野の中で金融機関が収益性を確保するのを促し，市場区分を横断して群生するのを阻止するようにデザインされていた．それはまた，優先的に資金にアクセスすることが認められていた経済の諸部門，例えば住宅建築への信用供与を伝染効果が攪乱しないようにしようとしたものでもあった．

　第2の原理は，群集効果，伝染効果，スピルオーバー効果から生じる金融

不安定性に対する政府の保護であった．これには，連邦保証の預金保険と連邦準備による最後の貸し手としての介入があった．

　しかし，上記のように，1930年代の規制的アプローチは，低インフレ，低金利，低い負債水準，国際的競争から相対的に隔離された金融システム，という金融市場の4つの特徴に基づいて創られたものであった．1960年代以降これらの条件は明白に消滅したが，それは旧来の規制的アプローチがますます安定化機能を果たせなくなってきたことを意味している．

　例えば，金融不安定性の影響に対する政府の保護は，企業と家計の負債水準が上昇するにつれて，一層コストのかかるものになった．民間部門の負債依存度の上昇は金融構造をますます脆弱にした．この脆弱性は金融恐慌の諸条件を創り出すことになった．金融恐慌が発生したとき，政府は預金保険と最後の貸し手としての介入によって市場を緊急救済せざるをえなかった．S&Lの救済は，1960年代末に始まった長期にわたる一連の救済の中で，世間で最も注目を集め費用が最も高くついたものであるにすぎない．

　また，1960年代末から1970年代の高インフレと高金利によって，規制されていなかったノンバンク金融仲介機関では金融革新が促進され，規制されていた銀行やS&Lに対して有利な競争が展開されるようになった．

　競争制限のおかげで当初は銀行とS&Lの安定性や収益性が高まったものの，1970年代には，事実上同じサービスを提供できた，規制されていない金融機関に対して，銀行とS&Lは不利になった．

　ダリスタ/シュレジンガーは，第6章で，ノンバンク金融仲介機関の出現――「パラレル・バンキング・システム」と呼ばれている――に関する詳細な事例研究を行っている．そうした金融機関の中で最も重要だったファイナンス・カンパニーは，家計と企業に貸出を行い，主要な非金融企業と結びついていたにもかかわらず，事実上何の規制も受けなかった．ファイナンス・カンパニーは，商業銀行分野で活動する能力を持ちながら規制コストを免れていたので，銀行の市場シェアと収益性を侵食することになった．こうして，1980年から1990年までに，ファイナンス・カンパニーの資産は，商業銀行

の資産の 12.4% から 21.3% に増加した．

　こうして競争上の地位が侵食されたことによって，商業銀行は不動産や企業買収といった投機的貸出に積極的にのめり込むことになった．同時に，ダリスタ/シュレジンガーが示しているように，ファイナンス・カンパニーもリスクの高い貸出を行い，商業銀行と同じように脆弱化していった．その結果，規制されていなかったこれらの金融機関も救済のための別の請求書を政府と納税者につきつけることになったのである．

　この事例から明らかなように，競争制限という旧来の規制システムは，今では銀行も国民も保護しないような不平等な競争条件を生み出すようになっている．同時に，金融恐慌の影響から公的保護が必要になったために，政府は，ほとんど制御できない一連の金融機関に対して，国民を犠牲にしてまでも最後の貸し手として行動せざるをえなくなっている．

　こうした問題を是正するにはどうすべきであろうか．フリーマーケット・アプローチも，時代遅れになってしまったグラス・スティーガル法の枠組みを保持するアプローチも，実行可能なオルタナティブとは思われない．しかし，まったく不十分だったとしても，この両極のアプローチ——現行システムの保持，あるいは除去——が金融改革を論じるときの境界を画してきたことははっきりしている．

　ウォルフソンは改革案を評価するための有益なアプローチを提案している．それは公的規制と公的保護という2つの問題に対するスタンスに関するものである．例えば，ブッシュ政権の財務省案は，ほとんどの競争制限を廃止するものであり，規制を基本的に除去することによって平等な競争条件を創出するものであった．同時にブッシュ政権の財務省案は，預金保険と最後の貸し手政策を通じて現行の公的保護の水準を維持するものでもあった．弱い公的規制と強い公的保護のこうした組み合わせは，惨事への招待状でしかない．なぜなら，「望むがままに行動せよ，結果は政府が負う」というメッセージを金融仲介機関におくることになるからである．

　もう1つの提案は，ブルッキングス研究所のライタンによって展開された，

付保預金を提供する「ナロウバンク」の創設に関するものである．ナロウバンクの資産ポートフォリオは安全な政府証券に限定されるが，ナロウバンク以外の金融機関は公的規制も公的保護も受けない．ダリスタ/シュレジンガーやファザーリは，小口金融の供給者として行動する銀行の能力が低下することを懸念して，この考え方に反対している．ウォルフソンによれば，ほとんどの金融仲介機関から規制が除去されれば，金融不安定性が助長され，新たな公的保護が必要になる．

　公的規制と公的保護をもっと適切にバランスさせる戦略は考えられないのだろうか．ダリスタ/シュレジンガーは，第6章で，競争条件の平等化という原則に基づいた新たな規制の枠組みを提案している．著者たちは，とりわけ，国民から預金を受け入れてその資金で貸出を行ったり株式を購入したりしている，すべての金融仲介機関に対する統一的な免許制度を提起している．このアプローチの長所は，すべての金融機関が共通の規制の傘の中に入ることから，異なる規制から得られる競争上の優位をどの金融機関も享受できない，という点にある．同時に，このアプローチは公的管理の必要性も認めている．ブッシュ政権の財務省案とは対照的であるが，規制の一貫性という論理には規制緩和を含めるべきではないのである．

　競争条件として規制が平等になるよう推し進めることは，公的規制の問題に取り組むのにはたいへん役立つが，公的保護の領域ではほとんど頼りにならない．公的保護政策の中核は，政府保証の預金保険である．本書第7章においてダリスタは，公的規制の分野における一貫性に関するダリスタ/シュレジンガーの原則に一致する革新的な提案を行っている．

　ダリスタの提言は2つの主要な要素から構成されている．第1は，現行のように預金を受け入れる金融機関にではなく，預金者個人に預金保険を直接適用した方がよい，というものである．個人預金者は，利子所得から強制的手数料を支払って特定の預金保険額——例えば上限10万ドル——を受け取ることになる．その際，政府によって規制されたいかなる金融機関に資金を保有していようと，最高限度額までは資金を補填するために保険を使うこと

ができる．このやり方で，預金保険による公的保護機能が，金融仲介機関に対する公的規制からはっきりと区別されることになる．

　提言の第2の特徴は，企業の決済勘定——当座の給料，仕入れ，手形，その他の流動債務の支払いに必要とされる資金が預けられている——については無制限に保護されるべきである，という点である．個人向けの付保預金と同様に，政府によって規制されるすべての金融機関は，その預金を安全な投資に運用し続ける場合に限り，こうした決済勘定を受け入れ，管理する資格をもつことになる．

　ダリスタの懸念は，10万ドルという付保限度額では少なすぎて中小企業の決済勘定でさえカバーできない，という点にある．銀行破綻が企業に対して及ぼす波及効果は非常に大きく，損失は労働者や供給業者へと広がり，倒産や支払不能の連鎖反応を誘発することになる．したがって，銀行やその他の金融仲介機関が破綻したときに，すべての決済勘定を完全に保証しようとすれば，経済全体を等しく保護しなければならなくなるであろう．現行制度では保護は次のように選択的なものになっている．第1に，企業が決済勘定を預金保険加入の金融機関に保有しているか非加入の金融機関に保有しているかに依存している．第2に，最後の貸し手としての保護を破綻金融機関に適用するかどうかについての連邦準備の判断に依存している．

　ダリスタの提言はやや刺激的な問題を惹き起こす．例えば，個人の携帯保険が規制された金融機関に保有されている資金をカバーできると前提した場合，金融機関は付保預金の受け入れにプレミアムを提供できるであろうか，そしてその付保資金をとりわけリスクの大きい貸出に利用できるであろうか．確かに，この点は提言が意図したものではないが，付保預金を受け入れている金融機関がそれ以上の規制を受けないならば，そうしたことになろう．

　完全に保護される決済勘定にも同様の問題がある．金融仲介機関が，高収益勘定から決済勘定への自動振替サービスを提供するという条件つきで，高金利が得られる非決済勘定を保有することは，認められるだろうか．企業が資金を引き出す必要のあるときや金融仲介機関が破綻する恐れがあるときに

は振替が行われ，金融仲介機関は，強制保険を適用しながら，決済勘定に対する投資規制を回避することができる．

最後に，ダリスタが行っている提言の精神が首尾よく実現されるように，中小企業に対してリスクの大きな貸出を行おうとする銀行の意欲を低下させることはできるのであろうか．例えば，第7章では，銀行に対する預金保険の適用範囲を現行水準以下に引き下げる手段に注意が向けられている．というのは，銀行が革新的な中小企業に対する与信者として比類のない役割を果たしていると考えているからである．紙幅が制限されていたので，提言の中でダリスタがこうした問題や関連のある問題についてそれぞれ答えることはとうていできないことであった．とはいえ，提言は，ダリスタ/シュレジンガーによって提起された規制的競争条件の平等化の促進という基本原則を具体化する方法について，有益な指針を提示している．

さらに，ダリスタ/シュレジンガーは，別の問題も提起している．競争条件の平等化が進展したとき，取引が公正に行われる可能性をさらに高めるには他に何が必要とされるのであろうか．ここで，社会契約の更新というもう1つの基本原則に立ち返ることにしよう．第8章で，キャンペンは，地域社会への再投資という形の社会契約を，いかに銀行と銀行監督当局がともに意図的に侵害してきたか，という点について明らかにしている．キャンペンによれば，貧しい地域社会には満たされない，銀行に対する大量のニーズがある．銀行に対する，この充足されないニーズが，深刻なスピルオーバー効果を生み出している．貧しい地域社会では，適切な銀行サービスを受けられなかったり信用を入手できなくなった場合には，地域の生活水準を向上させるために必要とされる新しい企業や投資や雇用を呼び込むことが，一層難しくなるのである．

キャンペンによれば，銀行は実際に地域社会への融資に失敗しており，収益機会を逃しているのであるが，群集本能にしたがって行動する傾向もみられる．もっとはっきり言うと，キャンペンが丹念に論証しているように，こうした機会の喪失は意図的な人種差別から惹き起こされている．

1970年代初めから，地域社会の活動家たちは社会契約の目的を銀行に受け入れさせる法律を獲得しようと奮闘してきた．1975年に，また1977年にも，彼らは連邦政府に働きかけて重要な2つの法律を可決させるのに成功した．住宅抵当貸付開示法は銀行行動に関する一層の情報開示を求めたものであり，地域再投資法（CRA）は，銀行が免許を受けた地域社会の信用需要を満たすように銀行の積極的差別是正措置を正式に確立したものである．しかし，キャンペンによれば，監督当局はこれらの法律を適切に執行してこなかった．キャンペンは，その執行のあり方を改善し一般的にこれらの法律を動機づけている原則を一層遵守するためのいくつかの具体案を提示している．第1に，競争条件の平等化という考え方と矛盾しないように，地域再投資義務がノンバンク金融仲介機関にも拡張されるべきである．第2に，地域社会志向で利潤志向ではない銀行を設立することを支持している．最後に，あらゆる関連機関の行動実績を改善する手段として，人種差別を禁止する法律の執行強化，手頃な基本的銀行サービスの供給義務，CRA検査・評価過程の改善，銀行の行動実績を改善するための物的な誘因の創出，CRA関連貸出に関する情報開示の強化を支持している．

全体としてみると，キャンペンの提言には，競争条件平等化の促進や社会契約の更新に関するものばかりでなく，我々が提案した以外の金融改革に関する2つの指針，すなわち，下からの人為的な市場操作と説明責任が含まれていることにも留意すべきである．CRA遵守のための物的な誘因の創出は望ましい目標に向けて市場を操作するひとつの例であり，情報開示法が強化されることによって地域社会の組織が銀行を監視する能力が改善され，その結果法律の遵守を求める能力も強化される．

これらは貧しい地域社会における生産活動水準の向上と機会の改善を確実に実行できるようにするための指針である．同時に，これらの提言は特定の経済分野をターゲットにしている．経済全体に対しても，貧しい地域社会のためにキャンペンが提起した問いを発してみることが必要である．社会的に有用な投資資金を十分に供給せず，金融不安定性への持続的傾向を生み出し

ている，信用配分に失敗しがちな金融システムを是正するには，どんな構造変化が必要なのであろうか．これが今から目を向ける問題である．

4. 金融市場と生産的投資

　1980年代は，アメリカ史において市場主導型金融改革が最も異常に盛り上がった時であった．言うまでもなく，企業による合併・買収運動のことである．こうした試みに注ぎ込まれた金融資源は膨大なものであった．例えば，クロッティ／ゴールドシュタインが第9章で指摘しているように，1984年から1989年までの企業合併の総額は年平均1,840億ドルであり，それは，新規の生産的資産への投資にアメリカで支出された総額より年に約1,000億ドルも多かった．この合併活動のほとんどすべては，信用，とりわけ低い格付けの企業のジャンク・ボンドを活用することによって，賄われた．このジャンク・ボンドこそ，1991年に2年の刑に服すようになるまでの間，ドレクセル・バーナム・ランベールのマイケル・ミルケンを，J.P. モルガン以来の，少なくとも最も裕福で最強のアメリカの金融業者として，君臨させた金融革新だったのである．

　『ウォール街　悪の巣窟』，『野蛮な来訪者』，『ウォール街の乗っ取り屋』，『アメリカ：何を間違ったのか』といった一般書では，合併・買収運動の行き過ぎが詳細に明らかにされた．しかし，そうした一般書で伝えられた印象とは対照的に，このテーマに関する学問的な研究の多くは，大多数ではないにせよ，合併運動の純効果は非常に有益であったと論じている．口火を切ったのはハーバード・ビジネス・スクールのマイケル・ジャンセン教授であった．その見解はまず，合併運動が標的会社の株主に莫大な利益をもたらし，取得企業の株主にはそこそこの利益——しかしもちろん損失ではない——しかもたらさない，と論じている．さらに，この見解によれば，合併運動は合併企業の生産効率ばかりでなくアメリカ企業全体の生産効率をも実質的に向上させる．ジャンセンの議論は，アメリカの企業構造には途方もなく大きな

「プリンシパル・エージェント」問題がある，というものである．企業の「プリンシパル」——株主——は，「エージェント」——現代企業の組織構造を通じて，株主の利益と対立しているときでさえ自分の利益を追求することができる利己的な経営者——に十分に報いられていない．ジャンセンは，合併・買収運動を，経営者の無気力を取り除き株主の正当な支配を復活させる市場メカニズムとみなしている．

　クロッティ/ゴールドシュタインはこうした研究を徹底的に検討し，現代アメリカ企業の経営には批判すべき点が多いことに同意している．それにもかかわらず彼らは，恐るべき量の証拠がジャンセン派の支持者によって列挙されたものの，その見方にはほとんどまったくメリットがない，と考えている．その代わりに彼らは，一連の批判的検討を通じて発展させられた議論を構築しながら，合併運動が以下のような2つの重要な効果をもつことを見出している．第1は「金融汚染」である．合併・買収とそれに関連した活動の結果，リスクの高いジャンク・ボンドが金融システム全体に広がり，金融不安定性がもたらされる．第2は「企業拒食症」である．これは，短期キャッシュフローを増加させ負債を返済しようとして，取得企業が雇用や投資や研究開発への支出を大きく削減することを意味する．長期的にはそうした削減は，企業自身にとっても，企業の利害関係者すなわちその生活が企業と結びついている労働者や地域社会にとっても，大きなマイナスの結果をもたらすことになる．全体として，彼らの研究は，キャンペンと同様に，金融市場で一般的に起こる群集効果や伝染効果やスピルオーバー効果に関する生き生きとした応用問題を提供している．

　クロッティ/ゴールドシュタインは，規制緩和された1980年代の金融市場が信用配分機構としては極めて非効率であったことを示す重要な証拠をあげている．彼らは信用の生産的活用を促進するためのいくつかの方法を提案している．それには，短期的な証券売買益やすべての流通市場取引への課税，企業の利害関係者への法的権限の付与，株主の積極的な行動の鼓舞，企業の負債金融に対する租税優遇措置の廃止が含まれている．

アメリカの信用配分過程を変更するいかなる案も，年金基金の役割に特別な注意を払わなければならない．なぜなら，4兆ドル以上の資産をもつ年金基金が，現在のアメリカ金融市場で単独では最大の資金源泉になっているからである．また，これらの資金が投資に配分される仕組みが，金融市場における「プリンシパル・エージェント」の対立をはっきりと示しているからである．

バーバー/ギラドゥーチが説明しているように，1974年従業員退職所得保障法以降，年金基金の管理者は禁治産者に対する責任と同等のものとして取り扱うように受託者責任を義務づけられるようになった．つまり，自由で効率的であると仮定される資本市場においてリスク調整後の収益率を最大化することが受託者の義務となったのである．しかし，バーバー/ギラドゥーチによれば，このアプローチでは，基金の参加者全体の属性を，雇用を必要とする労働者，地域社会の市民，自分自身と同じように子供の将来に関心を寄せる親として，認識することができない．

その結果，年金基金の管理者や監督当局は，年金基金の配分が雇用や地域社会の発展や長期投資に及ぼす影響について，配慮しようとしなかったのである．実際，年金基金は1980年代の合併運動やその他の過剰投機を推進した主要な金融業者であった．

また，バーバー/ギラドゥーチは，年金基金の配分を決定する際に表面にはあまり出てこない第2の「プリンシパル」——アメリカの納税者にも注目している．免税貯蓄手段である年金基金は，大部分，税制の産物である．年金基金の免税状況をアメリカ財務省の逸失収入でみると1992年だけで510億ドルに達しており，政府の最大の租税支出になっている．こうした状況を考えれば，年金基金投資が，四半期毎の収益の最大化といった小さな目的の追求を越えて，経済政策目標を支えるのを期待することは合理的である．

年金基金加入者の「ライフサイクル」への関心を高め，基金の公共目的志向を強めるために，「経済目標設定投資」を年金基金に追求させる運動が1970年代末から1980年代初めにかけて展開された．バーバー/ギラドゥー

チはこの運動の展開過程と現在の状況について検討している．彼らは，目標設定投資の当初の構想は損なわれ，それを最初に実行するときに失敗した，と考えている．それにもかかわらず，分析的にも実際上でも過去10年間にかなりの進歩がみられ，現在では雇用や地域社会や生産性向上活動を促進するための経済目標設定投資を追求する戦略が年金基金によって効果的に遂行されるようになっている．もっと一般的な言い方をすると，バーバー/ギラドゥーチは，クロッティ/ゴールドシュタインの提言と両立する，年金基金の生産的活用を促進するための一連の提言を行っている．

　第9章も第10章も，本書第1部，第2部の議論と同様に，金融不安定性の持続，短期的な投機的投資への偏向，現在の金融市場に存在する不適切な形態の説明責任，といった問題に取り組むための経済的アプローチの必要性を明らかにしている．本書の結論にあたる第11章のテーマは，包括的な政策枠組みの概略を示すことである．

　ポーリンは，信用配分の分野で連邦準備制度に広範な権限を与える包括的な改革案を提起している．ポーリンによれば，その提言は，多少違ってはいるが等しく重要な，2つの問題に取り組むための手段を提供している．2つの問題というのは，第1に，2つの長期的な産業構造の転換を開始することである．ひとつは軍事生産からの転換であり，もうひとつは環境保全生産技術への転換である．第2に，アメリカの労働・金融市場のグローバリゼーションによって生じた持続的な賃金低下圧力に対抗することである．

　ポーリンの改革案の明確な特徴は，それがすべて，アメリカやアメリカ以外の市場経済の国で利用されたか，少なくとも真剣に検討されたことのある政策から，引き出されている点にある．主要な提言の第1は，前述のように，12の地区の連邦準備銀行の取締役を直接選挙で選ぶことによって，連邦準備の民主的な説明責任を高めることである．第2は，割引窓口による準備創出の役割を公開市場操作と比べて大きくすることである．こうすることによって，民間金融仲介機関の貸出行動をより直接的に規制する権限が地区連銀に与えられ，金融安定性と資金の生産的活用を促進することが可能になるで

あろう．また，連邦準備の意思決定権限が下方に再配分され，説明責任を果たすもっと効果的な経路が生み出されるであろう．第3の提言は，アメリカのすべての金融仲介機関に対して資産別の必要準備率を設定するというものである．そのようにすれば，生産性を向上させる設備や環境保全技術への貸出のような優先度の高い信用の活用が，合併や買収のような優先度の低い資金の利用に比べて，ほとんどまったくコストのかからないものになるであろう．

ポーリンは，アメリカやその他の国における政府の信用配分政策に関する歴史的経験に基づいて，これらの提言を実用的にしようとしている．とりわけ，1930年代以来個人および家族用住宅の建築を支援してきた政策をもつアメリカの経験や，全体的な発展戦略の中で信用配分政策が中心手段になっていた日本やフランスや韓国から重要な教訓を引き出している．

ポーリンは，信用配分政策が，現行の連邦準備の構造の中で行われても，金融安定性や国内の生産的投資や民主的説明責任をうまく促進して有効に機能するようになる，と論じている．それだけではない．信用配分政策は，金融市場における民間部門の柔軟性を大きく維持しながら，連邦予算に対する要求を最低限にすることにもなるであろう．

5. 結　　論

もちろん，ポーリンなどの提言が実行可能かどうかは，真剣に聞いてもらうのに成功したかどうかとはほとんど関係ないことである．本書では，今日のアメリカの金融市場で実際にみられる機能を詳細に分析することによって，具体的な政策課題を展開しようと苦心した．しかし，分析も提言も現代の経済問題に関する支配的見解と著しく違っていることは承知している．

通説と同様に本書でも，市場は必要であり，しばしば非常に大きな効果を発揮する経済組織だと考えている．しかし，歴史を読み解いてみると，過去15年の経験は，市場を放置しておくと不公正で有害で不合理な結果を生む，

と教えていた．もちろん，規制緩和されたアメリカ金融市場が多くの人々に利益をもたらすことはなかった．

　政府も市場と同様に有害で不合理な行動をとることはあるが，事情をよく知っている機動的な政治機関がその目的を育めば，政府は重要な経済課題をうまく遂行することができる．アメリカ政府も，資産家やその関係者の代弁者としてではなく民主的意思の体現者として行動すれば，見えざる手よりもずっと効果的に幅広く金融市場に影響を及ぼすことができるはずである．改革案の技術的特徴ばかりでなく提言を実行する際の民主的メカニズムについても本書で明らかにしようと心がけたのは，そのためである．

　提言では現状からの劇的な離脱が主張されているが，もちろんよく考えた上でのことである．以下で検討される現状には次のようなものがある．アメリカ史上のどの時代よりも高い金利水準，生産的投資を無視して著しく投機に仕えた金融市場，とりわけS&Lの経営陣に甘いセーフティネットを供与した公的保護と規制の旧式システム，銀行や年金基金やその他の金融機関の資金配分が偏っていたために強められた不平等な富と機会の分配である．自己満足を助長するこうした状況はあまり好ましいものではない．はっきり言えば，現状擁護論者の自己満足を妨げることが本書の目的の1つである．もっと野心的なことを言えば，不満足で混乱したものを明らかにすることによって，経済システムの公平性と効率性の向上を願ってすでに委託している人々に利用可能な手段を提供したい，とも望んでいる．

　　注
　1) 銀行業と金利のデータについては，Pollin and Dymski (1993) による．

第1部　金融政策と金利

第2章　金融政策と金融構造，投資[1]

スティーブン・ファザーリ

1. はじめに：いくつかの広汎なテーマ

　投資は，少なくとも次の2つの理由から，現代の金融政策の議論の中心的なテーマである．第1に，投資は，通貨が需要に影響する手段を提供する．もし，産出量の変動にとって総需要の状態が重要であれば，通貨—投資—需要の関連の存在は，金融政策が景気循環の過程に影響を与える1つの経路を明らかにすることになる．第2に，もっと長期についてみれば，資本投資は労働生産性，賃金，そして人々の生活水準を決定する主要な要因である．金融政策が投資に影響を与えるほど，金融政策は資本ストック，ひいては長期にわたる経済パフォーマンスに影響を及ぼすことになろう．

　本章では，金融政策と資本投資の関連の理論的かつ実証的基礎について，批判的に吟味する．両者の関連について述べた見解のほとんどにおいて，資本コストを構成する要因，とりわけ金利が，通貨と投資との関連において主要なものであると考えられている．すなわち，通貨供給の変化は投資に影響するが，その理由は通貨供給が金利を変化させるからである．しかし，投資の金利への感応性を測ることは実証分析において長年にわたって論争課題であった．金利が投資の変動を説明する際に特に重要な役割を果たしているという点について，必ずしも見解が確定しているわけではない．既存の実証研究をみてみれば，結論が混乱したものであることがわかるだろう．もし，投資が金利にそれほど影響されないのであれば，金融政策が投資に重大な影響

をもたらすメカニズム——もしそうしたものがあるとすれば——は，再検討を要請されることになろう．

実際，ここで示される実証研究は，投資支出に対する金利の影響について信頼に足る証拠を示すことができなかった．しかし，こうした事実は，金融政策が，そしてより広義には金融システムの構造が投資にとってどうでもよいことだということを必ずしも意味しない．最近の研究は，過去の研究における旧来の考え方を復活させた．その見解では，投資を，金融政策と金融構造とが作用する異なった経路と結びつけている．投資は資金調達の市場コスト（金利）に感応的ではないかもしれないが，金融政策は，究極的には企業が調達でき，したがって投資に影響するかもしれない資金の量に影響を与えることになるだろう．

もし，資本市場が完全でないとすれば，資金調達コストと調達資金量を区別することが重大な意味をもつことになる．完全な資本市場においては，金利が資金の需要と供給を均衡化する．投資を行おうとしている企業にとって，投資計画を内部資金によって賄うか（それは暗黙的には，企業所有者に内部資金の機会費用[2]を無視させることになる），投資を賄うために市場金利で借り入れるかどうかは，大した違いを生まない．しかし，最近の実証研究の多くは，資本市場が完全であるという共通条件を前提することを拒否する．こうした研究の結論は，企業が内部金融の場合に直面することになる機会費用と同じ条件では，外部資金を調達できないということである．内部資金のコストと外部資金のコストとの間に存在するであろう違いは，金融政策が投資に影響する重要な経路となるであろう．こうした意味における投資への「金融効果」は，前述した伝統的な金利—資本コスト経路とは異なっているだけでなく，論理的にも実証的にもより有効性が高い可能性をもっている．

より特定して言えば，銀行ないし他の投資資金供給者は，供給と需要に応じて貸出金利を単に調整するというよりも，信用量をコントロールすることによって借り手に供給する信用を割り当てると想定しよう．金融政策は，こうした金融機関の貸出コストや信用の供給量に影響することができる．よし

んば，中心的な短期金融市場の金利が変動したとしても，企業に対する投資資金の貸出金利——信用の実効価格——は，金融政策の変化に応じて変更されるとは限らない．したがって，金利だけに注目するならば，金融政策の投資に及ぼす影響の意義を過小評価することになろう．以下では，こうした通貨と投資の関連についての諸研究の結論について，金利と信用アベイラビリティーの相対的な重要性に関する新たな実証的証拠とともに考察する．

投資への金融効果は，投資と通貨・金融との関連についてより広い含意を導く．近年の研究の多くは，資本支出に対して企業の内部キャッシュフローが強い影響をもつことを確認している．おそらく，内部金融はリスクが低く，低コストの資金源泉を提供するからであろう．また，企業は，外部信用に対して市場でプレミアムを支払わなければならないためでもあろう．もちろん，内部キャッシュフローは，利潤と密接に関連している．金融政策は，経済の下方への変動をどのように有効に制御できるかどうかに応じて，投資へのプラス効果をもつ利潤と内部金融を支えることに役立つだろう．逆に，インフレを抑えるために金融引締め政策を採用することがもたらす帰結の1つは，投資の減退である．それは，金融引締めが金利を上昇させることによって生じるのでは必ずしもなく，利潤やキャッシュフローに対する通貨・金融のマクロ経済への間接的な影響のためにもたらされるのである．再び，金融政策の投資への効果を金利という経路だけに限定することは，資本蓄積に及ぼす投資の重要性の真の意義を過小評価することになろう．

ここで強調される投資決定についてのより広い視角は，本書におけるもう1つの重要な関心と結びついている．すなわち，金融システムの制度的構造である．完全な資本市場の世界では，金融仲介機関（銀行のような）は，単に貯蓄主体から資金を吸収し借り手に資金を供給するものでしかない．それらの機関は，貯蓄主体と借り手とがお互いに直接に取引を行うシステムと対照的に，金融仲介プロセスを集中し取引コストを削減する．そして，そのことによって，資金配分の効率性を高めることになる．しかし，こうしたことは，完全な資本市場においては第二義的な意義しかもたない．しかし，外部

金融のコストが内部金融の機会費用をかなり上回るとすれば，金融仲介プロセスは，信用の水準や資金配分を決定するのに根本的な役割を果たすことになる．効率的な金融仲介は，非人格的で集中化された信用市場では不可能な投資資金へのアクセスを企業に提供する．銀行とそれに類似した金融機関は特別なのである．こうした組織の効率的な活動は，投資の外部資金調達の制約を減じ，したがって投資と経済の健全性を維持する．こうした点は，金融システムの再構築の論議に際してしばしば看過されてきた．この点と現在の政策論争との関係がここで展開されよう．

　最後に，投資—金融の相互関連についての新たな見解は，企業の財務状態によっては，企業と投資計画のすべてが等しく影響されるわけではないことを含意している．十分に健全な信用履歴をもった成熟企業と，よく知られた投資計画をもった成熟企業は，金融引締め期においても内部資金や銀行信用に代えて，別の資金調達形態を選択できよう．こうした代替の可能性は，将来性が投資資金の供給者に十分に理解されていない新興成長産業における企業には利用可能ではない．このため，金融政策は，単に投資の水準ばかりでなく，投資配分に対しても，適切とはいえない影響をもたらすことになろう．金融引締めは，銀行借入れに大部分依存せざるをえない企業へ資金配分するという金融システムの能力を，平等とはいえない仕方で阻害する．すなわち，そうした企業は，小さな革新的企業であり，しばしば経済の最も成長志向的な部門に属する．こうした〔企業間に存在する〕異質性は，資本コストと投資との伝統的な関連にもっぱら注目する分析においては，理解されない．

　総じていえば，金融政策の効果に関する議論の多くが無視してきた金融と投資との間に存在する強力で複雑な関連は，狭隘にもインフレ率をゼロとすることだけに傾注してきた金融政策がもたらす社会的コストを増大させることになろう．こうした社会的コストは，通貨が投資に影響する唯一の経路として資本コストにだけ注目してきたアプローチが予想する額を上回る可能性がある．おそらくもっと重要なことは，資本コストという経路だけに分析の焦点を絞った場合には明確にならなかったような経路を通じて，金融引締め

政策は投資配分に影響を与える可能性があるという点である．こうした点は，金融政策やより広範な金融改革を実行するにあたって，金融システムが投資とどのように相互作用するのかについて，より正確な情報が与えられてなければならないということを明らかに示している．

2. 今まで以上の大量投資が必要か

　本章は，金融政策と投資の関連を検討する．しかし，先に進む前に，少なくとも手短に，主題の背景にある問題を指摘しておく必要がある．すなわち，現在のアメリカにおいて金融政策は，投資を促進するように決定されるべきなのかという問題である．明らかに，この問題への答えは，ここで追求される政策分析の前提をなしている．

　統計は，投資がとりわけ低調であることを示している．図2.1は，過去40年にわたる国内総生産に対する民間純固定資本投資の比率を示している．この比率は，景気循環に応じて大幅に変動しているが，最近において際だって異状な動きを示している．1985年初めに一時的にピークを打った後，公式の景気後退の始まりである1990年半ばのはるか以前に，純投資・GDP比率の低下が始まっていた．最近の低率の景気拡張期と後退期において，この投資の比率は大恐慌以降，最も低い水準を中心に変動している．1991年後半の水準は，近年の景気後退よりもはるかに厳しいものであったと広く信じられてきた1973-74年の景気後退期の谷の水準よりも，さらに低いものであった．

　何らかの政策によって，この傾向を逆転させるべきだということについて，ほぼすべての政治的立場において驚くべき見解の一致がみられる．しかし，この課題に応えるための最善の方法については，見解は鋭く対立する．レーガン/ブッシュ政権の財政金融政策への手厳しい批判者であったベンジャミン・フリードマンは，1980年代の低調な投資の結果として「生産性上昇は引き続き失望を禁じえないものであり，賃金の上昇も遅々としたものだっ

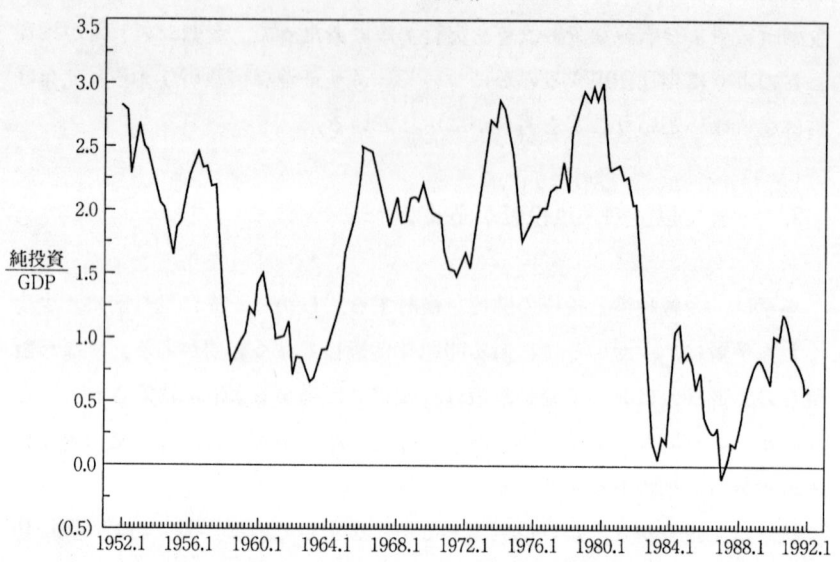

図2.1　純非住宅投資，1952-92

出所：National Income and Product Accounts, adjusted in Fair, 1992.

た」(Friedman, 1991b, p. 150) と指摘した．レーガン政権の最初の経済諮問委員会議長ムーレイ・ワイデンバウムは，「製造企業向けの生産性向上のための機械設備」(Youngblood, 1992) に対する臨時の投資税額控除を求めた．

　しかし，このような見解の一致にもかかわらず，投資を促進する政策の追求が社会的厚生を高めるかどうかに関して疑義を唱える，ある種の正当な理由が存在する．所与の産出量に対して，投資の増大は必ず現行の消費に使用されてきたなんらかの資源を控除することを意味する．したがって，より多くの投資がよいかどうかは，必ずしも自明なものではない．すなわち，高水準の投資から受ける将来の便益が，現行の消費を犠牲にすることを正当化するほど十分に大きくないかもしれない可能性がある．

　しかし，いくつかの理由から，アメリカの現在の環境の下では，経済政策は民間投資を増大させるべきである．こうした点を最も明瞭に示すのは，経済が生産資源の完全利用からはるかに低いという点である[3]．より大きな投

資支出は，需要と産出量をともに増大させるだろう．したがって，現在の状況下では，投資を増大させるには現行の消費水準を犠牲にしなければならないという結論を導くのに必要な前提は，適用できない．なぜなら，産出量は所与の水準で固定されないからである．

〔アメリカ経済が直面している〕長期的な懸念からいっても，アメリカがより大きな民間投資の増大によって便益を得るだろうという結論は，支持される．社会保障庁の1990年の年次報告は，社会保障税を支払う雇用労働者に対する社会保障の受益者の比率が1990年の0.3から約40年後には0.5に上昇すると予想している[4]．ベビーブーマー世代が高齢化するにつれて生じる，こうした広汎に議論されてきた変化は，退職者を支える労働者の負担を大幅に増大させるか，退職者に支払われる便益を大幅に削減することをもたらすだろう．こうした次世紀における潜在的に深刻な世代間対立に先だって準備を蓄えておくべきだという，多くの議論がなされている．

しかし，社会保障についての問題に関する大方の理解は，合成の誤謬によって曇らされている．引退しようとする個人にとって自明ともいえる答えは，働いている間に貯蓄をし，引退後には消費支出を賄うために貯め込んだ貯蓄を使用するということである．貯蓄することを通じて，人々は，自らが資源を現在から将来へ移転しているとを理解する．そしてこのような理解は，個人的観点からみれば，明らかに正しい．しかし社会を全体として捉えてみれば，退職者が消費したいと思う実物財はまったく移転されていないことがわかる．ベビーブーマー世代たちは退職後，カッコのよい車を運転したいだろうし，うまい料理も食べたいだろう．さらに，高水準の医療も受けたいと思うだろう．そうしたものすべては，将来の経済活動が生み出すものである．彼らが次世紀の30年代に退職するとき，彼らが使うことになることを見越して，そうした財のストックを巨大な倉庫に蓄えておいてくれるような人など決していない．彼らが退職したとき，ベビーブーマーたちが消費しようとする財は，その時の社会が生産したものからもってくるほかない．

したがって，ベビーブーマー世代の退職のために準備することができる最

善の方法は，将来の財やサービスを生産する経済の生産能力を高めることである．この目的のためには，投資の増大が必要である．こうした人口構成の現実の姿を考慮すれば，近年における投資の減少傾向は，とりわけ将来への懸念を高めるものである．投資は，産出量の一定割合として増大させなければならない．したがって，1990年代の金融政策や金融改革が挑戦しなければならない課題の1つは，資本投資の促進でなければならない．

3. 我々は投資の決定について何を知っているか

投資を促進する通貨・金融環境の創出という目的を達成するためには，投資決定がどのように行われるのかについて，明確な理解に達しておくことが必要である．過度な単純化の危険を省みず言えば，この主題に関して行われた膨大な研究における投資の決定要因は，3つの広い分野に分割することができる．すなわち，資本コスト，産出量および販売高に関わる変数，そして企業の金融アクセス手段の3つである．この3つの概念それぞれについて少しばかり詳しく検討してみよう．

(1) 資本コストと新古典派投資モデル

初期の実証分析は，投資の決定要因の3つのカテゴリーのすべてを強調していた[5]．しかし，1960年代に，ディール・ヨルゲンソンが投資理論において支配的となる見解を展開した[6]．この理論によれば，企業は，利潤（より正確に言えば長期的な利潤の現在価値）を極大化するために，雇用，投資，生産の決定を行う．企業の選択を制約するものはただ，市場価格（ヨルゲンソン・モデルの完全競争という条件のもとでは，企業は市場価格を決定できない）および技術（それは，企業が所与の投入物から生産することができる産出量を決定する）だけである．この理論的枠組みの下では，投資は，技術およびすべての財の価格によって決定される．価格の中には金利が含まれているが，金利に限定されるわけではない．

この枠組みの中で，金融政策が直接に演じる役割は明確であるとともに，その役割は，狭い範囲に限定されている．すなわち，金融政策は，それがもっぱら金利への作用を介して資本の実質コストに影響を及ぼす限りでのみ，投資にとって重要であるにすぎない[7]．新古典派投資モデルに依拠する文献のほとんどは，金利効果がかなり大きなものであると想定している．

このモデルは，1つの理論を構成している．その理論というのは，論理的に一貫したものであるが，ある強い仮定に依拠している．例えば，こうした理論のほとんどにおいて，企業は投入要素のすべてを購入することができるし，また一定の価格で売りたいと思う産出物をすべて販売できると想定されている（この場合，企業は「完全競争」市場で活動している）．さらに，もし企業が望ましい投資計画を賄うのに十分な資金をもっていないとすれば，企業は公正な市場価格で新株を発行することによってか，あるいは経済全体に波及している金利で借り入れるかすることによって，必要とされる資金を外部から調達することができると想定されている．こうした強い仮定が事実に反している点については，疑う余地はほとんどない．しかし，政策分析にとって最も重要な問題は，こうした想定に依拠した理論が企業の投資決定の最も重要な側面を適切に描いているかどうかという点にある．この問題は，理論を実証的に検証することによって答えられなければならない．

新古典派投資モデルを実証的に検定する研究はすぐさま，1つの重要な問題に直面することになった．理論モデルにおいて技術が演じる役割は明確であり，また極めて一般的なものである．しかし，実際には企業の技術の真の構造および投資需要への影響は，観測不能である．研究者は，理論を検定するため技術の性格についてある種の追加的な想定をしなければならない．こうした想定の性格は，政策目的にとって重要である．なぜなら，それらは通常，資本コストと並んで，企業の販売高や産出量を投資の規定要因として導入することになるからである．これらのモデルのいくつかは投資を非常にうまく説明するけれども，この説明力が資本コストを原因として生み出され，したがって政策誘導による金利の変化と関連しているかどうかは明確ではな

い．多くの場合，これらの新古典派モデルの実証面における成功は，販売高をモデルに含めた結果生じたのである．しかし，販売高は，新古典派理論とはほとんど関係ない．その問題は後に取り上げられよう[8]．したがって，金融政策の資本コストを介した投資に対する標準的な影響については，不明確な点がある．我々はここで，次節で述べる新たな実証分析によって，この不明確な点のいくつかについて解決を試みよう．しかし，なによりも，投資についての代替的なアプローチを考えなければならない．こうしたアプローチは，新古典派モデルを取り巻く膨大な研究と同じものではないが，現在の政策問題にとって重大な意義をもつことになるだろう．

(2) 販売高と加速度原理

新古典派モデルのほとんどにおいて，企業は所与の価格で販売したいと望むすべてのものを売ることができると前提したうえで，産出量をどのように生産したいかを選択する．生産において企業が受ける唯一の制約は，技術と市場価格から生じる．しかし，この「完全競争」という条件は，アメリカの産業のほとんどにおいて企業が直面している環境を適切に描いていない．一般には，企業は自らが設定する価格についても，その管理は限定されたものであるし，一定の価格で販売できる量は，企業の製品に対する需要の大きさによって制約されている．このような条件下で，企業の将来への期待が投資支出に対して重大な影響を与える．販売の増大は，おそらく将来の販売増大という期待を，現時点あるいは直近の時点において喚起させよう．また，新たな生産能力投資へのインセンティブを企業に与えるだろう．販売の減少は，投資へのインセンティブを減退させよう．

こうした直観は，最も古く，また実証的にはほぼ証明されている投資モデルの1つを，あらためて注目させることになる．それは投資の変化をそれ以前の産出量の変化と関連させたものである[9]．各種の加速度原理は，数十年にわたって実証的な投資研究において使われてきたし，優れた実証的結果を生みだしてきた．以前に言及したように，加速度効果は新古典派モデルの実

証的検定の成果を曖昧なものにする．なぜなら，多くの新古典派アプローチは，販売高や産出量をも含む変数を介してのみ，資本コストが投資に影響することを認めるからである．したがって，販売高と資本コストそれぞれが投資に及ぼす異なった作用を特定することはできない．そのため，金利という経路の独立した意義と金融政策の効果を評価することが，困難となるのである．

しかし，こうした研究のなかには，投資を説明する要因として，販売高の作用と資本コストの作用とを別々に考慮して比較したものもある．最近の包括的な研究において，ロバート・チリンコ（1993, p. 14）は次のように述べている．「様々な新古典派モデルの分析結果にはかなり大きな違いがみられるにもかかわらず，それらの研究は，産出量（あるいは販売高）が投資支出の支配的決定要因であることを明確にする一方で，［資本コストは］控えめな影響しか及ぼしていないことを示している」．したがって，政策当局者の間ではほとんど疑問とされることもなかった資本コストの変化が，投資に対する支配的な政策変数であるとする重大な暗黙の想定には，疑念を懐かざるをえないのである．この問題点を明示した実証研究が，次節で示される．

もし販売高の方が投資の決定要因として資本コストに優るのであるならば，あるいはまた販売高がマクロ経済の状態に一部規定されるのであるならば，そのとき金融政策と資本支出との関係は，前に要約した新古典派モデルの投資決定要因とは著しく異なったものになる．このような条件の下では，金融政策が経済全般に及ぼす間接的な影響の方が，資本コストへ及ぼす直接的な影響よりも，投資にとってはるかに重要となろう．実際，金融政策が経済活動全般へ重大な影響を及ぼすことについて，疑念はない[10]．以下では，たとえ投資が資本コストに感応的でないとしても，こうした結果が起こりうることを論じよう．

このように論じることは，主流派経済学においては大きく制約されざるをえない．一方では，加速度因子の強力な作用は，経済が労働と資源の完全雇用点以下で稼働している（あるいは，そう期待されている）一時的な状況下

に適用される一時的なものであると広くみなされている．他方，資本コストの効果は，実証的には不確かなものであることが明白であるにもかかわらず，永続的に作用するとされる．さらに資本コストは，完全雇用点においてさえ，望ましい資本ストックに影響する．しかし，主流派モデルは，金融政策が資本コストに加わる実質金利に永続的な作用を与えないとも予想している．もし，広く信じられているように，税制に起因するインフレ非中立性が資本コストを上昇させるとすれば，現実には金融緩和政策は，伝統的な長期分析が主張するように，インフレ率を高め (Lindsey, 1992)，長期にわたって投資を阻害することになろう．このことも，金利―資本コスト経路が投資へ主要な影響をもつという立場を弱める理由の1つである．

しかし，そうした問題の絞り方が，効果的な政策の立案を著しく誤らせることになる重大な理由がいくつかある．本章では，かなり長期にわたって，資源の完全稼働水準からはるかに離れて経済活動が行われることがあると想定している．こうした生活水準における物的な犠牲，そしてより重要なのは，社会的な厚生の犠牲は，かなり大きなものである．短期および中期において投資政策の重要な目的は，雇用を生み出し，生産性を向上させ，所得を増大させることであり，それらを通じて，経済を活性化させることでなければならない．金融緩和政策が経済活動を押し上げることができるほど，強力な加速度効果が投資を促進することになろう．

実際，加速因子に注目した議論を，さらに深めることさえできよう．なぜなら，加速度効果が必ず短期であるとは限らないからである．加速度因子を介した投資促進が一時的であるという通説は，経済それ自体が自生的ないし事前的な調整メカニズムによって必然的に完全雇用均衡に収斂するだろうという想定に基づいている．さらに，この均衡においてもたらされるだろう産出量と雇用量は，経済の直近のパフォーマンスの動きから大部分独立したものとされている．こうした決定的ともいえる2つの想定をともに疑問とするもっともな理由がある．

通常，完全雇用を回復すると想定されている経済においても，自生的な安

定化諸力の作用は，まったく微弱なものであろう．また，それらは，不安定化作用によっても弱められる可能性が高い[11]．もしこうしたことが生じるとすれば，金融政策による投資促進は，さもなければ引き続き停滞に留まっていたであろう経済を完全雇用へ押し上げることによって，長期的な効果をもつことになる．さらに，経済がそれ自体で長期的に完全雇用均衡にあった場合でさえ，経済の短期的強さは，そのような長期均衡の性格に影響を与えよう．こうした効果は，短期的パフォーマンスが技術進歩の程度（それは投資水準とも結びついている），労働の生産性，そして「学習効果」に影響を及ぼすことによって生じる．フランク・ハーンによれば，「それぞれの定常成長率に含まれる歴史決定主義にあえて決着をつける必要はない」（1990, p. 35）．したがって，通例，投資や雇用の「短期的」変動と捉えられるものの意義を割り引いて考える必要はないのである．なぜなら，長期の定常状態においてはすべてがうまくいくと信じられているとしても，そういった経済状態は経済の短期的軌道から独立した別のものにほかならないからである．むしろ，マクロ経済の短期的な脆弱さが，長期的な影響を及ぼす可能性の方が高いのである．

(3) 金融と投資

資本市場と投資についての研究の近年における展開はまた，金融政策と投資との関連についての経済的基礎を再検討する必要があることを示している．投資の決定要因についての主流派経済学の実証研究の多くは，企業が収益があがると信じるどのような投資計画にも資金を調達できるという想定に基づいている（投資計画は市場金利に基づく資本コストで評価される）．しかし，新たな理論的・実証的研究は，しばしば「金融制約」と呼ばれる事象について大きな前進をみた．金利や税制，技術といった伝統的な投資決定要因とは独立に，資金調達源へのアクセスいかんが投資に対して制約を課すという考えは，今や経済学者の間で広汎な支持を得ている（必ずしも一般的というわけではないが）[12]．

意図した投資計画を企業が行おうとするとき，企業が十分な内部資金をもっていないと想定しよう．そのとき企業は，外部の資金調達源——新規借入か新株発行——を探さなければならない．しかし，外部金融は，各種の理由から内部金融よりもコストが高い[13]．金融取引においては，コストをカバーし利益を上げなければならない金融仲介機関との取引が必要となるため，外部金融と関連した取引コストが疑いもなく存在する．そのコストはかなり大きく，とりわけ新規株式発行においては高い．したがって，企業が投資計画を実行するのに十分な内部資金をもっているときに企てられるであろう投資計画は，もし企業がよりコストが高い外部資金を利用しなければならないとすれば，延期されたり取り止められることになるかもしれない．

　最近の研究は，なぜ投資に対する金融制約が生じるのかについてもっと奥深い説明を与えている．問題の多くは，借り手と貸し手との間で利用可能な情報が異なっている（「非対称的な」）点に集中している．そしてそうした情報は，伝統的な分析とは異なった多くの結論を導くことになる．例えば，信用割当が発生するとしよう．そのことは，金利が貸出に対する需要と供給を均衡化しないことを意味する．そのとき，現行の支配的な金利で投資資金を真に意欲的に調達しようとしている企業にとっても，借入ができないかもしれない．さらに，企業の借入資金へのアクセスいかんは，企業自身の信用状態ないし財務状態に依存する．とりわけ，投資計画を実施する企業の能力は市場や考慮されている計画の技術的性格ばかりでなく（専門用語を使えば，計画の「ファンダメンタル・バリュー」），負債や企業が新規借入に対して提供できる担保といった財務状態にも依存する．また，もし企業が十分な内部資金をもっていたら行われたであろう投資計画は，そのための外部資金を調達しなければならない場合には，行われないかもしれない．

　このような方向での研究は，新たな実証研究を導く．そうした実証研究は，資金アクセスの問題が投資に対して決定的に重要であるという考えを強く支持するものである．とりわけ，近年の研究は投資と内部資金との間にある関連を証明している．そして内部資金の変動は，もっぱら利潤によって規定さ

第2章 金融政策と金融構造，投資

れる．さらにいえば，こうした関連は，相対的に小さく急速に成長している企業にとっては，最も大きな重要性をもっている．そして，そうした小企業こそは，アメリカ経済の最も成長的な部門に集中している．こうした［企業間に存在する］異質性は驚くべきことではない．企業と潜在的貸し手との情報格差が，新興産業の中小企業であるほど大きくなることは，十分に予想できよう．したがって，ある種の企業が収益性のある投資計画のために外部資金を調達することを妨げることになる金融制約の根幹に情報の非対称性という問題があるとすれば，こうした制約はおそらく，より成長性の高い企業ほど最も厳しいものであろう．また，こうした企業の投資は，内部資金の利用可能性の程度に最も依存することになろう[14]．

　こうした展開は，投資に対して金融が作用する新たな経路についての研究を切り開くことになる．信用コストに対する金融政策の作用は，投資にとりわけ重要であるわけではない．金融政策，そしてより広義には金融システムの制度的構造は，信用のアベイラビリティーに対して重大な意義をもつことになろう．もし資本市場が「完全」であるならば，信用のコストとアベイラビリティーの間にいかなる違いもない．つまり，より多く借り入れたい企業は単により高いコストを支払わなくてはならない．しかし，信用割当があれば，スティグリッツ/ワイス（1981）が説明したように，企業がより高い金利を提示しても貸し手はより多くの資金を貸し出すことに躊躇する．理論的には，信用割当は，借入できた企業と見たところ同じだと思われる企業に起こる．実際には，最上の信用履歴や最善の担保をもった最大の借り手が信用を受けるのが一般的であろう．信用割当は，信用履歴が乏しく担保もあまりもたない中小企業におそらく影響を与えるであろう．

　こうした理論的な見方は，「信用逼迫」に見舞われた最近のアメリカの経験と関連している．信用逼迫は，1990年代初めのマクロ経済の貧弱なパフォーマンスに一部は原因をもつと多くの人々に捉えられていた．もし信用市場が金利によって均衡化されるならば，信用引締めに対する不満には，金利の上昇が伴うことが予想されよう．しかし，表2.1にみられるように，金利

表2.1 名目金利

期	Baa格債券金利	CP金利	平均プライムレート
1989 Q1	10.64	9.45	11.08
1989 Q2	10.37	9.29	11.50
1989 Q3	9.89	8.39	10.83
1989 Q4	9.81	8.06	10.50
1990 Q1	10.10	8.08	10.08
1990 Q2	10.31	8.19	10.00
1990 Q3	10.42	7.83	10.00
1990 Q4	10.60	7.68	10.00
1991 Q1	10.40	6.60	9.33
1991 Q2	9.92	6.06	8.75
1991 Q3	9.68	5.83	8.42
1991 Q4	9.40	4.91	7.58

出所：*Economic Report of the President*, 1992, p. 379. 月次データの平均．

はこの経済低迷の期間，まったく低く，そして低下傾向にさえあった．したがって，少なくとも因果関係からみれば，信用割当のようなものが働いたということを示している[15]．

さらに，以前に指摘したように，信用逼迫は，すべての企業に等しく打撃を与えたわけではない．この点は，ブッシュ政権が最後に発行した1992年の大統領経済報告書でさえ認知されている．この報告書は，「相対的に引締めぎみの金融政策の効果はやがて，とりわけ中小企業に深刻な信用アベイラビリティーの問題を生じさせ，経済を低迷させた」と述べている（強調は筆者）．別の論文や次節で示される計量経済学的証拠は，信用引締めが，新しいハイテク産業部門で急成長している中小企業に不均等な影響を与えるだろうという結論を支持している．しかし，おそらく，こうした企業群は雇用を伸ばし，アメリカの国際競争力を高めることにおいて最も重要であり，したがって，政策論議において特段の注意に値するものである．

金融政策に影響される信用割当の程度や「信用逼迫」の深刻さはどのようであろうか．銀行システムへの準備供給を増大させることによって，連邦準備は銀行の資金コストを低下させた．標準的なマーケット・クリアリング・

モデルでは，資金コストの低下は，新規融資の収益と融資増加のための資金調達コストとの間のギャップを拡大する．競争的銀行は新規の顧客の関心を引くために融資コストを切り下げることによって対応する．新規貸出市場の均衡はしたがって，より低い金利とより大きな融資量をもたらすだろう．しかし，金融拡張と貸出増との関係は，信用割当が存在する市場ではいく分異なる．連邦準備によって供給される準備の増大は，資金コストを削減し，このコストと新規融資の期待収益とのギャップを拡大する．しかし，信用割当が生じているときには，新規顧客を惹きつけるために，銀行は金利を引き下げる必要はない．銀行は単に，以前に信用割当されたいく人かの借り手の信用需要を満たすだけでよい．たとえ銀行が課す金利が同じ水準であったとしても，供与される信用量は拡大しさえする[16]．スティグリッツ/ワイス (1981) の議論に従えば，このような結果は，投資が金利の変化に感応しないように思われる場合でさえ，金融政策が，投資に向けることができる利用可能な資金量に重大な影響を及ぼすことを意味していよう[17]．

投資に対する金融の作用は景気循環と相互関係をもち，したがって様々な政策論争と微妙な別の仕方で関連している．利潤，より広義には「キャッシュフロー」は，投資を賄う内部資金の唯一の源泉ではない．企業は，保有する別の資産を減らすことによって，資本支出を一時的に賄うこともできる．例えば，企業が，キャッシュフローの減少に直面するが，新規借入か株式発行に頼らずに投資支出を維持したい場合には，企業は在庫を売却したり（あるいは単に補塡しなかったり），現預金の保有残高を縮減したり，あるいは売り掛け債権の回収を厳しくしたりして，投資支出を賄うことができる．こうした流動資産の削減により解放された資金は，一時的に企業の投資支出を「容易にする」ために利用される[18]．

この種の行動がどの程度起こるかは，景気後退に突入したとき企業の流動性がどのようであるかに依存する．景気後退に陥ったとき企業が流動資産をあまりもっていなかったり，巨額の負債を負っていたりする場合には，キャッシュフローの減少に対して投資を行う企業の能力は減退することになろう．

この点もとりわけ現在の状況と関わっている．1990年代初めに，アメリカ企業はより少量の在庫ストックしかもたないようになり，また歴史的に見て非常に高い負債水準を維持するようになった．こうして企業の流動性水準は低くなったのである．そして図2.1に示されているように，産出量に対する投資の割合は，近年の低成長期や景気後退期において，第2次大戦後のどのような時期と比べても最も大きく低下した．したがって，過重負債とそれに寄与した政策（例えば，金利の税額控除や各種の金融規制緩和）は，おそらく景気後退に対する投資の感応性を高めることになったであろう．このような金融環境の変容は，投資に対するマクロ経済変動の影響力を強め，またそれにつれて景気循環を生み出し抑制する経済政策の役割を高めた．

4. 投資の決定要因についての実証的証拠

(1) 動機づけとデータ

前節で要約した理論的分析は，通貨・金融政策が投資に影響する経路が数多くあることを確認した．前に挙げた文献の多くは，様々な経路の相対的な影響度の違いを識別し，したがって政策提案を行うための数量的な基礎を提供するために利用できる実証的証拠を提供している．しかし，こうした実証的証拠は断片的になりがちであり，そこから引き出される様々な結論はしばしば確定的でなく矛盾している．

さらに，投資の決定要因の分析が根本的には個々の企業の行動についてのミクロ経済的な問題であるにもかかわらず，この問題についての実証研究の大多数は，集計的なデータを使用することによって行われてきた．そして，それは，しばしば「あたかも」経済全体の動きが単一の「代表企業」によって表すことができるという想定のもとで行われてきた．明らかに，こうしたアプローチは，異なる種類の企業間に存在する異質性が経済政策の目的にとって重要であるという立場を支持するいかなる証拠も排除する．いくつかの研究が企業レベルのデータを分析しているにもかかわらず，それらは通常，

第2章 金融政策，金融構造および投資

マクロ経済政策に対する結論を強く支持するために十分なほどには経済全体をカバーしていない．

こうした理由のため，本節では，以前提起した問題を統計的に明らかにするために，投資の決定要因についての新たな実証的証拠を提示する．ここで新たに示される研究の革新的な点は，使用された企業データの標本にある．この標本は，スタンダード・アンド・プアーズ社のCOMPUSTATデータベースの「full coverage」ファイルから構築されたものである．それは5,000社以上のアメリカの製造業部門の企業の1971年から1990年までの情報を与えている（約53,000の観測値をもつ）．この期間，これらの企業による資本支出の総額は，アメリカの総固定資本投資の42%を占めている[19]．したがって，このデータベースは，経済のかなりの部分をおさえていることになる．こうしたマクロ的にカバーする範囲の大きさは，企業レベルのデータを使ってアメリカの投資の研究をした以前のいかなる研究よりも大きい．分析結果を，カバーしきれなかったその他の部分に対してどのようにして一般化するのかについては後に説明される．

以前議論された主要な決定要因に対する投資の感応性を計るために，投資の回帰分析は3つの変数を含んでいる．つまり，販売高の伸び，内部キャッシュフロー，そして資本コストである．販売高の伸びという変数は，加速度原理によって示されている[20]．内部キャッシュフローの効果は金融制約の重要性を表している．つまり，企業がより大きなキャッシュフローをもつとき，企業は投資支出に対して大きな支配力をもつと考えられる．なぜなら，その場合，企業は，調達するには過度に費用がかかるか，あるいは調達不可能でさえある外部資金（新規の負債か，株式発行）にあまり依存しなくてすむからである[21]．資本コスト変数は金利である（ある場合には租税効果に対して調整される）．この変数は経済政策の投資への影響の通例の経路を反映する．

ここで示される回帰式は，文献の中で「誘導型」と呼ばれるものである．すなわち，それらは単に，実証的関連について特別の構造的関係を考慮する

ことなしに，従属変数——この場合には企業投資——を理論が示唆する様々な決定要因と関連づけるだけのものである[22]．こうしたアプローチを，とりわけ政策分析のために使用することについては批判が加えられてきた．なぜなら，政策変更が以前の政策下で生じたデータから推計されたパラメーターを変化させる可能性があるからである．この問題を強調したロバート・ルーカスの研究の後に，この問題は，多くの文献の中で「ルーカス批判」と呼ばれている．結果を得てその政策への意義を考慮した後に，どのように政策変化が実証的結果を生み出す経済構造に影響するのかについて十分に考察されるべきである[23]．さらに，少数の非常に不確かな作用の事例に基づいて判断すべきでない．ここで追求される分析のほとんどは統計的見地からみて極端と言えるほど強く結果を支持している．この意味において，多数の企業サンプルを利用することは問題を克服するのに役立つだろう．なぜなら，データベースの規模は，集計データに基づいた研究と対比して結果の統計的有意性を非常に高めるからである．

(2) 企業の異質性

投資の様々な決定要因の重要性がすべての企業について必ずしも同じものではない可能性があることを示すために，それぞれの企業の観察期間の平均実質販売高の伸び率に基づいて，サンプル企業を4つのグループに分けた．これは，多くの可能な興味深いサンプル分割の仕方の1つにすぎないが，ここでの研究の目的にとってはとりわけ適合的であると思われる．我々は，長期的な成長へ寄与する生産性，雇用，国際競争力といった面について異なった可能性をもつ企業の投資行動に及ぼす異なった効果に関心がある．急速に成長している企業は，変貌をとげている市場へ製品を供給するのに成功してきた企業である．それらの企業は新規の労働者を最も大量に雇用する可能性が最も高い企業である．また，それらの企業は，新技術を開発し採用する可能性が最も高い企業でもある．

販売高の伸びによる分類の詳細については，計量分析のための付録におい

表 2.2 販売高伸び率別サンプル企業の特徴

変　数	販売高伸び率のグループ			
	マイナス	ゼロ	中	高
サンプル企業の分布割合	19.1%	21.0%	36.8%	23.1%
投資率	3.8%	19.1%	64.6%	12.5%
平均資本額(1982年価格, 100万ドル)	$125	$420	$809	$175
平均販売高伸び率	−4.3%	+0.6%	+4.3%	+11.2%
ハイテク比率	36.3%	40.8%	45.5%	64.8%
平均株価上昇率	9.0%	9.2%	9.5%	11.6%
平均雇用増加率	0.6%	0.9%	4.5%	12.5%
投資・資本比率	0.117	0.153	0.196	0.319
R&D支出・資本比率	0.091	0.087	0.124	0.264
資本支出に占めるR&Dの割合	27.4%	25.0%	29.1%	37.0%

出所：COMPUSTAT 製造業企業データベースから著者の計算による．詳細は計量分析についての付録を参照せよ．

て述べられている〔本訳書では割愛されている〕．マイナスの伸びをみた企業のインフレ調整済の販売高は，平均して観察期間に，1%以上縮小している．表 2.2 にみられるように，こうした企業群は，観察標本のほぼ19%を占めているが，投資率は4%を下回っている．販売高の伸び率がゼロの企業の実質販売高は，マイナス1%と2%との間の伸びを示している．サンプル企業のなかで最大の割合を占め投資の大部分を行っている最大の企業群は，中間的な伸び率をもつものに分類される．こうした企業群は平均して2%から7%の実質販売高の伸び率であった．平均して7%を上回る高い伸び率をもつ企業群は実際，非常に急拡大している企業からなっている（平均販売高の伸び率は11%を上回る）．

表 2.2 は，これらの企業グループの間の違いをさらに明らかにする統計を示している．単に販売高の伸び率の高い企業がより急速に拡大しているだけでなく，それらの企業はハイテク産業に集中している[24]．高成長企業群は観察期間においてより大きな雇用の伸びを示しており，またそれらの企業の粗投資の伸び率（機械設備支出を資本ストックで割ったもの）も高い．最も高い成長企業群における企業の株式の市場価格は他の企業群よりもさらに急速に上昇している．最後に，研究開発（R&D）支出は，最も急速に成長して

いる企業群の方がずっと大きい．こうした統計的事実を一体として考えると，中成長企業，そしてとりわけ高成長企業は，アメリカ経済の中で最も進んだ産業部門であることがわかる．このため，それら企業の投資はおそらく生産性の上昇や国際的な競争力にとって重要である．

(3) 回帰分析の結果

投資についての回帰分析の結果は，表2.3 に要約されている[25]．他の研究にみられるように，販売高の伸び率（加速度因子）の作用は非常に強いものである．金融制約の影響度を表しているキャッシュフローの作用もかなり重要である．販売高の伸び率とキャッシュフローの作用の両方は，急成長している企業ほど強い．こうした実証結果についてはいま少し詳しく論じる必要がある．統計的結果についてさらに分析してみれば，加速度因子と金融効果による影響が非常に強いという印象を強めよう．ランダムな変動のなかで，正の方向の作用が検出されており，これらの作用が現実には働いていないという仮説は完全に否定される．こうした作用は加速度因子と金融効果が投資に対して重要な意義をもつということについていかなる疑念もはさめなくする．（前述の）ルーカス批判に照らしても，こうした効果を相殺するような政策変更が行われると想像することはまったく困難である．

しかし他方，投資に対する実質金利の作用は，かなり不明確である．統計的証拠は，高い実質金利が，マイナス成長の企業や低成長の企業の投資だけを減少させたことを示している．税額調整済の資本コストを指標にした場合には，金利効果が一層弱まることが確認される（計量分析についての付録を

表 2.3 投資・資本比率における投資決定要因の影響度の回帰分析結果（販売高伸び率別）

販売高伸び率のグループ	販売高伸び率	キャッシュフロー	実質金利
マイナス	0.158	0.134	-0.002
ゼロ	0.179	0.204	-0.002
中	0.287	0.248	0
高	0.361	0.329	0

みよ).金利の作用についての検定は,さらに一層不明確であり,計量分析は,かなりの確度で金利効果の程度を明確にできないことを示している.一方では,金利効果がゼロではないとするいかなる有力な証拠もない.他方では,不正確な推計を前提にして金利効果がマイナスであり,ここで報告されたものよりかなり大きいとするものもある.しかし,そうした効果の存在について明確な証拠は存在しないし,金利がかなり大きくとりわけ成長企業の投資に影響するという前提に基づいて政策を策定することは,危険であろう.

金利効果についての評価が不正確であることのありうる理由の1つは,回帰分析が中央証券市場で決まる金利を使っていることである(例えば,表2.3におけるBaa格の社債利回りについての結果がこの場合である).企業が直面する金利はそのような金利からかなり大きく乖離するといってよい.もし,企業が現実に直面している金利を計ることができれば,そうした金利は,投資に対してもっと説明力をもつだろう.この点は経済理論や政策目的にとって興味深いところであるが,そのような結果は,とりたてて重要ではない.もし金融政策が金利を介して投資に影響するのであれば,金融政策は確かに短期金融市場で決定された金利を通して作動することになる.金融政策がフェデラル・ファンド・レートと短期政府証券利回りに影響を及ぼすことが予想できようし,こうした金利は,金利の期間構造や様々な期待形成メカニズムを介して長期利回りに影響しよう.そのような金利は,サンプルに含まれる企業のほとんどにとって直接に利用可能ではなかろう.しかし,もしこうした金利が究極的にこうしたサンプルに影響を与えないとすれば,金融政策の金利への影響が,アメリカの総資本支出のうち40%以上を占めるサンプル企業の投資にどのように影響したのかを理解することは難しい[26].

さらに,サンプルに含まれない企業がサンプル企業よりも集中化された短期金融市場金利によって影響されるということはありそうもない.COMPUSTATは,投資家層にとって最も関心の高い企業を追跡している.サンプルが包括的であり,多くの異質性を含んでいるにもかかわらず,サンプルに含まれないアメリカ企業は平均してより小さく,中央証券市場にアク

セスするのが難しい企業である．したがって，何らかの政策誘導による金利の投資への影響が存在するとすれば，それらはサンプル企業のなかに見出されるはずである．

こうした結果を，より適切な枠組みのなかに位置づけてみよう．このようにして推定された方程式は，最近の出来事の結果として，投資がどれくらい変動すると予想するだろうか．実質最終販売高の伸び率の長期傾向は，1970年から1988年まで3.1％であった．1989年の第2四半期から1991年の第4四半期までの緩やかな成長の間，最終販売高の伸びは0.3％に落ちた．近年の販売高の伸びの低下だけの結果として，推定されたモデルから予想される投資の減退を推計できる．この推計は，表2.4の販売高の伸び率という欄に示されている．最近の経済の弱さがキャッシュフローに及ぼす影響を推計するために，1991年に税引後実質法人利潤が1988年のピークから30.3％低下したことが注目されるべきである．推定されたモデルから予想されるこの低下がもたらす投資への影響は，表2.4のキャッシュフローの欄に示されている[27]．

最後に，金利効果について考えよう．投資に影響する実質金利（インフレ調整済の）の200ベーシス・ポイントの変化というのは，金融政策が及ぼす非常に大きな作用であろう．1991年と1992年の金融政策は，短期金利の大幅な引き下げによって特徴づけられる．しかし，おそらくは大部分の投資にとって重要性をもつ長期金利はそれほど低下しなかった．それにもかかわらず，表2.4は，推定された投資モデルが予測したように，実質金利の200ベーシス・ポイントの低下の影響を示している．金利効果は，中成長企業や高

表2.4 投資決定要因の変化から生じた投資の変化率

販売高伸び率の企業グループ	販売高伸び率	キャッシュフロー	実質金利
マイナス	3.4%	1.4%	3.1%
ゼロ	3.1	3.7	2.5
中	4.0	6.5	0
高	3.0	10.1	0

成長企業にはゼロであった．なぜなら，投資関数のなかの推計された金利係数は，ゼロとされていたからである．それにもかかわらず，こうした企業群が，金利についてマイナスおよびゼロ成長の企業群について推計されたのと同じ係数をもつと想定するならば，投資の変化率は，中成長企業と高成長企業それぞれ2.0％，1.2％であっただろう．

表2.4の統計は印象的なパターンを示している．変数のほとんどは，少なくとも販売高の伸び率で分類した企業群のいずれかに対して，投資に対して無視できない効果をもっている．これと関連して集計的な非住宅投資をみれば，それは，1982-83年の景気後退期に7.5％減少した．最近の後退期である1990年から1991年にかけては6.5％減少した．したがって，表2.4に示されているシミュレートされた効果は，実際に生じたのと同じくらい大きな投資変動を容易に説明できる（景気後退が及ぼす影響は，販売高の伸びとキャッシュフローの効果を合わせたものである点に注意すべきである．それは，最近の後退期において観察された投資の減退にほぼ等しいか，あるいはそれを上回る効果をもっている）．おそらく，もっと重要なのは，異なった成長特性をもつ企業全体にわたって投資の決定要因についてかなり大きな差異が存在するということである．販売高の伸びは，すべての企業にとってほぼ同じ程度に重要である．しかし，キャッシュフローは高成長企業群にとって，成長が減退している企業群と比較してほぼ8倍も重要性が高い．金利については逆のパターンが現れる．成長が減退・停滞している企業群に対して，金利はある程度の効果を及ぼしている．しかし，成長企業には，統計的に信頼にたるべき，投資に対する金利のいかなる影響も見出されない．企業特性における異質性の重要性は，こうした点において明らかである．そのような異質性の存在は，通貨・金融の投資への影響についての政策論議において看過されるべきではない．次に，その問題を検討することにしよう．

5. 政策的含意

ここで示された結果は，投資決定における循環的要因と金融的要因の重要性を明らかにしている．それらの結果は，金融政策と投資の関連についての議論において最も関心を集めてきた金利と資本コストの影響が，不確かで，おそらくはまったく小さいということを示している．また，その分析は投資へ影響する様々な経路の重要性が，異質性をもつ企業ごとに変化することも明らかにしている．これらの発見から金融政策を実行し金融改革を進めるために，いかなるメッセージを引き出すことができるだろうか．

第1に，投資と金融は分離できないことは明らかである．投資と金融の関連についての研究は，景気循環を理解し説明することに役立った．また，それは，とりわけ現在のアメリカ経済の弱さと合致したものであった．経済が脆弱化するにつれて，利潤の減少は内部キャッシュフローを減少させ，したがって投資を減退させた．販売高の減少は，生産能力を拡大する必要性を弱めた．利潤と販売が減少するにつれて現れた貸出条件の引締め（例えば現在の「信用逼迫」）も，投資を制限した．したがって，しばしば政策論議において看過されてきた経路を通じた，景気循環の振幅を増幅する投資を介して作動する内生的なプロセスが存在する．金融政策がマクロ経済の変動過程に大きな影響を与えると広く信じられているので，こうした経路は，金融政策の決定の影響を評価する際に考慮に入れられなければならない．

ここで要約した文献や本章で提示した新たな研究は，こうした点についても新たな重要な論点を付け加えることになっている．すなわち，金融要因の投資への影響は異質性をもつ企業グループごとに異なっているようにみえる．とりわけ，本章で示された新たな推計結果は，金融効果がアメリカ経済の中で最も急速に成長している企業群に対して重要であることを示している．ヒンメルバーグ/ピーターセンの研究（1992）は，研究開発支出がとりわけ資金調達のアベイラビリティーによって制限されがちであることを示している．

したがって，金融政策と金融改革が経済の金融フローに影響を与えるならば，このような効果は，経済の最もダイナミックな部門にとって極めて重要であるだろう．総投資は，こうした議論のほんの一部でしかない．政策が異なる部門間の投資配分にどのように影響を及ぼすかという点にも注意を払う必要があるのである．

こうした点を理解すれば，マクロ経済の安定性の持続や金融関係の維持の重要性が強調されることになろう．そうした重要性を看過することは，求められる経済政策がどのようなものであれ必ず起こる景気後退を一層激しくし，そこからの回復を阻害することになろう．そしてまた資本拡大を長期にわたって制約することになろう．では，どのような経済政策が追求されるべきなのだろうか．

ここで展開された洞察は，インフレ抑制に金融政策を利用する結果に対して展望を与えるものである．例えば，ローレンス・リンゼイによれば，「1990年代のディスインフレは深刻であった．ディスインフレは，コストを伴わないわけではないが，インフレ抑制のコストのほとんどは吸収されてしまった」(1992, p.3)．確かに，インフレは甚大なコストにほかならないが，ここでの分析結果が示しているように，もしディスインフレ的な金融政策が利潤・信用の危機を惹起し悪化させるならば，それは投資に対するかなり大きなコストでもある．しかし，リンゼイは，ディスインフレは資本コストを低下させることによって投資を促進すると主張する．実際，彼は，「4％からゼロまでの」インフレ率の削減は，「3.5％の投資税額控除と同じ産業設備の税引後コストの削減をもたらすだろう」と主張している (1992, p.2)．筆者が行った推計（ヨルゲンソン/ヤン（1989）による資本コストの特定化を使用した）は，この種の変化が税額調整済の実効資本コストを約20ベーシス・ポイント低下させることを示している．これは，販売高や内部資金効果に対する資本コストの経路を比較した，以前の分析で想定された削減額の10分の1である．リンゼイの予想した数値よりもはるかに大きく資本コストが削減されたとしても，予想される投資への効果は，小さかったものの，

停滞企業には不均等に重かった．

　対照的に，金融引締めが景気循環や信用状態に及ぼすマイナスの影響は，短・中期的には少なくともインフレに及ぼす影響と同じほど十分に明確にされているとみられている[28]．本章で示された実証結果は，こうした金融引締めのマイナス効果が投資に対して確実な，数量的に大きな効果をもつことを示している．さらに，金融引締めは，経済の長期的な強さに最も貢献するであろう種類の企業の投資を最も阻害するのである．

　こうした点は，連邦準備が政策目標を設定するにあたってインフレを無視すべきだということを必ずしも意味していない．こうした問題は本書の別の箇所で指摘されている．しかし，ここでの分析は，金融政策の単純なルールが経済の最善の利益ではなさそうだということを示している．連邦準備が行うべき仕事は困難なものである．したがって，連邦準備は，その行動が実物経済全般に，とりわけ投資に影響を与えるような多様かつ広汎な経路について十分情報を与えられなければならない．

　ここで示された結果は，企業の財務改革に向けた政策の評価とも密接に関連している．LBOやそれと関連した取引を分析した研究の多くは，ミクロ経済学的な効率性問題や経営者を株主の利益に沿って行動させる「エイジェンシー問題」に焦点を当ててきた．LBOは，企業のミクロ経済学的なパフォーマンスを改善するものと広く信じられてきた．巨額の負債を負った企業の経営は，収益を企業の管理下におき，株主の長期的利益というよりも経営者の利益を一層高めるために収益を利用する代わりに，収益を負債に対する利子として支払わなければならない．しかし，本章で論じられた考えは，企業の合併問題に対して異なった視角を与えるものである．

　もし，こうした取引が負債を増大させ，財務体質をかなり弱体化させるならば，影響を受けた企業は景気後退期において投資や革新的な行動を維持することが難しくなるだろう．そうした状況は，生産性を損ない景気回復を阻害することになろう．したがって，負債増大を促すような経済政策（例えば，利子の税額控除など）についてはもっと厳しくみなければならない．高い負

債水準という状況が，資本拡張のために必要な安定した財務ベースを提供することなどありそうもない．

　また，投資と金融を結びつける研究は，銀行の特別の役割を強調する――それは，多くの主流派の金融改革についての論議でほとんど無視されてきた役割である．伝統的な見解では，銀行は貯蓄主体から借り手への資金を移転する際の取引コストを低下させる仲介機関にほかならない．銀行はこうした機能を実行する上で相対的な優位性をもっている．しかし，もし不利な外生的環境（第三世界の負債，石油や不動産価格の不正確な予測など）が出現することによって銀行システムが脆弱化すれば，他の機関が銀行や貯蓄貸付機関の崩壊で生じたギャップを，経済に対する第1級のマクロ経済的な損害を生じることなしに，埋めることになるだろう．

　ここで示された研究の多くが支持している銀行についてのオルタナティブな見解によれば，銀行は，企業が直面する金融制約を乗り越えさせるのに十分特別な位置にある．銀行は，優れた投資計画を選定し，それらに対する融資を増大させることに，特別に優れている．銀行は，人的，長期的な関係を確立する．そうした関係は，証券市場という非人格的な市場に固有な経済主体間の情報問題の克服に導こう．銀行は，おそらくより小さな，そしてより急速に成長している企業の資金調達活動にとって最も重要な存在であろう．そしてそうした企業こそが，雇用の増大や技術革新，そして経済成長に大いに貢献するのだ．

　歴史的に，銀行システムは安定した資金調達メカニズムへアクセスすることができた．すなわち政府保証の預金にアクセスすることが可能であった．こうした付保された負債がまた，1980年代の貯蓄貸付機関と銀行業の危機を悪化させるのに一定の役割を演じた．しかし，資本投資を賄うということに関して，銀行がもつ重要な特別の役割を看過して，銀行負債だけに一方的に焦点を当て，預金保険を廃棄しようとする提案は，預金保険に伴って認識された「モラルハザード」問題を修正しようとして，投資を阻害するであろう．さらに，そのような改革のコストは，おそらく最も急速に成長している

部門にとって最も大きなものになろう.

　例えば,多くの研究は,政府が,財務省証券だけを資産として保有する「ナロウバンク」の預金だけに付保するように提案する.こうした銀行は投資資金の貸出を禁止される.したがって,投資金融は,政府による預金保険の結果,歴史的に享受してきた安定した資金調達源から切り離されることになる.ナロウバンクを提案する人たちの大部分は,投資資金を融資するために付保されない代替的な金融機関が生まれると主張する.しかし,そのような機関の負債は,より不安定なものであろうし,とりわけ不確実なマクロ経済的環境下では,優れた投資計画のために資金を融資する緩衝的役割を果たす能力を削減することになろう.連邦準備の「最後の貸し手」機能がもっと頻繁に求められることになり,それとともに別のモラルハザード問題が惹起されることが懸念されよう.したがって,預金保険を非常に厳しく制限することの社会コストは,表面上にみえるもの以上にもっと大きなものとなろう.

　金融システムを再構築するための金融政策は,困難な任務である.投資の増大は,こうした政策が達成するよう努めねばならない数多くの目標の1つでしかない.しかし,21世紀においてアメリカ経済が直面する困難や克服すべき問題がなくならないとすれば,投資の拡大はとりわけ重要な課題である.貨幣―金融―投資の関連について政策分析のほとんどがもっぱら資本コストに焦点を当ててきたにもかかわらず,本章は,有力なオルタナティブな経路が実証的には存在していると主張した.こうした認識は,通貨・金融政策が,通例想定されたものとは異なり,資本コストではなく投資に当って利用可能な信用量を介して,投資に影響することを意味している.さらに,資本コストにだけ焦点を当てることは,異なる性格をもつ企業に対する投資配分に及ぼす金融システムの影響を覆い隠すことになる.こうしたオルタナティブな経路を考慮しない立場は,投資に対する貨幣・金融の重要性を過小評価することになろう.

第2章 金融政策，金融構造および投資

注

1) 著者は，Dean Baker, John Caskey, Jerry Epstein, John Keating そして Bruce Petersen が有益なコメントをしてくれたことに感謝する．とりわけ，Andrew Meyer には優れた研究上の援助を受けた．
2) 機会費用は，もし利潤が配当として支払われたとすれば，企業所有者が短期金融市場で稼ぐことが可能な資金収益である．
3) 本章を執筆したとき，アメリカの実質国内総生産の成長率は，13四半期（1989年第2四半期から1992年第2四半期まで）で，3％を超えなかった．また，この時期で2％を超えたのはたった2度だけであった．成長率は，この期間全体では，たった0.5％でしかなかった．失業は，1990年の半ばから1992年の半ばまで増加傾向にあった．
4) Carlson (1991) 図6をみよ．
5) 例えば，Meyer and Kuh (1957) をみよ．
6) 参考文献については，Jorgenson (1971) のサーベイをみよ．
7) この枠組みにおける金融政策も，資本所得課税がインデックス化されていないために生じるインフレ非中立性のため，間接的な影響を与える可能性がある．この点については，第5節で論じられる．
8) 最近，投資に関する実証研究の多くは，企業価値の最大化の明示的かつダイナミックなモデルから引き出される「オイラー方程式」の推定に焦点を当てている．ここでの研究では，その議論についてふれていない．オイラー方程式の構造は通常，資本コストの影響を検定するというよりもむしろ，資本コストに重要な役割を付すものである．さらに，オイラー方程式のアプローチは，通例実証的には否定されているからである．
9) この概念は少なくとも Clark (1917) までさかのぼる．
10) 興味深い実証分析と関連文献については，例えば，Romer and Romer (1990) をみよ．
11) 主要な安定化要因は価格の弾力性である．これに関連した参考文献はあまりにも多いのでここに含めることはできない．この点に関してもっと詳しくは，Caskey and Fazzari (1987) および Tobin (1991) をみよ．
12) この主題についての関心が再び高まったのは現代の主流派経済学において比較的新しいにもかかわらず，それは，Keynes (1936) にまでさかのぼる投資に関する初期の文献においては顕著なものだった．
13) ここで示された考えと結果についてのもっと徹底した，あるいは包括的な議論や参考文献に関しては，Fazzari, Hubbard and Petersen (1988a) をみよ．
14) Fazzari, Hubbard, and Petersen (1988a) は，投資と内部金融との関連における企業間に存在する異質性を実証的に認知した．より近年の研究の多くも，こうした結果を確認している．
15) "Wary Lenders: Credit Crunch Appears Likely to Linger on for Years,

Some Say", *The Wall Street Journal*, September 30, 1991, p.1 をみよ．Bernanke and Lown (1991) は，信用逼迫についてさらに進んだ議論と詳細な実証分析を行っている．

16) より形式的に言えば，問題の核心は，銀行が付加する利潤極大化金利を決定する条件は，特に金利の上昇が逆選択やモラルハザード問題を大きくするほど，資金コストの減少によっては変化しないということである．変化するものは，固定した利潤極大化金利を課する銀行にとって最適の貸出量である．原理的には，資金コストは，信用割当がもはや存在しない点まで低下するだろう．なぜなら，利潤極大化金利の水準で資金の最適供給が需要と等しくなるか，上回るからである．しかし，そのような結果が，正の資金コストで起こりうるという保証はない．

17) Blinder and Stigliz (1983) は，同様の結論に達している．彼らはまた，信用の量的割当を介した金融引締めの影響は，証券市場（例えばCP）にアクセスできない企業にとって最も厳しいものになるだろうと主張する．そうした企業は，産出物の大部分を生産する企業の可能性が高い．Bernanke (1983) は，大恐慌期における経済活動の規定要因として信用量が重要であることの証拠を提示している．

18) この議論は，Fazzari and Petersen (1993) において，詳細に論じられ，実証的証拠によって支持されている．

19) 長期にわたって追跡された企業数が変化したため，標本でカバーされている固定資本投資の割合は変化している．その割合は，1981年に49.2%のピークに達した．最も低かったのは，1973年の36.1%である．

20) ほとんどの加速度モデルは，投資水準を販売高の水準や伸び率に関連づけている．しかし，企業レベルでは，この関係は，企業の資本・産出量比率に依存している．この比率は企業ごとにかなり異なってくる可能性がある．したがって，ここで示された研究においては，投資・資本比率と販売高の伸び率を関連づけるために加速度原理を使用している．

21) この関連をどのように解釈するのかについての包括的な議論は，Fazzari, Hubbard and Petersen (1988a, 1988b) および Fazzari and Petersen (1993) をみよ．特に，これらの研究は，投資に対する金融効果を，投資需要をシフトさせる要因の代理変数としてのキャッシュフローが及ぼすであろう影響から分離する方法について検討している．

22) 回帰分析のためには関数を特定化しなければならない．それは通常線型である．そしてそれは，より複雑な関数の一般的な近似として捉えられる．

23) ルーカス批判を考慮した別の方法は，計量分析の特定化を経済理論を使用して導くことである．そうした方法は，研究者に政策変化によっては変化しないパラメーターを推定させることを可能とする．こうした手法に特有な問題について議論することは，本章の範囲を超えることになるが，手短に言えば次のようになろう．各種の重要な問題の影響（例えば，金融制約の重要性や企業ごとの異質性）

を捉えるために，ルーカス批判の問題を解決するアプローチをあらゆる側面で使用することは不可能ではないとしても，かなり困難であろう．さらに，ルーカス批判の問題のいくつかをこうしたやり方で克服しようとすれば，必然的に分析の前提条件に別の制約を付け加えざるをえなくなろう．
24) 企業の第1次標準産業分類の2桁コードが28（化学），35（機械），36（電機設備機器）であるならば，ハイテクノロジー産業の観測値とみなされる．こうした産業についての議論と追加文献について詳しくは，Himmelberg and Petersen (1992) をみよ．
25) ここで使用された特定化，ラグ・パターン，標準誤差についての議論は，計量分析のための付録をみよ．
26) 回帰分析は，代替的な金利についても行われた．それはフェデラル・ファンド・レートと異なる満期をもつ財務省証券を含んでいる．この結果は実質的に何の変化ももたらさなかった．
27) 表2.4における推計のために，販売高伸び率を基準にして分類したすべてのグループについて，減価率が12％であることが想定されている．
28) 最近の興味ある議論と文献については，Romer and Romer (1990) をみよ．

第3章　1990年代の金融政策
公正と成長に対する障害を克服するために[1]

ジェラルド・エプシュタイン

1. はじめに

　1990年代初めの長く厳しい景気後退が明らかになるにつれて，アメリカにおけるマクロ経済政策が基本的にどこかおかしくなってきている．経済的重圧に直面して，財政政策は少なくとも2年間は凍結されており，不況への突入を阻止する仕事は金融政策だけにまかされてきた．このことは，狐に鶏小屋を守れと言っているようなものだ．というのは，1980年代後半と1990年代初めに金融引締め政策を行うことで，1990年代の景気後退を始めさせたのが，結局のところ連邦準備だったからだ．インフレ抑止という最優先の課題を行いながら，躊躇しながらも何度も小刻みに金利を引き下げる連邦準備のその後の政策は，頑健な経済成長を復活させられなかった．

　金融政策が経済を軟着陸させられなかったのは，最近のことである．金融政策は，よく言えば，アメリカ経済を健全にすることに失敗したし，悪く言えば，金融政策がアメリカ経済の抱える問題のかなりの部分を占めるようになった．実際，連邦準備制度理事会議長ポール・ボルカーが転換点となる金融引締め政策を始めた1979年以来，連邦準備はインフレ抑止に偏向した政策を採るようになった．それは，経済成長と失業に異常に大きな犠牲を強いるものでさえあった．その結果，アメリカ経済をかなり損なうものとなる歴史的に類をみない高い実質金利が生じた[2]．金融政策によって生じたこうした問題は，極めて重要である．というのは，財政赤字に対する懸念から財政

政策は麻痺させられていて，金融政策が，事実上，マクロ経済政策の唯一の手段となったからである．こうした状況は，1920年代以来アメリカでは一般的ではなかった．

これらの明白な失敗に対して，何人かの論者は金融政策装置の再構築を主張した．彼らは，連邦準備による金利の引き上げやインフレの抑止に焦点を当てるのではなく，金融政策をより生産的投資の増加や高い経済成長に向けるように論じていた（Greider, 1987；Epstein, 1991；本書第11章参照）．

しかし，金融政策の明らかな失敗にもかかわらず，こうした金融リストラを主張する人々は，政府の内外から大きな疑念をもたれている．これらの筋の人々は，概して，連邦準備が悪い状況をできるだけよくしようと努力したと信じている．現代の状況下では，連邦準備は以前とは異なり政策を行うのに相対的に自由度がほとんどないとしばしば暗黙裡に考えられている．これらの疑念は，主に，インフレは明らかに悪だという認識や，国内金融市場や国際経済の性格が明白に変化したという認識から生じている．

はっきり言えば，国際的に統合された金融市場と結びついた国内債券市場が，極端に狭い範囲の中に金融政策を制約していると多くの人々は論じている．この見解によれば，連邦準備は大幅な緩和政策を追求することはできない．なぜなら，国内および海外の金融市場を不安に陥れるからである．将来のインフレを懸念し，債券トレーダーは債券を売るだろう．そうした行動は債券価格を引き下げ，金利を上昇させる——したがって連邦準備の低金利政策を無効にする．国際金融市場ではどうであろうか．海外市場で支配的な金利以下に国内金利を大きく引き下げようとすれば，トレーダーは外国資産に投資するために，国債や他のドル表示の資産を売るであろう．このことは，ドル相場を急落させ，金利に上昇圧力を加え，再び低金利政策を無効にすることになる．

こうした論者は，連邦準備が国内金融市場と国際金融市場に縛られていると信じている．つまり，連邦準備はできることはすべてやっているのだ．彼らによれば，インフレという災厄の大きさや金融市場がインフレをひどく嫌

うということを考えると，連邦準備がインフレ率の引き下げのために全力をあげているということが重要なのである．

　要するに，金融政策の目標をインフレの抑止という単一の課題から切り離し，雇用の増大や生産的投資の促進を含むよりバランスのとれた課題に引き戻すことを困難にする，3つの主要な障害がある．すなわち，インフレ制約，対外制約，市場を含む金融制約である．より革新的に金融政策を改革するための可能性を適切に評価するには，これら3つの制約の重要度を評価することが大切である．

　これら3つの制約を評価する際に，政策の議論でいつもほとんど無視されてきたそれぞれの2つの側面を区別することが極めて重要である．それは，経済的障害と政治的障害の2つである．経済的障害とは，経済的パイの大きさ，すなわち国内総生産（GDP）に対する政策効果に関するものである．政治的障害とは，異なる集団間でのパイの分配に対する政策効果のことである．例えば，インフレ制約を取り上げてみよう．インフレは，産出量（GDP）の成長率を変えたり，裕福な債権者から貧しい債務者に所得や富を再分配することによって，経済に影響を及ぼす．最初の効果が産出量の増加率を低下させる場合には，政策に対する経済的障害が発生することになる．そして，次に，政治的障害が生じる．なぜなら，インフレによってマイナスの影響を被る人々——この例では裕福な債権者——が，インフレ率を引き上げるような政策に抵抗するからである[3]．

　このような政治的闘いの場での有効なアプローチは，マイナスの影響を被る人々が，インフレは彼らだけではなくすべての人々の所得を切り下げることになるのだと主張することである．こうした一般的厚生の名の下に個別の利害を包み込もうとすることが，経済的障害と政治的障害のこうした区別が重要であるにもかかわらずめったになされないことの大きな理由である．

　本章の主要な目的は，金融政策の遂行やその再構築におけるこれら3つの制約の重要度を評価することである．その際，金融政策に対する経済的障害と政治的障害が注意深く区別される．金融政策をインフレの抑止という単一

第 3 章　1990 年代の金融政策

の課題から切り離しインフレと経済成長というよりバランスのとれた課題に再び方向づける際の経済的障害が，多くの場合重要ではあるが，広く信じられているほど大きくはないことを論じる．他方，政治的障害は実際に強い．

　次節では，著しい金融緩和政策に反対する極端な場合が検討される．それは，金融政策が経済に対する何らかの明白な長期継続的な効果を一切もたないという主張である．国内，国際金融市場における大きな変化にもかかわらず，金融政策が経済に大きな影響を与えることは明らかであることが示される．第3節では，インフレ制約の論拠について論じ，経済学者は適度のインフレから大きな損失を発見できなかったことを示す．つまり，適度のインフレの範囲の中では，インフレ制約は主に政治的障害であって経済的障害ではない．第4節では，対外制約が論じられる．対外制約は実在し拘束力のあるものだが，それがいかに拘束力をもつかは，特定の環境に大きく依存することが論じられる．一般に，国際的金融統合の結果，多くの人々に信じられているほど，アメリカの金融政策が役立たないという証拠はまったくない．ここでも，インフレ制約とともに，政治の役割が過小評価されるべきではない．第5節国内金融制約では，金融市場制約について簡単に触れる．金融市場の構造は金融政策に対する深刻な制約となりうるが，多くの人が信じているほど大きなものではない．主要な問題は，連邦準備が長期実質金利に影響を及ぼすには無力となったということではない．たとえ連邦準備が長期金利をコントロールできなくなったとしても，またいかに長期金利が重要であろうとも，連邦準備は短期金利にかなりの影響力をもっている．そしてまた，短期金利はマクロ経済活動の重要な決定要因である．より重要な問題はこの点にある．つまり，普通行われているように，金融政策は，社会的に望ましい経済部門に信用を配分するには，単独では十分効率的ではない．最後の第7節では，金融市場制約，インフレ制約，対外制約を緩和しようとする金融改革へのいくつかの道が提示される．これらの経済的障害を克服するために金融的な装置を再構築することがいかに重要であろうとも，政治的改革がさらに重要である．

とりわけ必要なことは，金融政策の新たな構造である．つまり，政策を行うに際しての新たな目標と新たな制度的構造が求められている．目標は，現在よりもインフレ抑止と生産的投資の促進との間でよりバランスのとれたものとなるべきである．構造は，政策調整，説明責任，信用配分メカニズム，国際的金融投機からの隔離に一層の余地をもったものでなければならない．このように変更されなければ，金融政策は，政策に対する文字通りの制約にぶつかり続けるであろう．すなわち，アメリカ経済の生産能力を基本的に停滞させることになろう．

2. 金融政策の有効性

過去15年間，金融政策は，ほとんどインフレ抑止だけに焦点を当ててきた．その結果，マクロ経済政策は偏向させられた．それが最も顕著に表れていたのが，経済にかなり有害な影響を与えた未曾有の高い長期実質金利であった．これは，金融政策が経済に与えた実質効果のまさに一例である．

最近の連邦準備の政策に対する批判者は，ボルカー議長の指揮の下で連邦準備によって始められた1980年代初めの実質金利の急激な上昇と，それ以来引き続く異常な実質高金利を指摘している[4]．ごく最近では，批判者は，連邦準備制度理事会議長グリーンスパンによって行われた金融引締め政策が1990年代の景気後退を引き起こしたと論じている．

図3.1は，アメリカにおける近年の実質金利の動向を示したものである．図は，フェデラル・ファンド・レートーインフレ率（短期）と，AAA社債金利－インフレ率（長期）を示している．金利は，1960年代にはおおよそ2.5%あたりで安定していた．それが，1970年代初めにマイナスとなり，それから1980年代初めに短期金利が6%にAAA社債金利が7.5%以上に跳ね上がった．1985年から1987年まで，実質金利はほぼ1960年代の水準に低下した．そして1987年から1990年にかけて再び上昇を始めた．

1980年代初めの歴史的な高金利は，我々が直面している多くの災厄を引

図 3.1 実質長短金利（フェデラル・ファンド・レート，AAA 格債券金利－インフレ率），1955-92 年

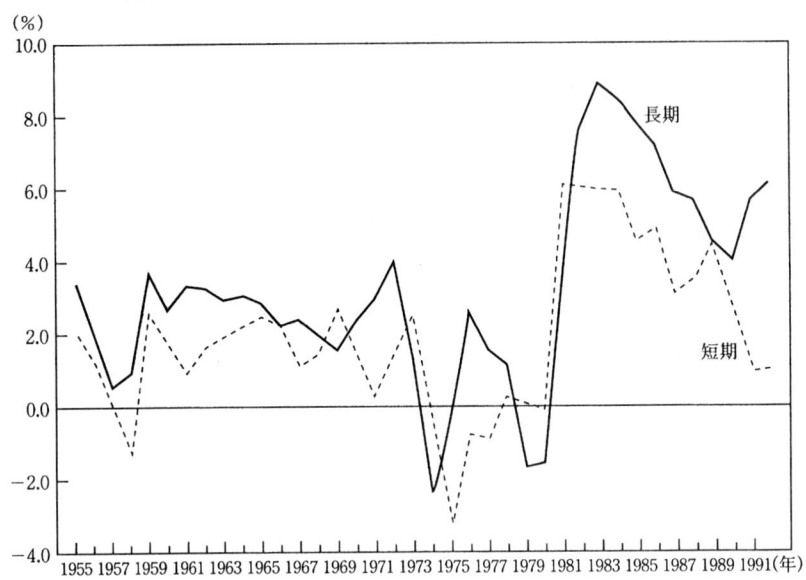

出所：*ERP*, 1991, B-62, B-71；*Economic Indicators*, July 1992；*The Economist*, August 1992.

き起こした．そうしたものには以下のことがあった．当時のドル相場の上昇を原因とした多くの産業での競争力の喪失，高い金利を支払うために投機的でリスクの高い投資へのシフト，多くの債務国での不況の発生，その結果アメリカの生産物に対する需要の減少，当時 30% を超える実質金利を支払っていた多くの農家の破産（Mishkin, 1988），所得に占める貸し手のシェアが上昇するにつれて所得分配が悪化したことなどである．

金利の急激な上昇は否定できないが，そのような金利をもたらした金融政策の役割については，かなりの論争問題となった．実質金利の上昇をもたらした他の要因のうち主なものは，アメリカの財政赤字の拡大であり，金融市場の規制緩和による潜在的な金利の上昇である．

一方では，多くの実証研究にもかかわらず，ほとんどの研究はアメリカの財政赤字が実質金利を引き上げなかったことを示している（Evans, 1987；

Barro and Martin, 1990). 他方，金融の規制緩和と投機が実質金利を引き上げたという仮説を検証しようとしたものもほとんどいない．それで，この理論に関しては未だ係争中である[5]．

しかし，1980年代の実質金利の上昇は，かなりの程度，連邦準備によって開始された金融政策の変化を原因としたというかなり有力な証拠がある (Huizinga and Mishkin, 1986)．例えば，ホイジンガ/ミシュキンは，実質金利の決定過程を検証し，連邦準備のボルカーが金融引締め政策を採ったまさにその時に，その過程が構造的に変化したことを発見している[6]．

財政赤字の金利に対する効果は係争中の問題であるが，最近の実証研究は，様々なアプローチを用いて，アメリカでは金融政策が金利と銀行信用に影響を与えることを通じて実物経済に大きな効果をもつということをかなり証明してきている (Huizinga and Mishkin, 1986; Mishkin, 1988; Fair, 1989; Romer and Romer, 1989; Bernanke, 1990; Bernanke and Blinder, 1990; Romer and Romer, 1990).

例えば，バーナンキ/ブラインダーは，フェデラル・ファンド・レート——連邦準備が明確にコントロールしている金利の1つ——が，経済の先行指標として，貨幣集計量や他のどの金利よりも著しく優れていることを発見した (Bernanke and Blinder, 1990, pp. 5-16)[7]．さらに，フェデラル・ファンド・レートと10年物財務省証券金利との格差の持続的拡大が，1959年以来のどの循環のピークにも先行したという点に注目している（図3.2)[8]．なお，この金利格差の持続的な拡大のうちの1回だけは，景気後退を伴っていない．それは，成長循環における景気後退である1966年の信用逼迫のときであった[9]．

そうした証拠は確実なものではない．結局，連邦準備は，フェデラル・ファンド・レートと10年物財務省証券金利の格差をコントロールしているわけではない．その格差は，連邦準備がコントロールしているフェデラル・ファンド・レートと，市場によってコントロールされている10年物財務省証券金利との組み合わせである．

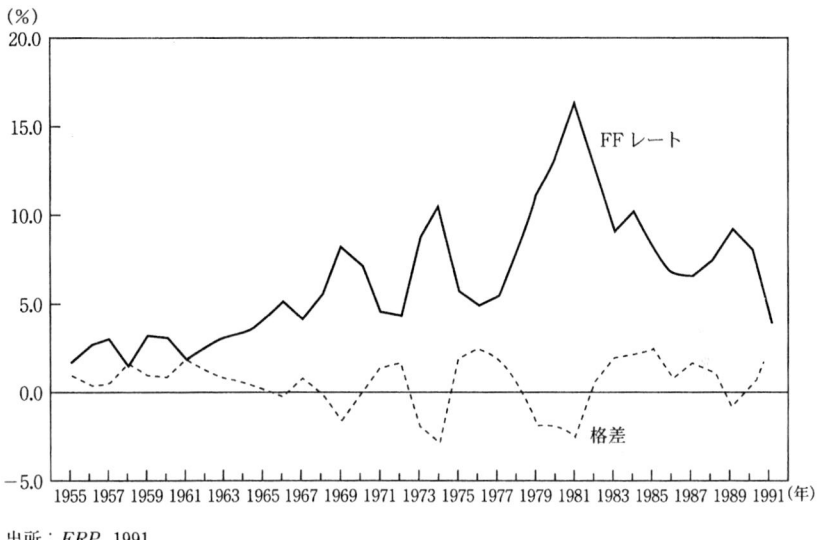

図3.2 フェデラル・ファンド・レートおよびそれと10年物財務省証券金利との格差

出所：*ERP*, 1991.

　さらに，金融市場における最近の大きな変化は，歴史的な研究を時代遅れにしている．アメリカおよび他国において1970，1980年代に生じた金融規制緩和と金融革新は，──それは，より伸縮的な為替相場システムを導入し，国際的資本の統制，金利上限規制，ポートフォリオ規制を除去した──国内金融システムや国際金融システムを著しく変化させた．

　これらの変化が国内金融政策の有効性を大幅に減殺したと論じる人もいる．まず第1に，金融政策が信用割当によって機能していて，ディスインターメディエーションが金利上限規制によって起こったのに，今日でも金融政策は金利に影響を及ぼすことによって機能せざるをえない．しかし，──そしてこれが第2の点だが──金利を変更する連邦準備の力は，国際的金融統合によって殺がれている．つまり，中央銀行は，海外の主要国の金利とは異なる金利を設定することができなくなってきている．さらに，連邦準備の力は，巨大な債券・株式市場の期待によって弱められている．これらの市場は，将

来のインフレ期待と金融政策期待を基礎にして，連邦準備がコントロールできない長期金利を決定する．最後に，選択できる金融市場が広がるにつれて，企業と消費者は，以前よりも金利に非感応的になっている．

近年の諸変化を考慮して経済に対する金融政策の効果を評価しようとする多くの研究が，最近発表されてきている (Chouraqui et al., 1988; Friedman, 1989; Blundell-Wignall et al., 1991; Mauskopf, 1990; Gordon, 1991; Mosser, 1992; Sims, 1992)．これらの研究は，国内的・国際的諸変化の結果，金融政策の波及経路は変わったけれども，金融政策は依然として経済に対して非常に大きな効果をもつということを示している．とりわけ，金融政策は，信用の直接的な配分変更や長期金利の変更を通じてではなく，短期金利や為替相場の変更を通じて行われている[10]．しかし，いくつかの研究は，アメリカの金融政策が以前よりも強力ではなくなっていることも示している．とはいえ，それは依然としてアメリカ経済に大きな影響を与えている．

マウスコフ (1990) を改訂しゴードン (1991) から引用された表3.1は，こうした点を例証している．表は，フェデラル・ファンド・レートの1%の引き下げが実質GNPに4四半期後，8四半期後，12四半期後，16四半期後に与える効果を，連邦準備のMPSモデル（連邦準備制度理事会によって金融・財政政策の経済効果を評価するために用いられている）に基づいて示したものである．それは，金融政策の経済効果の経路を3つの型に分けている．資本コスト効果という経路は，プラントや設備への投資に対する長期金利の効果を表している．また，直接的にモーゲージのコスト効果を通じて，間接的にモーゲージ金融のアベイラビリティー効果を通じて，この経路は，長期金利の住宅投資に与える影響も表している[11]．資産効果という経路は，家計の金融資産ポートフォリオの価値，したがって家計が消費に支出してもよいと考える額に対する金利効果を表している．為替相場効果という経路は，金融政策の為替相場したがって輸出と輸入に対する効果を捉えたものである．

表は，金融政策の資本コスト効果と資産効果という2つの経路を通じる効果が，1980年代以前の方がそれ以後よりも大きかったということを示して

表3.1 フェデラル・ファンド・レートの1%の下落が実質GNPに与える影響についてのMPSモデル・シミュレーション(伝達経路別)

(最右欄を除いて単位は10億ドル,1982年価格)

経路	変化後の四半期数				16四半期の平均	
	4	8	12	16	1982年価格 10億ドル	対GNP比 (%)
資本コスト						
1980年代以前	15.0	20.5	28.4	41.0	26.2	0.73
1980年代	11.6	14.0	14.9	19.6	15.0	0.42
資 産						
1980年代以前	2.7	8.4	17.1	23.1	12.8	0.36
1980年代	2.7	6.6	10.5	12.2	11.3	0.32
為替相場						
1980年代以前	4.7	13.0	17.1	10.4	11.3	0.32
1980年代	8.3	23.2	29.7	17.1	19.6	0.55
全3経路						
1980年代以前	22.4	41.9	63.2	74.5	50.5	1.41
1980年代	22.3	43.8	55.0	48.9	42.5	1.19

出所:Gordon, 1991; Mauskopf (1990), Table 5, p. 1003 より改訂.最右欄は,シミュレーションの基準とした1985年第1四半期の実質GNPに対する比率である.

いる.前者は,家計部門におけるディスインターメディエーションと長期金利に関連しており,後者は,長期金利の変化と密接に結びついている.また,表によれば,短期金利に依存した為替相場経路を通じる効果は,1980年代以前にはそれ以後よりも強くなかった.政策の総効果は,8四半期後まではほぼ同じであるが,16四半期後では1980年代以前の総効果の方がかなり大きい——745億ドル対489億ドル.しかし,その効果は,平均して国民総生産(GNP)の1.41%から1.19%へとわずかしか低下していない.

これらの結果から,1980年代の国内の金融規制緩和,金融革新にもかかわらず,また資本統制の緩和と国際的金融統合の進展にもかかわらず,アメリカの金融政策は依然として大きな力をもっているといえる[12].しかし,その経路は変化した.

本書第2章は,金融政策が作用するもう1つの重要な経路を示している.すなわち,プラントや設備に対する投資のための信用のアベイラビリティーに影響を与える経路である.ファザーリは,経済における需要を刺激する投

資の重要性を強調している．それは，短期と長期の両方の効果をもつ．また，追加的資本ストックの生産性，生産能力，競争力に与える効果を通じて供給を創造する投資の重要性も強調している (Fazzari, 1992)．

ファザーリが注目したのは，金融政策が投資に影響を及ぼすのは，金利や資本コストを通じてではなく，主に銀行による信用割当の程度や経済への全般的な刺激に影響を与えることを通じてであるという資本市場についての新たな見解である．一層の刺激は，企業により大きな利益と内部キャッシュフローを生み，それは，さらなる投資のための資金を与える（この見解によれば，外部資金よりも低い機会費用で）[13]．このような金融政策は，外部資本市場へのアクセスが最もコストが高くつく企業，すなわち中小企業や新規企業に対してかなり効果的でありそうである．それらは，急速に成長している企業であり，技術進歩に大きく寄与している企業でもある．

ファザーリの分析によれば，金融政策のこの経路が大きなものであれば，金融引締め政策は，最も技術的に進歩している企業の投資を減少させることによって経済における生産性の上昇を阻止することになる．それゆえ，金融引締め政策は，需要を削減しながら，供給も制約するであろう．この事実は，ガルブレイスが述べているように (Galbraith, 1992)，金融引締め政策が，基本的にまた最終的に，インフレという鬼を退治することができない理由を説明するのに役立つ．それは短期的にはインフレを抑えるが，通常，経済の生産能力を悪化させるのだ．

金融引締め政策（高金利）が経済に強い効果をもつ一方で，1991-92 年の金融緩和政策の経験によれば，金融引締め政策が強力であっても，金融緩和政策はまったく効かないということではなかったか．1990 年代初めの景気後退期の金融緩和政策の効果の弱さをまさに描いた「意のままに操れない」という表現こそ，古い格言ではないのか．短期金利が劇的に下落しながら長期金利がそれほど下落しなかったという事実は，金融政策が経済を回復させる手段としては弱体化したということを意味しないのか．

1990 年代初めの金融政策の経験は，金融緩和政策が効かなかったという

ことを示してはいない．むしろ，深刻な景気後退期に，政策はより積極的でなければならず，通常時よりもうまくいくように決定されねばならないということを示している．しかし，連邦準備制度理事会議長グリーンスパンは，そうした積極性も決意ももちあわせていなかった[14]．

1990年代初めの景気後退が進むにつれて，連邦準備は，フェデラル・ファンド・レートを0.25％引き下げ，その効果がおそらくかなり減殺されるほどゆっくりと，最も漸進的なやり方で行動した．そのようなゆっくりとした漸進的な政策を採った理由ははっきりとしている．過去の記録の注意深い分析が示すように，予測の範囲とそれと結びついた不確実性を前提すれば，連邦準備の政策は常に警戒と抑制の側に立っていた．なぜか．その理由は，景気後退という高いリスクと一向に下落しないインフレという高いリスクとのいずれかの選択に迫られるときに，連邦準備は，いつも景気後退という高いリスクを選択したからであった．

要するに，経済を悩ませるすべての不確実性を前提にすれば，グリーンスパンの連邦準備は，以前の連邦準備と同様に，サイコロを振ることによってある程度政策を行ったのである．しかし，——この点が重要なことだが——連邦準備は，景気後退を阻止しないようにサイコロを振ったのだ．

インフレ抑止に偏った結果，金融政策は——標準的には——戦後の景気後退期の平均くらいは拡張的であった[15]．しかし，他の観点からすれば，政策は平均より拡張的ではなかった．短期金利は平均よりも下落したが，他の戦後の景気後退期よりも徐々にそして長い時間をかけて下落した．実質金利は，他のほとんどの戦後の景気後退期よりも高かった[16]．そして，重要な貨幣集計量——M_2，国内信用，銀行貸出——の増加率は歴史的にみれば著しく低かった．例えば，1991年11月に，銀行貸出は1990年7月の水準をわずかに0.2％上回っていたにすぎなかった．しかし，銀行貸出は，過去の景気循環の同時期には11％も増加していた[17]．M_2は，連邦準備自身の目標幅の下限を下回っていた．インフレ調整後のM_2は，たいていの景気後退期に減少した．一方，連邦政府以外の借り手への実質信用の伸びは，景気後退期に

劇的に低下した[18]．

　金融的刺激がまったく一時的なものであったので，他の経済的措置が，通常よりも一層積極的な政策を行うために求められた．財政政策は，平均よりもまったく拡張的ではなかった．戦後の景気後退期に典型的にみられたように，連邦政府の財政刺激はほぼGNPの1％であった．しかし，1990年代初めの景気後退期に，連邦の財政刺激はまったく行われなかった[19]．それに加えて，衆目の一致するところでは，州および地方自治体部門の財政問題が，経済にとって大きな財政的な足手まといとなっていた．前述した国内信用の異常に低い伸びは，金融政策による刺激1単位当りでみて，通常ほど急速には信用が拡張しなかったということを示している．通常よりも一層の緩和政策の必要性を示すさらなる要因があった．消費者の信頼は異常に低かった．多くの試算によれば，金融政策の効果の半分がドル安から生じた輸出の増加であった．そして，低成長あるいは景気後退を経験した主要な貿易相手国では，金融政策のこの経路からの効果はかなり小さくなっていた．

　ガルブレイスが論じているように，長短金利格差の拡大は，グリーンスパンの連邦準備が緩和政策の有効性を低下させるほど厳しい信用性問題を抱えていることを示している．市場は，連邦準備が金利を低く維持するとは信じていなかったので，長期債の購入を嫌がった．それゆえ，長短金利格差は著しく拡大したままであった．

　要するに，金融政策の最近の経験は，主に，かなり積極的な緩和政策が求められるときには，迫力のない金融政策は弱い効果しかもたらさないということを示している．とはいえ，最近の経験は，適切に行われた緩和政策が大きな効果をもつという議論を無用にしているわけではない．

　実際，金融政策が，景気の悪化を阻止するのに効果的であると論じることもできる．連邦政府および州・地方自治体の抑制的な財政を前提として，短期金利が前述のように小刻みに長期にわたって低下しなければ，景気後退は疑いなく長びき深刻なものとなっていただろう．さらに，経験によれば，長期実質金利は低下するはずだが，おそらくかつて信じられていたほど速やか

かつ大幅には低下しないだろう．

　金融政策が経済に強い効果をもつというこうした一応の証拠にもかかわらず，疑っている人はまだいる．確かに，為替相場の変化は経済に影響を与えるが，潜在的に強い為替相場の効果は両刃の刃である．対外制約を所与として，金利を海外で支配的な水準以下に引き下げるために金融緩和政策を用いようとすることは，経済に破滅的な影響を与えるであろうドル相場の急速で制御不能な下落をもたらしはしないだろうか．そして，金融市場にそれが知れた場合には，金融的制約は，金利引き下げのいかなる試みもドル相場の下落と高インフレに悩む債券市場によって打ち砕かれるということを意味しないだろうか．これらすべてを前提して，インフレ制約は拘束力をもたないのか．連邦準備はインフレ抑止に焦点を合わせるべきでもないし，それに専念すべきでもないのではないか．

3. インフレ制約

　金融緩和政策の前に立ちはだかる最も厳しい制約は，そうした政策がインフレをもたらし，インフレが経済に著しいマイナスの効果を与えるという懸念である．こうした観点から現行の政策に具体化されたものが，「ゼロ・インフレ」目標である．それが連邦準備の最終目標であるべきだと議会でもある程度信じられているし，連邦準備内でもある程度支持されている．

　インフレが金融緩和政策に対して大きな経済的障害となるには，数多くの条件が必要である．第1に，金融政策とインフレとの間に直接の結びつきがなければならない．第2に，インフレが経済にかなり有害な結果をもたらさなければならない．いわゆるゼロ・インフレという選択肢が意味をもつためには，さらにもう1つ条件を満たさなければならない．すなわち，そうした目標に到達し経済を安定化させるコストは，ゼロ・インフレを達成する利益より小さくなければならない．

　第1に，金融政策とインフレの結びつきは，多くの人々が信じているほど

明らかではない．マネタリストの見解——潜在的産出量の成長率よりも速いマネーサプライの増加はインフレを高進させる——は，誤っている．ベンジャミン・フリードマン/ケネス・カツナー（1992）がごく最近示したように，1980年代のアメリカにおいて，どのマネーサプライをとっても，マネーサプライとインフレとの間に信頼に足る関係は実質的に存在しなかった．フリードマン/カツナーの説明によれば，「1980年代のデータを含めると，貨幣（どのように定義されたものであれ）と名目所得，あるいは貨幣と実質所得または物価との間の有意な関係をそれぞれ示す戦後の時系列的証拠は著しく弱められる．1970年以降のデータに焦点を当てると，この証拠は完全に失われる」(Friedman and Kuttner, 1992, p. 472)．この単純な関係に生じた問題は，貨幣と経済の関係を変えた大きな金融革新にある．また，何百年にもわたる金融政策を巡る論争において重要であったように，逆に，貨幣は経済の状態に応じるという事実こそが重要なのだ．

しかし，前節でみたように，金融政策は，金利，信用アベイラビリティー，為替相場に影響を及ぼすことを通じて，経済に影響を与えることができるし，実際に与えている．金融政策が経済に与える影響の程度によって，金融政策は，確かにインフレに対して間接的に影響を与える．重要な問題は，この間接的な影響とは何かということである．

再び，我々は，まず，むしろ単純で極端な理論，いわゆる新古典派マクロ経済学と対決しなければならない．この理論は，短期，長期のいずれにおいても，経済は常に完全雇用の状態にある，あるいは「自然失業率」の状態にあると論じる．もし経済が常に完全雇用の状態にあれば，中央銀行による失業の一層の減少に向けた何らかの試み，いわば金利の引き下げは，まったく実質産出量の増大をもたらさず，一層のインフレをもたらすだけであろう．専門用語を用いると，この見解によれば，経済は垂直のフィリップス曲線によって特徴づけられる（この点の最近のサーベイについては，McCallum, 1990を参照せよ）[20]．この見解がまったく正しくないことは以前から示されていた．というのは，金融政策が，少なくとも短期では，実質産出量と雇用

に影響を与えるからである．多くの経済学者は，このいわゆる自然失業率仮説が短期では妥当しないが，長期では妥当すると論じてきた．それゆえ，長期では，金融緩和政策——例えば，金利の引き下げ——は，インフレの高進だけをもたらし，産出量や雇用の増大をもたらさない．この見解は最も広く受け入れられており，金利の引き下げ，経済成長の回復を狙った積極論者の政策に対抗する議論でもある．

しかし，「自然率」仮説は，自然率は結局自然ではないと論じる人々によってますます攻撃されてきている（Blanchard and Summers, 1986；Gordon, 1988b）．多くの経済学者は，マクロ経済政策が現在の失業率に対してかなりの効果をもちうると論じている．つまり，金融政策は，必ずしも悪性のインフレをもたらすことなく，失業と実物経済に短期的にも長期的にも効果をもつのである．

いわゆる自然率仮説のこうした見直しの多くは，英米両国における1980年代の金融引締め政策の効果によって促進された．イギリスの首相マーガレット・サッチャーの政府による金融引締め政策がインフレ撲滅に成功した後で，失業率がそれ以前の「自然」水準に下がらなかったのはなぜか．別言すれば，いわゆる自然率が金融引締め政策に反応して上昇すると思われるのはなぜか（Blanchard and Summers, 1986）．ゴードン（1988b）はアメリカについて同じ問いを発した．

この研究は，問いに対する多様な解答を示している．そうした解答のすべては，金融政策が失業率を含めて経済に長期的な影響を与えうると判断するものである．自然率仮説を再考するこうした重要な研究は，インフレ抑止を企図した金融引締め政策が自滅的であると論じている．それは少なくとも一時的にインフレを抑えるかもしれないが，失業率の永続的な上昇と経済成長率の鈍化という犠牲を払ってのみ可能なのである．というのは，金融引締めや高金利が投資と生産性の上昇に対して悪影響を与えるからである．ファザーリ（本書第2章）が示唆しているように，金融引締め政策は，技術的に最も進歩した企業の投資を大きく損なう効果をもつ．金融引締め政策は銀行貸

出を減少させ，銀行による信用割当を増加させる．そうした信用割当は，技術的に進歩した企業に悪影響を与えがちである．なぜなら，そうした企業は相対的に小規模で，したがって資金調達を相対的に大きく銀行に依存しているからである．このメカニズムを通じて，金融引締め政策は，これらの企業の投資を他の企業よりも相対的に減少させる．その結果，金融引締め政策は，技術革新の水準を，したがって生産性の上昇を低下させる．生産性の上昇率が低下すれば，需要の拡大は相対的に一層インフレを進行させるようになる．

　金融引締め政策が所与の失業率の下で生産性とインフレ率に長期的に悪影響を与えるという経路の第2は，為替相場や貿易収支に対するそうした政策効果を通じてである．多くの経済学者は，今日，1980年代半ばのドルの過大評価を引き起こした高金利が，アメリカの生産性の上昇や競争力に長期的にマイナスの効果を与えたと論じている．なぜなら，国際的な競争にさらされている部門に大きな悪影響を与えたからであった．

　とりわけ，この分析は，ゼロ・インフレを達成するために金融引締め政策を用いれば自滅するということを示唆している．インフレ抑止のために金利を引き上げれば，生産性と経済成長に対して有害な影響を与えるので，実際，失業率は変わらないのにインフレ率が上昇することになる[21]．

　ファザーリが指摘し，ガルブレイスによって補強された重要な論点は，次の点である．すなわち，金融引締めは，生産性と供給面にマイナスの結果をもたらすので，インフレ抑止のための自滅的戦略となる．逆に，金融緩和政策のしばしば無視されてきた効果は，すべて他の条件が変わらなければ，投資と生産性に対するプラスの効果を通じてインフレがプラスの結果をもたらすということである．

　たとえ金融緩和政策と低金利が生産性の上昇とインフレにこうしたプラスの効果をもつとしても，時々一定の状況の下では，金融緩和政策が高インフレをもたらすであろうことはほとんど疑いないように思われる．このことは，インフレそれ自体がどのくらい深刻な問題かという問いを自然に導く．インフレのコストとは何か．どのくらいの雇用と産出量を，アメリカはインフレ

率を低下させるために進んで犠牲にしなければならないのか．

　欧米では，多くの政策担当者は解を以前の結論にたよる．つまり，インフレは最悪のものであり，あらゆる犠牲を払ってでも阻止すべきであると．政策担当者とりわけ欧米の中央銀行家に広く受け入れられたこの解を，一部原因として，我々は，第2次大戦以来，長期にわたる最も高水準の失業率と経済成長の低下を経験している．

　このテーマについて中央銀行家の間に意見の一致があるとしても，経済学者が，インフレがいわば少なくとも年率1,000％といったハイパーインフレの水準を下回っている限り，インフレというコストの大きさを発見できなかったことは驚くべきことである (Fischer and Modigliani, 1975 ; Fischer, 1981 ; Drifill et al., 1990) [22]．インフレというコストの主なものは，経済決定や計画を行う企業や消費者の能力を低下させることだと仮定されてきた．なぜなら，企業や消費者が，価格についての情報を獲得したり解釈することが困難になるからである．価格システムの効率性のこうした低下は，インフレ率が上昇するにつれて，インフレ率全体の大きな変化と諸商品の相対価格の大きな変化をもたらすと仮定されてきた．

　しかし，これらの関係を見出そうとする数多くの試みにもかかわらず，そのような結果が存在するという証拠はほとんどない．経済的福祉という尺度でインフレの影響について各国別に行われた研究もほとんどない．この分野の研究は残されたままである．ハーバード大学のロバート・バーロによる研究の結論は，インフレと経済成長との間に認められるどんな負の相関も，むしろ逆に，成長がインフレにマイナスの影響を与えるためであると考えられるということである[23]．バーロは，最悪の経済状態に陥っている多くのところでは，インフレ率は相対的に低いと指摘している[24]．

　筆者の先の議論は，おそらくハイパーインフレがインフレには大きなコストは存在しないと思われるというルールの例外だと述べることによって，修正される．しかし，何人かの経済学者は，筆者の行った適度なインフレとハイパーインフレとの区別が誤りだと論じている．つまり，インフレは容易に

コントロールできず，適度な水準のインフレは簡単にかなり高率のインフレへと高進する可能性が高い．しかし，ハイパーインフレは異常な出来事である．バーロは，1970年から1985年までで，調査した118カ国のうちわずか14カ国が平均20％以上の年間インフレ率を示したにすぎず，平均インフレ率が40％を超えたのはわずか7カ国にすぎなかったと報告している．1960年から1970年の期間では，両者ともまったく存在していなかった．

非常に高率で加速的なインフレは，原因というよりも徴候であると思われる．つまり，それは経済内部の深刻な病変の徴候であり，しばしば戦争と結びついていた．そうした高率のインフレは非常に稀なことであるので，適度なインフレが自然にそれをもたらしがちであるという証拠はほとんどないようだ．適度なインフレの経済的コストは，筆者が示したように，存在しないほど小さいと考えられる．

では，世界中の多くの中央銀行や政府の政策を動機づけていると思われる適度なインフレについての大きな恐れや懸念は，何によって説明されるのか．インフレ制約が実際に政治的障害であると説明することはできよう．ここでの問題は，産出量の水準やその増加率へのインフレの影響ではなく，所得分配に与えるインフレの影響である．別言すれば，ある集団は，経済的パイの大きさがどうかではなく，その分配がどうなるかのために，インフレを嫌うのである．

所得と富の分配に与えるインフレの影響についての研究は，相対的にほとんど行われてこなかった．行われた研究のほとんどは，アメリカでは，インフレが高所得層から低所得層へ所得の再分配と結びついているということを示している（Wolff, 1979）．ヒブス（Hibbs, 1987）は，インフレが所得分配の上位25％層だけの所得を減少させたことを示す証拠をあげている[25]．ニューヨーク連邦準備銀行（1986）は，銀行利潤がインフレ率の上昇とともに減少したことを示す分析とデータを示している（Mott and Caudle, 1992, そこでの議論を参照せよ）．

こうした証拠すべては，適度なインフレ率に反対する政治的立場が相対的

に富裕な人々や銀行および他の金融機関から生じていることを示している．この論理にしたがえば，インフレ制約は，経済的制約では全然なくむしろ政治的障害である．そして，これらの集団が，少なくとも一時期かなりの政治的権力をもちうるがゆえに，インフレ制約はむしろ大きなものとなりそうだ．

　しかし，問題はこれほど簡単ではない．というのは，ヒブス（1987）や他の論者も述べているように，たいていのアメリカ人はインフレに害されていないという事実にもかかわらず，その大多数は，適度な水準のインフレでさえも依然として反対するからである．なぜなら，経済学者が物価と賃金の全般的な上昇という用語を用いるので，ほとんどの人々は，インフレとインフレの高進としばしば結びついた他の経済現象とを混同している．それゆえ，インフレ反対は，実際には，時々インフレ期に随伴する他の現象に対する反対を表しているのだ．

　例えば，1970年代のインフレ期に，原油の相対価格が著しく上昇した．それは，ほとんどのアメリカ人から原油生産者たち——国内外の——に巨額の富を再分配した．原油の相対価格の上昇から生じたこの再分配は，ほとんどの人々の生活水準を引き下げた．しかし，その低下は特定の商品——原油——の価格の上昇のためであって，経済学者がインフレと呼ぶ全商品の価格上昇のためではなかった．ところが，原油価格の上昇は，インフレの一般的な進行と結びついていたので，アメリカ人の多くは，政策担当者，銀行家，報道機関が「インフレ」そのものとみなしたものに強い反感を表したのである[26]．

　それゆえ，すべて他の事情が等しいとすれば，おそらくたいていの人々は，高水準のインフレがもたらす不確実性と不安感のために，相対的に低い水準のインフレを依然として選好するであろう．しかし，そのことは，アメリカ経済がインフレ率を抑えるために経験した高水準の失業と低い経済成長を人々が選好するということを意味しない．失業率が高く経済成長が低いとき，世論調査は，人々の主要な関心事がインフレから失業にシフトすることを示している（Hibbs, 1987）．アメリカ人の生活水準に対する失業およびインフ

レの影響を所与として，彼らが真実の選択を知らされていれば，ほとんどのアメリカ人が連邦準備によって明らかに選択されたトレードオフの立場をとるであろうというのは疑わしい．

　最後に，適度なインフレ率にとっての主な制約は，経済的障害ではなくむしろ政治的障害である．政治的障害は，主に，インフレで大損しそうな富裕層や貸し手のインフレ反対から生じる．しかし，金融政策は普通の人々による反対を無視することはできない．とりわけ，1970年代のように，インフレ率の上昇が生活水準の上昇を伴わない場合にはそうである．

　ここまでは，経済成長に対するインフレの影響を論じてきた．しかし，インフレは，他の2つの制約すなわち対外制約と金融制約と，インフレとの相互作用を通じて，経済にそしてそれを運営する連邦準備の能力に間接的に影響を与える．何人かの経済学者は，インフレが国際および国内の金融市場の不安定性を生み出し，金融当局に深刻な問題を発生させると考えている．それゆえ，これら2つの制約について論じ，そしてインフレとそれらの関連を論じることが重要となる．その後で，適度なインフレ率によって提起された真の問題について最終的な判断を下すことができる．

4. 対 外 制 約

　巨大で高度に統合された国際金融市場が金融政策の深刻な制約となっているという共通の見解が存在する理由は，容易に検討できる．新聞の見出しは，「トレーダーが各国中央銀行を圧倒！」(*International Herald Tribune* [*IHT*]，1992年9月26日号) というように，世界情勢についての人々の直感と一致している．驚くべき数値がそうした判断を裏づけているように思われる．ニューヨーク連銀によって報告された最近の研究によれば，世界中の外国為替取引が過去3年間で50％も拡大し，1日のそれが1兆ドルを超えたが，中央銀行の外貨準備ははるかにずっとゆっくりとしか増加していない (*IHT*)．しかし，事態の曖昧さは，同じ新聞の同じ版の別の見出しに，「各

第3章　1990年代の金融政策

国中央銀行の勝利！ EMS の安定が回復」というように表現されている．2つの明らかに矛盾する見出しは，国際金融市場は巨大で高度に統合されたという現実を反映している．それは中央銀行の行動に深刻な制約を加えている．しかし，結局，主要先進国の中央銀行とりわけ米欧日の中央銀行は，国際金融市場に対して決して無力ではない．簡単に言えば，対外制約は実在するが，決して絶対ではない．

　この対外制約は金融政策にいかなる影響を与えるか．第1に，インフレ制約の際と同様に，経済的障害と政治的障害を区別する必要がある．経済的障害では，2つのタイプを区別しなければならない．まず，先に引用した新聞の見出しが示している見方である．すなわち，国際的に統合された世界では，中央銀行はまったく無力で無能である．この見解によれば，国際金融市場は，非常に大きく高度に統合されているので，連邦準備は何の影響も与えることはできない．つまり，完全に圧倒されている．

　国際経済が政策を無効にするという意味で制約となるという見解は，政府が固定相場を維持しようとしている場合に限って，有効性をもつ．この場合，中央銀行は，自国通貨を他国通貨と一致させるように金融政策を調整しなければならない．また，金融政策は他のことにふりむけられない[27]．しかし，アメリカが為替相場を固定することを約束しない場合には，金利の変更を国内のために用いることができる．

　ここが問題なのだ．すなわち，金利の変更は為替相場を変化させる．そして，為替相場のこうした変化は，金融政策の行使の制約という経済に望ましくない影響を与える．経済的障害のこの第2のタイプは，海外金利に対応した国内金利の変更をもたらす為替相場のこうした変化のコストのことである．そして，ここで，そのコストには3つのタイプがあるといわれている．つまり，インフレ，国際貿易水準の低下，経済的不安定性である．

　インフレは次のように作用する．ドルの切り下げは，輸入品価格の上昇と，輸入品と競合する国内商品の価格上昇をもたらし，したがってインフレを高進させる．このことはおおむね正しいが，インフレの影響の大きさが誇張さ

れすぎている (Dornbusch and Giovannini, 1990, そのサーベイを参照). とにかく, インフレ制約に関する先の議論と同じ問題は, ほとんどここに当てはまる[28].

為替相場の変化について広く議論された第2のコストは, 為替相場変動は不確実性と取引コストを増大させ, したがって輸出と輸入を抑制するというものである. しかし, このタイプの効果の大きさを明らかにできた研究は, ほとんど存在しない (Dornbusch and Giovannini, 1990, そのサーベイを参照).

第3の最も重要な潜在的経済的コストとは, アメリカの金融緩和政策が経済的不安定性をもたらすというリスクのことである. 投機的金融市場, 例えば外国為替市場において, 噂や気まぐれによって駆り立てられた投機は, 為替相場を適切な水準をはるかに超えたところに動かしてしまう. 極端な場合には, 経済を破壊させるほど大きな為替相場の変化を引き起こしさえする. ドルは世界の主要な準備通貨であるので, そうした投機は, アメリカ経済のみならず国際金融システム全体をも破壊しうる.

こうした潜在的経済的コストは, 対外制約を侵す政治的コストと区別されなければならない. 金融緩和政策の場合, その政策と結びついたドルの下落は, 経済のいくつかの部門に損害を与える. しかし, おそらく一方では他の部門を利するであろう. おそらく金融政策にとって最も重要なことは, 為替相場切り下げの潜在的インフレ効果が貸し手を害し借り手を利するという点であろう[29].

金融政策に対するこれらの経済的対外制約は, どのくらい大きいのか. この問いに答えるには, 金融緩和政策が採られた2つの異なる期間——1970年代末と1990年代初め——を比較し, 金融政策が外部部門によって経済的に制約される場合の条件を評価することが役に立つ.

一方では, 周知のように, 1970年代末には金融政策は緩和政策に対応したドルの急激な減価によって大きく制約されていた. 実際, 広く信じられているように, ドルへの取付がボルカーを連邦準備制度理事会議長に任命させ,

その後の過酷な金融引締めをもたらしたのである．他方，1990年代初めには，金利の低下が他の主要通貨に対するドル相場を下落させたが，1970年代に経験したパニックのようなものは一切生じなかった．これら2つの経験の比較から，何を学びとることができるか．

図3.3は，アメリカとドイツの短期の実質金利格差とドルの対ドイツマルク相場を示している．図3.3によれば，1976年から1979年までと1990年から1992年までの2つの金融緩和期の間にかなりの違いがある．前者はドル相場の大きな下落を伴っていたが，後者はそうではなかった．

図3.4は，この違いをよりはっきりと示している．図3.4は1976年と1990年のドル相場をそれぞれ100としている．図3.4が示しているように，短期金利格差がほぼ同じ大きさだけ拡大したという事実にもかかわらず（図3.3をみよ），ドルは，1990年から1992年までの期間よりも1976年から1979年までの期間の方がはるかに大きく下落した．

説明は一部，両期間のインフレ格差の違いから行われなければならない．

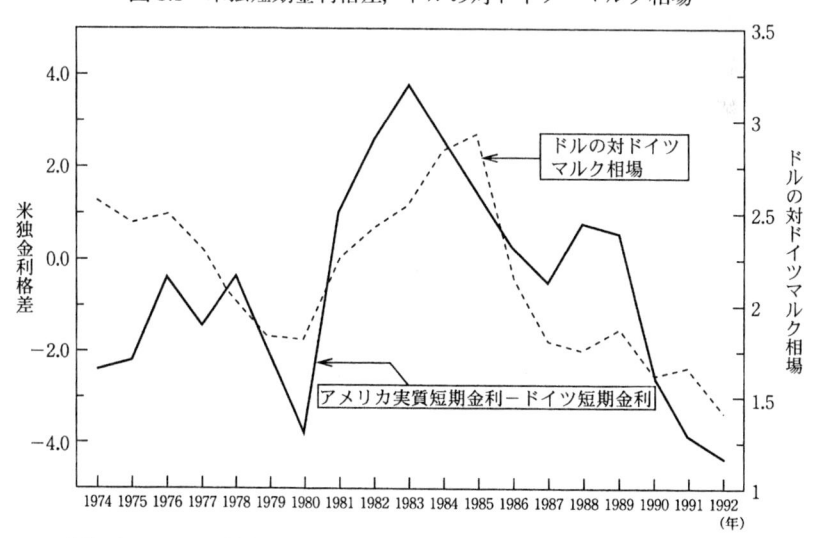

図3.3 米独短期金利格差，ドルの対ドイツ・マルク相場

出所：International Monetary Funds.

図3.4 2つの拡張期（1976-79年，1990-92年）におけるドルの対ドイツマルク相場

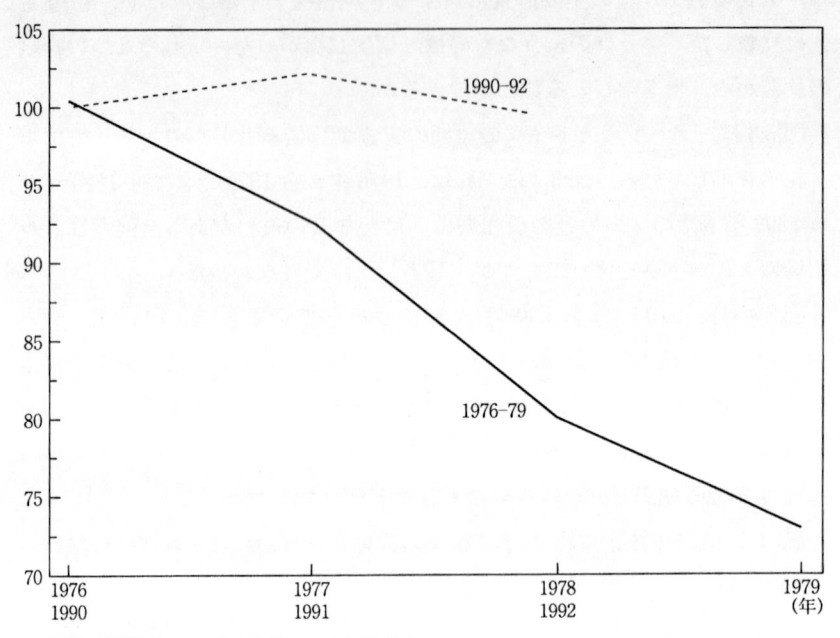

```
105

100 ┤●━━━━━━━━━━━━━━━━ 1990-92
          ╲
 95            ╲
                 ╲
 90                ╲
                     ╲
 85                    ╲
                         ╲  1976-79
 80                        ╲
                             ╲
 75                            ╲
                                 ╲
 70
   1976      1977      1978      1979
   1990      1991      1992           （年）
```

出所：IMF, *International Financial Statistics*.

　図3.5が示すように，1976年から1979年までの期間では，アメリカのインフレ率はドイツのインフレ率より上昇した．しかし，後者の期間では，アメリカのそれはドイツのそれより低下した．両期間の為替相場の変動の違いは，次の相違のためである．1976年から1979年までの期間では，インフレがドイツよりアメリカにおいて進行していたために，投機的攻撃がドルに対して行われ，それはまったくコントロールできず衰えることがなかった．しかし，後者の場合には，インフレ格差は実質金利格差と同じ方向に動いていた．インフレ格差をはっきりとコントロールすることで，ドルに対する投機的攻撃を止めさせる構造などほとんど存在しない．

　アメリカとドイツの金利格差が非常に大きかったにもかかわらず，インフレ格差は，ドルに対する全面的な攻撃を現実化させなかった．しかし，1992

図3.5 米独インフレ格差, 1974-92 年

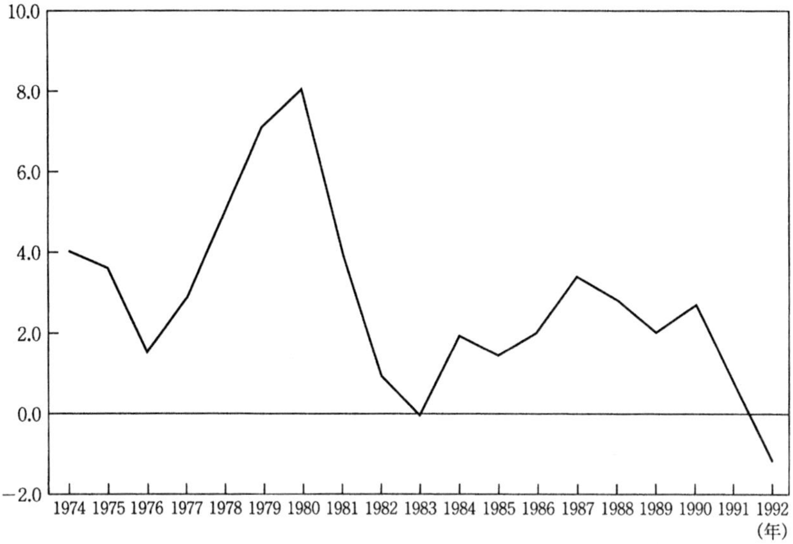

出所:IMF, *International Financial Statistics*.

年8月末から9月初めに,ドル相場は,他の2つの主要通貨,ドイツマルクと円に対して劇的に下落し始めた.実際,ドルは両通貨に対して戦後最低を記録した.しかし,こうした大きな下落にもかかわらず,ドル暴落は起こらなかった.1992年8月末のドルに対する投機的攻撃の後,ドルは回復した.

再び,2つの期間のインフレ格差が重要となる.というのは,それが,投機的攻撃が一方の期間で手に負えないものとなったのに他方ではそうでなかった理由を説明するからである.しかし,インフレの役割が過大評価されるべきではない.というのは,最も重要なことは,アメリカ経済が前者の期間では制御不能とみなされ,後者の期間ではそうではないとされた程度の違いであるからだ.1970年代において,アメリカではインフレ過程に終わりがないと思われていた.現在では,ドイツがその状況にありそうだと思われる.

ここで,インフレ制約が作動する.インフレが制御不能とみなされれば,そうした認識は,外部部門への影響を通じて政策に深刻な制約を与えること

になる．それゆえ，いかなる経済もインフレを無視することはできない．

しかし，これがすべてではない．インフレ格差を別にすれば，いくつかの他の要因もドルを安定化するのに役立ちうる．アメリカの相対的な政治的安定性とアメリカ独自の軍事力・政治力は，「ドルの基軸通貨としての役割」の基礎を与えるものである（Prem, 1993 ; Frank, 1992）．その役割は，現在，ヨーロッパや地球上の多くの他の地域を特徴づける政治的混迷の時代に，ドルを有事に強い通貨にしている．主要国と比べて金利が低いにもかかわらず，有事に強い通貨としての役割がドル需要を生み出し，ドル相場を維持させているのだ．

しかし，この「基軸通貨」としての役割は，時において安定性の源泉でありうるが，それがまたアメリカのみならず他の工業国においても同様に，大きな不安定性の源泉ともなりうることを銘記しておかねばならない．1992年8月末に安値を記録するほどのドル相場の下落の後に，1992年9月，10月の欧州通貨危機が発生した．2つの出来事はおそらく関連していた．ドルの役割が大きいために，ドルの大幅な下落は，欧州通貨制度のいくつかの通貨に強い圧力をかけた．それらの通貨はかなり過大評価されていた．そして，過大評価は，平価切り下げを頻発させた．平価切り下げはドイツに金利を引き下げさせ，ドル相場を記録的な安値から上昇させるのに役立った．この場合，ドルの基軸通貨としての役割がドルを安定化し，他通貨を不安定化した．1970年代に，ドルの基軸通貨としての役割は逆の効果をもっていた．すなわち，それがドルを不安定化させた．なぜなら，ドル取付が一度起これば，世界中のドル保有者はドルを手放そうとしたからであった（Epstein, 1985）．

こうした違いは，ドルの基軸通貨としての役割が課す経済的コストとしての「対外制約」が環境に依存することを示すものである．このことは，外国為替市場の投機的性格を所与とすれば，対外制約が期待と直感に依存するということを一部原因とする．そして，これらは環境に大きく左右される．インフレ期待がこれらの環境の重要な構成要素であると思われる．それゆえ，インフレが制御されている場合には，対外制約はほとんど拘束力をもたない．

これを支えているのが，アメリカの相対的な政治的安定性と，現下の一極世界に付随したドルの基軸通貨としての役割なのである．

「対外的な政治的障害」はどうだろうか．この制約は，直近の景気後退の初期段階で連邦準備の政策を制約したという点で，重要であると思われる．記録によれば，最初，連邦準備は，金利の低下に伴うドル相場の下落という「インフレ効果」を懸念していた．そうしたインフレ懸念が，ごく当り前の水準で，主に政治的障害となる程度については，筆者はすでに述べた．

対外的な経済的障害の重要性，とりわけドルに対する投機から生じる潜在的不安定性という点でその重要性は，確かに誇張されているとしても，忘れ去られるべきではない．環境次第で，主要国の金利は，アメリカの金融政策を制約する．しかし，最近の出来事は，それが多くの人々が考えているほど拘束力をもたないことを示している．そうであれば，この対外制約をどうすればよいのか．

国際的な金利制約を緩和できるアプローチは基本的に2つある．第1は，マクロ経済政策の国際協調を通じてである．第2は，様々な形態の資本や為替の管理を通じてである[30]．可能な解決策について徹底的に議論することは，本章の範囲を超えるが，しかし，それについてここで少し述べておこう．

対外制約の潜在的な問題に対する最も重要な解決策は，国際的政策協調である．例えば，世界的景気後退の際に，主要国中央銀行による協調利下げと経済活動の回復に向けた努力は，1国のみによる緩和政策が採られた場合よりも，為替相場と金融市場をそれほど圧迫しない．しかし，協調はかなり困難であろう．1つの大きな問題は，ドイツ連邦銀行の力とインフレ抑止に向けたその執念にあると思われる．国際的政策協調の困難性という点から考えて，アメリカの金融政策の自律性を高めるような構造改革が重要である．おそらく，これらのうち最も異論のないものは，ノーベル賞受賞者ジェームズ・トービンが提起した外国為替取引に少額課税するという「トービン税」と呼ばれるものであろう．税は，経済的に有益な外国為替取引を妨害しないように十分少額であるが，通貨を経済的に正当な価値から引き離し金融緩和

政策を無効にするような，著しく投機的な取引を妨害するには十分なほど大きい．

実際，最も経済的に成功した多くの国々，例えば韓国や日本は，対外制約が政策を無効にするのを阻止するためにかなり厳しい資本統制を行っていた (Nembhard, 1992)[31]．

5. 国内金融制約

本書の他の諸章が金融制約について論じているので，本節では簡単にふれておくことにしよう．金融市場は，少なくとも3つの方法で金融政策の策定を制約する．第1に，高い負債水準，いわゆる「負債膨張」は，金融緩和政策の刺激効果を低下させる．というのは，低金利は投資や住宅購入の増加よりもむしろ負債の削減をもたらすからである．第2に，金融市場は，将来の金利とインフレに対する政策効果についての投機を通じて，長期金利を引き下げる連邦準備の力を低下させる，あるいはまったく失わせる．連邦準備が短期金利を引き下げ，その引き下げがインフレを高進させると市場が予想する場合には，市場は長期金利を引き下げない——上昇すらさせる——であろう．第3に，たとえ政策が金利の引き下げに成功したとしても，金融市場は，社会的に生産的な投資に信用を配分しないかもしれない．

これら3つの問題すべては，アメリカの巨大で非常に流動性に富む資本市場から生じたものである．この市場は著しく投機的だといわれている．なぜなら，誰も確実に知らない将来の出来事についての投機が，金利と金融資産価格の決定に非常に大きな影響を与えるからである．そうした投機は，必ずしも「効率的な」金利と金融資産価格をもたらすとは限らない（本書第9章参照）．しかし，それにもかかわらず，投機は最も大きな影響を与える．我々にとっての課題は，投機がどの程度金融政策を無効にするのかということである．

第1の問題，負債膨張は，実際，第3の問題の関数である．つまり，過去

において金融市場は適切に信用を配分してこなかった．その結果，1980年代に民間負債が危険な水準に達したのだ（本書第9章，第11章参照）．筆者はこの論点に戻ってくるが，ここで銘記しておかねばならない重要なことは，負債膨張が1990年代初めの景気後退期に金融政策を完全に無力にしたわけではなかったことである．金融緩和政策が行われることで，以前よりも景気後退は短くそれほど厳しくもなかったのである．

　第2の問題——連邦準備が長期金利を引き下げることの難しさ——も，1990年代初めの景気後退期に明らかとなった．アメリカの債券市場は，期待に基づいて投機を行っている．将来，金利が高くなるあるいはインフレが高進すると債券市場が信じれば，短期金利がかなり低くインフレ率が低かったとしても，市場は長期金利を高止まりさせるであろう．明らかに，こうした債券市場は，長期金利を操作する連邦準備の力を制約している．いかに長期金利が経済活動にとって重要であるかという点は，係争中の問題である．

　先に引用した金融政策の有効性に関するほとんどの実証研究は，短期金利と信用配分の重要性を強調している．それゆえ，こうした投機的要因の結果，たとえ連邦準備が長期金利を操作できないとしても，依然として連邦準備は，短期金利と信用配分に影響を与えることを通じてその力を行使できる（本書第2章参照）．それにもかかわらず，経済そして長期投資に影響を与える連邦準備の力は，長期金利に影響を与えることができるくらい明らかに大きい．1990年代初めの景気後退期に，長期金利は最終的には低下し，住宅購入に強い影響を与えた．長期金利がさらに低下したとすれば，その効果はおそらくもっと大きくなったであろう．要するに，たとえ債券市場が緩和政策を追求する連邦準備の力を喪失させないとしても，債券市場が連邦準備の力を制約していることは明らかである．

　しかし，金融政策についての最大の金融制約は，たとえ連邦準備が長短金利のどちらも引き下げることができ負債膨張も存在しなかったとしても，大きな投機的要素をもつアメリカの金融市場が信用配分に失敗してきたという点にある．1980年代の投機的不動産ブームと同時期の合併運動の高まりは，

経済にかなりマイナスの影響を与えた（本書第4章，第5章，第9章参照）．それゆえ，こうした市場では，金融緩和政策は，金融政策に対する金融制約を克服するには十分ではない（本書第11章参照）．こうした投機的利用からより生産的な利用に向けて信用を配分するためのメカニズムこそが重要である．

しかし，金融制約の緩和は，政治的困難に陥ることになる．長期実質金利の引き下げは，大手金融機関の利潤を減少させる．金融市場を規制し，信用配分を行うことは，そうした金融機関の特権を制限する．結局，対外制約，インフレ制約とともに，社会的に生産的な政策に対する政治的障害は，少なくとも経済的障害と同様に大きい．

6. 金融政策についての政治制約，対外制約，金融制約との対決

表3.2は，金融政策についての3つの制約をまとめたものである．対外制約，インフレ制約，金融制約はそれぞれ経済的障害，政治的障害と結びついている．アメリカの金融政策を改革するためには，政治的障害と経済的制約との結びつきを弱めなければならない．

政治的障害を緩和するためには，金融システム改革を委ねるアメリカの政

表3.2　金融緩和政策に対する制約と障害

制約＼障害	経済的	政治的
対外	実質金利を海外金利以下に引き下げることはできない． 為替相場の暴落は経済活動を破壊する．	通貨価値の低下は資産所有者に損害を与える． 不安定な通貨価値は銀行利潤を減少させる．
インフレ	ハイパーインフレは経済活動を破壊する．	予測できないインフレは貸し手から借り手に所得を再分配する．
金融	実質金利を低下させる力はインフレ期待によって制約される． 市場は低金利のときでさえ信用を誤って配分する．	実質金利の低下は銀行利潤を減少させる． 信用配分は銀行の特権を侵害する．

治的な力の結集がかなり必要である．その結果，それはむしろ逆に経済のニーズを満たすことになる．このことは，広義の政策に対する政治的障害を変えるであろう．

狭義の金融政策に対する政治的障害の緩和も求められている．よりよい金融政策を行う連邦準備の独立性を確保するためには，金融政策は，人々や社会に対してもっと説明責任的でなければならないし，民主的な過程から遊離しないようにする必要がある．政策に対するいくつかの政治的障害を緩和する1つの方法は，民主的システムと独立した連邦準備とを統合し，むしろ議会に一層の監督権限を与えることによって，連邦準備の政策をより説明責任的にすることである．他に可能なことは，地区連邦準備銀行の取締役の直接選挙を行うことや地区連銀に一層の権限を与えることである（Epstein, 1991, 本書第11章は，金融政策の構造を改善するための選択肢について全般的に論じている）．

社会的に生産的な投資にそぐわないニーズを満たす別の信用配分機関を創造することによって，また投機のための金融を行う動機を減退させることによって，つまり簡単に言えば，信用配分機構を改革する政策によって，金融制約は大きく改善されることになろう（本書第11章および他の諸章参照）．

最後に，対外制約は，必要なときには，国際的政策協調あるいはトービン税のような選択的資本統制によって緩和される．

政治的障害の緩和とは，インフレ制約の緩和に向けた長い道を行くようなものだ．というのは，既述のように，インフレ制約が主に政治的なものだからである．インフレが経済的困難を生じさせるのに十分なほど高進する場合には，インフレの抑止のために政策が必要となるが，それについては後に論じる．

表3.3はいくつかの可能性を与える．対外制約の問題を別にして，横の欄は中央銀行の構造の類型——独立型と統合型——を示す．縦の欄は，金融構造の類型——自由放任型と配分型——を示す．アメリカは，現在，独立した中央銀行と自由放任型金融構造をもっているので，左上の欄に当てはまる．

表 3.3 オルタナティブな金融構造と中央銀行構造をもつ改革

		中央銀行	
		独立型	統合型（説明責任型）
金融構造	自由放任型	アメリカ	改革 I（政治的制約の緩和）
	配分型	改革 II（金融制約の緩和）	改革 III（両制約の緩和）

既述のように，その配置は政治的制約と金融制約を最大にする．

　ガルブレイスは，システムを右の方に動かすことを提案している．——すなわち，中央銀行をより説明責任型にあるいは統合型にし，金利を低く維持し，インフレを抑止する別のメカニズムを見出すといったようにである．この場合，金融制約を変えることはそれほど重要ではない．なぜなら，低金利が投資を刺激しそうだからである．しかし，投機と信用配分の失敗といった問題を考えると，ポーリンが提起したように（本書第 11 章），右下の欄に動かす方がずっとよいだろう．

　それぞれの欄を 2 つに分割することによって，第 3 の領域——国際的な資本移動を統制する度合い——が付け加えられる．それぞれの上の欄は，開放経済，すなわち金融面で世界経済と統合されている経済と呼ばれる．下の欄は，金融的な結びつきが，いわば資本統制を通じて管理されている経済を示している．

　表 3.4 は，多くの国々がこれら 3 つの領域のどこに位置づけられるかを示したものである．イギリスとアメリカは，3 つすべての領域で最も保守的である．カナダは統合された中央銀行をもっているが，国際資本市場に開かれた自由放任の金融システムの下では，その中央銀行はうまく機能していない．世界経済でよいパフォーマンスを示しているたいていの工業国は，統合された中央銀行，信用配分市場，国際資本移動の統制を組み合わせて行っている．例えば，韓国は 3 つすべてを行っているし（Nembhard, 1992），日本は最近まで 3 つすべてを行っていた．

　最後に，表 3.5 は，金融改革に向けたオルタナティブな政策の選択肢をまとめたものである．縦の左欄は高金利政策を，右欄は低金利政策を表す．低

第3章 1990年代の金融政策

表3.4 金融構造の各国比較

		中央銀行	
		独立型	統合型（説明責任型）
金融構造	自由放任型	《開放型》アメリカ イギリス / 《管理型》	《開放型》カナダ / 《管理型》
	配分型	《開放型》ドイツ / 《管理型》	《開放型》フランス イタリア / 《管理型》日本 韓国

表3.5 オルタナティブな政策枠組みの下で，インフレ制約，対外制約，金融制約に対処するための戦略

		高金利	低金利
金融構造	自由放任型	アメリカ（低成長，低投資，非生産的投資）	インフレ制約 価格統制 対外制約 資本統制 国際協調 金融制約 低金利
	配分型	インフレ制約 高金利 対外制約 高金利 金融制約 信用配分	インフレ制約 信用配分 対外制約 資本統制 国際協調 金融制約 信用配分

金利政策は，金融政策についての政治的障害が緩和されたシステムにおいて行われよう．横の欄は，金融構造の類型を示す．つまり，アメリカのような自由放任型と，公的機関が信用配分に大きな役割を果たしているような配分型とである．それぞれの欄に，高金利，低金利と結びついた3つの経済的制

約のそれぞれを緩和するために必要な政策が示されている．

基準として，上段の左欄を見よ．アメリカは自由放任型の金融構造をもち，高金利政策を採っている．その結果，低成長と低投資になっている．アメリカが低金利政策を実行するものの自由放任型の金融構造を維持するとした場合，もし3つの制約が結びつくようであれば，適切な政策が採られなければならない．例えば，インフレ制約を緩和するための価格統制，対外制約を管理するためのトービン税や資本統制または国際的政策協調がそれである．しかし，自由放任型の金融構造の下では，資金配分の誤りをなくし投機を抑制することができるかどうかは限られている．低金利は，生産的投資を促進する手段でなければならないが，低金利は，自然と1980年代の投機ブームにおいてみられたようなタイプの浪費的な信用配分をもたらすだけかもしれない．

しかし，アメリカが低金利政策の下で信用配分メカニズムを採用した場合には，潜在的インフレを抑え信用を生産的利用に配分するためのメカニズムとして，信用統制を用いることができよう．国際的な金利格差があまりに大きくなったときには，資本が外国に逃避しないように何らかの形態での国際的協調と資本統制が，依然として必要であろう．

最後に，高金利政策と信用配分政策は，下段の左欄で表されている．この政策構造は，インフレを抑止し対外制約を克服するために，高金利を利用するという利点をもっている．補助金的な信用は，信用が生産的な部門に配分されることを保証するものである．こうした政策の欠点は，高金利が所得分配にマイナスの影響を与えるということである．また，政策は，レント・シーキングへの強い動機を生み出す．——つまり，大量かつ浪費的に資源を投資するグループが，補助金的な信用に群がってくるのだ．

7. 結　　論

この非常に単純化された試論の要点は，改革の青写真を与えることではな

い．むしろ，3つの制約を克服するのに，必要であれば利用できる対案があることを示すことにある．こうした包括的な提案のそれぞれに，他で作成される案と同様に，長所も短所もある．

しかし，いずれの提案が進められようとも，1つのことは明らかである．すなわち，現行のアメリカの政策体系——インフレ抑止にとりつかれた独立した中央銀行と自由放任型金融システム——が深刻な行き詰まりをみせていることである．つまり，経済的停滞と信用配分の大きな失敗をもたらしているのだ．

必要なことは，金融政策の目標と金融政策の構造を変えることである．目標はバランスのとれたアプローチでなければならない．そのアプローチとは，生産的投資の促進に一層の重要性を与え，どんな犠牲を払ってもできる限りインフレを低く抑えるということを重要とはみなさないというものである．また，その構造は，金融政策を，その影響を被る人々に対して説明責任的にするものでなければならないし，必要であれば信用配分や国際的投機の統制といった補足的な政策を行わせるものでなければならない．

構造のこうした長期的な変化も，短期の金融政策と関わりがある．アメリカ経済が景気後退に陥ったときには，積極的な金融緩和政策が求められる．この政策は，信用配分手段の増加も伴わなければならない．本章で示したように，インフレ制約，対外制約，金融市場制約は，決定的な制約要因ではなさそうである．とりわけ，政治的障害が克服されなければならない．この点で，短期的には，一元的な政策体系を獲得するために，新政府と金融政策の綿密な調整が行われなければならない．その政策が，過去15年にもわたる経済的停滞によって生じた廃墟のような状態を逆転させることになるのだ．

注

1) マサチューセッツ大学アマースト校経済学部教授．本稿は，経済政策研究所主催で1992年6月に行われた通貨・金融市場の再構築に関する研究会に提出された論文を改訂したものである．筆者は，研究会の参加者に，とりわけ草稿の段階で多くの有益なコメントを寄せてくれた Gary Dymski, Robert Pollin, Lance

Taylor に感謝する．

2) 連邦準備が（インフレ調整済みの）実質金利に影響を与えうるか否かという大きな論争問題は，後に論じられる．

3) 一方で国内総生産（GDP）の水準（あるいは成長率）に与える政策の影響と，他方で所得分配に与える政策の影響とを区別することは，恣意的である．それは，筆者が述べているほど単純に実際には当てはまりそうにない．例えば，非主流派の貴重な研究は，所得分配の変化が重要なマクロ経済的効果をもつことを示唆している．しかし，この場合ですら，ここでの要点は，産出量に対する究極的な効果と，分配や政治的結果に対する究極的な効果とを区別することである．

4) 類似の視角から連邦準備政策の他のエピソードに対する批判がある．例えば，連邦準備がとりわけ銀行利潤について懸念したために，1930年代初めの不況を退治できなかったことに関しては，Epstein and Ferguson (1984, 1991) を参照せよ．

5) この仮説に有利な証拠があれば，通貨・金融システムの再構築がともに我々の経済を回復させるのに必要であるという本書の前提を強化するということを銘記されたい．

6) 同じやり方で，Mishkin (1988) は，連邦準備が同様に引締めを行った1920年代の実質金利の変化を明らかにした．

7) 彼らの結果は，1979年までの戦後期のものである．1979年以降の金融政策の効果については，第3節をみよ．フェデラル・ファンド・レートが連邦準備の管理下にあることの証拠については，Bernanke and Blinder (1990), Cook and Hahn (1989) をみよ．

8) 連邦準備はこの金利格差それ自体を管理できないことに止目されたい．しかし，連邦準備がフェデラル・ファンド・レートの管理によってこの格差を管理できる限りにおいては，そうではない．この格差を管理できないことが金融政策の効果についてのここでの証拠をいくぶん曖昧なものにする．また，後に論じられるように，さらに証拠が必要なことも示唆している．

9) Romer and Romer (1989) の研究も参照せよ．それによれば，つねに連邦準備は，インフレ抑止のために失業を増加させる決定を下し，その結果，失業は増加し，工業生産は低下した．Fair (1989) は，構造モデルを用いて，Romer and Romer の結論の方向性に同意するが，その効果はいくぶん小さいことを見出した．Romer and Romer は，1966年には，連邦準備は景気後退を誘導しようとはしていなかったと論じている．景気後退はまったく起こらなかった．

10) しかし，信用配分の効果に焦点を当てた本書第2章の後半の議論を参照せよ．彼の研究はここで述べたことと一致する．なぜなら，その研究は，第1に，銀行貸出に対する信用配分効果を通じた短期金利の効果を，第2に，企業間での投資配分に対する効果を，つまり，他のモデルでは含まれていない経路を強調しているからである．

第3章 1990年代の金融政策　　111

11) この間接的な効果は，貯蓄貸付組合（S&L）が60,70年代に享受した金利上限規制がその天井にぶつかって生じたディスインターメディエーションの効果のことである．金利が上昇したとき，預金者はよそで高金利を稼ごうとしてS&Lから資金を引き出した．その結果，S&Lはモーゲージ貸出を削減せざるをえなかった．
12) 金融の国際化の下での金融政策の有効性についてのより直接的な検証に関しては，Radecki and Reinhart (1988) と Kasman and Pigott (1988) を参照せよ．
13) より詳細については，本書第2章とそこで引用された参考文献を参照せよ．
14) 以下のいくつかの節は，Dymski et al. (1992) 所収の論文を改訂したものである．
15) 議会予算局（CBO）が類似の評価を行っている．Congressional Budget Office, *Economic and Budget Outlook*, 1992, 第5章を参照せよ．
16) *Ibid.*, 第5章．
17) *Ibid.*, p. 13.
18) 総銀行準備は急速に増加したが，信用の急速な拡大に転換されなかったようだ．こうした乖離は，銀行と借り手がともに経験している財務上の問題を反映している．つまり，その問題は，信用の供給と需要をともに減少させたのである．
19) CBO, *op. cit.*, p. 13.
20) フィリップス曲線はインフレと失業の関係を示すものである．1970年代半ば頃まで，経済学者は，この曲線が原点に対して凸である，すなわち長期的にはインフレと失業はトレードオフの関係にある，したがって政策担当者は失業とインフレの水準を選択できると一般的に信じていた．その頃から，いわゆる垂直のフィリップス曲線という議論がより多くの支持を得るようになった．この見解は，インフレと失業の間にいかなるトレードオフの関係も存在せず，むしろ，自然率以下に失業を減少させようとするどんな試みも，一層インフレを高進させるだけであると主張した．
21) さらに，金利の上昇はインフレの高進に直接的な影響を与える．金利は企業にとってはコストである．金利が上昇すれば，企業は価格の引き上げという形で追加コストを転嫁する．そして，こうした行動がインフレの高進をもたらすのだ．その効果はパットマン効果と呼ばれている．それは，伝えられるところでは，こうした理由で金融引締め政策の実施を批判した連邦準備に対する酷評家，テキサス州出身の下院議員 Wright Patman にちなんでのことである．
22) ハイパーインフレに関する共通の定義は存在しないようだ．しかし，しばしば用いられている経験則によると，それは年1,000%を超えるインフレ率のことである．
23) ハーバード大学の Robert Barro による研究は，1960年から1985年までの期間の100カ国以上について，インフレとGDP成長率との関係を検討している．簡単な相関を用いて，Barro は，様々なインフレの尺度——平均インフレ率，イ

ンフレの変動係数，インフレの変化——と経済成長との間に非常に弱いマイナスの相関を見出した．他の要因を不変として成長率に与えるインフレの影響をみるために重回帰分析を用いて，Barro は，平均して，10% の平均インフレ率の上昇が1人当りの経済成長の 0.3% の低下をもたらすことを見出した．Barro は次のように結論する．「私の推論では，実質経済成長とインフレの進行とはかなり逆の関係をもつ．しかし，インフレ動向の違いは，成長率の国ごとの違いをごくわずかに説明するにすぎない．さらに，マイナスの関係のほとんどは，おそらくインフレ症状を反映するものである．すなわち，どんな理由であれ経済状態の悪い国は，インフレが悪化する傾向をもつのだ」(Barro, 1990, p. 69)．

24) 人々は貨幣を手元に置いておきたくないのでしばしば銀行に行くと仮定されるとき，いわゆる革靴のコストがある．しかし，インフレ予想とともに上昇する傾向をもつ金利を当座勘定で稼ぐ場合には，そのコストは，インフレがハイパーインフレ的水準でなければ，大きくなさそうである．実際，高インフレが，ある程度までは高水準の産出量を，そしておそらく高い経済成長率をもたらすということを信じるに足る理由がある．1つの理由は，高インフレが債務者に所得を再分配することである．債務者は受け取る所得の増加分の大部分を支出する傾向をもつので，その程度に応じて，高インフレは一層の需要をもたらし高水準の産出量をもたらす．さらに，高インフレは実質金利を低下させるので，その程度に応じて，投資支出の増加をしたがって産出量の増加と高成長をもたらす．

25) 1970年代のインフレは，高額所得層の所得を低下させた．なぜなら，インフレが人々を一段高い課税所得層に押し上げたからであった．その当時，連邦所得税の構造は，高額所得には高い税率を課していたので，高い所得層に押し上げられた人々は相対的に税金を多く支払った．中，低所得層の人々は，負債を負っていた程度に応じて，インフレから利益を得た．当該期間のほとんどで，金利はインフレ率とともに上昇しなかったので，彼らが支払ったインフレ調整済みの実質金利は，劇的に低下した．しかし，1970年代のインフレの他の特徴は，多くのアメリカ人に大きな犠牲を強いた．以下を参照せよ．

26) 実際，1970年代のインフレが，原油価格の上昇から生じた所得の減少によって引き起こされたという説明は有益である．この見解によれば，原油や他の商品の価格上昇の結果，所得が減少したとき，人々は，賃金の引き上げによってその損失を埋め合わせようとした．そして，企業は，その損失を取り戻すために価格を引き上げようとした．このことは，連邦準備の金融政策によって「用意された」賃金・物価の悪循環をもたらした．したがって，この説明によれば，インフレは，所得の減少を引き起こさなかったが，所得の減少によって引き起こされたということになる (Rowthorn, 1977 ; Bowles, Gordon, and Weisskopf, 1991)．

27) この場合でさえ，アメリカのような大国の中央銀行は，世界の金利水準や外国の中央銀行の政策に影響を与えることができるほど，影響力をもっている．

28) 為替相場の変更の結果，交易条件の変化したがって自国で利用しうる実質所得

の変化という追加的な問題がある．この点は後に論じられる．
29) ドル価値が高い，または安定している場合，米銀が競争相手に対して競争上の比較優位を得ている程度に応じて，ドル切り下げは，インフレの影響を被らない国際的銀行家から政治的反対を生む．これらの効果については，Epstein (1981, 1985)，Frank (1992) を参照せよ．
30) ここでは，金融政策に対する国際的な金利制約だけが述べられていることに注意されたい．筆者は，課税や環境規制などの国際的制約の広範な問題に言及してはいない．
31) しばしばこうした資本統制は，信用を望ましい企業や部門に配分する信用配分政策を伴っている．これらの政策が資本統制と結びついて作用するということについては，第5節を参照せよ．

第 2 部　銀行・金融規制

第4章 アメリカの金融構造の再構築
競争条件の平等化と社会契約の更新[1]

ゲーリー・ディムスキ

1. 商業銀行の窮状と不適切な改革

　ブッシュ政権は，経済復興のための6大改革の1つとして銀行改革を行った．財務省案は，銀行の規制緩和と弱体化した金融機関を識別する早期警戒システムの確立による銀行の健全化を追求している．しかし，この案の可決に向けた1年間もの政府の努力は，1991年に実を結ばなかった．1991年11月に議会で可決された連邦預金保険公社改革法（FDICIA）は，銀行保険基金に700億ドルの借入を認めた．これに加えて，FDICIAは新たな自己資本比率規制を課し，監督当局による早期警戒システムを導入することにより監督を強化した[2]．しかし，FDICIAは，銀行行動と所有権に関する現行の主要な規制に何らの変更も加えていない．

　銀行業者たちは，FDICIAが実際に自分たちの窮状を一層苦しくすると不平を述べた．監督官は，セイラムの魔女裁判的な議会の態度にその決意を一層強くし（財務長官ブレイディ対独立銀行協会，Rosenblatt, 1992），ますます強硬になり，銀行の融資態度を冷え込ませた．これは，銀行の資金コストを引き下げ銀行貸出を促進しようとする連邦準備制度の（手遅れではあれ）断固とした努力にもかかわらず，中小企業に対するクレジット・クランチの存続の口実となった．

　しかし，3％のフェデラル・ファンド・レートが銀行貸出を増加させなかったにせよ，それは1992年に金融産業に300億ドルという記録的な利潤を

もたらしたのである．この収益の急増は，貯蓄金融機関にみられた納税者の負担による救済が長引く見込みを低下させ，監督官が銀行にリスクに応じた預金保険料率を適用することを一時的に止めさせた[3]．

それにもかかわらず，アメリカの商業銀行は厳しい状況にある．1992年，多くの銀行が商業用・住宅用不動産の損失を見込み，かなりの準備金を積み増した．このことは，明らかに1980年代の投機的なオフィスビル建築ブーム期の融資に起因する損失に対する対策のほんの第一歩に過ぎなかった．

1992年12月のFDICIAの自己資本比率規制の導入も，銀行の窮状が続いていることを明らかにした．1991年12月の『アメリカン・バンカー』の報道によれば，41の銀行と82の貯蓄金融機関が1991年法の基本的項目の自己資本2%を満たすことができなかった（Atkinson, 1991）[4]．自己資本比率規制を実際に導入したことは，監督当局の先送り政策と銀行の基本的項目の自己資本に対する記録的な利潤の効果のために，それほど大した出来事ではなかった．しかし，1992年に，多くの銀行（とりわけ大手銀行）は苦しみながら人員の削減や資産の売却を行い，合併に甘んじた．今後さらに一層の人員削減と合併が予想される．

銀行の規制緩和を越えて：金融改革

1992年の大統領選挙による猶予期間の後，広範囲にわたる銀行改革が大きく取り上げられている．改革論議は，商業銀行の業務範囲と地理上の規制緩和をどの程度進めるべきかという点に集中している．しかし，後の議論が明らかにするように，こうした改革論議の範囲を限定することは，アメリカの金融構造のそれ以外の部分はその配分機能を合理的に十分に果たしており，銀行行動の他のいかなる重要な側面もこうした監督当局の措置によってまったく影響されることはなく，それゆえそれらが改革論議の対象にされることもないということを前提している．

しかし，第2部の諸章に共通した分析が明らかにするように，これらの前提には根拠がない．第2部の他の4つの章にざっと目を通すことは，この分

第4章 アメリカの金融構造の再構築

析を理解するのに有効であろう．

ウォルフソンは，1930年代のアメリカの金融構造は2つの原理に基づいて構築されたと指摘している．すなわち，異なる金融仲介機関が異なる役割を行う競争制限と政府の保護である．この2つの特徴は戦後初期には金融安定性をもたらした．しかし，ひとたびマクロ経済条件が変化すれば，まさにこれらの特徴が銀行と貯蓄金融機関の基盤を掘り崩す革新の引き金になったのである．おそらく競争障壁の緩和という解決策が，皮肉にも銀行の収益性を高めることなしに，残存する競争障壁に対する一層の圧力を生み出すことになった．この潮流には抗しがたい．金融システムが完全に自由化され，それが果たす経済的機能やそれが満たす社会的目的に対するすべての規制が放棄されなければならないか，または，金融システムを規制するオルタナティブな組織原理を明確化し発展させなければならないかのいずれかである．

ダリスタは，そうしたオルタナティブを明確化するのに有益な第一歩が，預金保険を元来の使命である個人と中小企業の預金保護に引き戻し，金融安定性を確保するという名の下に金融機関の支払能力を保証するという後で行うようになった特徴を放棄することであると主張している．ここでダリスタは，重要な原理――公的支援は公的目的のために準備されねばならないこと――を明らかにした．ダリスタによれば，規制されていない金融機関との競争において不利な立場に置かれている預金保険加入の金融機関が過去に例をみないほどたくさん破綻しているので，現在この移行は必要である．預金保険加入の金融機関は，市場シェアを失うにつれ新たな収益機会を捜し求めている．とりわけ，この金融機関は，そのリスクが銀行監督官によって監視されていない第3の金融機関に対して融資枠の拡大や金融サービスへのアクセスを保証してきた．つまり，部分的には，信用市場において最も責任のもてない分野に信用拡大を保証することによって，銀行は自らの役割を守った．

キャンペンは，CRAの支持者が，〔銀行が他の金融機関との〕戦争に負けてはじめて（これらの金融機関に関する重要なデータを制度的に収集する権利を巡る）戦いに勝ったと大いに悩んでいる．社会的説明責任が認識される

ようになってきた金融システムの一部（主に貯蓄金融機関と商業銀行）は，最も収益性と成長性が低いところである．

ダリスタ／シュレジンガーは，そこでパラレル・バンキング・システムの分析に入っている．「規制された」銀行構造と大きな相違をもつパラレル・バンキング・システムが成長してきた．その信用リスクは監督当局によって制度的に評価されることはなく，その信用の構成要素と銀行のような活動には社会的説明責任はない．

要するに，銀行の規制緩和は，金融システムの問題を解決することはないだろう．大きく機能不全に陥った金融構造のためにさらに巨額の公的支出を行えば，政治的な反発が急速に強くなろう．しかしまさにそのときに，この構造はますます大きな補助と保護を必要とするようになる．規制緩和がこの悪循環を断ち切ると考えるのは，せいぜい希望的観測か素朴な無知に基づいている．「優遇された生息地」から飛び立った銀行が，自らの以前の市場シェアを突然に取り戻し，著しい収益性を獲得することはなかろう．また，銀行の新しい競争相手が，まさに規制緩和のために親切にも公共目的に奉仕し，長期安定的な利潤を生み出すこともなかろう．

これらの諸章は，通説を根本的に批判している．急速な変化がアメリカの金融構造を大きく変えている．すべてフリーマーケットの世界で結局万事うまくいくというありきたりな保証を額面通り受け取るべきではない．金融構造それ自体の目標を基本的に再検討し，金融機関の役割を洗い直さねばならない．

2. 金融構造の構成要素と機能

金融構造とは，広義には，金融債権の創造と流通を通じて経済主体が取引を行い，その経営規模を拡大するか保有する富の価値を高めることを可能にする一連の制度的配置のことをいう．金融企業は，主に取引のために支払手段を供給するか，信用市場で富の所有者と借り手の間を仲介することを通じ

第4章 アメリカの金融構造の再構築　　　121

て所得を獲得する．銀行は，その両方を行い連邦預金保険で付保された預金を取り扱う[5]．

　実際に観察される金融行動は，経済の制度的配置，企業や家計の市場行動，一定の（法定）ルールを実施する監督当局の行為，これらのダイナミックな組み合わせの結果である．金融構造の中心である信用量は，貸し手による借り手の潜在的な返済能力と返済意思の評価に依存する．借り手の純資産が借入需要に比して相対的に大きければ，借り手がその資産を担保として提出する限り，返済は事実上保証されている．これに対して，借り手が自らの借入需要に比べて相対的に小さな資産（あるいは担保）しかもたない場合には，他の要因が重要になる．すなわち，借り手の実績や評判，借り手の信用度，貸出後の借り手の行動を監視する貸し手の能力と意思である．

　信用市場の連関には2つの型がある．すなわち，余剰の貯蓄をもつ家計や企業が直接借り手に信用を供与する直接金融と，貸し手と借り手の間に金融仲介機関が介入し取引を円滑にする間接金融である．間接金融は，借り手の純資産が融資額を下回っているときに支配的になる．なぜなら，金融仲介機関は，信用度を評価し借り手の行動を監視するのに規模の経済を利用できるからである．

金融構造の機能とは何か

　前述の定義は，いかなる金融構造にも当てはまるものであった．しかし，その成功度やその修正の必要性の評価は，その金融構造がうまく機能しているか否かに依存する．スピルオーバー効果なしに諸資源が競争市場で配分されているときには，実績に関する余分な市場評価は必要ではない．しかし，後に論じるように，市場取引がスピルオーバー効果をもつときには，これは当てはまらない．そのとき，市場の結果それ自体は社会的最適性を何も表してはいない．この構造がいかにうまく機能しているのかを決めるには，その構造の機能を明確にしなければならない[6]．

　金融構造は，経済全体に対して3つの大きな機能をもっている[7]．

①生産的な投資と消費にとって必要な資金とその他必要不可欠なもの（例えば支払手段）の供給．
②潜在的には成長性があるが無視されてきた経済分野や個人へ金融資源を供給することによって経済的機会を拡大すること．
③安定的な金融環境を維持すること．

　第1の機能は，生産的な金融と非生産的，投機的な金融との区別に関わるものである．カテゴリー的にこの区別を行うことは困難である．広い意味で言えば，純産出量や潜在的産出量を大きく増加することのない企業の純金融債務の増大を，投機的金融という．

　第2の機能は，金融構造が，生産能力や革新能力をもちながら計画を始めるのに必要な富をもたない主体に，効率的に貯蓄を移転すべきことを認めるものである．

　第3の機能である安定性は，金融不安定性が貸し手と借り手双方の信認を破壊するため，極めて重要である．さらに，金融取引の成功の程度が，一定期間の販売と購買の量だけでなく将来にも自己の購買した資産を保有する意思にも依存するので，信認が極めて重要である．最初の2つの機能——投機的投資を避け能力のある借り手を見出すこと——がうまく働けば，たいてい第3の機能は保証される．

　異なる観点から言えば，金融構造の機能は，金融不安定性を起こさないようにリスクを封じ込めながら，金融取引を最大にすることである．信用創造や支払手段の供給を行う主体は，いくつかのタイプのリスクを負う．最もよく知られているものは，貸出が返済されないデフォルト・リスクである．貸し手が自らの債務の満期前に返済されない資産契約を行えば，流動性リスクを負う．また，変動金利で借りて固定金利で貸せば，貸し手は金利リスクにさらされる．

　金融市場では情報が不完全であるために，リスク管理は困難である．デフォルト・リスクを最小化するためには，貸し手は，借り手の「タイプ」についての情報を求め，貸出後の借り手の行動を監視しなければならない．流動

性リスクを最小化するためには,貸し手は,負債の満期が資産の満期となるように,資産と負債の満期を合致させなければならない.金利リスクを最小化するためには,貸し手は,満期だけではなく変動金利と固定金利を一致させなければならない.信用創造と支払手段の供給という銀行の二重の活動は,通常,銀行を3つのタイプのリスクにさらすことになる.リスクの最小化は銀行の目標の1つであるが,利潤獲得と市場シェアの最大化という銀行の他の目標と競合せざるをえない.リスクに関する情報の不完全性を前提すれば,貸し手は,競争圧力によって「群衆心理的行動」により当然払うべき注意を怠ったまま過剰貸出を行うであろう.

こうした目標を達成しない金融システムの機能不全は,社会的,私的な費用を負わすことになる.信用市場から現在締め出されているものの中に貸出機会を効率的に見出すことができないのと同様に,生産的投資に融資できなければ,経済成長率は低下しよう.投機的活動への融資は,企業の所得フローを比例的に増加させることなくキャッシュフロー債務を増加させ,金融不安定性を高める.

実際,どの1つの金融機能も不満足な働きしかしなければ,他の2つの機能の働きも当然悪化しよう.例えば,投機的計画への融資は「衝撃的な」出来事をもたらす.そこでは,経済主体は動揺した環境の下で意思決定せざるえず,そのことが行動の変化や市場の変動をもたらし,一層の動揺を生み出す.貸し手の破綻や慎重さの強まりによる貸出能力の低下が,こうした出来事から生じるであろう.もしそうであれば,マイノリティの企業や他の有資格の借り手が融資を受ける機会は狭まることになろう.実際,こうした金融機能は,以前の実績からの逸脱をさらに拡大するプラスのフィードバック効果と結びついている.

3. 旧来のアメリカの金融構造の設計と衰退

公的規制と公的保護の拡張的な組み合わせが,1930年代のアメリカの金

融構造に組み込まれた．これらの介入は，前述の第1と第3の機能の作動を保証しようとするものであった．投機的貸出やインサイダー貸出を防止し企業の運転資本需要を満たす適切な信用供給を保証するために，商業銀行業務とホールセール・バンキング業務（引受業務・証券販売業務）は制度的に分離された．破滅的競争を除去し地域的市場での生産的投資に対する融資を増進するために，銀行の市場は分割され，預金金利は規制された．預金保険と最後の貸し手機能は，不安定を引き起こす銀行取付と市場恐慌の脅威を最小化した．

この再設計されたアメリカの金融構造は，特定の種類の信用とりわけ企業の短期運転資本を供与する商業銀行と住宅用モーゲージ貸出を供与する貯蓄金融機関の優位を想定していた．市場と商品構成の規制による分離は，貸出市場をこれらの金融機関にほぼ独占させることによって，この優位性を保証していた．また，銀行の要求払預金が現金に代わる唯一の代替的支払手段であったので，銀行の優位は保証されていた．特定の公的な目的を達成するための政府の規制や保護と，銀行や貯蓄金融機関のための規制や保護とには実際には何の違いもなかった．預金保険は実際には銀行支払能力の保証という限定された形になり，最後の貸し手原理にトゥー・ビッグ・トゥ・フェイル（大きすぎてつぶせない）政策が追加された．

(1) 銀行と社会契約

金融システムへのこうした公的介入は，暗黙の社会契約を含んでいる．すなわち，政府の合意と競争からの保護と引き替えに，金融市場は金融安定性をもたらし，銀行は企業活動や住宅保有の機会のための頼りになる信用を供給した．

このシステムは，第2次世界大戦から1970年代初めまで相対的に安定したアメリカの経済成長を促進した．同時に，マクロ経済環境が安定的であったために，公的保護の潜在的コスト，それゆえ社会契約の真の限界が検証されることはなかった．ウォルフソンによれば，1930年代の銀行構造は，低

い名目金利と安定した経済成長に基づいていた．

これまで，金融構造の第1と第3の機能に言及したが，第2の機能——経済的機会の増進——はまだである．この第2の機能は，歴史的には後に登場した．それは，公式には，1960年代の公民権法や信用機会均等法，1975年のCRAの可決で初めて認識された．1960年代，1970年代の社会運動は，銀行の意思決定と銀行融資が人種差別的であると暴露するのに成功した．また，貧しい人々が多数住む地域においては融資と金融サービスが平均以下であり，その積年の結果を克服するために積極的な措置をとることが，銀行の責任であることをCRAははっきりと示した．後に論じるように，貸出に大きなスピルオーバー効果の存在が認識されている場合には，この要求には意味がある．

(2) 旧来の金融構造の衰退

第5章では，1970年代以降のマクロ経済条件の悪化が，付保された預金金融機関システムをいかに機能不全に陥れたかを示している．以下の3つの大きな力が，1930年代に構築された銀行中心の金融構造の有効性の基盤を掘り崩した．

① 技術変化：クレジットカード，現金自動預け払い機，電信振替サービス，販売時点転送サービスの発展が，貨幣・金融取引を変革しつつある．預金保険加入の金融仲介機関は，もはや唯一の貨幣取引サービスの供給者ではない．技術進歩は，融資決定の中心で情報収集・加工活動における大きな規模の経済性を生み出した．最大手の金融企業だけがこうした最新技術に投資でき，規模の経済を享受できる．

② 融資契約を基礎にした流通市場の出現を含む貨幣・信用市場における新たな貸し手の急増：預金保険加入の金融仲介機関は，もはや他の経済主体に短期の信用供与を行う唯一の供給者ではない．新たな金融業者は，借り手と貸出可能な資金を巡る競争を激化させた．このことは，金融業の利鞘を縮小した．

③金融市場の国際化：金融自由化へのグローバルな趨勢は，国際的な競争相手の政府が国内で行っているよりも厳しい金融規制を創り出そうとする政府の動きを牽制するようになった．

これらすべての力が，銀行中心のアメリカの金融構造を攻撃した．預金保険加入の金融仲介機関は，支払手段の供給における独占を喪失してしまった．以前は銀行から信用供与を受けていた多くの企業が，今や資産保有主体から直接的にあるいはノンバンク金融企業から間接的に融資を受けている．さらに，新しい金融業者は，貸出過程を審査・組成，融資の実行，取立・回収，債権保有といった構成要素に分解した．結果的に，銀行はもはやすべての貸出過程を行う必要はなくなった．その代わり，貸出過程の様々な役割が，銀行とノンバンク金融機関との間で分担された．それで，貸出に伴うデフォルト・リスク，流動性リスク，金利リスクが，付保されているかいないかにかかわりなく金融システム全体に配分された．銀行は，優良な借り手の喪失に対抗して新たな借り手の市場を捜し求めた．1970年代，1980年代に，こうした新市場には，発展途上国（LDC），商業用不動産，ハイ・レバレッジ取引があった．「群衆心理的行動」による過剰貸出がこれらのすべての場合に現れ，しばしば破滅的な帰結をもたらした．

銀行のなわばりを巡る金融市場の他の参加者の猛攻による影響を受けずに残されていた預金・信用市場のごく一部は，裕福でない家計とそう有名ではない中小企業であった．このような市場分野でさえ，皮肉にも，超高値の金融サービスを提供する周辺的な銀行業務を行う金融機関が増殖し始めた．

このような変化が生じる前には，銀行に向けられた監督当局による特別の関心——市場の分割と保護——は，融資（と支払決済）の連鎖における銀行の特別な役割によって正当化されていた．しかし，信用市場の構造変化の結果，規制について深刻な疑問が提起されざるをえなかった．ノンバンク金融機関へのかなりのリスクの移転を前提すると，公的保護と補助の現在のやり方はまだ適切であるのか．銀行はもはや金融構造において特別ではないのか．そうでなくても，金融構造は依然として機能しているのか（第2節を参照せ

第4章　アメリカの金融構造の再構築

よ）．

　この点は，とりわけ緊急の課題である．なぜなら，銀行を機能体として守ろうとする監督当局と銀行自身の努力が，しばしば皮肉にも金融システムの機能不全を加速してきたからである．実際，前述の金融システムの機能の1つの機能不全は，他の諸機能の崩壊という反作用をしばしば引き起こしてきた．銀行，とりわけ大手銀行の窮状に対する監督当局の次のような対応を想起されたい．保護と補助を破綻銀行の預金者から付保されていない債券保有者にまで，さらに過去や将来の所有者にまでも拡張した．これは，金融不安定性を避けねばならないという理由で正当化された．しかし，市場の失敗のリスクを負うのではなく債権者に支払うことは，市場参加者に，破綻を原因とする下落リスクがほとんどあるいはまったくないということを単純に示している．このことが，過度なリスク引き受けをもたらし，多くの銀行破綻を引き起こすのである．

　さて，バランスシートの窮状に対する銀行の対応に目を向けてみよう．銀行は，人員の削減，支店の閉鎖，融資決定の集中化と定量化を行った．銀行は，以前のように貸出の満期まで債権を保有するかわりに，いくつかの貸出のカテゴリーの中で流通市場で販売する意図をもって今や融資が組成されている．そのバランスシートへの効果がどんなものであれ，こうした対応策は，銀行による経済的機会の増進をかなり阻止するであろう．キャンペン（本書第8章）によれば，低所得層のマイノリティが集中している地域では不相応に多くの支店が閉鎖された．信用度の商業ベースの評価に依存すれば，経済的に困窮している地域の企業と個人に対する貸出は抑制されるという結果を生んでいる．流通市場の規準は，とりわけ低所得層の住む地域での貸出には冷たいものであった．CRA下の規制された金融機関による貸出の割合が低下しているので，CRA下で要求される銀行活動は，すでに影響を受けており，今後さらに低迷するであろう．

4. 銀行規制と金融改革へのフリーマーケット・アプローチ

　銀行改革論争において，本節と次節で述べる2つの立場が支配的であった．本節では，1991年のブッシュ政権の財務省案を特徴づけるフリーマーケットの見解を取り扱う．

　フリーマーケットの立場は，金融市場が，経済理論に秘められている完全競争モデルと非常に近似した現実世界を表しているという仮定から出発する．そこでは，金融市場は効率的であると言われる．つまり，貨幣取引サービスの提供や信用供与から利潤を獲得できる機会が存在すれば，企業は即座にそれを利用するであろう．この考えには2つの推論がある．(1)一定の地域で一定の金融サービスがどの企業によっても供給されていないとき，その金融サービスはそこでは経済的に実行可能ではない．(2)政府は――直接であれ委任であれ――，民間市場以上に社会的に金融サービスが必要な地域を見出すことはできない．金融市場は，自己利益の追求によって最大限に効率的な結果をもたらす．政府の政策が社会的効率性を追求するならば，政府の政策は金融市場力と調和的でなければならず，決してそれに対抗してはならない．

　第3節で述べた諸要因――技術進歩，ノンバンクという競争相手，国際化――は，銀行にとって一時的な問題を発生させるであろう．しかし，より重要なことは，これらの要因が現実世界の金融市場を完全競争モデルに大きく近づけたことである．情報が即座に利用可能なので，リスクは以前よりもはるかに正確に評価できるようになった．多くの金融業者の登場により，例外的なリスクでさえ価格づけされ引き受けられるようになった．その結果，真に信用度の高い借り手は決して信用割当による制限を受けることはなくなった．

　金融市場はさらに高い効率性に向かって進化しているとするこの見解は，銀行の役割を次のように強調している．

　①銀行は，銀行活動を監視する政府の保護と規制のために，他の信用市場

第4章 アメリカの金融構造の再構築

の参加者と異なるにすぎない．

②情報技術革命は情報の取得・加工・利用における規模の経済性を生み出している．その結果，銀行のような情報集約的な産業では，大手企業が中小企業よりも固有の優位性をもつことになる．

ここでは暗に次のことが示唆されている．政府の銀行規制の除去がより効率的な市場を導く．革新的企業家が絶え間なく金融市場の収益機会を捉えて利益をあげるにつれて，商業銀行はもはや支払決済や融資を行う主要な機関ではなくなっている．さらに，銀行の数が減少し生き残った銀行の平均規模が大きくなる場合にのみ，商業銀行は生存することができる．大きいことがいいことである．

この見解では，第2節で列挙された3つの金融機能すべてはフリーマーケットにおいて最高に機能する．信用供与者は，自己利益を追求する上では最も収益の高い生産的投資に融資しようと貸出力を配置するだろう．純資産をもたない潜在的な借り手は，自らの信用度を示すために，効用を最大化する金融仲介機関が提供するシグナル・メカニズムを利用することができる．したがって，貸出の「ルートをつける」特別の施策（例えばCRA）は不要であり非効率的である．そして，銀行取付やパニックによる市場の不安定性は，市場の失敗の証拠としてではなく，預金や株式の潜在的な価値に関する新たな情報を考慮して価格と資産構成を調整するために非常に急速に作用する市場力の証拠として理解されるべきである．

極端な形のフリーマーケットの見解は，連邦預金保険やセーフティネット，銀行業務規制を一切もたず，遅滞ない現実的な会計情報と支払能力に基礎を置く自動的な閉鎖原則だけをもつ銀行システムを追求している．「市場規律」が，規制による監督に大きく置き換えられるべきである．すなわち，出資者と預金者が過度にリスクを取る無能な銀行を規律づけ，一方，潜在的な市場参入者が銀行の独占的なレントの獲得を阻止するのである．

この見解では，銀行市場への政府の介入は劇的に削減されるべきである．そして，銀行も貯蓄金融機関も何ら特別ではないので，生き残ろうが消滅し

ようが大した問題ではない．トムソンによれば，「預金金融機関を特別にしたのは，連邦預金保険へのアクセスとともに，組織形態，事業を行える場所，行える事業内容に関する規制である」(Thomson, 1990, p.32)．銀行破綻は高い社会的コストを発生させない．トムソンの見解では，銀行破綻によって供給されなくなった成長見込みのある信用市場の隙間には，新たな貸し手が参入するであろう．

預金保険は，このダーウィン的自然淘汰作用を弱める．なぜなら，預金保険は，銀行資産の質に関する預金者の警戒心を弱め，銀行経営者が過度のリスクを取ることを促進するからである．社会的目的に沿った融資ルートを創ろうとする公的努力は失敗し，銀行には重荷となろう．そして，銀行の利潤極大化行動と矛盾する規制は，単に監督当局の意図に反する革新を刺激するだけである．信用市場で活動する金融機関に対する規制が公正に行われたとしても，市場規律の利益は監督当局や立法者によって台無しにされよう．影響力のある影の金融規制委員会[8]によれば，「規制緩和は規制ゼロを意味しない．それは，政府規制から市場規制への転換を意味する．……しかし，市場規制が効果的に働くためには，市場規律が機能することを許容しなければならない．このことは業績が悪ければ罰が課されることを意味する．しかし，政策担当者は，とりわけ経済的に支払不能になった金融機関の清算や再編に対して何らかの市場規律の適用を認めることを一般的に嫌がった．それゆえ，規制緩和からの政府規律の縮小はそれに応じた市場規律の拡大と対応していなかった」(Kaufman, 1990, p.63)．

財務省案

分厚い1991年財務省報告で説明されたブッシュ政権の金融改革案は，金融改革に関するこのフリーマーケットの立場を具体化したものである．報告の大部分は，銀行システムの問題点とその2つの原因を明らかにした．

第1の原因は，銀行の競争規制にあった．「競争から銀行を『守る』ことを意図した旧法は，市場の変化に銀行が適応するのを妨げる障壁となってき

た。金融脆弱性と損失がその結果である」(U.S. Department of the Treasury, 1991, p. 5)。業態への参入規制は，伝統的な業務と保険や証券の新分野との「相乗効果」の利益を銀行に与えなかった。非金融企業による銀行所有に対する規制は，銀行が必要不可欠な資本を獲得できないようにし，銀行がより高いリスクを取るようにした。州を超える支店設置に関する規制は，銀行の市場規模を制限し，追加的な費用を銀行に課した。なぜなら，複数の州で営業する銀行は，それぞれの取締役会や経営システムを維持しなければならなかったからである。これらの規制の撤廃は，市場シェアを高める強い銀行を許容し，銀行の資産ポートフォリオを多様化し，銀行システムに新しい資本を注入することになろう。次に，大規模な銀行の登場は，銀行業におけるアメリカの国際競争力を回復させるであろう[9]。

銀行問題の第2の原因は，不健全な貸出を促進する預金保険にあった。監督当局は，銀行に重い規制を課すことによりこのことを補正したが，こうした規制のコストは公的保護から銀行が得る利益を越えていた。

これら2つの原因はともに，競争条件を不平等にし銀行に不利益をもたらした。すなわち，規制されていない貸し手は，商業銀行が提供するどのようなサービスも銀行より低い費用で提供できた。結果的に，銀行の特権的価値は低下し，さらに多くのノンバンク貸し手の出現を促進した[10]。

要するに，市場の分割と過度の規制が銀行を衰退させたのである。しかし，規制を減らせば，銀行は単純に競争力をもって生存できるようになるわけではない。つまり，規制の縮小は，金融システム全体の機能の効率性を高めるのである。

財務省案自体は，完璧に銀行を規制緩和しようとはしなかったが，フリーマーケットの考え方のたいていの要素を含んでいた。財務省案は，銀行の自己資本比率規制に適合するように，銀行資本の積み増しを求めていた。州際銀行業務の認可を求め，自己資本充実度が充実の銀行には，証券，投資信託，保険業務を営む金融子会社を保有することを認めていた。対個人の預金保険は縮小され，ブローカー預金は付保されなくなった。システミック・リスク

を考慮して必要とされる場合にのみ，銀行の付保されていない債務の保有者は，預金保険で保護される．州法銀行は，国法銀行に許されていない直接投資や他の業務を禁止された[11]．

5.「ナロウバンク」とリスクの構造的軽減

フリーマーケットの見解とは異なるが，広い意味で類似したいくつかの改革案も提起された．通常「ナロウバンク」とよばれるこれらの提案は，一部，フリーマーケットの考え方を受け入れているが，リスクを吸収する金融市場の能力については懐疑的である．

第1節では，金融市場における3つのタイプのリスクが紹介された．フリーマーケットの擁護者は次の2つのことを確信している．流動性リスクは，金融市場が不断に深化・拡大しているのでますますどうでもよいものとなっており，金利リスクは，変動金利商品の広範な採用を通じて除去されている．フリーマーケットの見解では，金融システムの成熟——金融仲介機関によるすべての種類の商品の発行，保有に関するあらゆる障害の除去を含む——は，デフォルト・リスク以外のすべてのリスクを効果的に取り除くであろう．デフォルト・リスクは耐える以外にない．

しかし，金融市場の進化とともに流動性リスクと金利リスクが消滅しなければどうなるのか[12]．現代の金融市場が過剰貸出熱にかかりやすいままであればどうなるのか．デフォルトの実際の発生は，異なる金融商品間の急速な資産シフトを依然としてもたらすであろう．金融引締め政策は借入金利を引き上げ，過剰貸出熱が，1980年代のアメリカの銀行にまん延したように再発するであろう．束縛を解かれた金融機関は，そのような出来事に対するセーフガードをまったく提供しない．いくつかの金融機関が（例えば）借入市場の引締めのリスクを予測して満期を調整したからといって，すべての金融機関が今後そうするということを意味するわけではない．銀行業の現実世界では，伝播や過剰貸出熱の可能性を無視すれば，まず間違いなくそれを招来

第4章 アメリカの金融構造の再構築　　　133

することになる[13]．

　金融市場での銀行の経験に基づく証拠は，リスクの持続性へのこうした注意を支持している．上院銀行委員会に先立って行われたスタンダード＆プアーズ社のマイケル・デステファーノの証言（1990, p. 2）を，ほんの1例として取り上げよう．「信用問題の制度的本質は，単に引受基準の緩和ではなく，もっと深い問題を示している．すなわち，経済の成長部門への積極的な過剰貸出という問題やリスク・カテゴリーとしての貸出の問題である．……より大きな資産リスクへと向かうこうした傾向は，低リスク事業の利鞘に対する競争圧力に直面してもなお収益性を維持しなければならないことを反映している」（1990, p. 2）．

　確かに，銀行はリスクを減らしキャッシュフローを増やす革新的な手段を利用している．貸出債権の流通市場は，銀行の流動性リスクを低減させる．変動金利の貸出は，金利リスクを借り手に転嫁させる．また，オフバランス取引とパススルー型融資枠は，前もって固定手数料を獲得できるようにする．しかし，これらの適応手段は，究極的には銀行のリスクを高めることになろう．1つには，貸出組成と債権保有が分割されたときの方が，信用リスクは高い．銀行は，帳簿上借り手の借用証書が残っていないようなときには，デフォルトに対する警戒心が低い．また，銀行は他社から購入した債権の信用度をあまり知らない．証券化された資産の返済が遅延した場合に，その資産の組成者（商業銀行）に対して，資産保有者がどの程度遡及権を保有しているかは明らかではない[14]．

　そこで，ライタン（1987），ブライアン（1991），ピアス（1991）といった人々は，金融システムが被りやすいリスク（伝播効果を含む）の間の相互作用の芽を最小限にする制度的構造を，銀行改革は創出すべきであると主張している．これらの著者は，1930年代の銀行を巡る状況と今日の一般的な状況とが異なっているので，銀行は競争力を失うようになったと論じている．

　彼らの解決策は，さまざまな銀行の機能（預金，貸出）を独立の経済単位に分割することによってこうした齟齬を取り除こうというものである．例え

ば，ブライアンは，銀行を3つの新しい主体に分割する．「コアバンク」は預金を受け入れ中小企業へ貸出を行う．この「安全な」業務は連邦預金保険の対象となる．よりリスクの高い業務は2つの付保されない主体が行う．つまり，マネーマーケット投資銀行とファイナンス・カンパニーが不動産貸出やその他のリスクの高い貸出を行う．ライタンとピアスによって提案された類似の案は，コアバンクはいかなる貸出も行わないという点で異なる．すなわち，コアバンクがナロウバンクに転換される．ブライアンは，コアバンクを最終的には500～2,000億ドルあるいはそれ以上の資産を保有し複数地域にまたがる10～20社の大手金融機関と理解していた．これらは最大手120の銀行持株会社の合併の結果生まれる．中小規模の独立系コアバンクは多数生き残り，大規模なマネーマーケット投資銀行とファイナンス・カンパニーはわずか5～6社となるであろうと，ブライアンは予測している．

ライタンの見解はブライアンに近い．ライタンは，ナロウバンクは強制ではなく自発的に行われるべきであり，それはマネーセンター・バンクにとって最も魅力的であろうと考えている．彼も，将来，多数の中小の隙間機関が生き残ると構想している．

ピアスは，前述のフリーマーケットの立場と近い考え方をしている．「基本的には，銀行業とそれを条件づけている政府の政策が，我々が生活している統合されたハイテク金融界と両立不可能になってきている．この事実が，銀行業の将来の成功にとって中心となる」(1991, pp. 3-4, 邦訳6頁)．

ピアスは，会社組織の統一性をもつが損失や資本を二元銀行機構の一方から他方に移転できることを保証された二元銀行システムが必要であると主張している．彼は伝統的な意味の銀行は死滅したと論じた．ピアスは，このことを証明するために，商業銀行の資産のわずか62％が貸出であり（1989年末時点），貸出のまさに30％が商工業顧客であることを明らかにした (1991, p. 80, 邦訳104頁)．

ライタン，ブライアン，ピアスは，金融業務に固有のリスクが存在し，銀行がそうしたリスクに非常に弱いことを正しく理解していた．しかし，フリ

—マーケットの立場にあまりにも譲歩し過ぎたため，その解決策は非常に臆病なものである．金融システムがその3つの機能のうちの第3の機能——安定性を達成するように，ナロウバンク論は，それ以外は自由化された金融環境の中で企業内における構造的な保護装置の設計に焦点を絞った．安定性は，ナロウバンクの決済機能と貸出機能を構造的に分離することから生まれる．また，安定性はこの提案の根底をなす規制緩和からも生まれ，それが大手銀行を成長させる．この結論は次のような仮定に根ざしている．すなわち，大規模で技術的に進んだ企業が，金融業務に生じている規模の経済性を最大限享受することができる．したがって，大手銀行が成長するにつれて，その所得獲得能力は増大する．そして，銀行市場を支配する収益性の高い金融機関があれば，市場はさらに安定化する．そこで，規模の優位性が熱狂とパニックの交替を抑えることになろう．

しかし，ナロウバンク論も，金融構造の第3の機能に焦点を絞りながら最初の2つの機能を軽視するという点で，非常に臆病である．ナロウバンク論は，最初の2つの機能——生産的投資と経済的機会の促進——が自由化された金融市場において大部分達成されると想定する点で，フリーマーケットの考え方に追随している．統合され証券化された金融市場は，とりわけ信用市場の限界的参加者の借入需要を満たさず放置するという懸念がある．しかし，1930年代の金融再構築を支えた社会契約は更新されていない．

ピアスの著作を取り上げてみよう．3人の中で最も市場志向的なピアスは，銀行は今や他の市場参加者と単にそっくり同じことをしているにすぎないと論じた．唯一の例外は，「証券市場を利用できない中小企業貸出である．銀行は，そのようなプロジェクトを評価し監視する特別の専門的技能をもっている．誰もこの業務が消滅することを望んではいない．しかし，それは銀行業が行っていることのおそらく10％以下である．この信用供与を保証するために銀行業務の残り90％を保護し規制することが本当に必要なのだろうか」(pp. 81-2, 邦訳105-6頁)．

このうまく提起された疑問に対する回答は，おそらくピアスが期待するよ

うな明確な否定ではない．銀行の行っているこの「10%」が，まさに今日の経済における銀行特有の経済的機能ではないのか．また，ピアスは，いくつかの貸出——とりわけ中小企業貸出のような特定の貸出——は参加できない証券化の進んだ世界を描いた．これらの貸出——再び彼の「10%」——は，彼のいう金融サービス会社のバランスシート上に維持されなければならないが，他のほとんどの貸出債権は他の金融企業に売却される．

ナロウバンク論は，金融構造の最初の2つの機能を第3の機能を達成するために放棄する．しかし，部分的に機能的な成果しかもたらさない大規模で異論の多い金融システム改革が実行されるべきであろうか．この案で除外された金融機能は，たとえ明示的にこの改革において考慮されてなくても，適切に達成されるのであろうか．

6. フリーマーケットの論理の陥穽：より突っ込んだ批判

本節は，銀行統合が金融市場を安定化させ実物経済に資する効率的な金融市場をもたらすという規制緩和論とナロウバンク論の基礎にある仮定について論じる．銀行業に対する技術革新，ノンバンクという新たな信用供給者，国際化の影響を否定することはできないが，以下の3点について論じることにしよう．

① 単に銀行の規模を大きくするだけでは，銀行システムの効率性と収益性は向上しない．
② アメリカの銀行の規模拡大と国際的な競争力との間にはっきりとした関連性はない．
③ 今日の効率的な金融市場でさえ，信用市場において認識されていないスピルオーバー効果のために，信用のアベイラビリティーの大きなギャップを生み出している．

銀行の一層の大規模化による別のスピルオーバー効果——すなわち，銀行が経営難に陥ったときに生じる可能性の高いさらに大きな金融不安も検討さ

れる．金融構造改革案に対するこれらの批判のもつ意味については，第7節で論じられる．

(1) 多くの業務を行う大銀行が成功する銀行ではない

フリーマーケット・規制緩和論は，市場や企業の拡張を当然のことと考えている．つまり，銀行の特権的価値の回復には，州境を越えた銀行の拡張や新たな業務への進出が必要である．この案の核心部分には2つの考えがある．銀行の（州際支店設置を通じた）大規模化は，規模の経済によって銀行の収益性を高める．銀行のノンバンク業務への進出は，銀行の所得を増加させるあるいは少なくとも安定させる．しかし，どうみてもこれら2つの主張の根拠は弱い．

商業銀行業全体に整理統合――銀行の平均規模の拡大を伴う銀行数の減少(Boyd and Graham, 1991)――が起こっている．1984年に14,500行あった銀行数は，1990年には約12,300行になった．存続銀行の平均規模は大きくなった．ローデス(1985)は，1960年から1983年にかけて大手銀行による中小銀行の合併を通じた統合が起こったことを示している．もちろん，1983年以降，多くの銀行の業績悪化と破綻は，レーガン/ブッシュ政権下の司法省の自由放任主義とあいまって，大手銀行が脆弱化した中規模銀行や巨大銀行でさえ取得する空前の機会を提供した．

しかし，銀行の大規模化は効率化を意味するのか．この点に懐疑的となる理由がある．銀行業の規模の経済に関する公式の実証研究は，複雑で未だ決着していない．規模の経済は，伝統的な銀行業務（預金・貸出）には小さな効果しかないが，結合・自動化されたネットワークと優れた処理能力がコストを引き下げる他の業務には大きな効果をもっている．

市場の効率性と企業規模との関係の非公式な検証は，異なる規模の銀行の実際の収益性から行われている．ブランボー/ライタン(1990)は，1980年代の商業銀行のバランスシートの包括的な研究を行った[15]．彼らは，1987年のある時期から商業銀行の財務状態が2極分化し始めたことを見出した．

たいていの銀行は財務上健全であったが，その同じ年に破綻銀行数が劇的に増加した．そして，1987年に銀行業全体の純所得は，「ほとんどもっぱらマネーセンター・バンクによる発展途上国に対する貸倒れ引当金の積み増しのために」(p.4) 激減した．結局，規模が大きくなった銀行は，さらに大きな過剰貸出の失敗をする可能性が高いし，貸出の分野での市場シェアを守ることに大きな関心をもつので「群集心理的行動」に陥りやすい．

1980年代初めの貯蓄金融機関と同様に，弱い銀行が商業銀行システム全体を蝕んでいた．1986年から1989年にかけて純所得がマイナスであった銀行の資産規模は，1986-89年の期間に17％増加した．これらの銀行の大部分は配当を支払っていた．このグループの平均的な自己資本比率は，7.4％から3.4％に全般的に低下した．その結果，全商業銀行の自己資本比率はこの期間に低下した．したがって，規模の業務上の優位性はある程度存在するものの，それらはたやすく浪費されてしまう．

銀行業や銀行のバランスシートは，商業銀行が専門外の金融業務に進出したことによってどのように影響を受けたのであろうか．ベンストン (1990) は，ユニバーサル・バンキングから大きな利益が生まれると論じている．それには，消費者の選択の多様化，（リスク/リターンの多様化の利益に基づく）金融安定性の強化，（商工業顧客に対する総合的なサービスの提供による）経済発展の促進がある．ベンストンは，反独占的な保護と自己資本比率規制の厳格な適用を前提にして，権力の集中や自己売買から生じる危険性をそれほど考慮していない．

この積極的な評価の核心にあるのは，金融における範囲の経済性の存在の主張である．ベンストンが，銀行の範囲の経済性に関する文献研究において，範囲の経済性についての公式の研究を「示唆的」であり，「おそらくそこから引き出すべき唯一の結論は，たとえ商業銀行業務と投資銀行業務が融合し総収益が増加したとしても，全体のリスクは低下しそうもないということである」(p.156) と考えていることは興味深い．また，ローズ (1987) も，1960年代から1980年代にかけてノンバンクの活動が銀行利潤にどのような

第4章　アメリカの金融構造の再構築　　　　　　　　　139

影響を与えたかに関する文献研究を行い，次のようなより慎重な結論を引き出した．「全体的に，銀行持株会社のコングロマリット的拡張方針を支持する研究の証拠は，とりわけ説得的ではない．もしあっても，具体的な便益――例えば，豊富なサービス，利便性の向上，効率性の改善，安全性の増加，低価格――が国民にもたらされるとは思われない．……今日までの研究に基づいて，ノンバンク関連会社が同業界の他企業よりも優れていると説得的に論じることはできない．むしろ，非金融的な目的――とりわけ新たな金融サービス市場を地理的に普及すること――が，銀行持株会社のコングロマリット的拡張の主要動機であったと思われる」(Rose, 1987, pp. 296-7)．

　ノンバンク金融業務への商業銀行の進出のメリットに対して懐疑的であった早い時期のものは，銀行のコングロマリット的拡張を「戦略的な失敗」とみなしたエドマイスター(1982)であった．伝統的な銀行業務の市場は，ノンバンク業務の市場よりもかなり大きい．「預金金融機関は，[これらの]最も急速に成長している金融市場にすでに従事している．……決済，信用，両替，その他のサービスにおける銀行の優位は，市場シェアを獲得するには重要である．それゆえ，これらの領域における優位性の維持は，よりゆっくりしか成長しない保険市場やブローカー/ディーラー市場に参入するよりも大きな重要性をもっていると思われる」(Edmister, 1982, p. 12)．

　事実，政府は，銀行が州境を越え新たな業務へ進出するのをすでに支えてきた．最も明白に，預金保険基金への巨額の資金投入と連邦税の免除が，脆弱化したり破綻した銀行や貯蓄金融機関の強い競争相手による州境を越えた買収を促進してきた．しかし，連邦準備自体は，何年もの間，法的な障壁を少しずつ削ってきただけである．1956年銀行持株会社法（BHCA）の抜け穴は，銀行それ自体にとっては違法であるとされた業務に単一銀行持株会社(OBHC)が従事することを認めた．OBHCは，1970年には商業銀行の資産の3分の1を占めていた．たいていのOBHCは，ファイナンス業務，保険業務，不動産業務に乗り出していた．しかし，1970年のBHCAの修正はこの抜け穴を閉ざした．その修正は，ノンバンク企業の将来の合併が，「公共

の利益」を伴い,「銀行業務あるいは複数の銀行を経営または支配する業務に正当に付随している業務と同じく,とくに密接な関係を有するものであること」を求めた.BHCA の管理者としての連邦準備は,銀行持株会社のノンバンク金融業務,とりわけ投資顧問サービス,モーゲージやインダストリアル・バンク〔産業労働者のための動産抵当貸付会社〕,リース,信託会社の州境を越えたかなりの拡大を容認した.

(2) アメリカの銀行の大規模化はアメリカの競争力を高めない

次に,金融サービスにおけるアメリカの競争力を回復するために,最大手のアメリカの銀行がさらにもっと大きくならなければならないという主張について検討しよう.すなわち,アメリカの銀行はかつて世界最大規模であったにもかかわらず,今やその資産規模から言えば厳密には二流である.しかし,国際的な競争において大手アメリカ銀行が海外の市場シェアと手数料を獲得することがなぜ重要なのか.大手アメリカ銀行が海外で営業していなければ,外国銀行は,外国貿易と海外生産に従事するアメリカ企業のニーズに応えることを拒否するであろうか.大手銀行のひどい業績は,本店所在の州の経済に暗い影を投げかけなかったか.

最近の展開はこの主張に2つの欠陥があることを示している.第1に,かつてアメリカの存在を国際的に高く保持していたマネーセンター・バンクの中には,今では悲しい失敗から教訓を得た組織がいくつかある.国内においてすら,マネーセンター・バンクは,勃興するスーパーリージョナル・バンクの前に優越性を喪失しつつある.

第2に,アメリカの銀行が劣っていると引き合いに出される銀行の多くが,自ら財務上の困難に陥っている.ごく最近では,日本の銀行がそうだ.東京証券取引所の緩やかな崩落は,こうした日本の多くの銀行がブローカーや投資家に愚かな貸出を行っていたことを明らかにしている.例えば『エコノミスト』によれば,日本興業銀行は,後にその債務が40億ドル以上に膨らむ株式市場の投機家に18億ドルの貸出を行っていた.また,株式市場の崩落

は，日本の資産価格（不動産価値を含む）への波及効果を通じて，銀行に打撃を与えた．かなりのリスクをとる日本の大手銀行から借入を行った日本の金融システムの周辺部分にあるノンバンク金融機関も，深刻な経営危機に陥っている．こうした日本国内の金融大混乱が，日本の銀行の海外での卓越性に悪影響を与えている．つまり，海外の銀行業務における日本の銀行のシェアは，1989年の40％以上から1991年には3分の1以下にまで低下した．

(3) 信用市場は公共財の性格をもつ（スピルオーバー効果）

資源を適切に調整する自律的な市場にとって，市場が配分する財はまったくスピルオーバー効果をもってはならない．もしスピルオーバー効果をもつのであれば，価格がその効果を生む公共財と結びついた社会的コストの正確な評価を表さないので，市場機構は資源配分に失敗する．フリーマーケットの見解は，暗黙のうちに銀行市場においてスピルオーバー効果は重要ではないと想定している．

1つの銀行業務のスピルオーバー効果が，改革論議の中心的な位置を占めた．すなわち，公的な銀行預金保険である．この預金保険は，銀行自体の財務状態にかかわりなく，事前に預金者の資金を保証することにより，銀行取付のリスクを低下させる．「共有」問題がこの保証につきまとう．すなわち，預金者は銀行の個々の金融の健全性に無関心になり，銀行経営者や所有者は過度にリスクを負う衝動をもつようになる．そして，銀行による過度なリスク負担は納税者の懐に溢れ出ていくことになる．

しかし，私的に評価され社会的コストが異なっている銀行業務の他の領域は，まだ認識されていない．銀行統合自体がスピルオーバー効果をもっている．数多くの中小銀行が預金・貸出市場に存在するときには，個々の銀行の――不運や間違った判断を原因とする――破綻や財務上の困難は，市場の信用フローにほとんど影響しない．しかし，預金と信用を行う銀行数が減少するにつれて，1銀行の破綻や財務上の困難が信用市場全体の活力を著しく傷つけることがある．残存する大手銀行だけが，大規模な破綻銀行1行が以前

供給していたサービスをすぐに代替できる．したがって，統合は後戻りできないものとなる．大手銀行は中小銀行以上に大きなリスクを負担できるが，そのことは，市場に残存するどの金融機関もその穴を埋めることができないほどの市場のギャップを生み出す大手銀行の破綻という事態を発生させるであろう．

　第2のスピルオーバー効果は，金融取引や信用を供与する銀行の行動と結びついている．規制緩和論は，金融市場は効率的であり，銀行はたくさん存在すると想定している．すなわち，どんな信用度の借り手もすぐに過剰貯蓄をもった人々——個人資産家や金融仲介機関——から信用を受けることができる．

　しかし，この想定には欠陥がある．借り手の信用度は必ずしもすぐに見抜けるものではない．小さな経済単位の資産や能力は第三者的に決定されうるものではない．それで，たいていの家計や企業は，その信用度を評価し監視する意思と能力のある金融仲介機関と関係を確立することができる場合にはじめて，信用を獲得できるのである．借り手の信用度は，所得と資産価値に依存する．裕福でない家計や小企業の経済力は，その生活する地域社会の活力に依存する．

　ここにスピルオーバー効果が発生するポイントがある．雇用機会と住宅や企業の価値は，住民と企業の所有者にとって銀行信用がそこで獲得できるかどうかによって決まる．銀行が地域社会の借り手への貸出から期待できる収益は，他の銀行がそこでどのくらいの貸出を行っているかに依存する．したがって，地域社会における貸出は，そこでの雇用と資産に対して，つまりそこに所在する経済単位の信用度に対してスピルオーバー効果をもっている．

　こうしたスピルオーバー効果に対する不安定で動態的な構成要素が明らかに存在する．長期的に融資をわずかしか受け取ってこなかった地域社会は，スピルオーバー効果を通じてさらに信用を失うことになるだろう．銀行支店網の拡張拠点や融資拠点となり雇用機会と事業機会が生み出される地域社会もあれば，衰退し崩れゆく地域社会もある．一家が引っ越したとき，所有権

第4章　アメリカの金融構造の再構築　　143

が変更される地域もあれば，ただ借り手の名前が変更されるだけの地域もある．頑健な信用供給と資産の売買市場がある地域社会の家計は，家庭に資産を蓄積することができる．売買市場のない地域社会の家計は，このような機会を決してもてない．こうした不安定な動態のために，最初は人種や不平等な銀行支店網に基づく地域間の知覚的な差異であったものが，結果として物質的な差異に厳格化される．それゆえ，経済的に遅れた地域社会の社会的コストは上昇する．所得移転が必要とされ，犯罪や社会的に異常な行動などが増加する．

　したがって，信用フローに関する民間市場の決定は，それに付随する社会的コストと便益を十分に反映していない．銀行市場は，好きなようにやって，好況と不況を繰り返す動態的で不安定なまだら模様を生み出すであろう．

7. 結論：競争条件の平等化と社会契約の更新

　ブッシュ政権によって主張された金融改革は，金融構造を再び十分に機能的にすることはなかろう．ブッシュ政権は，規制緩和によって，大部分の群小銀行したがって銀行産業の過剰能力が除去され，銀行業の特権の制度疲労が克服されて，大手銀行が範囲と規模の経済のメリットを享受できると論じた．金融構造の機能不全の原因は，過剰規制と競争制限にあった．この案と競合するナロウバンク論は，リスクを低下させるために支払決済と貸出業務を構造的に分離することを主張する点で，基本的にこの案の立場とは異なる．
　本章は，フリーマーケット・アプローチが完全に誤っており，ナロウバンク論がフリーマーケットの考え方からの批判にあまりにも臆病であると論じてきた．議論は次の3点を中心にしていた．第1に，銀行と信用市場は，その大きさが事後的には容易に決定できるリスクに満ちている．市場と国際化の進化のために，（以前のように）容認された銀行業務に関する単純な絶対的規制によってリスクを抑制することはできなくなっている．それに代わって，FDICIA の下で課されたようなすべての貸し手に対する確固たる公正な

信用秩序維持政策が，市場が機能するのを保証するのに必要とされている．

第2に，規模の優位が，銀行の収益性を引き上げるとみなされるべきではない．銀行業における規模と範囲の経済性に関する実証研究は，地理的拡張や業務範囲の拡張が大手銀行の収益性を高めるということを信じるに足る根拠をほとんど与えていない．マネーセンター・バンクにとって銀行業の特権は，国際市場における大手ブローカー・トレーダーの中に隙間を探し出すには，ほとんど何の価値もない．しかし，この特権はすべての銀行にとって制度疲労を起こしているわけではない．実際，今やマネーセンター・バンク以上に基本的項目の自己資本と預金を多く保有しているスーパーリージョナル・バンクは，預金受入と貸出といった主要な銀行業務に留まることによって大成功を収めたのである．

第3に，金融構造の第2，第3の機能を達成するためには，預金保険と結びついたスピルオーバー効果とは別に，金融市場がスピルオーバー効果をもつことをはっきりと認識しなければならない．この中で最も重要なのは，住宅や事業に対する信用供与量がそれを取り巻く地域社会の住宅や事業の価値に対してもつスピルオーバー効果である．こうした貸出のスピルオーバー効果は，十分な信用供与を受けて繁栄する地域をますます繁栄させる一方で，未開発地域の衰退を加速する．裕福な家計や大手企業が多数存在しない地域社会では，明らかに必要であるにもかかわらず，信用市場が開設さえされていない．情報の専門家や業績監視者としての役割において銀行だけがサービスを供給する信用市場は，社会的に作られたものであって，社会に先立って与えられたものではない．

(1) 金融改革へのオルタナティブ・アプローチ

本章の残りの部分において，銀行改革へのオルタナティブ・アプローチを提起しよう．その前提として，銀行の回復は頑健なマクロ経済の回復に依存するということが銘記されるべきである．頑健な銀行部門は，活力のない雇用増加や借金漬けの企業や家計からなる病んだ経済と相容れない．健全な銀

第4章　アメリカの金融構造の再構築

行と不健全な地域社会の組み合わせは不安定である．銀行利潤は銀行の自己資本の源泉である．銀行利潤は実現された利鞘に依存する．その利鞘は，非金融企業と家計が債務を生産的に用いる能力に依存する．マクロ経済の停滞と低水準の銀行の貸出にもかかわらず，連邦準備は，低い名目金利と急勾配の利回り曲線を組み合わせて，1992年に商業銀行の記録的な利潤を生み出した．この話は，銀行産業が社会的機能を果たしていなくても利潤を獲得できるということを簡潔に示している．そこで，第2部の他の章や上述の議論の上に構築された提言を行うことにしよう．この提言は十分に機能する金融構造の確立をめざすものである．

銀行法の変更は，技術進歩と新しい金融商品や市場を考慮しなければならない．銀行は，もはや競争から普遍的に保護されないし，プラスの貸出差益を保証されることもない．公的保護は，それがなければ金融市場において満たされない公的目的を達成するように，再定式化され方向づけられなければならない．公的補助は，動態的で不安定なスピルオーバー効果にさらされている自律的に機能する金融市場では充足されない公的に価値のある成果を達成するために，準備されなければならない．

(2) 競争条件の平等化

銀行とノンバンク金融仲介機関の競争条件を平等にすべきである．世界市場で外国銀行や証券会社と競争することを望む商業銀行が，望み通り競争することは自由である．しかし，商業銀行は厳格に実施されている自己資本比率規制の基準を満たさねばならないし，その債権者は破綻の可能性に備えなければならない．皮肉にも，銀行の勢力の拡張による競争条件の平等化は，預金保険加入の金融仲介機関――商業銀行と貯蓄金融機関――に現在適用されているどんな規制やルールも，すべての金融仲介機関に拡張されなければならないことを意味する．

ここで出された提言は，第3の機能――金融市場の安定性の維持――を危険にさらすことなしに競争条件を平等化しようとするものである．

1. 預金保険は，再び銀行取付に対する保護手段となったり，もはや特定の金融仲介機関に対する経営上の補助金とならないように，その範囲を狭めなければならない．

預金保険はあまりにも拡張されすぎてきた．株主以外の銀行のすべての債権者が損失を被らないようにし，かつ破綻銀行の再建の費用も負担するという制度になっている預金保険の現在の状態は維持できない．預金保険は，「ミクロ」（個別銀行や地域の）レベルで特に取付を回避する目的で，すべての家計の保有する預金を上限（おそらく4万ドル）まで保障するだけにすべきである．本書第7章では，取付の回避は，金融機関ではなく個人を保障することによって最も迅速に行われうると提起されている．この立場は論争の的になっている[16]．問題は，金融機関に対する預金保険がなければ，金融仲介機関を効果的に規律づける資金の流出入が生じるのか，あるいはそれどころか金融不安定性をより速く波及させる（連邦準備に最後の貸し手としての介入を一層行使させることになる）資金の流出入が生じるのかという点にある．この未決問題をここで解決することはできないが，さらに探求するに値する問題である．預金保険が特定の種類の預金勘定に残される場合には，この種の預金勘定に関する監督当局の規制に従って行動するすべての金融仲介機関は，その優位性を享受すべきである．

2. 破滅的競争から銀行を保護する手段は除去されなければならない．銀行の州境を越えた拡張や新しい資産側の業務への進出を認めるとともに，銀行に破綻の自由も与えるべきである．

こうした銀行の勢力拡張は，破産手続きが債務超過の代価であるというはっきりとした理解に基づいて実行されなければならない．預金保険基金は，特定の金融仲介機関のための追加的な保険基金としてもはやこれ以上使用してはならない．注目すべき1つの論点は，大手企業の子会社である金融仲介機関の扱いに関してである．そのような金融仲介機関が支払不能に陥ったとき，親会社が資本の注入により支援することを認めるべきか．もし肯定すれば，このような金融仲介機関は途方もない競争上の優位性をもつことになろ

う．すべての金融仲介機関が自己資本に同じように頼るときに，公正な競争のメリットが最大限に発揮される．この複雑な論点はここではまだ取り扱われてはいないが，本当の意味で競争条件の平等化という原則の保証に取り組まなければならないことは明らかである．

3. 信用市場で金融仲介機関として機能するすべての企業は，FDICIAの下で確立された厳格な監督と自己資本比率規制に従わなければならない．

もはや預金保険加入の金融仲介機関が存在しないので，金融市場における競争条件の平等化とは，すべての金融仲介機関すなわち貸し手や借り手と結びついたすべての主体が，FDICIAの監督基準に従うことを意味する．FDICIAの指針が厳しすぎるという銀行システムの悲鳴によって，監督当局の政策が左右されてはならない．FDICIAに組み込まれた自己資本比率規制は，1988年の国際協定であるバーゼル合意に由来する．この合意は，すべての先進工業国の銀行が1992年末までに満たさなければならない厳格な自己資本比率を確立した．1980年代の銀行業の状況を前提すると，自己資本比率を引き下げるべき，したがって損失に対する金融仲介機関の健全性維持のための緩衝力を小さくすべきであるとするような主張はまったくない．ますます国際化された金融システムを運営していかざるをえないとすれば，バーゼル合意は支持されるべきである――場合によっては拡張されるべきである[17]．

4. 健全性維持のための監督責任は，強化され制度化されなければならない．金融仲介機関が，監督当局に特段の寛大な基準を依頼できないようにすべきである．州の規制は，連邦規制の方が強い場合には，連邦規制に道を譲らねばならない．

公的監督は，経済のすべての金融機関に包括的に適用されるならば，容易に行われることになろう．（FIRREAの下で設けられた）住宅用モーゲージ貸出に関する情報開示の新たなルールは，正しい方向性を示している．1990年まで，住宅用モーゲージ貸出に関する報告は預金保険加入の金融機関によってのみ行われていた．1990年以降，モーゲージ会社も――預金保険に加

入していないが——，住宅用モーゲージ貸出に関する詳細な報告を行わなければならなくなった．そして，監督は範囲を拡大しただけではなく，統一的に行われるようになった．1980年代のノンバンク金融機関のもつれた規制上の取扱いは，規制間の打ち消しあいの具体例を提供している．自己の利益を追求する企業は，可能ならば自己に対する規制の程度を最も緩やかにしようと，異なる基準と目的をもって重複する監督当局の権限や法的な権限を利用した[18]．

5．連邦準備は，最後の貸し手機能を維持すべきであるが，トゥー・ビッグ・トゥ・フェイル政策は廃棄すべきである．

とりわけ（前述のような）預金保険の制限的な形態を前提すれば，連邦準備の最後の貸し手機能は引き続き重要である．しかし，トゥー・ビッグ・トゥ・フェイル政策の廃棄——競争条件の平等化の重要な措置——は，監督当局が信用市場の危機に対処するための確実で創造的な措置をとる場合にだけ，実行可能であろう．

ブッシュ政権が実行した破綻銀行に対する政策は，大手銀行の不良資産を十分埋め合わせるものであった．フリート／ノースターが破綻したバンク・オブ・ニューイングランドを買収したとき，政府は，フリートに不要な資産を銀行保険基金に売却する権利を与えるとともに，この買収を確定するために25億ドルを供与した．それに対して，ハーレムを本拠にしたフリーダム・ナショナル・バンクの有名な事例のように，小銀行の破綻は過酷に取り扱われた．

信用関係が深刻なリスクを伴うことを強調してきた．信用市場危機が相当な注意をもって創造的な方法で対処される場合にのみ，トゥー・ビッグ・トゥ・フェイル政策は安全に廃棄されうる．1980年代の発展途上国の債務危機に対する監督当局の対応に，1例が見られる．議会は，1983年国際貸出監督法を可決して，銀行危機を制御しようとした．なお，実際には，この法律は，不良資産に対する特別引当金を求め，国際的貸出に関与している銀行の自己資本比率規制を設定し，海外貸出の集中についての公的な情報開示を義

第4章 アメリカの金融構造の再構築　　149

務づけている．その後，大手銀行のバランスシートから発展途上国の貸倒れ損失を除去するのに役立つように，1989年対外債務準備法が可決された．この法律（Wells, 1990）は，最も債務が多い17の発展途上国への貸出に対する準備金を監督当局が検査することを求めた．そうした貸出がブレイディ・プランの対象となっている場合には，銀行は準備金の積み増し要求から免除される[19]．これまで，4つのブレイディ・プランの事例について交渉がなされた．この法的な対応が債務国の国民にとって人道的であるか正当であるかは別にして，他の監督当局の対応とともにこれらの法律は，銀行業により多くの銀行破綻を引き起こす可能性のあった時限爆弾を除去することを認めたのであった．

(3) 社会契約の更新

最初の5つのポイントは，すべての金融仲介機関に金融規制を拡張することによる効果的な監督の必要性を主張することによって，第3の金融機能（安定性）を埋め込むことを目指していた．次の5つのポイントは，スピルオーバー効果のために「自由な」銀行市場が看過する目的を達成するには，規制が拡張されていれば，公的補助が用いられるべきであるということを論じる．また，これらは，最初の5つのポイントで示された構造変化の中での金融仲介機関の社会的責任を再定義するものである．これらのポイントの最も重要な目的は，金融構造がその第1と第2の機能を十分に満たすことを保証することである[20]．

　6．すべての金融仲介機関は，本書でダリスタ/シュレジンガーが提起した免許制の提案にしたがって，免許を取得すべきである．

　7．外国所有の金融機関を含めて，すべての金融仲介機関は，拡張されたCRA指針の下で最低限の実施基準を満たすように義務づけられるべきである（本書第8章はCRAの目標がいかに設定され達成されるかについて論じている）．

　これらの補完的なポイントは，同じ目標をめざしている．「預金保険加入」

と「預金保険非加入」の金融仲介機関の相違が効果的に取り除かれ，特別の補助や保護がもはや金融仲介機関の特権的な部分に拡張されない場合には，明らかにすべての金融仲介機関が生産的投資への融資と経済的機会の拡大に責任を負わなければならない．

　この提案の著者たちによる注意深い取り扱いから判断して，第6ポイントはこれ以上ほとんど推敲の余地はない．主に最初の2つの金融機能を目標にしていたものの，免許条項も適格性の規準の確定により金融システムをより安定的にする（第3の機能）ことを指摘すれば十分である．第7ポイントは，前述の「平等化」という提案が直接意味するものである．銀行や貯蓄金融機関がもはや特別の保証や市場の保護を受けないとき，これらの機関にCRAが限定されるべきではない．その代わりに，すべての金融仲介機関がCRAの目標の達成に対して責任を負わなければならない．借り手に信用を供与する金融仲介機関は，サービスが不十分な地域や顧客に対し直接，間接に信用を供給しなければならない．金融取引を提供する金融仲介機関は，サービスが不十分な地域の金融インフラの建設に貢献しなければならない．

　8. 金融仲介機関に対する健全性維持のための監督と金融仲介機関のCRA実績の実際的な監督当局による評価の双方が，十分に機能する金融構造にとって重要である．どちらか一方の監督責任が，他方の達成のために犠牲にされるようなことがあってはならない．

　CRA実績の評価は，「満足」という評価があまりにも寛大に与えられるので，しばしばいい加減にしか実施されてこなかった．そのような寛大さのコストが，経済的機会を拡大しないといった一部機能しない金融構造である．そして，本書でキャンペンが示しているように，CRA評価の強化に向けた最近の監督当局の努力は，実態以上に強く誤解されている．CRAの下でよい実績を残すことは，金融仲介機関や監督当局によって，厄介な官僚的な重荷としてではなく，重要な実質的な試みとして取り扱われるべきである．この点は，ここ数年の銀行危機において現れた監督上の利益相反に注意を向けるものである．連邦準備は，金融仲介機関の問題を最小の費用で解決すると

同時に，CRA の下での金融仲介機関の実績を評価するという責任を負わされた．連邦準備の対応は，しばしば前者を追求するために後者の義務を無視するものであった．連邦準備が銀行の支払能力により大きな関心をもっていたので，CRA の遵守は，コストが大きくしたがって非生産的であると考えられた．こうした監督当局の対応は，CRA の厳密な官僚的解釈とウォルフソンのいう「公的規制」に対するレーガン・ブッシュ政権の他を圧するような敵対的態度を前提すれば，おそらく理解できよう．しかし，第 2 の金融機能の重要性と信用市場におけるスピルオーバー効果（動態的に不安定なスピルオーバー効果はいうまでもなく）の浸透性を前提して，アメリカの金融構造が再び十分に機能できるようにするには，監督当局は CRA 責任を重要な実質的義務と捉えなければならない．

　効果的な信用秩序維持規制と実際的な CRA 監督をどのようにすれば最もうまく達成できるかは，明らかではない．1 つの方法は，別々の監督機関にこれら 2 つの監督責任を扱わせるものである．そうした案の欠点は，CRA 監督機関が，信用秩序維持規制の過程から分離されることを通じて影響力を喪失することにある．同時に，1 つの監督当局に 2 つの機能を任せることは，CRA 監督の価値を低下させる危険性がある．オルタナティブは，信用秩序維持規制の過程で限定的な戦略的役割を演じる CRA 監督手段をもつ別々の監督部局（連邦準備のような 1 つの機関の内部，あるいは異なる機関）をもつことであろう．この「戦略的役割」の例として，現行法の下で合併や支店網の拡張を希望する銀行は，公的検査を受け，CRA 実績が適正であることを必ず証明しなければならないことがあげられる．

　9. 革新的な政策や機関——地域社会に基礎を置く信用組合，地域社会貸出基金，その他の小規模信用機関——は，停滞する地域の経済活動を活発化させるように企図された政策の下で，その活動を促進されるべきである．これらの機関の活動範囲は，社会的に生産的な目的に注意深く限定されなければならない．こうした特別な種類の金融機関だけが，制度的な補助と保護の利益を享受できるようにすべきである．

全国規模の銀行支店網の展開やノンバンク金融業務への銀行の進出は，低所得層とマイノリティが集中する地域を，あるいはただ不人気な地域でさえ，銀行が一層無視することになると論じられてきた．こうした懸念が正しいか否かは，監督当局や立法当局が，サービスが不十分な地域での信用と銀行サービスの供給にどのように関与するかに依存する．現在のところ，CRA 基準の遵守コストについての銀行の不満にもかかわらず，たいていの銀行は，明らかに連邦準備の監督官に対する言い逃れの文書を作成する以外には，サービスが不十分な地域の信用や銀行業務へのニーズに対してほとんど何もしていない．動態的に不安定なスピルオーバー効果の作用に起因する信用リスクの観点から，地域が成長可能か否かが評価される場合，CRA 努力に対する銀行の態度は，おそらく変わるだろう．こうしたスピルオーバー効果を克服する方法は，供給源を目標とすることである．これには1機関以上の努力が必要とされる．

　地域社会に必要とされる信用を供給し，第2の金融機能を達成するのに明らかに優れた手段を提供するモデルは，まったくない．無視された地域社会に銀行業務の幅のあるアプローチを採用するよう，金融仲介機関を促すことが最善の方法である．直接に人口過密地区に支店を開設し営業する銀行や，子会社としてのコミュニティ銀行や地域開発公社を通じてより効果的に役立とうとする銀行も登場しよう[21]．

　人口過密地域の開発銀行業が，必ず利潤獲得への提案となりうると考えるのは間違いである．反対に，補助金の継続を必要とする計画もある．グラミーン・バンク・オブ・バングラディッシュは，貧しい預金者と借り手を相手にもっぱら仕事をして成功した銀行として，しばしば引き合いに出される．これは本当である．また，グラミーンは借り手からほとんど事故のない返還率を達成し，貧しい人々の生活を変えることに成功したが，そのことが自らに利潤をもたらさなかったことも本当である．現在の段階で，グラミーンの銀行業務の約4分の1は補助金で賄われている．これらの効果のある補助金のお陰で，グラミーンは監督官に対する借り手の比率を低く保っている．そ

第4章　アメリカの金融構造の再構築

して，このことがその成功を説明するのである．この銀行に利潤を生むことを求めるのは，成功に導いてきたまさにその政策そのものを破壊することになるだろう．

　金融仲介機関を通じて経済的機会の拡大を追求するモデルは，今日までの経験では準備段階であり不完全でもある．このことは，率直さと実験精神によって特徴づけられるこの地域の努力とともに，認識されるべきである．特定の場所で特定の目的のために機能したモデル——例えば，グラミーン・バンク・オブ・バングラディッシュやサウスショア・バンク・オブ・シカゴ——を利用する傾向がある．しかし，どのモデルももてはやすのは時期尚早である．おそらく，サービスが不十分なすべての個人や地域のニーズにとって最高であるようなモデルなどありえない．

　10．金融仲介機関が最後の貸し手政策の下で公的資金の注入を受ける場合には，これらの資金は公的所有権を構成すると理解されるべきである．これらの資金を受け取っている金融機関は，自律的な市場諸力によって十分供給されないまま放置された金融機能を満たす模範的な措置をとるべきである．

　公的資金が大手銀行の安定化と資本再編のために使用されたコンチネンタル・イリノイの経験は，当然繰り返されよう．最後の貸し手論とトゥー・ビッグ・トゥ・フェイル政策の間には，実際にははっきりとした一線がある．実際に，トゥー・ビッグ・トゥ・フェイル政策を除去することは，公的資金——すなわち個人や企業に関する法定条項により徴収された歳入——をかなり大きな規模の金融機関の資本再編のためだけに使用しないということを意味する．公的資金による長期投資は，第9ポイントに限定されなければならない．しかし，金融仲介機関を救済するための公的資金の一時的，短期的使用は，排除されえない．再び，コンチネンタル・イリノイの経験は，この文脈における「一時的」が何を意味するかを判別することが実際には困難であることを明らかにしている．

　このような突拍子もない例は別にしても，最後の貸し手の目的を達成するための公的資金の使用原則は，明確にすることができる．短期の公的資金を

受け取る金融仲介機関は，その代償を出すべきである．この資金は実際に国民のものであるので，問題の金融仲介機関は自律的に機能する民間市場においては貧弱にしか満たされない社会的目的（手頃な住宅建築のための融資，中小企業信用政策への資金供給，不十分なサービスしか供給されていない地域での支店の開設など）の達成に向けてその活動を傾注すべきである．

(4) おわりに

これら10のポイントは，第2部の諸章が提案している金融改革のオルタナティブの一部として提起されたものである．これらのポイントは，健全な金融構造が経済に与えなければならない諸機能を達成しながら，現代化と国際化の諸力に従ったやり方でアメリカの金融仲介システムを再構築することを狙ったものである．これらのポイントに関して重要なことは，生産的投資の促進と経済的機会の拡大という金融構造の機能を，時代遅れとして捨て去るのではなく，容認することである．

この目的を達成するために，これらの明示されたポイントよりも洗練されて効果的な定式化があるかもしれない．他に，社会契約の更新の必要性も認識している関連した案も提起されている[22]．生産的な金融システムの3つの機能が相互に矛盾するのではなく補強し合うものとして理解されるように，論争を広げることが重要である．

要するに，競争上の生き残りの手段を与えないままに社会契約に銀行が応えるべきであると主張するのは近視眼的である．しかし，金融仲介機関の再構築されたシステムが公共目的を満たすことを主張することなしに，競争条件を平等化しようとすることは愚かなことである．競争条件の平等化とともに社会契約の更新が最もなされなければならないことである．

注

1) 著者は，本章の草稿に対する Jim Campen, Jane D'Arista, Jerry Epstein, Sherry Ettleson, George Kaufman, Robert Litan, Bob Pollin, Jean Wells,

そして匿名のレフリー，これらの人々のコメントに感謝するものである．誤りや遺漏があれば，それは著者自身によるものである．
2) FDICIA の監督当局による監視条項は，商業銀行と貯蓄金融機関に対する頻繁で厳しい検査を求めている．法律は金融機関をその自己資本比率に基づいて5段階のリスクに分類している．そして，金融機関のリスクの段階は，監督当局による監視の厳しさと金融機関の権能の程度を決定する．預金保険料は，1991年以前には100ドルの預金に対して0.19ドルであったが，1992年5月に0.237ドルに引き上げられた．
3) 1993年1月1日から，監督当局が問題なしとする自己資本充実度が充実の銀行は，すべての銀行がその日以前にはそうしていたように，預金100ドルにつき0.23ドルを支払う．しかし，監督上問題なしだが自己資本充実度が未達の銀行の料率は0.29ドルに，監督上かなり懸念せざるを得ないが自己資本充実度が優良な銀行の料率は0.29ドルに，監督上著しく問題があり自己資本充実度が未達の銀行の料率は0.31ドルに上昇する．
4) 1992年9月半ばに，FDIC がリスクベースの預金保険料率のルールを発表した時，およそ266の銀行は未達と分類された．そして，銀行監督官はおそらく未達の銀行の93.2%に問題があり，優良な銀行の17.5%も「問題」という分類に入れられると述べた．
5) 非金融企業は，企業間信用（売掛金）の授受や金融市場での債券の販売によって日常的に信用を創造している．金融企業と非金融企業の区別は，信用供給機能が企業の他の活動量を増やす手段であるのかそれとも制度的な存在理由によるかに基づく．D'Arista and Schlesinger は，この区別が統合製造企業に所属する大手ノンバンク・ファイナンス・カンパニー（例えば GMAC と GM）の場合にはあいまいであることを指摘している．
6) 経済の下位部門の成功は，いかにそれが十分に経済全体の明確な目標を満たすかによっては通常測られない．成功の尺度は，典型的にはいかにその所得フローがずっと頑健であるかである．つまり，目標は単に個々の意思決定主体によって追求される目的にすぎない．しかし，金融システムと金融機関はその使用価値（それ自身では）がゼロの無形財をもっぱら取り扱うので，ある意味ではこうした無形財の操作に必要とされない資源はどこかで利用できることになる．Gurley and Shaw (1960) が以前認めたように，小さな金融システムが必ずしもよりよいわけではない．多くの金融仲介機関が存在すれば，生産活動に融資する経路が多く与えられ，投資の可能性を膨らませることができる．
7) これらの目標は，例えば政府の完全雇用目標についての1946年の完全雇用法や1978年ハンフリー－ホーキンス法の布告といった公式の法律の布告ではまったくない．著者は，金融部門でなされるべきことを考える際に，金融部門に期待されるものを考え始めるのに役立つことを示そうと，主にこれらの目標を提示している．そうした機能的な実績の目標と銀行政策論争の実際の方向との間の距離

は，FDICIA の可決を巡る状況にはっきりと示されている．1991年11月の財務省案の敗北は，金融ロビイストたちが相互に受け入れ可能な妥協にまったく至らなかったためであった．財務省と Riegle 上院議員が企てた委員会案の敗北の後，下院議員 Henry Gonzalez は『ニューヨーク・タイムズ』に次のように述べた．「私の30年の議員生活の中で見たことがないほど，ロビイストたちは昼も夜もこの法案のために働いた」．この記事は，1990年のキャンペーンに309万ドル提供した全米不動産業協会，286万ドルの保険ロビイスト，147万ドルのアメリカ銀行協会，51万ドルの信用組合，40万ドルのJ.P. モルガンなどこの敗北に関わったいく人かのロビイストたちを歴史にとどめた．

8) 例えば，このグループのステートメント No. 41「預金保険と監督当局の改革計画」(Kaufman, 1990, pp. 163-8 に再録) は，FDICIA の可決に2年以上先行し，FDICIA の自己資本充実度と監督当局の監視に関する項目をほぼ詳細に先取りしている．この「12人の専門家からなる自薦のグループ」，これは影の公開市場委員会のモデルとなるが，これに共通する特徴は，そのメンバーの「産業に関する専門家としての公的な認識，市場による問題解決の選好，効率性と安全性に矛盾しない最低限の政府規制」(Kaufman, 1990, pp. 2, 150) という点である．このグループは1986年2月以来四半期毎に会合を重ねてきた．

9) この見解はおそらく1990年の下院銀行委員会で証言した Gerald Corrigan によって最も強く表明された．

10) 本書第6章は，アメリカ信用市場におけるノンバンク貸し手の重要性が高まっていることを明らかにしている．

11) 第1節で論じられたように，FDICIA に具体化されたこの案の唯一の規定は，銀行の自己資本水準と規制当局による監督に関することであった．1992年の後半にこれらの規定について銀行産業から抗議が生じたにもかかわらず，これらがほぼ正確に政府によって提案されたように FDICIA にあらわれたことは興味深い．

12) この点，おそらくデフォルト・リスクの再配分に関する最も顕著な例であろうモーゲージの流通市場を考えてみよう．この市場で売られる証券のほとんどの素材は固定金利のモーゲージである．これらのモーゲージを行う金融機関は金利リスクを負っている．彼らは固定金利のモーゲージを売ることでその金利リスクを処理するが，モーゲージ証券の究極的な所有者に異なった形で現れるとしてもそのリスクがなくなるわけではない．

13) テキサス，オクラホマ，ルイジアナ各州において住宅用不動産・商業用不動産市場が崩壊した後10年も経たないうちに，カリフォルニア州の同様の市場が崩壊したことを想起されたい．

14) Hull (1989) によれば，商業銀行にとって信用を証券化するか否かの選択は当該契約の法的定義と税制によって大きく変わる．すなわち，実際，証券化された銀行債権と証券化されていないそれとを唯一区別するものは，その支出流列に

第4章　アメリカの金融構造の再構築

おいて所有権を移転するか否かである．十分に確立された遡及についての判例はほとんどない．上方への信用リスクの遡及の主要な例はコンチネンタル・イリノイの破綻に示されている．デフォルトされた貸出のほとんどは，オクラホマ州のペン・スクエア・バンクによって最初に貸出が行われ，コンチネンタル・イリノイに売られたものであった．

15) これらの著者の結論は，Barth, Brumbaugh, and Litan (1992) で一層展開され長々と論じられている．

16) 例えば，Wolfson の提案は，「金融機関に対して必要な公的保護」を維持しようとするものである．それは，金融機関に対する預金保険，連邦準備の最後の貸し手機能の存続，そして（あるいは）金融安定性を維持しなければならないときにはトゥー・ビッグ・トゥ・フェイル政策に引き続き頼ることである．連邦準備の最後の貸し手機能の必要性は例外なく合意されている．D'Arista は金融機関に対する預金保険の除去を提案し，本章はトゥー・ビッグ・トゥ・フェイル政策の廃棄を示している．もちろん，後者の2つの立場は金融不安定性について厳しい結末とはならないと前提してのことである．さらに，この問題は一層研究されなければならない．

17) この合意は，バーゼルに本拠を置く国際決済銀行（BIS）すなわち OECD 諸国の銀行監督官の連合体によって発表されたのでそう呼ばれている．バーゼル合意によれば，すべての銀行は，リスク調整された資産に対して各国に共通の基本的項目の自己資本を4%，資本金合計を8%持たねばならない．こうした資本基準を合意させたのは，金融革新――直接的な信用フローや簿外での銀行の融資契約を増やし，新たなデリバティブのような信用諸手段をもたらしている――が「債務者と債権者の事業関係の薄さ」(BIS, 1986, p. 67) のために信用リスクを高めているという国際的な監督当局の懸念であった．BIS の長にあったとき，ニューヨーク連邦準備銀行の Gerald Corrigan はそうした革新的手段に対して新たな規制を創るよう指示した (*The Economist*, Oct. 26, 1991, 注15参照)．

18) 金融市場における革新の進捗度を再びコントロールできるようにし，銀行をノンバンクとの激しい競争から解放させるために，議会は1987年に競争的公正銀行法（CEBA）を可決した．CEBA は，グラス・スティーガル法の役員兼務の禁止を加盟銀行と証券会社との間にまで拡張した．以前は，それは加盟州法銀行，国法銀行，預金保険加入の非加盟銀行にのみ適用されていた．また，新銀行や新証券会社には猶予期間が設けられた．それで，CEBA を通じて，議会は一時的に銀行や非金融企業による新たなノンバンクの創設を阻止したのである．そうすることで，銀行が，地理的な制約を逃れるための一般的な手段を行使すること，すなわち（一部の業務を行う）ファイナンス・カンパニー，モーゲージバンク，リース会社などの取得を妨げたのである．商業銀行は，多様な新たな手段を用いて議会の意図を克服した．商業銀行は，州法の下で支店設置による地理的拡張を成し遂げた．そして，銀行は，その活動範囲を拡張するために，グラス・スティ

ーガル法や銀行持株会社法の裁判所の解釈を利用した．1971年の連邦最高裁判所の決定は，法の意図を，商業銀行が禁止されている証券業務に従事したときに生じる「売込みなどの圧力」を含む「悪質な危険」を避けようとすることと解釈した．裁判所は通貨監督官局が「悪質な危険」に関する検査を行う業務を是認する道を開いた．

19) 「ブレイディ・プラン」は，過重債務に苦しむ発展途上国とそれらに融資したアメリカの銀行を救済しようとするブッシュ政権の発案につけられた名称である．多様な新たな手段が債務残高の削減のために利用可能とされた．ブレイディ・プランの恩恵を最も大きく受け取ったメキシコの場合，債務は証券に転換され金融市場で売却された．それは株式請求権に転換され，満期も条件も再編された．

20) 本書で公的投資に関してなされた提案も，社会的生産的投資に対する一層の誘因を導入することによって，あるいは投機的投資に対して何らかの負担を課すことによって，生産的投資を融資するという目標を論じていることに注目されたい．

21) 再投資に関する2つの成功話を想起されたい．1つは，無視されている地域に融資を行う営利金融機関として経営されてきたシカゴのサウスショア・バンクである．アメリトラスト・コーポレーション・オブ・クリーブランドの州法免許の子会社，アメリトラスト・デベロップメント・バンク・オブ・クリーブランドはもう1つのモデルを示す．この銀行は預金者としてクリーブランドの企業を持ち，クリーブランドの住民に住宅開発，商業開発の資金を貸し出している．その頭取John Kolesar は，上院銀行委員会（100th Congress, 2nd session, 1988, on CRA）で，その成功の原因が高い質の貸出とその量にあり，利潤幅（プラスだが産業の平均よりも低い）にあるのではないと語った．

22) 1例は，1992年12月10日付の *The New York Times*（p. A17）に掲載された緑の線引き連合（Greenlining Coalition）による提案である．

第5章　金融システムの進化と改革の可能性[1]

マーティン・H. ウォルフソン

1. はじめに

　アメリカの金融システムの大改革が「焦眉の課題」となっている．改革提案は，適切な公共政策の目標だけではなく，金融システムの具体的な条件にも基づかなければならない．したがって，まず金融システムの進化の歴史を理解することが必要である．
　本章では，旧来の規制的枠組みの崩壊のために，金融システムの制度的構造を大きく変えることが必要であるという提案がなされる．とりわけ，公的規制が金融システムの安定性を回復するためにますます必要とされてきている．公的規制の性格は，公共政策の目標が何であるかということに依存する．
　本章の第2節，第3節では，金融システムの旧来の制度的構造を——なぜそれがうまくいき，なぜ今それが困難となっているのかを——検討する．第4節では，このシステムの再構築に向けた努力について考える．第5節では，そうした現在の状況が要約される．第6節では，改革のための2つの相対立する枠組み——フリーマーケット・アプローチと公的規制アプローチ——が比較対照される．最後の第7節，第8節では，公的規制アプローチが詳細に展開される．

2. 戦後の金融システム

アメリカの金融システムの制度的構造は，1930年代の金融不安の後に再構築された．2つの原則，すなわち特定の金融機関に対する政府の保護と金融機関間の競争制限とに依拠した法および規制の変更を通じて，困難に直面していたアメリカの金融システムに安定性を回復することができたのである．これらの原則を実行するために，預金金融機関と非預金金融機関とが截然と区別され，付保された預金を受け入れる金融機関それぞれに資産および負債市場での一定の独占を与えたのである．

(1) 政府の保護

政府の保護の最も重要な形態は，1933年の連邦預金保険公社（FDIC）の創設と1934年の連邦貯蓄貸付保険公社の創設に基づく連邦預金保険の導入であった．連邦預金保険は，1931-33年の銀行恐慌と国中を覆った銀行取付の後に，銀行システムに対する信頼を回復させる手段であった．実際，預金保険は2つの種類の金融仲介機関を，つまり預金債務が付保されている金融機関とその債務が付保されていない金融機関とを生み出した．前者のカテゴリーの「預金金融機関」，総称して「銀行システム」は，主に，商業銀行，貯蓄金融機関（貯蓄貸付組合と貯蓄銀行），信用組合から構成されている．さらに，FDICの創設は，政府の規制および監督の役割を拡張することによって銀行システムの安全性と安定性を強化した．

銀行システムの政府による保護は，連邦準備制度の権限の拡大によって一層強められた．連邦準備制度理事会に権限は集中され，公開市場操作の指揮権は強化された．割引窓口を通じる融資の担保適格条件は緩和され，非加盟銀行への融資も認められた．一般に，最後の貸し手として行動する連邦準備の能力は増強された．

(2) 競争の制限

競争制限はいくつかの形態をとった．連邦準備は，レギュレーションQとして銀行システムの預金金利に上限を設定した．これは，1920年代の負債の側での銀行の預金に対する破滅的な金利引き上げ戦争とみなされたものへの反動として設けられた．金利の上限は貯蓄預金に対して設定され，要求払預金への利子支払は一切禁止された．

また，1930年代の法制は，金融機関の「業態分離」を拡張することによって競争を制限した．商業銀行と投資銀行はグラス・スティーガル法の下で分離された．この区分が預金金融機関の資産の間にすでに存在していた輪郭を明確にした．すなわち，貯蓄金融機関は住宅用モーゲージ貸出に，商業銀行は事業貸出に，そして信用組合は消費者金融に特化することになった．預金金融機関の負債面についても競争は制限された．商業銀行だけが，小切手の振出可能な預金勘定を提供することができた．貯蓄金融機関は主に貯蓄性預金を拡大した．投資銀行や保険会社などその他の金融機関は預金勘定を提供することを認められず，それらの金融機関の負債は連邦預金保険の対象外とされた．

州際業務の禁止が第3の競争制限であった．銀行は法人認可された州以外での支店設置を許されなかった．さらに，多くの州は「単店銀行主義」を採用し，銀行が1つ以上の支店をもつことを禁止した．

(3) 初期条件の重要性

1930年代に創設された制度的構造は，第2次大戦後すぐの期間にわたってとりわけ成功をみた．その制度的組み合わせは，概して当該期間の信用市場条件や経済条件と一致していた．

大恐慌期，多くの企業は倒産し，その負債返済義務は放棄された．経済活動は停滞した．その結果，物価は下落し，新規事業や消費者支出を賄うための信用需要は最小限のものとなった．経済は第2次大戦の到来によって回復することとなった．民間の負債形成は制限され，戦争の遂行のための政府に

よる借入れが金融市場を支配し，その借入れは連邦準備によって釘づけされた金利で行われた（この政策は1951年に連邦準備と財務省のアコードが成立するまで続いた）．4-6カ月満期の最優遇CP金利は，1934年1月から1947年8月まで1％かそれ以下の水準にとどまった（Board of Governors, 1943, p. 451 ; 1976, p. 674）．

連邦政府証券は，銀行と非金融企業双方のポートフォリオにおいて主要なものとなった．連邦政府証券の市場の懐の深さと問題のない信用の質のために，これらの証券はほとんど価格変動なしに容易に売却し現金化することができた．それゆえ，金融システムの流動性は著しく高まった．

預金金融機関と金融システム全体の安定性が，こうした経済条件と金融条件によって高められた．金融機関の流動性，低水準の民間負債，信用需要の制限は，金利を低く安定した状態にした．さらに，こうした金利環境は資金コストについての預金金融機関の不確実性を減少させ，固定金利での貸出を容易にした．「業態分離」と州際業務の禁止によって強化された参入障壁（これらの点はとりわけ小規模銀行に利益をもたらした），連邦預金保険の内に暗黙裏に含まれている補助金[2]，そしてプラスの長短金利格差が収益性を回復させたのと同様に，こうしたことは，預金金融機関の収益性を回復させることになった．そして，この収益性が預金保険導入後の銀行に対する国民の信頼を回復させ，この信頼が銀行の預金基礎を安定化し，一層収益を増加させたのであった．

安定した金利格差が，30年満期のモーゲージ貸出の発展を促進した．すなわち，1930年代以前では，モーゲージ貸出の最も一般的な形態は短期の一括返済型であった．それは，貸出が満期に達したときに，かなりの額の元本が返済されるということを意味していた．しかし，安定した金利水準という環境の下では，とりわけ貯蓄金融機関は短期の預金で長期のモーゲージ貸出を行うだけで，収益は保証された．このような組み合わせが，戦後の住宅所有と住宅産業の成長に寄与したのである．

中心に安定的で収益性の高い銀行システムをもつ新たな金融構造は，長期

的な経済成長をもたらすのに貢献した[3]．しかし，その成長は結果的に金融システムの制度的構造が前提としていた諸条件を変質させた．その結果，変化した条件の下では，以前は預金金融機関の安定性を支持した制度的組み合わせが，安定性を持続するための障害となってしまった．

3. 戦後金融システムの困難性の増大

(1) 条件変化と問題の増加

戦後の経済成長は，第2次大戦の終結時の例外的ともいえる負債と流動性の状態を次第に変質させていった．投資機会と消費機会が見出され拡張のペースが速まったので，民間負債残高の水準は上昇した．政府による巨額の戦時負債の調達は続かず，金融機関のポートフォリオに占める連邦政府証券の比重は相対的に低下し始めた．負債の増大と流動性の減少によって，アメリカの金融システムは，戦後初期に享受していた無類に頑健な状態ではなくなっていった．戦後最初の金融恐慌は1966年に起こった．恐慌はそれ以来，頻度と厳しさを増して起こるようになった（Minsky, 1986 ; Wolfson, 1986, 1990）．

1960年代後半，インフレの高進と金利の上昇が始まった．このことはアメリカの金融構造のこれら以外の2つの前提条件を掘り崩すことになった．高金利に伴って，競争の制限——戦後初期に安定性を生み出すのに役立った——は，今や預金金融機関の適応能力を制約するようになった．不安定性と財務状態の悪化がもたらされたのである．

金利上限規制は預金金融機関にとって比類なき困難な問題となった．金利が低い状態のときには，金利上限規制は，積極的な預金金融機関が支払おうとする預金金利を制約することによって安定を促すように作用した．しかし，金利が高くまた上昇しているときには，金利上限規制はディスインターメディエーション——すなわち，預金金融機関の預金から高金利を稼得できる短期金融市場への金融資産のシフト——を引き起こしたのである．

金融革新と技術変化は，1970年代中葉にディスインターメディエーション問題を深刻化させた．以前にはディスインターメディエーションの程度は小さなものであった．というのは高額預金者だけが，市場金利を利用できたにすぎなかったからである（例えば，財務省短期証券に投資するには1万ドルを必要とした）．しかし，1970年代に金利が上昇するにつれて，金利上限規制のために預金者が放棄せざるをえない金利収入が増大し始めた．このことが短期金融市場投資信託（MMMF）の成長を促進した．MMMFは，多くの人々から資金を集めプールし，短期金融市場諸手段に投資することによって，市場金利に照応した収益を多くの人々に提供できたのである．

(2) 競争制限の侵食

　MMMFは，預金金融機関が預金勘定を設ける際に享受してきた独占状態を突き崩すことになった．正確に言えば，MMMFの負債は預金ではない．それは連邦預金保険によって保護されていないし，投資家は元本返済を完全には保証されていない．しかし，MMMFの負債はまったく預金に類似したものである．それは容易に引き出すことができるし，相対的に安全でもある．また制限されているとはいえ小切手を振り出す機能さえも提供している．1930年代に金融システムに導入された競争障壁の1つは，事実上侵食されてしまった．

　ディスインターメディエーションの脅威とMMMFの挑戦は，商業銀行と貯蓄金融機関に異なった影響を与えた．貯蓄金融機関と小規模銀行にとって脅威となったのは預金の流出であった．しかし，大手銀行は，1961年以来市場金利で大口の譲渡性預金（CD）を発行してきた．実際，MMMFは資金のかなりの部分を大手商業銀行の大口CDで運用していた．

　大手銀行にとって，預金に高い金利を支払わざるをえないことに比べれば，資金の流出はたいした問題ではなかった．そして，負債の側での競争の高まりに伴って銀行に対する新たな脅威が生じた．伝統的な事業貸出の銀行による独占が失われ資産側で競争圧力が高まったのであった．

第5章 金融システムの進化と改革の可能性

　非金融大企業にしばしば所有されているファイナンス・カンパニーは，MMMFの成長を利用し，とりわけMMMFに対してCPを発行して自己の貸出活動のための資金を調達した．ファイナンス・カンパニーの事業貸出は直接に商業銀行のそれと競合するようになった[4]．大口の借り手企業は自らの格付けの高さを利用して，銀行やファイナンス・カンパニーといった金融仲介機関を利用せずに，CPを直接に発行した．大きな信用リスクをもつ小規模企業，そして企業乗っ取り屋やその他の企業買収市場の参加者たちもまた，金融仲介機関を利用することなく直接に証券を発行した．すなわち，投資銀行の支援の下に高利回りの債券（ジャンク・ボンド）を発行し，自らの活動資金を調達したのである．

　一般に，多くの借り手は，預金金融機関による信用拡張から証券市場の直接利用にシフトした．このセキュリタイゼーションという一般的プロセスは，証券発行を支持するために貸出資金の特別のプールから利子と元本支払を引き出すという特有のプロセスによって加速された．これまでで最も普及した証券化された貸出は，住宅用モーゲージ貸出であった．ジニーメイ（政府抵当金庫）のような政府機関が，これらの抵当証券の活発な流通市場の創設を促進した．さらに，クレジットカードや事業貸出といったその他の貸出の証券化も進展した．

　信用拡張のための証券市場の利用は，戦後後期における生命保険会社や年金基金などの大手機関投資家の成長によって促進された．個人は，これらの金融機関を貯蓄手段としてますます利用するようになった．その結果，生命保険会社と年金基金は，個人の貯蓄の保管者であり借り手の信用債務の究極的な保有者でもある預金金融機関の役割を侵食していった．

　金融システムのグローバリゼーションの進展も，商業銀行の事業貸出における伝統的な独占に脅威を与えることになった．アメリカで活動する外国銀行は，アメリカ国内の信用市場のいくつかの分野で，とりわけ非金融企業借り手への貸出において国内の銀行に脅威を与えたのである．

　このようにして，銀行はノンバンクという競争相手からの競争圧力の増大

に直面することになった．さらに，預金面での競争制限も侵食されていたので，銀行の貸出マージンは預金，貸出の両面から狭められていった．

4. 戦後金融システムの再構築に向けて

本節では，こうした脅威に対して，議会，監督当局，預金金融機関自体がどのように対応したかについて検討する．旧来の金融システムを再構築するこれらの試みが強調したのは，競争の制限という金融システムの原則を緩和することであった．そして，旧来の金融システムの解体の結果，その第2の原則，政府の保護がどのようになったかについて考察する．その最終的な結果は，競争障壁の部分的な崩壊と政府の保護の増大であった．

(1) 競争障壁の部分的な崩壊

旧来の制度的構造がもはや安定性を促進しなくなったとき，預金金融機関は様々な方向へ活動を再構築しようとした．議会や監督当局は，とりわけ貯蓄貸付組合（S&L）にとって不安定性の原因とみなされた競争障壁を除去したのであった．そこで，貯蓄金融機関と商業銀行の経験をここで考察することにしよう．

① 貯蓄金融機関

議会は，ディスインターメディエーション問題を回避しようとして，1980年に「預金金融機関規制緩和・通貨管理法」を制定した．この法律は，すべての預金金利の上限規制の撤廃を段階的に導入するものであった．しかし，1980年代初頭の高金利という環境の下では，こうした展開は，貯蓄金融機関とりわけS&Lにとっては破滅的なことであった．

業態分離の下で，S&Lは長期のモーゲージ貸出を行うことに特化していた．その満期が長期であるため，S&Lの帳簿にあるモーゲージ貸出の多くは，金利がかなり低かった時期になされたものであった[5]．金利上限規制が撤廃されたため，S&Lはモーゲージ貸出から受け取る金利以上のものを預

第5章　金融システムの進化と改革の可能性　　　167

金金利として支払わねばならなくなった（1980年代以前，S&Lは金利変動型モーゲージ貸出を行うことを認められていなかった）．また，貯蓄金融機関の資産ポートフォリオは以前になされた低利の貸出のために劣化しており，商業銀行や他の金融仲介機関のそれよりも市場価格でみて大幅な損失を被っていた[6]．1980年代初めに，多くのS&Lは営業損失を計上しただけでなく，市場価格ベースでは支払不能状態に陥っていた．

　ここで再び，以前の経済条件の下では巧く機能していた旧来の制度的構造が，経済条件が変化したとき困難を引き起こし始めた．競争制限の1つ（金利上限規制）を撤廃して問題を解決しようとする試みは，単にS&Lに別の困難――満期構成のミスマッチからくる損失（短期の負債で長期のモーゲージ貸出の資金調達を行うというミスマッチ）――をもたらしただけであった．しかし，こうした損失は，競争制限を意図した旧来の構造のもう1つの特徴――長期のモーゲージ貸出への特化――に由来するものであった．実際，貯蓄金融機関の不安定性は，いまや金利上限規制に起因するのではなく，旧来のシステムの業態分離という枠組みの下でS&Lに割り当てられた役割から来ていたのであった．

　これらの競争障壁もやがて撤廃された．1982年のガーン・セントジャーメン預金金融機関法は，S&Lの融資対象範囲を広げた．さらに，いくつかの州の議会と監督当局（とりわけカリフォルニア州）は，州免許のS&Lにほとんど無制限の資産選択の自由を認めた．S&Lは，ポートフォリオを多様化させることによって，高金利という環境下で満期構成のミスマッチ問題から生じる影響をほとんど受けなくなるだろうと期待された．

　不幸にも，競争制限をさらに緩和しようとするこの試みも，一層の困難をもたらした．S&Lは商業用不動産や不動産開発，ジャンク・ボンドといった新しい分野ではほとんど何の経験ももっていなかった．その当時支配的であったフリーマーケットのイデオロギーの下では，監督当局は，これらの新たな分野の安全性についてほとんど関心を払わなかった．多くのS&Lは，とりわけ商業用不動産の分野で損失を被った．つまり，S&Lのバランスシ

ートの資産側の規制緩和は，金利リスクという難題を信用の質という難題に変質させたのであった[7]．

② 商業銀行

競争制限の侵食に対して，銀行とりわけ大手銀行は3つの戦略を採って対応した．第1に，銀行は，所得の大部分を手数料や売買収入によるものとしようとした．このことは短期的には収入を生み出したが，どの銀行も外国為替投機や金利スワップといった業務に一斉に参加したことによってそうした業務の増加は，リスクを高めることになった．

第2に，銀行は貸出を伸ばすために新規分野を求めた．利潤マージンの圧縮に直面して，銀行は，発展途上国（LDC），石油産業，商業用不動産，そして企業買収（M&A）への融資といったより高収益の貸出分野を追求した．

しかし，こうした分野の銀行の借り手は融資の返済に困っていた．それは，一部，戦後期の高い債務負担のためにそうであった．前述のように，各融資分野での借り手による債務不履行は，よく知られた問題を引き起こした．発展途上国向け融資の分野では，1987年にシティコープが，そうした融資の貸倒れに備えて，利潤から30億ドルを控除し，貸倒れ引当金を積み増したことがよく知られている．石油産業への融資では，1982年のペン・スクエア・バンク，1984年のコンチネンタル・イリノイ，1980年代半ばから末にかけてのテキサスの大手銀行の破綻が有名である．商業用不動産の分野では，1991年のバンク・オブ・ニューイングランドの破綻がよく知られている[8]．1980年代に過剰に融資された商業用不動産問題の結末は，未だはっきりしない．そして，M&Aや他の「非常にレバレッジの高い取引」への銀行の融資に由来する損失の脅威は存在している．

第3に，銀行は，直接に競争障壁を除去しようと試みて，一部うまくいった．何行かの大手銀行は，グラス・スティーガル法の下で禁止されていた業務に進出しようとした．銀行は，他の金融機関が銀行の生産物市場を侵食してきているので，銀行はそれに対抗して投資銀行業務，保険引受業務，商業用不動産投資といった分野への進出を認められるべきだと論じた．例えば，

第5章　金融システムの進化と改革の可能性　　　169

自らのMMMFを利用する投資銀行は，銀行と預金面で競合する．それゆえ，銀行は，企業証券の引受によって投資銀行と競争できるようにすべきだと論陣を張った．J.P.モルガンやシティコープといった銀行は，連邦準備に請願し，制約されているとはいえ引受業務を行うことを許可されるという一定の成功をおさめた．しかし，そうした業務への完全な進出は，1930年代の競争障壁をどうするかという議会の決定待ちの状態であった．

　また，大手銀行は州際銀行業務の競争障壁を除去しようとした．その努力は報われたものの，州レベルにおいてだけであった．いくつかの州は，州際銀行業務に関する規制を緩和し，州全域での支店設置を認めた．さらに，いくつかの地域的な協定が，例えばニューイングランド州で進められた．これらは典型的に言えば，A州がB州に同様の認可を与える場合には，A州の銀行持株会社がB州で銀行を営業することを認めるというものである．

　したがって，連邦レベルでの完全な州際銀行業務の認可に向けての試みは，それなりに進展してきている．そうしたことは，小規模銀行によって反対されてきた．というのは，小規模銀行は州際銀行業務によって自分たちが淘汰されることを恐れていたからである．

(2) 政府の保護の増大

　財務上の困難の増大は，政府の保護のレベルの拡張を必要とした．連邦政府は主に3つの領域で金融システムを守る役割を拡張してきた．すなわち，最後の貸し手，預金保険，破綻しそうあるいは破綻した金融機関の救済という領域である．

① 最後の貸し手

　金融恐慌と金融機関の破綻が，ますます金融システムの安定性を脅かし始めるにつれて，連邦政府とりわけ連邦準備は，最後の貸し手として介入せざるをえなくなった．もともと最後の貸し手という役割は文字通り，一時的に流動性問題に直面した金融機関への貸出を意味していた．しかし，戦後後期には，連邦準備は，最後の貸し手という役割を金融システム全体の安定化に

向けた広い意味での責任と解釈するようになった．

　金融システムの問題が山積するにつれて，連邦準備は徐々に最後の貸し手に含まれる活動を拡張した．フランクリン・ナショナル・バンクが1974年に財務状態を悪化させたとき，その破綻の影響を恐れて，連邦準備は，割引窓口貸出を通じて，引き受け手として他の銀行が見つかるまでの数カ月間フランクリンを破綻させなかった．不幸にも，フランクリンはユーロダラー市場と外国為替市場に積極的に関わっていた．そこで，連邦準備は，割引窓口を通じてフランクリンを存続させる過程で，フランクリンのロンドン支店によって失われたユーロダラー預金を実質的に補塡した．また，ニューヨーク連邦準備銀行はフランクリンの外国為替取引の債務7億2,500万ドルを肩代わりした．フランクリン救済の際に，連邦準備がとった行動は，最後の貸し手機能が海外の金融市場を守るために初めて用いられたという点で，前例のないことであった．

　最後の貸し手概念は，コンチネンタル・イリノイ・ナショナル・バンクが1984年に破綻寸前になったとき，再び拡張された．このとき，連邦監督当局はコンチネンタルが大きすぎてつぶせない，もっと正確に言えば，コンチネンタルへの機関投資家の損失の可能性が，金融システム全体の安定性に対する大きな脅威となると判断した．その結果，監督当局は，損失を被らないようにコンチネンタルの債務のすべての保有者を保護するという前例のない政策を採った．しかし，そうした政策でさえ，コンチネンタルの債務への取付を完全に止めるには十分ではなかった．コンチネンタルのような大きな銀行を引き継ぐ合併相手が見つからなかったので，FDIC が，コンチネンタルを管理下に置くことになってしまった．この銀行は，事実上国有化されたのである．

② 預金保険

　預金保険による保護は2つの方法で拡張されてきた．第1に，適用範囲が，1933年の2,500ドルという当初の限度から徐々に広げられてきた．1980年に，一般に知られているように，預金保険の適用範囲は，預金当り10万ド

ルに引き上げられた．第2に，おそらくより重要なのだが，預金保険の事実上の適用範囲の変更が行われた．

最後の貸し手に関わる前述の2つの例で，預金保険のもともとの概念がかなり拡張されてきた．1974年に，フランクリン・ナショナル・バンクのユーロダラー預金は保護された．このことによって預金保険の適用範囲は拡張され，外国預金もそれに含められることになった．というのは，銀行は国内預金についてだけ預金保険料を支払っていたからである．1984年に大きすぎてつぶせない銀行という考え方に伴って，預金保険概念の拡張が行われた．10万ドルという限度を超えた預金だけでなくコンチネンタルの債務すべてが預金保険に含められたのであった．

③ 政府の緊急救済

コンチネンタルの緊急救済以外で，おそらく金融機関に対する政府の保護の増加を最もはっきり示している例は，S&Lに対する公的保証と連邦預金保険基金による援助であろう．基金はS&Lの破綻によって枯渇させられた．1989年の金融機関改革救済執行法は，連邦政府が基金の状態とは関係なく付保預金を保証するという原則を確立した．また，新たな組織，整理信託公社（RTC）が，支払不能に陥った貯蓄金融機関を閉鎖するために創設された．任務を遂行するために，議会に公的資金を要求する長い道のりが始まったのである．

さらに，商業銀行の預金を対象にするFDICの銀行預金保険基金（BIF）は，銀行破綻によって資金の枯渇に直面していた．銀行の預金保険基金の緊急救済が，最終的にS&Lの救済と競合する可能性があった．

5. 銀行システムの現況

これまでの議論をまとめておくことが有益であろう．アメリカの銀行システムが直面している基本的な問題は，その明確な特徴――競争の制限と政府の保護――がいまや存在していない経済的，金融的条件の下で成功したとい

うことにある．例えば，預金金利の上限規制と長期のモーゲージ貸出は，低く安定した金利環境の下ではS&Lに収益をもたらした．また，業態分離に基づく独占状態は，参入障壁が侵食されない限り収益性を高めた．預金保険は，大きすぎてつぶせないような銀行が存在しない限り，大きな成功を収めた．これらの要因は，低い負債負担や経済全体の高い流動性の下で，相対的に安定的な経済拡張に貢献した．それとともに，その負債が連邦預金保険の対象である預金金融機関の成功を生み出したのである．

しかし，旧来の制度的構造が促進した高度成長は，結果的にこの構造を成功させた諸条件を掘り崩してしまった．つまり，負債負担は増大し，流動性は低下し，インフレ率と金利は上昇した．これらの変化した条件の下で，旧来の制度的構造はもはや収益性と安定性を高めるようには作用せず，その代わり金融恐慌，支払不能，預金金融機関の破綻をもたらしたのであった[9]．

銀行システム内部の競争障壁を除去することによって状況を改善しようと努力がなされてきた．しかし，こうした部分的な規制緩和は，不安定性を改善できず，単に不安定性の位置を変えたにすぎなかった．そして，不安定性の継続は，政府の保護と介入を一層必要とすることになったのである．

(1) 財務状態の悪化の継続

戦後後期に必要とされた政府の保護の増大は，2つの点で相対的に効果があった．第1に，最後の貸し手としての連邦準備の介入の増加は，19世紀や20世紀初期に金融システムを定期的に悩ましてきたパニックや急激な崩壊の復活を妨げた．第2に，預金保険の適用範囲の拡張と政府の緊急援助は，銀行システムへの信頼を維持した．なぜなら，預金保険基金が底をついたときには「最後の支払者」になるという政府の意思が表明されていたからである．

不幸にも，政府の成功は手放しで喜べるものではなかった．金融パニックを避けるための介入は，長期的な金融不安定性の増大という副作用をもっていた（Wojnilower, 1980：Minsky, 1982, 1986）．というのは，連邦準備が革

新的な金融取引を認め，問題金融機関を保護するとき，そうした取引や金融機関はしばしば将来にわたって信用を拡張し続けるからである．

さらに，政府の保護の増大は，銀行や貯蓄金融機関の基本的な問題を解決しなかった．つまり，多くの状況は不安定なままであって，それらの破綻率は上昇し続けた．多くの支払不能に陥った銀行が閉鎖されざるをえなかった1930年代と対照的に，多くの支払不能に陥った銀行や貯蓄金融機関は今日では，預金保険基金の破綻のために，営業を続けることを許された．それゆえ，これらの金融機関の問題を「解決する」ための最終的なコストは，しばしば膨大なものとなった．

一定の経済条件の変化を不可避として生じた競争障壁の緩和は，多くの金融機関に消滅という脅威を与えた．かつて銀行や貯蓄金融機関，とりわけ小規模金融機関を守ってきた地理的，業態別の保護は，徐々にではあれ一掃されてしまった．連邦準備のトゥー・ビッグ・トゥ・フェイル（大きすぎてつぶせない）原則とともに合併と破綻が行われることによって，金融産業内での整理統合が進んだ．

銀行と貯蓄金融機関の財務状態の悪化は続き，そのことがさらなる問題をもたらした．資産の目減りを改善するために，多くの銀行と貯蓄金融機関は1980年代にリスクの水準をますます高めた．貯蓄金融機関がたくさんのリスクをとったことは，今ではよく知られている．つまり，貯蓄金融機関は，財務状態の悪化から抜け出す道を探しながら，相対的に監督当局による制約を解かれて，担保価値が低いあるいはないような不適切なキャッシュフローをもつ融資計画に貸出を行ったのである（Mayer, 1990；White, L.J., 1991）．とりわけ，商業用不動産という分野で投機的貸出にのめり込んでいった．

また，商業銀行も商業用不動産向けの融資をかなり行っていた．さらに，他の相対的にリスクの高い投機的な活動，例えば敵対的買収，LBO，他の「非常にレバレッジの高い取引」にも融資していた．

(2) 経済条件

戦後初期の状況と異なり,金融システムは相対的に脆弱になった.負債水準は高く,流動性は低下した.

目下,インフレ圧力は抑制され,金利は下落している.しかし,この状況が現れたのは,戦後初期のように金融システムが頑健であるからではなく,むしろアメリカ経済が停滞しているためである.そして,高い負債水準と金融システムの脆弱性が,経済成長の低迷をもたらしている.

経済条件のこのような変化と金融システムに対するその影響を前提すれば,旧来の制度的構造を再び導入できるとは考えられない.それはもはや経済条件と一致しないからだ.

6. 改革の枠組み

いかなる新たな制度的組み合わせが金融システムに安定性を回復させるだろうか.そこで,異なる立場からこの問いに答える改革のための2つの枠組み,すなわちフリーマーケット・アプローチと公的規制アプローチを検討することにしよう.

(1) フリーマーケット・アプローチ

フリーマーケット・アプローチにはいくつかある.それらに共通する考え方は,金融システムを悩ませる不安定性の原因が1930年代につくられた法律に根拠をもつ競争制限にあるということである.したがって,そうしたアプローチが強く推薦する政策は,これらの残存する制限を除去することである.つまり,その結果,競争が強まることが,金融システムに安定性と収益性を回復させると強調されている.

1つのフリーマーケット・アプローチが,ブッシュ政権によって提起された (U.S. Department of the Treasury, 1991).このはっきりとした提案は廃案となったが,類似した形で再び登場しそうである.ブッシュ政権下での

第5章　金融システムの進化と改革の可能性

財務省案は，銀行システムに残存していたほとんどの競争障壁を除去するように求めていた．つまり，その提案は，州際銀行業務や商業銀行の投資銀行業務への参入を認めるとともに，銀行が保険業務を行うことも認めていた．また，銀行と非金融企業との間の隔壁を除去し，非金融企業が銀行を所有することも認めていたのである．

　フリーマーケットの原則に委ねながら，それにもかかわらず，財務省案は，戦後後期に必要となった政府の保護を拡張されたレベルのまま維持するとしていた．預金保険の適用範囲が「市場規律」を促進するように狭められると最初のうち言われたものの，財務省案は預金保険についてほとんど何の変更も行わず，商業銀行の預金保険基金の救済を明らかにしたのである．トゥー・ビッグ・トゥ・フェイル原則ははっきりと認識され，その破綻が金融システムの安定性を脅威にさらすような銀行を連邦準備および FDIC が救済するように求めたのである．

　もう1つのフリーマーケット・アプローチは「ナロウバンク」論である (Litan, 1987)．この提案では，預金が連邦預金保険の対象となっている銀行は，国債のような安全資産にその預金を投資しなければならない．この「狭義の」銀行は，資産選択がかなり自由な貸付子会社をその組織内にもつ持株会社の一部である．1930年代につくられた制約は，貸付子会社には適用されない．すなわち，貸付子会社は，商業銀行業務と投資銀行業務を兼営でき，不動産業や保険業に進出できる．また，州境を越えた支店の設置もできる．しかし，貸付子会社の負債は連邦預金保険の適用を受けない．この提案は，2つの世界の最善をめざしたものである．すなわち，リスクを嫌う顧客のための預金保険というオプションが，大手銀行によって追求されてきた一層の自由化と結びついたのである．

　これらのアプローチを分析する1つの有益な方法は，旧来の制度的構造がもっていた2つの原則，すなわち政府の保護と金融機関に許される活動の制限という点からそれらを検討することである．財務省案もナロウバンク論も，旧来の制度的枠組みの下で競争障壁を完全に除去するとしている．しかし，

両方とも金融機関の活動に旧来の制限に代えて,何か重要な新たな制約を課すわけではない.このことは,何の規制もない競争が自然に安定性を回復させるというフリーマーケットの哲学と一致している.

(2) S&Lの破綻からの教訓

現状の金融システムの下では,フリーマーケット戦略は,深刻な金融不安定性というリスクをもたらすことになる.ここには,フリーマーケット案が直面することのない基本的な問題がある.問題は,1930年代の競争制限が,保護されていない状況の下でよりもずっと多くの金融機関を存続させてしまったことにある.それゆえ,こうした1930年代の競争制限を除去することは,1990年代の状況下では,多くの金融機関がもはや存続できないであろうことを意味している.

さらに,残存する競争障壁の除去は,多くの金融機関が引き続き困難な状態にあるときには,過剰状態という問題を大きくするだけである.こうした条件の下で発現した過剰状態という問題を「フリーマーケット」だけに委ねるとすれば,次の2つの帰結がもたらされよう.(1)多くの金融機関の損失が増大し,リスクをますます引き受けるようになって,破綻率が上昇し,金融不安定性が継続する.その結果,(2)競争の勝者が,経済力と政治力を統合するにつれて,競争が低下していくことになる.

1980年代のS&Lの経験は,規制緩和のやり方の完全な失敗例である.上で述べたように,S&Lの活動についての制限の除去は,連邦および州政府当局によるかなりの規制の同時的な撤廃を伴うものであった.S&Lは新たな競争環境の下でできるだけ存続できるようにされた.多くのS&Lは,そうした活動領域には慣れていなかったので,過度にリスクをとることになり,法外な損失を被り,連邦預金保険基金を枯渇させてしまった (White, L.J., 1991).

財務省案は,競争制限を撤廃することによっておそらく金融システムの動揺が起こるだろうと認識していたので,金融機関に対する政府の保護を現在

第5章　金融システムの進化と改革の可能性　　　　　177

のレベルに維持することにしていた．同時に，障壁を除去し，銀行の活動をフリーマーケットに委ねることにもしていた．この案は，公的な救済コストが莫大なものとなる前に是正措置が採られることを保証するように，早期警戒信号が用いられるということを含んでいた．しかし，実際，銀行が困難に陥っていることを早期に警戒すれば，銀行に公的資金を支出しなくてもよくなるかどうかは明らかではない．

　他方，ナロウバンク論は預金保険の範囲を制限し，銀行破綻に対する政府の負担をはっきりとなくした．しかし，それは，受け入れ難い金融不安定性というリスクから社会をほとんど保護しない．

　したがって，一方のフリーマーケット・アプローチ（財務省案）には，銀行産業の納税者による莫大な救済というリスクがある．他方（ナロウバンク論）には，大きな金融恐慌というリスクがある．両案の基本的な問題点は，それらが公的保護と公的規制の間に適切なバランスを再構築していない点にある．

　旧来の制度的構造は，公的保護――預金保険と最後の貸し手という政府のセーフティネット――と公的規制――安定性と収益性を高めるための競争制限――との間にバランスを保っていた．経済条件の変化とともに，公的保護が拡張されるにつれて公的規制は緩和された．財務省案は，この不健全でアンバランスな傾向に拍車をかけるだけである．ナロウバンク論は，公的規制と公的保護の両方を最低限の水準にまで低下させることによって，新たなバランスを得ようとするものである．しかし，この新しいバランスは，おそらく不安定なものとなるであろう．というのは，もし導入されれば，ナロウバンク論は，財務省案と同様に現実に対して譲歩せざるをえないからである．すなわち，連邦のセーフティネットは，「何の規制も受けない」銀行の活動までカバーするように拡張されるであろうからだ[10]．

　したがって，現在の状況の下でフリーマーケットにすべてを委ねるとすれば，金融不安定性と権力の一層の集中か，あるいはとめどなく広がる納税者による救済（あるいはその両方）がもたらされることになるであろう．これ

らの受け入れ難い選択肢の両方とも避けるための鍵は，公的保護と公的規制との間に適切なバランスを回復させることにある．

(3) 公的規制アプローチ

公的規制アプローチは，金融機関が戦後後期に必要とした政府の保護を維持すると同時に，旧来の制度的構造に存在した多くの競争障壁を除去する．しかし，このアプローチは，金融機関の活動に何らかの公的規制も課す[11]．この公的規制がいかに広く適用されるか，そしてそれをいつ導入するかということが，このアプローチをはっきりと示す提案を行う際に決定されなければならない課題である．ここでの議論の目的は，金融システムに対するこうしたオルタナティブなアプローチの大まかな原理をつくることである[12]．

一般的な原理は，金融機関に対する政府の保護と金融機関の様々な活動に関する規制緩和とが，金融機関の活動内容に関する一層の公的規制とともに進められるべきだということである．国民が銀行システムにセーフティネットを与えている限り，さらなる活動の自由は，自由の行使に対する一層の説明責任を意味するものでなければならない．

公的規制アプローチは，金融機関の能力を生産的投資を促進するように積極的に利用し，金融システムの脆弱性を高めるだけの投機などの活動を挫くような方法を見出そうとするものである．

公的規制アプローチは，ナロウバンク論とは異なり，金融機関に必要な公的保護を維持する．また，公的規制アプローチは，ナロウバンク論や財務省案と同様に，いくつかの時代遅れとなった競争制限を撤廃する．しかし，そのいずれとも異なり，そうした制限に代えて公的規制の新たなメカニズムを導入する．表5.1は，こうした点から3つのアプローチの違いを明らかにしたものである[13]．

幅広く解釈すれば，公的規制アプローチとは，民間金融機関の活動に公共の利益をはっきりと認め，具体的な公共政策の目標を達成するために金融システムに必要な措置をとることである．実際，これは新しい考え方ではない．

第5章 金融システムの進化と改革の可能性　　179

表5.1 銀行システムの制度的枠組み

制度的枠組み	政府の保護	公的規制
1930年代の改革	あり	あり（競争の制限）
フリーマーケット（財務省案）	あり	なし
フリーマーケット（ナロウバンク論）	なし	なし
公的規制	あり	あり（公共政策の目標）

歴史的には，銀行規制は銀行の活動を社会的に生産的な領域に導こうとしてきた（あるいは，潜在的に有害で不安定をもたらすような活動の範囲を制限してきた）．銀行は社会の支払手段を供給し信用需要を満たすという「特別」なものであり，銀行破綻は悲惨な結末をもたらすので，公共政策は銀行が公共の利益の下に規制されるべきだという考え方を受け入れてきた．別言すれば，銀行の行動は，単に収益性といった私的な基準に照らして行われるべきではない．社会のニーズが重視されなければならないし，銀行の行動はそれに応じて調整されなければならない．

公共の利益が，1930年代から暗黙の内に銀行に対する規制を動機づけてきたものであった．この動機は，ある意味で，旧来の規制的な構造の下では見えざるものであった．なぜなら，それらは，大恐慌時代につくられた法律によって銀行業を区分する壁に埋め込まれていたからであった．そうした壁が崩壊した場合には，銀行の活動のかなりの部分に公的規制を行うことを通じて，銀行業における公共の利益ということを明確にせざるをえなくなるだろう．

商業銀行に州際銀行業務や投資銀行業務などを認可したことは適切であったが，そうした措置には，金融システムと金融機関が公共政策の目標を達成するように，公的規制の範囲が変更されなければならない．例えば，銀行が企業の証券を引き受けることを国民が認めた場合には，国民は，引き受けられた証券が投機を支えているのか，生産的投資を支えているのかを合法的に問うことができるというように．

このことは，このアプローチに次のような重大な問いをもたらすことにな

る．すなわち，公的規制の下で追求される目標とは何か．この問いは次節で検討される．

7. 公的規制の目標

　公的規制の根拠をなす公共政策の目標とは何であろうか．上の議論では，金融システムにとって重要な公共政策の目標として，金融の安定性が指摘されていた．公的規制アプローチは，投機や金融脆弱性，不安定性を生み出すような行動から銀行システムを引き離し，生産的投資を促進するような行動に導こうとするものである．

　安定性に向けて金融システムを動かすには，大まかに3つの段階がある（これらの目標を遂行するメカニズムについては第8節で論じる）．第1に，金融機関の引き受けたリスク水準を低下させる．第2に，安定性を促進するために——例えば，敵対的買収や投機的な商業用不動産事業への融資を減らすことによって，金融機関の貸出政策と投資政策を転換させる．地域社会を再建し，生産性を改善し，生活水準を引き上げるような生産的投資に対する融資を増加させる．第3に，金融の安定性と生産的投資を促進するような金融機関に対して公的資金を投資する．

(1) 限定された目標を達成するための公的規制の利用

　安定性を高めることが重要であることは明らかである．最近の出来事を考えれば，このことが金融システム改革の唯一の目的とみなされている．しかし，公的規制の過去の例を検討すれば明らかなように，公的規制が社会の大多数の利益のための手段であるならば，公共政策の目標になにがしかが追加されなければならない．

　1つの例は，1975年のニューヨーク市の緊急救済である．それは破綻機関の緊急救済であったので，金融システムの最近の状況と類似している．ニューヨーク市は州および連邦の援助を受けた．その際，ニューヨーク市は，援

助の条件として，公的支出を削減すること，市職員の賃金を切り下げること，収益性を回復するように全般的に支出を削減することを求められた．公的保護（貸出）と引き換えに，ニューヨーク市は，公的規制（支出の削減と賃金の切り下げという命令）に従わざるをえなかった．

こうしたやり方は，敵対的買収の結果，企業乗っ取り屋が行ったことと同じである．乗っ取り屋は，短期的なキャッシュフローを改善し買収で生じた負債支払に対処するために，労働者の賃金を切り下げ，工場を閉鎖し，年金計画を打ち切った．経営難に陥った銀行への公的介入が，銀行の収益性の上昇による安定性の回復だけを目的にしたものであれば，同様の手段——すなわち，賃金の切り下げ，銀行労働者の解雇，支店の閉鎖，大企業や富裕層以外を排除するような融資基準の一層の厳格化など——が，「公共の（納税者の）」利益という名の下に行われるであろう．当該銀行によって行われるこうした行動が，いかに地域社会に有害な影響を与えるかなど何も考慮することなく行われるのだ．

もう1つの例は，第三世界の国々に対して国際通貨基金（IMF）が行った公的規制である．IMFは，第三世界の各国に「収益性」を回復させようとして（この場合，外貨準備の増大），借り手国が自国の経済の明白な転換に合意するまで，「承認」を与えず，したがって貸出も行わなかった．IMFが課した条件は，総需要を削減し，公的支出を減少させ，労働者の賃金を切り下げるといった手段を含んでいた．すなわち，ニューヨーク市の緊急救済や企業乗っ取りの際に用いられたものと非常によく似た措置であった．

(2) 多様な課題

実際，公的規制は，収益性とバランスシートの安定性を高めるために他の社会的利益を犠牲にして，政府・銀行・企業の三者の共同でしばしば利用されてきた．富と権力をもつ「インサイダーの輪」の外部にいる労働者，消費者，小規模企業，地域社会，その他の人々の利益は，しばしば無視されてきた．皮肉にも，収益性の上昇は一時的なものであった．すなわち，長期的な

収益性は損なわれ，それとともに，社会全体の安定性と成長の増大も損なわれてしまった．

公的規制を多様な課題に対処するための基礎とすることは可能であろうか．公共政策に追加されるいくつかの目標が以下で示される．

① 機会均等の促進

1980年代，マイノリティを取り巻く地域経済は低迷し住宅需要は満たされていなかったにもかかわらず，大手商業銀行は，空室となるオフィスビルの建設やジャンク・ボンドによる敵対的買収に融資を行った（本書第8章）．公的規制は，すべての人が人種にはかかわりなく信用に公平にアクセスできるように，無視されてきた地域社会にたくさんの貸出が行われるようにすることによって，長期的に低迷している低所得層の住む地域社会を低迷から逆転させることができる．

これを実施すれば，銀行や他の金融機関の純粋な経済的目標——すなわち利潤の極大化行動を破壊するであろうと論じられるかもしれない．しかし，純粋に「経済的」基礎からして返済は確実だとみえる人々への銀行貸出の収益性が高いとは，明らかではない．結局，とめどない利潤追求のために，オフィス過剰やLDC危機が生み出されたのだ．

したがって，機会均等を無視し，いつも通りの企業の基準で——格言のように必要とする人に最小限の——信用を与えることは，成功を保証しない．実際，公的指針は，1980年代に将来空室となるようなオフィスビルの建設のためには資金を供給すべきではなく，マイノリティの社会への融資拒否を少なくし，貸出の差別をなくし，手頃な住宅の建設や地域社会の発展のために多くの資金を振り向けるべきだというものであろう．

② 労働者の権利の保護

公的規制は，労働者の権利を保護するために用いられる．とりわけ銀行や他の金融機関をさいなむ合併・買収運動の高まりを所与とすれば，そうである．銀行利潤の増加は，賃金の切り下げや銀行労働者の労働条件の悪化によって達成されるべきではない．

大手銀行は，合併から得られる利益の大部分が過剰な支店の閉鎖や余剰労働者の解雇から生じていることを知っている．公的規制とは，合併過程で労働者の権利が保護され，解雇された労働者の再訓練や別の雇用機会の確保といったことが実際に行われるように保証するものでなければならない．さらに，合併過程に地域社会が参加することができれば，ある借り手が支店の閉鎖によって信用にアクセスできなくなることのないようにすることもできよう．

③ 過度集中の制限

銀行産業における現在の過剰状態は，一層の集中が起こりそうだということを示しているので，公的規制は，集中が過度に進まないことを保証すべきである．そうした保証ができない場合には，信用にアクセスする手段をもたない人々にその手段を提供するという有益な目的を果たしている小規模銀行を存続させるべきである．地域社会の発展や生産的投資を促進する草の根銀行のような新たな金融機関を奨励すべきである（Schlesinger, 1992）．

8. 公的規制のメカニズム

前節での指針は，公的規制が追求する目標を示したものである．公的規制は，リスクを低下させ貸出を転換させるとともに，金融安定性を促進し，機会均等を進め，労働者の権利を保護し，集中を制限するように資金を投資させる．そうした公的規制のメカニズムとはどのようなものであろうか．本最終節では，3つの一般的なメカニズムを指摘する．すなわち，安全性と健全性の規制，資産規制，公的投資である．

(1) 安全性と健全性の規制

一般に認められているように，監督当局が，安全性と健全性を促進するために銀行活動の監督を強化する必要がある．世論は，監督当局の態度や監督行為に対する政治介入の態度がとりわけS&Lの場合に手ぬるかったと批判

的であった．より頻繁な立ち入り検査を含めた預金金融機関の監督強化は，明らかに優先順位の高いものである．

さらに，必要自己資本比率の引き上げがはっきりと求められている．銀行監督当局は，1980年代を通じてこの方向に向かって進んできたし，貯蓄金融機関の監督当局は，いまや自己資本の積み増しの重要性を認識するようになった．こうした自己資本の積み増しの必要性は，いまや国際的な銀行業界（バーゼル合意）で認められ，アメリカでも1991年11月に可決された銀行法で認められた（本書第4章）．

(2) 資産規制

また，公的規制は，金融仲介機関の資産選択に間接的に影響を及ぼすことによっても効果を発揮する．このアプローチはすでにバーゼル合意において実施されている．こうしたリスク・ベースの必要自己資本比率についての国際的合意は，（アメリカ法を補足するものとして）1992年12月19日を発効日として批准された．これは，安全性と健全性の規制と資産規制を結びつけるものである．これらの新たな基準の下で，銀行の必要自己資本水準は，資産のもつリスクの度合いに比例して増加することになる．それゆえ，銀行は，リスクの小さい資産に投資するようになるであろう．投機を促進する貸出と生産的投資を促進する貸出との区別は，今のところこの基準の構成要素ではないが，そうした区別は，リスクを低下させようとしているこのメカニズムの延長線上にある．

銀行資産を規制する類似のアプローチは，銀行資産に追加的な必要準備を課すことを導入するものである．この提案は，最初，連邦準備制度理事会元議長アンドリュー・ブリマーによってなされ，銀行に資産の種類に応じて追加的な準備の積み増しを求めるものであった[14]．リスク・ベースの必要自己資本規制と同様に，このアプローチも，投機的貸出を行えばコストは非常に高くつくという仕組みを通じて，銀行が投機的貸出を行うことを止めさせようとするものであった[15]．

(3) 公的投資

公的当局は，公共政策の目標を促進するために，所有権を基礎にして銀行の活動に影響を与えることができる．所有権の取得機会は，多くの支払不能に陥った金融機関によって十分に与えられている．それらは，政府と預金保険基金による「支援」を求めてきたし，求めることになるであろう[16]．

金融機関への公的投資という考え方は，アメリカ史上，前例のないものではない．大恐慌期，復興金融公社（RFC）は，公的資金を民間金融機関および民間非金融企業の両方に投資するために用いた．RFCは議決権つきの優先株に投資した．さらに，RFCは，事業貸出の拡大を促進することによって銀行行動に影響を与えようとした（Keeton, 1992）．

1984年，コンチネンタル・イリノイの事実上の破綻は，政府による緊急救済を必要とした．それによって，この銀行は連邦預金保険公社によって実質的に国有化されてしまった．つい最近では，1991年に議会は連邦預金保険公社改革法を可決した．それは，問題銀行が破綻しないように政府が早い時期から問題銀行に投資を行うよう求めていた．

こうしたすべての例において，経営難に陥った金融機関への公的投資は，確立された原理として認められるようになってきている．今日の金融機関の過剰状態と困難な条件の下で，そのような政策がひとたび合意されれば，公的投資の領域を拡張することが確実に許されることになろう．

(4) 民主主義の必要性

最も直接に影響を受ける人々が公的規制の仕組みや運用に発言権をもてるかどうかに応じて，公的規制の優先順位はつけられるべきである．それには，地域の民主主義を促進する必要がある．それは，金融機関の取締役会に地域社会の代表を選ぶことによって，また金融機関が注意を払うべき投資についての地域社会のニーズを明確にすることによって，そして，地域再投資法のような現行法に基づいて銀行を監視することによってなされる．そうした措置は，金融機関の意思決定から伝統的に疎外されてきた人々，すなわち消費

者や労働者や地域社会の代表の発言権を強化することになる．

　信用の配分を担い，その行動が金融市場に影響を及ぼす金融機関は，しばしば国内・国際的に活動しているので，地域社会のレベルにとどまった民主的取組みだけでは不十分である．また，金融システム全体の中で預金金融機関の役割が縮小してきているので，銀行や貯蓄金融機関だけに焦点を絞ってみても同様に不十分である．

　国際的に統合された現代の金融システムを視野に置いた公的規制の民主的システムを設計することは簡単ではない．具体的諸条件の変化や私的利益と公的目標との絶え間ない齟齬に配慮しつつ，計画を絶えず見直していくことも，容易なことではない．政治過程への経済力の過度の影響をなくそうとすることも易しくはなかろう．しかし，その目標が，公平性と機会均等そして民主主義を基礎にした金融の安定性と生産的投資であるならば，これ以外に方法はないのだ．

　　注
1) 著者は，Paul Burkett と Gary Dymski の有益なコメントに対し感謝する．
2) 連邦預金保険によって預金者が直面するリスクは減少したので，金融機関は預金を誘引するのにそれほど注意を払わなくてもよくなった．
3) この点の詳細な検討や国際金融システムの制度的展開の議論については，Wolfson (1993) を参照されたい．そこでは，金融システムの制度的組み合わせは安定性と収益性の回復とは関係なかったと論じた．つまり，頑健な金融システム（高い流動性，低い負債水準，安定した金利水準など）の出現が，必要なことのすべてであった．別言すれば，頑健さが，安定性と収益性の必要十分条件であった．しかし，その議論は，新たな制度的組み合わせ（例えば競争の制限）によって，またこれらの組み合わせが頑健な条件を利用したこと（例えば貯蓄金融機関）によってなされた直接的な貢献を見落としている．主にフリーマーケットに依存するアメリカのような環境の下では，頑健さは必要条件ではあるが，必ずしも十分条件ではない．さらに，政府が経済活動を調整するのに負債を用いている日本のようなより管理された金融システムの下では，頑健さは必要条件ですらない．
4) この"parallel banking system"（並列銀行制度）については，本書第6章を参照せよ．

第5章 金融システムの進化と改革の可能性　　　187

5) 融資の満期とは，契約に記載された期間であり，その後元本の返済期限が来る．住宅用モーゲージ貸出については，満期は典型的には30年である．実際には多くのモーゲージ貸出は早めに返済されるので，実質的な満期は30年以下である（未だに，預金の実質的な満期よりも明らかに長期ではあるが）．
6) 資産の市場価格は，資産が生み出すであろうと期待される将来収入の現在価値に影響される．この現在価値を計算するために，将来収入は適切な金利によって割り引かれなければならない．これらの収入が将来にわたればわたるほど，すなわち，資産の満期が長ければ長いほど，資産の現在価値は金利が上昇するにつれて低下するだろう．
7) 1989年の議会は，この競争障壁の除去が失敗であったと結論づけた．金融機関改革救済執行法（FIRREA）の下で，貯蓄貸付組合は自らの資産に占める住宅関連投資の割合を70％まで高めなければならなくなった．
8) 商業用不動産の損失によってテキサス州での銀行破綻も引き起こされた．
9) このことは，金融システムの制度的構造以外の影響が戦後初期の経済成長の重要な要因ではなかったということを意味しているわけではない．同様に，新たな経済条件の下でその構造によって生み出される諸問題は，後の経済的不安定性の唯一の原因ではない．より詳細な分析については，Minsky (1986), Wolfson (1990) を参照されたい．
10) こうした展開は，過去20年間続いてきたプロセスがさらに続くことを意味する．すなわち，最後の貸し手としての連邦準備の役割は，伝統的に定義された狭義の決済機構をカバーする最後の貸し手としての役割をはるかに超えて，一連の膨大な金融諸手段と金融市場をカバーするように拡張されてきた（Wojnilower, 1980 ; Minsky, 1986 ; Brimmer, 1989 を参照）．
11) 類似のアプローチについては，Grabel (1989) を参照せよ．
12) 公的規制は，はじめは大手銀行の活動を標的としていた．というのは，大手銀行は，その活動が早くから自由化されていた銀行だからである．しかし，商業銀行の市場シェアの低下と金融システムの相互依存度の高まりを前提すれば，公的規制をさらに広くすべての金融機関に適用することが，ある時点でおそらく必要となるであろうし，また，それが公平なことでもある．さらに，資本の不安定な移動を回避するために，一層統一的な規制監督アプローチが必要となるであろう．
13) 表のナロウバンク論の欄は，ナロウバンクの貸付子会社に関してのものである．表の政府の保護という欄は，ナロウバンク論では「なし」である．というのは，正確にいえば，連邦のセーフティネットがナロウバンクの貸付子会社を保護しないからである．しかし，実際には，連邦当局は，不安定性を阻止するために保護することが必要であると認識するであろう．
14) この政策に関するより詳細な議論は，本書第11章を参照せよ．
15) 銀行は連邦準備銀行に置いてある準備から金利を受け取っていないので，投機的な貸出に追加的な準備を置くように銀行に求めることは，準備を投資してい

ば受け取ったであろう金利収入を銀行が犠牲にするということである．
16) 銀行業における過剰状態という潜在的な問題は，競争の過程で解放された資金が，公的投資を通じて Tom Schlesinger (1992) が展開した草の根銀行のような革新的なオルタナティブを促進するように利用されれば，利点となる．そのような銀行はリスクの高い投機的な貸出を避け，地域社会への投資を積極的に行ってきた．

第6章　パラレル・バンキング・システム[1]

ジェーン・ダリスタ/トム・シュレジンガー

1. はじめに

問題点：1985年から1990年にかけて，アメリカの多くの地域の主要銀行を含め，1,000行以上の銀行が破綻した．景気後退の深刻化により銀行の不良債権が増大するにつれ，連邦預金保険公社の銀行保険基金は大幅な債務超過となり，7,000億ドルの借入金を計上するに至った．

納税者に5,000億ドルもの犠牲を強いたS&Lの救済策に続いて，商業銀行の危機が起こったことは，すべての金融活動に重要な国民の信用を大きく損なうこととなった．1991年9月のNBC/『ウォール・ストリート・ジャーナル』の世論調査によれば，全回答者の62%は銀行システムの健全性に懸念を持ち，11%はそうした懸念から預金を引き出したという（Hart and Teeter, 1991, pp. 22-9）．

銀行に問題があり消費者の信頼が揺らいでいることは，アメリカの金融システムが根本的に変化したことを物語っている．過去20年の間，多くの機能をもつ金融コングロマリットの乱立や規制の外にあるパラレル・バンキング・システムの台頭により，アメリカの金融システムは大きく変化してきた．セキュリタイゼーションのような他の強力な潮流とともに，こうした事象は，60年前のニューディール立法で入念に確立された信用市場と資本市場の分離を侵食している．

現在，規制を受けない多様な金融仲介機関は金融システムの周辺部分で活

動している．小切手現金店や質屋は，本流の金融企業から迂回する形で消費者に高価なサービスを提供している．競争相手である貯蓄金融機関ほどには規制されていないモーゲージ会社は，パラレルな住宅金融システムを形成している．同様に，ファイナンス・カンパニーは，パラレル・バンキング・システムの貸し手の側に立っている．ファイナンス・カンパニーは，銀行からだけではなく，債券やCPを購入する短期金融市場投資信託（MMMF）やその他の機関投資家から資金を調達する．

　個々の企業を連結ベースの総資産と規模でみれば，ファイナンス・カンパニーは規制を受けない金融仲介機関の中で最大のグループに位置づけられる．その規模と企業や家計といった借り手への貸出能力により，ファイナンス・カンパニーはこれ以外の規制を受けない金融仲介機関よりも信用市場に大きな影響を与える．ファイナンス・カンパニーは，事実上規制コストなしに銀行のように機能するため，最も重要な「ノンバンク」の金融仲介機関である[2]．

　ファイナンス・カンパニーは銀行と同様の貸出を行う．銀行のようにファイナンス・カンパニーは，家計や企業あるいはそうした源泉から資金を受け入れるその他の金融仲介機関によって投資として直接保有される負債を発行することにより，貸出資金を調達する．銀行とは違って，ファイナンス・カンパニーは自己資本比率規制や法定必要準備率に従う必要はなく，同一の借り手あるいは関連企業への貸出制限もなく，親・子会社間の取引制限もない．また，地域再投資法の下での地域の投資需要から制限を受けないし，グラス・スティーガル法の規制も受けない．さらに国内の至る所で営業できる．結局，ファイナンス・カンパニーは，資金コスト，貸出金利，あるいは成長や利益機会という点で，銀行よりも大きな利点をもっている．

　外国銀行との不公平な競争の増加といった他の要因とともに[3]，こうした利点の活用によって，金融仲介におけるアメリカの銀行の役割は侵食されている．1980年に，国内のファイナンス・カンパニーの総資産残高（2,428億ドル）は，国内の商業銀行の総資産残高（1兆5,379億ドル）の15.8％を占

めるに至った．1992年半ばには，ファイナンス・カンパニーの資産（7,904億ドル）は銀行資産（3兆339億ドル）の26.1%までに増大した．

同じ期間に，ファイナンス・カンパニーの発行するCPは，銀行の定期預金および貯蓄預金に対する比率でみると8%から24.2%へ3倍増加した．ファイナンス・カンパニーに比べ銀行の資産・負債残高の伸びが低かったのは，銀行の貸出額のシェアの低下を反映している．1980年に，銀行は非金融借り手の信用市場負債の39.1%を占めていた．12年後，そのシェアは26.5%という低い水準まで低下した．より重要なことは，以前はわずかだった企業融資全体に占めるファイナンス・カンパニーのシェアが急速に増大し，1992年半ばには銀行のシェアの3分の2に達したことである（FRS, *Flow of Funds*）．

パラレル・バンキング・システムの勃興を歓迎するアナリストもいる．カンザス・シティ連銀のエコノミストは最近次のように強調している．「……MMMFの発達により，預金金利は資本市場利回りにより感応するようになった．その結果，家計貯蓄は最適な投資機会に敏感に動くようになり，金融仲介プロセスの効率性は改善された」（Sellon, 1992, p. 67）．『ニューヨーク・タイムズ』は，「銀行の貸し渋り」と題する1991年10月の記事で，ファイナンス・カンパニーが銀行のクレジット・クランチによって干上がっていた中小企業を回復させたと指摘した．「クレジット・クランチが長引けば長引くほど，そのギャップを埋めるために我々のような企業が成長する」と，あるファイナンス・カンパニーの役員は『ニューヨーク・タイムズ』に語った．「あまりに多くの人々を怒らせた後では，大手銀行が戻ってくるのは大変かもしれない」（Quint, 1991, p. C1）．

実際，多くの固有の競争上の優位性をもちながら，パラレル・バンキング・システムが多くの「投資機会」の運用に失敗したことが，1992年11月の事件で明らかとなった．多くのファイナンス・カンパニーの貸出ポートフォリオの脆弱さは，パラレル・バンキング・システムが，アメリカの信用市場と国の基礎をなす経済を強化するのではなく，究極的には揺るがす形で発

展してきたことを示している．皮肉にも，銀行はますます自らリスクにさらされるようになりながら，規制を受けないライバルの成長を助けるような巨額の信用保証を行うことにより，こうした予想を現実のものとした．

パラレル・バンキング・システムの発展は，多くの新たな公共政策の問題を惹起した．主要な非金融法人企業による大手ファイナンス・カンパニーの所有は，集中と非競争的慣行を助長すると市場を懐疑的にしている．銀行からパラレル・バンキング・システムへの貸出のシフトは信用配分を歪めている．銀行の市場シェアの低下がそのポートフォリオを脆弱化し，預金保険基金を新たなリスクにさらすにつれて，金融脆弱性が高まっている．

最も懸念されるのは，パラレル・バンキング・システムの発展が，銀行の主要な役割に影響を与えることである．つまり，そのことは，金融政策の波及経路に影響を及ぼすばかりか，ボラティリティを緩和し混乱を回避し危機管理を行う中央銀行の流動性供給にも影響を与えるのである．信用市場での銀行の役割が低下するにつれ，連邦準備の影響力も低下するであろう．

こうした懸念に政策立案者たちが取り組んでこなかったことは，1991年のブッシュ政権の金融再編の提案に端的に表れている．それは，銀行業界に主に焦点をあて，銀行の収益性を高めるために銀行に対する規制緩和を提言している．ブッシュ提案は，パラレル・バンキング・システムによって引き起こされた構造問題を無視し，非金融企業に銀行を所有する機会を拡張することによってこれらの周辺的な信用機関を正式に金融システムに取り入れようとしていた．

この金融再編のモデルはうまく機能しないだろう．銀行には健全性規制を適用し，その主要な競争相手には適用しなかったので，ブッシュ提案は，ファイナンス・カンパニーの所有者に，まったく規制を受けない自分たちの状況を放棄するほど十分な動機を与えなかった．確かにこの提案は，パラレル・バンキング・システムを存続させるであろうが，公衆の資金を金融規制の規範の外側に移し，銀行の総貸出シェアの低下，収益性の減退および健全性の喪失をもたらすことになろう[4]．

第6章 パラレル・バンキング・システム

解決法：アメリカの金融システムを再構築するいかなる重要な努力も，その現在の構造——法律や規制で説明される構造ではなく市場慣行の実際の枠組み——を定義することから始めるべきである．すべての指標は，銀行が金融システムのなかで支配的な位置をもはや維持できないことを示している．明らかに他の機関が銀行の機能を肩代わりしてきた．銀行に対して健全性規制は明らかに必要であるので，銀行の機能の多くを引き受けてきた金融機関に対しても同様にこうした規制を広げるべきである．

アメリカの金融システムの現行の規制や監督の枠組みが時代遅れとなっていることは衆目の一致するところである．しかし，銀行——銀行システムの機能と責任を意味する——が時代遅れでないことは明らかである．銀行システムが提供する一連の極めて重要な役割——金融仲介，信用創造，決済システムといった諸機能——を遂行できる金融機関は他にはない．もしこうした一連の役割が徐々に消失するのであれば，指摘する識者がいるように，銀行を単に作り変えるだけでいいはずである．

この10年間繰り返し行われた漸進的な規制緩和に委ねるよりも，アメリカの金融システムの健全性を回復させるために新たな戦略を構築すべきである．金融市場の競争条件を平等化するには，プルーデンス政策や公的責任の基準を弱めるのではなく強めるべきである．換言すれば，すべての金融機関が同じように取り扱われるべきである．

我々はこの目的を達成するために，すべての金融機関を免許制とし金融システムの健全性という観点から主要な規制を等しく適用するという金融産業免許法の制定を提案する．統一免許は以下の金融機関すべてに必要とされなければならない．

①投資のための資金を国民から直接受け入れている金融機関
②自己資本や内部留保以外の資金を使い国民への貸出，あるいは貸出債権や証券の購入を行う金融機関
③金融機関や投資家に貸出債権や第三者の証券を売却する金融機関

規制の平等を達成するための詳細な提案は本章の結論部分で示される．

金融システムの健全性を回復させるには，連邦規制を，どんな形態であれ2つの州以上で活動するすべての金融機関に適用すべきである．全国的に業務展開しているファイナンス・カンパニー，保険会社，モーゲージ会社の全体の健全性を州監督局が適切な注意をもって監視することは不可能である．というのも，州監督局は州法がそれぞれ異なることから規制政策と監督を調整することがまったくできないからである．大手金融産業グループに対する非効率で不十分な規制が健全性に対する深刻な懸念を生み出している．というのも，それらのグループがその他の金融機関や市場に広がる金融危機を引き起こす可能性をもっているからである．

　本章で提案される枠組みの下で，予想される損失や不良債権を管理する統一的な基準や定義を適用することができる．すなわち，比較できる規制により，不良債権に対する引当金の規定がなされることになる．

　このような枠組みの下で，制度的構造や金融商品に関する現在進行中の革新や試みが促進されることになろう．また，それは，信用市場を金融政策に非感応的にし安定成長を促進しないようにしている規制の歪みを取り除くことになろう．

　現在進行中の金融業務の統合が，銀行業務と証券業務の明確な分離をますます難しくしているにもかかわらず，本章はグラス・スティーガル法の廃棄を提言するものではない．1987年10月の株式市場の崩壊で示されたように，銀行業務と証券業務の機能分離は，ある金融部門の問題を他に伝播させないためには明らかにコストがかからない方法である．

　しかし，統一的な免許と規制のシステムは，新金融商品の持株会社免許といった提案をすぐに受け入れるだろう．新たな免許は，多機能の銀行とノンバンク金融コングロマリット（例えば，ファイナンス・カンパニー，投資信託，保険会社，証券会社，モーゲージバンクなどを含む子会社を所有する企業）を法的に分離するファイアウォールを必要とすることに主な特徴がある．

　金融市場全体に矛盾なくプルーデンス政策を拡張するどのような提案も，金融産業の異なる分野に公的保証を不公平に適用すれば必ず問題を生む．金

融産業のいくつかの主要な業態――預金金融機関,民間保険業者,証券会社および年金基金――は,信用保証制度に参加している.これには,預金保険基金,州保証機関,証券投資家保護公社および年金給付保証公社が含まれる.もし国民から資金を受け入れている投資信託のような経済主体も,銀行のような健全性規制の対象となれば,直接に公的保証の受益者となるべきであろうか.もしそうした同じようなプルーデンス政策の基準が産業企業を親会社とするファイナンス・カンパニーにも適用されれば,親会社はすでに過剰負担となっている公的セーフティネットにアクセスしようとするだろうか.

実際,パラレル・バンキング・システムは,すでにそうしたセーフティネットから間接的に恩恵を受けている.こうした疑問に対する我々の回答は,個別の勘定や金融企業全体を付保するよりもむしろ,個人の貯蓄総額を,それがどの機関に置かれていようとも一定の金額まで付保することである.この方法は,納税者を金融産業の破綻にさらさないようにするだけでなく,決済システムの保護を含め金融システムの安定性をもたらすこととなろう.

表6.1 代表的なファイナンス・カンパニーの規制された関連金融機関

(単位:100万ドル)

会 社 名	91年12月31日時点の付保預金額		保険会社	証券会社投資会社
	商業銀行	貯蓄貸付組合 貯蓄銀行		
Associates First Capital Corp.	S ($15.9)	●(Ford 参照)	S	
Ford Motor Credit Corporation	●(Associates 参照)	S ($14,051.9)	●	
American Express Credit Corp.	●(1,465.1)		●	●
Beneficial Corp.	S (284.7)	S (75.2)	S	
GE Capital Corp.	S (20.7)		●	●
Household Financial Corp.*	●(86.5)	●(6,542.9)	●	●
ITT Financial Corp.		S (581.8)	●	
Sears Roebuck Acceptance Corp.	●(5,033.1)	●(3,684.6)	●	●
付保預金総額	(6,907)	(24,936.4)		

出所:Annual reports; 10-Ks; *Thomson Savings Directory* (July-December 1992); *Thomson Bank Directory* (July-December 1992).
* Household International は,1991年末に16億ドルの外貨預金の保有を追加的に報告した.
注:S=子会社
　　●=持株会社内の関連会社

「もはや銀行救済は必要ない」と題する第7章では,ここでの提案を補完するような公的保証機関の改革が詳細に展開されている.

本章の分析は,ファイナンス・カンパニーに焦点を当てる.それは,すべての金融機関を免許制にし統一的な健全性基準の対象とすべきであることを説明するのに最も適した部門だからである.他にも金融市場には様々な事例があるが,銀行のような活動をしているファイナンス・カンパニーは,最も強く規制されている産業分野と競争しているので,規制の不平等について最も分かりやすい事例なのである.

2. パラレル・バンキング・システムの進展

パラレル・バンキング・システムは,MMMFの導入とともに1970年代に出現した.MMMFはCP市場の発展に大きく寄与し,CPを購入することにより,ファイナンス・カンパニーに安価な資金を豊富に提供した.パラ

表6.2 短期金融市場投資

	1980	1981	1982	1983	1984
総資産[a]	$76.4	$186.2	$219.8	$179.4	$233.6
定期預金及び他の銀行関連商品[b]					
額	$33.6	$76.7	$81.1	$58.6	$66.4
対総資産比	44.0%	41.2%	36.9%	32.7%	28.4%
財務省証券,連邦政府機関証券,免税証券					
額	$9.2	$36.1	$67.8	$53.0	$66.2
対総資産比	12.0%	19.4%	30.8%	29.5%	28.3%
CP					
額	$31.6	$70.4	$69.1	$66.2	$98.0
対総資産比	41.4%	37.8%	31.4%	36.9%	41.9%
総CP発行残高に占めるMMMF保有のCP比率[c]	26.0%	43.7%	42.7%	36.1%	42.2%

出所:Federal Reserve System, *Flow of Funds Accounts: Flows and Outstandings, Second*
注:a) MMMFの負債はその持ち分を表している.
 b) 当座預金,大口定期預金,フェデラル・ファンド,買戻し条件付証券取引,海外預金を含
 c) 表6.6の出所を参照.

レル・バンキング・システムは，金融仲介を2つの異なる主体に分断し，それぞれはバランスシートの片側だけを通して国民と直接に取引している．

ファイナンス・カンパニーは様々な形態（消費者金融系，流通系，引受商社系，独立系，親会社専属系など）や規模および地理的分布を有する[5]．ほとんどは国民から直接的ではなく間接的に資金を調達している[6]．中小のファイナンス・カンパニーの中には，運転資金を銀行借入に依存しているものもある．大手ファイナンス・カンパニーは，債券やCPの発行によって資金を調達し，その巨額のCPをMMMFに販売している．

ファイナンス・カンパニーは，銀行と同様に多くの消費者や企業といった顧客に直接貸出を行うが，銀行業と商業の結合を禁止する法律にはふれない．ファイナンス・カンパニーのいくつかは，大手企業（GM，GE，クライスラー，フォード，ゼロックス，ITT，ウェスチングハウス，IBM，AT&T，ワールプール，テキストロン）によって所有されている．その多くは，証券業務や保険業務に従事する子会社をもっている（表6.1参照）．

信託（MMMF）の資産

（単位：10億ドル）

1985	1986	1987	1988	1989	1990	1991	1992:Q2
$243.8	$316.1	$292.1	$338.0	$428.5	$498.4	$539.6	$557.7
$62.1	$94.2	$73.5	$104.9	$122.6	$118.5	$122.6	$126.6
25.5%	29.8%	25.2%	31.0%	28.6%	23.8%	22.7%	22.7%
$79.0	$102.9	$106.9	$95.7	$105.6	$166.0	$210.8	$216.7
32.4%	32.3%	36.6%	28.3%	24.6%	33.3%	39.1%	38.9%
$99.1	$111.3	$105.3	$129.1	$186.5	$206.7	$191.9	$196.9
40.6%	35.2%	36.0%	38.2%	43.5%	41.5%	35.6%	35.3%
33.7%	34.1%	28.2%	28.6%	35.7%	37.1%	36.3%	36.1%

Quarter 1992, September 28, 1992.

む．

上位いくつかのファイナンス・カンパニー（GE・キャピタル・コープ，シアーズ・ローバック・アクセプタンス・コープ，トランスアメリカ・ファイナンス・グループ，アメリカン・エクスプレス・クレジット・コープ）は，アメリカの金融システムの再編に大きく役立った多機能金融コングロマリットともいうべき大手ノンバンクである．実際，ファイナンス・カンパニーは，産業コングロマリットの組織内銀行となっており，グループの金融・非金融企業に資金を供給している．

ファイナンス・カンパニーとは異なり，MMMFは国民から直接資金を引き寄せるという意味で銀行と競合する．しかし，銀行とは違って，MMMFは家計や企業に直接に貸出をしない．そのかわり，短期の売買可能な金融商品——主にCD，CP，財務省証券——に投資する（表6.2）．

パラレル・バンキング・システムの2つの側面を連結したのは，CP市場である．CPは無担保借入の1形態であり，借り手が直接的にあるいはブローカーを通じて間接的に発行する約束手形である．CPは発行単位が巨額であることから，「洗練された」投資家のみが購入すると金融当局は考えていた．結局，CPは，1933年証券法上の有価証券として定義されなかった．

表6.3 国内非金融部門による信用市場債務残

	1980	1981	1982	1983	1984
商業銀行	39.1%	38.0%	38.2%	37.0%	34.9%
ファイナンス・カンパニー	6.2	6.3	6.2	6.2	6.2
MMMF	1.9	4.3	4.7	3.4	3.9

出所：Federal Reserve System, *Flow of Funds*, September 28, 1992; *Federal Reserve Bulletin*,

表6.4 国内免許の商業銀行とファ

	1980	1981	1982	1983	1984
商業銀行	$1537.9	$1639.2	$1800.4	$1948.7	$2107.7
ファイナンス・カンパニー	242.8	273.2	292.3	326.5	371.3
商業銀行資産に占めるファイナンス・カンパニーの比率	15.8%	16.7%	16.2%	16.8%	17.6%

出所：Federal Reserve System, *Flow of Funds*; *Federal Reserve Bulletin*, various issues

CP発行者は証券法のディスクロージャー条項からは除外されたため，MMMFとその他の機関投資家は，発行主体の情報について民間の格付け機関に依存せざるをえなかった．

1980年代に，ファイナンス・カンパニーとMMMFはお互いの資産残高の膨張に貢献し，それらの信用市場債務残高に占めるシェアは急増した（表6.3）．銀行資産に対するシェアでみると，ファイナンス・カンパニーの資産シェアは1980年の15.8％から92年半ばには26.1％へと着実に上昇した（表6.4）．一方，ファイナンス・カンパニーの発行したCP残高は，銀行の貯蓄預金と定期預金の残高の8％から24.2％へと急増した（表6.5）．

MMMF自体は資金を巡って銀行と競合するが，その資金の多くは銀行預金に投資されている（表6.2）．しかし，1982年以降毎年，MMMF保有の銀行預金はCP保有を下回っている．

前述のようなMMMFとファイナンス・カンパニーの共存的な成長は，CP市場の急拡大をもたらした．表6.6で示されているように，ファイナンス・カンパニーはCP市場における最大の発行者として今や市場を支配している．非金融企業による直接借入は，1981年以降毎年CP発行残高の27％

高に占める代表的金融仲介機関の総資産の比率

1985	1986	1987	1988	1989	1990	1991	1992:Q2
33.4%	33.0%	30.3%	29.5%	28.9%	28.0%	27.4%	26.5%
6.3	6.8	6.8	6.9	7.1	7.2	7.2	6.9
3.5	4.0	3.4	3.6	4.2	4.6	4.8	4.9

various issues, Table 1.25; *Annual Statistical Digest*, 1980-1989.

イナンス・カンパニーの資産残高

（単位：10億ドル）

1985	1986	1987	1988	1989	1990	1991	1992:Q2
$2314.2	$2581.0	$2593.0	$2751.0	$2913.6	$3010.3	$3072.0	$3033.9
440.2	530.6	583.9	645.5	719.3	772.1	803.7	790.4
19.0%	20.6%	22.5%	23.5%	24.7%	25.6%	26.1%	26.1%

Table 1.25; *Annual Statistical Digest*, 1980-1989.

以下であった．

パラレル・バンキング・システムの普及は，規制の不平等性にその根源がある．公的な金利規制レギュレーションQの撤廃以降，MMMFは，家計や企業からの資金を巡って競合する銀行と比べて，規制上の優位を長らく謳歌してきた．要求払預金に対する必要準備率の免除はMMMFにとって大きな強みであった．

銀行は，金利なしの第三者に譲渡可能な要求払預金を独占していたので，低コストの資金をかなり獲得することができた．しかし，この能力は，貸出金利の決定や資金コストと収益との間の利鞘の極大化という点では，銀行に

表6.5 国内のファイナンス・カンパニーによって発行されたCP残

	1980	1981	1982	1983	1984
銀行の貯蓄預金・定期預金	$753.9	$872.0	$988.5	$1099.6	$1107.3
ファイナンス・カンパニー発行のCP残高	60.1	74.1	74.2	86.7	100.7
銀行の貯蓄・定期預金に対するファイナンス・カンパニー発行のCP残高の比率	8.0%	8.5%	7.5%	7.9%	9.1%

出所：Federal Reserve System, *Flow of Funds*; *Federal Reserve Bulletin*, various issues,

表6.6 CP

	1980	1981	1982	1983	1984
A．残高（年末，10億ドル）					
全発行者	$121.6	$161.1	$161.8	$183.5	$231.7
ファイナンス・カンパニー	86.6	107.6	109.2	125.2	145.5
銀行関連	25.9	33.0	34.6	38.0	44.1
ファイナンス・カンパニー	60.1	74.1	74.2	86.8	100.8
非金融企業	28.0	42.7	37.6	36.8	58.5
B．総残高に占める比率（％）					
全発行者	100%	100%	100%	100%	100%
ファイナンス・カンパニー	71.2	66.8	67.5	68.2	62.8
銀行関連	21.3	20.5	21.4	20.7	19.0
ファイナンス・カンパニー	49.4	46.0	45.9	47.3	43.5
非金融企業	23.0	26.5	23.2	20.1	25.2

出所：Federal Reserve System, *Flow of Funds*.

第6章　パラレル・バンキング・システム

有利ではなかった．100ドルの要求払預金毎に10ドル（92年2月までは12ドル）の必要準備を「不胎化」しなければならないので，90ドルしか（以前は88ドル）金利を稼ぐ資産に投資できない．MMMFは資金のすべてを金利を生む投資に投入できるので，総資産に対する収益率は高い．このため，それは貯蓄者に高い利回りを提供できる．

　MMMFは，商業銀行が直面している他の大きなコストからも免れている．MMMFは預金保険料を支払っていない．また，その資産に関する特定の情報公開に注意を払っていないし，小口で場慣れしていない預金者や借り手に対するサービスを行う支店やATMの維持にも注意を払っていない[7]．こう

高の変化と国内免許の商業銀行の貯蓄預金・定期預金残高の変化

(単位：10億ドル，％)

1985	1986	1987	1988	1989	1990	1991	1992:Q2
$1195.9	$1276.1	$1333.3	$1441.1	$1554.7	$1657.4	$1372.7	$1371.7
140.7	181.7	212.6	270.5	301.7	335.0	322.8	332.1
11.8%	14.2%	15.9%	18.8%	19.4%	20.2%	23.5%	24.2%

Table 1.25 ; *Annual Statistical Digest*, 1980-1989.

発行残高

(単位：10億ドル，％)

1985	1986	1987	1988	1989	1990	1991	1992:Q2
$293.9	$326.1	$373.6	$451.8	$521.9	$557.8	$528.1	$544.7
187.8	225.9	258.6	316.1	351.7	365.6	347.9	355.5
46.4	43.1	44.6	44.4	48.8	30.1	24.3	22.5
140.7	181.7	212.6	270.5	301.7	335.0	322.8	332.1
72.2	62.9	73.8	85.7	107.1	116.9	98.5	111.7
100%	100%	100%	100%	100%	100%	100%	100%
63.9	69.3	69.2	70.0	67.4	65.5	65.9	65.3
15.8	13.2	11.9	9.8	9.4	5.4	4.6	4.1
47.9	55.7	56.9	59.9	57.8	60.1	61.1	61.0
24.6	19.3	19.8	19.0	20.5	21.0	18.7	20.5

したコストがないことが,顧客に上乗せできる価格上の優位性を MMMF に与えている.

MMMF の小口顧客のように,ファイナンス・カンパニーもこれらの価格上の優位性から恩恵を受けている.過去 10 年間,ファイナンス・カンパニーは,負債総額のシェアでみると銀行借入を減少させ CP 発行残高を増大させた(表 6.7).その他の主要な資金源泉——長期債券——も,CP 発行残高に比べて減少した.換言すれば,ファイナンス・カンパニーは,MMMF に吸収された巨額の低コストの家計貯蓄を利用する 1 部門として急成長した.

ファイナンス・カンパニーの資金調達コストの低下は,その収益性を高め,銀行との競争能力を強化した.以前の数 10 年間,ファイナンス・カンパニーはほとんど消費者向けに貸出を行っていた.1965 年に,貸出の 55% 以上が消費者に,30% が企業に,10% がモーゲージになされていた.1975 年には,消費者向け貸出が 45% に落ち込んだ一方で,企業向け貸出はファイナンス・カンパニーの総資産の 41% にまで急増した(Federal Reserve System, *Flow of Funds*).

表 6.7 と表 6.8 に示されているように,こうした傾向は 80 年代に入ってか

表 6.7 国内ファイナンス・カン

	1980	1981	1982	1983	1984
資産					
総資産	$242.8	$273.2	$292.3	$326.5	$371.3
貸出比率					
消費者向け	32.5%	32.1%	31.9%	31.8%	30.1%
企業向け	36.5	36.4	34.3	34.8	37.1
モーゲージ向け	21.3	21.6	23.4	23.4	24.0
負債					
総負債	$216.6	$245.1	$262.2	$293.4	$336.3
内訳					
銀行借入	11.3%	10.2%	10.1%	8.9%	8.0%
CP	27.7	30.2	28.3	29.6	30.0
社債	42.5	40.8	42.9	42.5	43.3

出所:Federal Reserve System, *Flow of Funds*.

第6章 パラレル・バンキング・システム

ら加速した．また，貸出の内容構成もいく分変わった．1970年代の企業向け貸出の増大は，親会社「専属の」ファイナンス・カンパニーによる子会社や顧客への貸出の増大を反映していた．しかし，1980年代の着実な企業向け貸出の増大は，専属ではないファイナンス・カンパニーが提携関係のない様々な借り手に信用供与したことによるものであった．

1980年代末に，ファイナンス・カンパニーは，商業銀行の中核事業に深く食い込むようになった．1980年から1992年半ばまでに，企業借入残高に占めるファイナンス・カンパニーのシェアは6.0%から8.2%に上昇した．同期間に，銀行の占めるシェアは19.1%から12.4%へと下落した（表6.8）．銀行の総資産の4分の1をもつファイナンス・カンパニーは，今や銀行の企業向け貸出の3分の2以上をもつに至った．

3. パラレル・バンキング・システムを促進する銀行の役割

おそらくパラレル・バンキングのブームに伴う最大の皮肉は，規制を受けない競争者に商業銀行がどの程度追加的に安定性と流動性の供給を行って支

パニーの資産，負債の主要項目

(単位：10億ドル，%)

1985	1986	1987	1988	1989	1990	1991	1992:Q2
$440.2	$530.6	$583.9	$645.5	$719.3	$772.1	$803.7	$790.4
30.1%	28.5%	26.4%	24.1%	20.1%	18.0%	15.8%	15.3%
36.1	33.4	36.6	38.0	37.6	38.0	36.4	37.2
23.5	27.1	24.4	24.6	28.1	29.3	28.2	28.7
$404.7	$491.5	$551.4	$601.5	$664.0	$708.4	$738.9	$723.3
7.3%	6.8%	5.7%	4.7%	4.8%	4.7%	5.1%	5.3%
34.8	37.0	38.6	45.0	45.4	47.3	43.7	45.9
37.0	38.1	30.7	24.3	25.7	24.2	26.7	23.7

表 6.8　家計と非金融企業

	1980	1981	1982	1983	1984
総信用市場債務残高					
家計	$1405.8	$1521.7	$1600.3	$1766.0	$1993.3
非金融企業[a]	1484.3	1650.0	1775.4	1946.2	2249.5
ファイナンス・カンパニーの対消費者貸出残高	$78.9	$87.8	$93.2	$103.7	$111.7
家計総債務に占める比率	5.6%	5.8%	5.8%	5.9%	5.6%
ファイナンス・カンパニーの対企業貸出残高	$88.7	$99.4	$100.4	$113.4	$137.8
非金融企業の総債務に占める比率	6.0%	6.0%	5.7%	5.8%	6.1%
銀行の対個人貸出残高	$181.2	$186.1	$191.6	$217.4	$258.4
家計総債務に占める比率	12.9%	12.2%	12.6%	12.3%	13.0%
銀行の商工業貸出残高	$282.9	$317.9	$355.5	$381.3	$430.0
非金融企業の総債務に占める比率	19.1%	19.3%	20.0%	19.6%	19.1%

出所：Federal Reserve System, *Federal Reserve Bulletin*, various issues, Table 1.25 (Assets
注：a)　農業，非農業非法人企業部門を含む．

援するかということであろう．資金の調達源・運用先としてのCP市場への依存を前提しても，パラレル・バンキング・システムは本質的に安定的ではない．このシステムを構成するそれぞれは，銀行産業に対する取付疑惑を共有している．1企業の破綻は，CPを発行したり保有している他の金融機関あるいは非金融企業に急速に波及しうる．健全性の基準や監督の欠如は，突然の危機を引き起こすかもしれない予想外の出来事の発生の可能性を高めよう．

　しかし，歴史的には，CP発行者の大きな損失や債務不履行でさえ取付騒ぎには至らなかった．というのは，連邦預金保険加入の商業銀行がファイナンス・カンパニーを含む様々なCP発行者に対し融資枠を与えていたからである．1970年にペンセントラル鉄道による8,300万ドルの満期が到来したCPの債務不履行が発生しCP市場が崩壊したが，今から20年前のこの時から，銀行はCP発行者に信用保証を与え始めた．こうした保証の導入は，銀行自身の利益を表すものであった．1970年の銀行持株会社法の修正は銀行による親会社やノンバンク子会社への貸出に制限を設けたので，銀行自身

第6章 パラレル・バンキング・システム

による信用市場債務残高

(単位:10億ドル,%)

1985	1986	1987	1988	1989	1990	1991	1992:Q2
$2271.0	$2584.0	$2861.3	$3177.3	$3508.2	$3780.6	$3938.6	$4010.8
2512.2	2806.3	3034.6	3281.6	3512.0	3618.0	3593.2	3602.3
$132.4	$151.0	$154.0	$155.3	$144.6	$138.7	$126.7	$120.8
5.8%	5.8%	5.4%	4.9%	3.8%	3.7%	3.2%	3.0%
$158.7	$177.2	$213.8	$245.3	$270.2	$293.5	$292.6	$293.7
6.3%	6.3%	7.0%	7.5%	7.7%	8.1%	8.1%	8.2%
$299.5	$321.5	$334.3	$361.5	$382.3	$384.7	$369.6	$358.8
13.2%	12.4%	11.7%	11.4%	10.9%	10.2%	9.4%	8.9%
$446.6	$487.8	$481.9	$501.1	$517.7	$512.7	$464.5	$446.3
17.8%	17.4%	15.9%	15.3%	14.7%	14.2%	12.9%	12.4%

and Liabilities of Commercial Banking Institutions), *Flow of Funds*.

　が脆弱な市場に依存することになった．それゆえ，CPが銀行持株会社のノンバンク活動の主要な資金調達手段となったのである．他の発行者に保証を与えることによって，銀行は親会社が資金調達するのに重要な市場の信頼を回復させた．また，銀行はその過程で新たな手数料収入源を見出した．

　1980年代，銀行がCPへの保証を急増させるにつれ，銀行のCP発行額は減少した（表6.6，6.9，6.10）．こうした融資枠は，次第に銀行とファイナンス・カンパニーの間を大きく結びつけることになった．このような保証によって銀行は手数料収入を稼いだが，ファイナンス・カンパニーの負債コストも低下した．というのは，投資家は保証があったので低い収益でもCPに投資したからである．1980年代には，資金調達コストの低下により，ファイナンス・カンパニーのいくつかは，専属的な役割から解放されて多様化し，様々な借り手への第三者的な貸し手となった．

　1990年に15大ファイナンス・カンパニーが発行したCPの総額（1,310億ドル）のうち77%を銀行が保証したが，それは1980年代に発行された総額（1,220億ドル）を上回っていた．表6.9に示されているように，ファイ

表 6.9　主要ファイナンス・

企　業　名 (91年12月31日時点の資産残高、単位：10億ドル)	1991				
	CP			銀行保証	
	額 (10億ドル)	発行企業の負債に占める比率	総CP残高に占める比率	額 (10億ドル)	CPに占める比率
General Motors Acceptance Corp. ($102.9)	$27.5	29.2%	5.2%	$25.4	92.4%
GE Capital Corp. ($80.5)	36.9	50.8	7.0	19.7	53.4
Ford Motor Credit Company ($56.9)	18.0	34.8	3.4	10.6	58.9
Associates First Capital Corp. ($21.6)	8.0	40.6	1.5	6.0	75.0
Chrysler Financial Corp. ($21.3)	0.3	1.9	0.1	8.1	2700.0
Household Financial Corp. ($17.3)	2.4	15.2	0.5	4.0	6.7
Sears Roebuck Acceptance Corp. ($14.7)	5.3	45.3	1.0	11.8	222.6
American Express Credit Corp. ($14.1)	7.5	61.5	1.4	3.9	52.0
ITT Financial Corp. ($12.6)	3.7	33.0	0.7	3.3	89.2
IMB Credit Corp. ($11.3)	2.2	21.6	0.4	0.2	9.1
Beneficial Corp. ($10.0)	1.6	21.8	0.4	2.1	110.5
Westinghouse Credit Corp. ($8.6)	2.2	29.3	0.4	6.0	272.7
TransAmerica Finance Group ($7.3)	2.6	35.6	0.5	4.0	153.8
Commerical Credit Corp. ($6.7)	2.3	34.3	0.4	2.6	113.0
American General Finance Corp. ($5.4)	2.0	37.0	0.4	3.8	190.0
総　　計*	$122.8	34.7%	23.5%	$111.5	90.8%

*　概数のため合計は合わない．
出所：各企業の年報より．

ナンス・カンパニー発行のCPに対する銀行保証は，絶対額でも残高シェアでも増大した．1989年から1991年末にかけて，15大ノンバンク・ファイナンス・カンパニーの発行したCPを支える銀行の融資枠は，872億ドルから1,115億ドルへと28%増大した．CP残高に占める比率では，15企業への銀行保証は65.9%から90.8%へ急上昇した．

1980年代の一連の発展——セキュリタイゼーション，外銀のアメリカ市場での貸出，ファイナンス・カンパニーの成長——は，銀行資産の質の劣化とともに進んだ．同時に，銀行のCP発行者へのオフバランスでの関与は，銀行のポートフォリオ・リスクを高めた．もしCP発行者の格付けが下がり，そのコストが銀行の融資枠コストを上回れば，CP発行者は銀行から資金を借り入れるだろう．これは，親会社が1990年に損失を計上した後，1991年初めにジェネラル・モータース・アクセプタンス・コーポレーションが行ったことである．クライスラー・ファイナンシャル・コーポレーションが1990年に経験したように，まったく市場にアクセスできなくなった金融子

第6章　パラレル・バンキング・システム

カンパニーによる CP 発行

	1990					1989			
	CP			銀行保証		CP			銀行保証	
額(10億ドル)	発行企業の負債に占める比率	総CP残高に占める比率	額(10億ドル)	CPに占める比率	額(10億ドル)	発行企業の負債に占める比率	総CP残高に占める比率	額(10億ドル)	CPに占める比率
$30.3	32.1%	5.4%	$20.6	68.0%	$33.8	35.3%	6.5%	$17.3	51.2%
33.6	52.9	6.0	18.4	54.8	28.9	54.4	5.5	14.7	50.9
22.8	42.1	4.1	9.4	41.2	18.2	36.0	3.5	9.4	51.6
6.0	38.7	1.1	4.4	73.3	5.3	39.3	1.0	1.3	24.5
1.1	4.5	0.2	8.8	800.0	10.1	37.0	1.9	8.5	84.2
3.3	21.4	0.6	3.8	115.2	3.6	26.1	0.7	3.2	88.9
6.9	55.2	1.2	10.8	156.5	9.9	84.6	1.9	10.8	109.1
7.3	58.4	1.3	3.8	52.1	5.2	46.8	1.0	3.5	67.3
4.4	42.7	0.8	3.5	79.5	4.1	43.6	0.8	3.2	78.0
2.0	19.6	0.4	—	—	1.2	13.9	0.2	0.6	50.0
2.1	25.3	0.4	2.1	100.0	1.8	25.6	0.3	2.0	111.1
3.7	40.7	0.7	5.3	143.2	4.0	49.2	0.8	3.8	95.0
2.7	38.0	0.5	3.6	133.3	3.0	40.5	0.6	4.0	133.3
2.7	43.5	0.5	3.0	111.1	1.4	32.3	0.3	1.9	135.7
2.0	41.7	0.4	3.8	190.0	1.8	38.3	0.3	3.0	166.7
$130.9	37.9%	23.5%	$101.3	77.4%	$132.3	40.5%	25.3%	$87.2	65.9%

会社は銀行借入に頼るだろう．

　後に詳細に分析されたこうした動きは，パラレル・バンキング・システムが脆弱になれば，銀行ポートフォリオのリスクが高くなることを示している．しかし，パラレル・バンキング・システムが好調であっても銀行のポートフォリオのリスクは高くなる．明らかに現行のパラレル・バンキング・システムは商業銀行の健全性を脅かし，金融仲介機能それ自体の存続可能性を脅威にさらしている．

　同時に，銀行保証という鎧は，パラレル・バンキング・システムそのものになりつつある．つまり，それは，大手銀行の帳簿上の実際の貸出額に匹敵する巨額の偶発債務の額を表している[8]．このシステムは，公的支援を民間保証に代えることを目的とするが，実際にはCP市場でのすべての発行者が公的部門の最後の貸し手にアクセスできる経路を明らかに与えるものとなっている．

　何重にも絡み合った銀行保証は，将来，主要発行者を巻き込んで信用を動

表 6.10 代表的なファイナン

保証人	J.C. Penney Funding Corporation
	● 5億ドル融資枠 ●● 7億5,000万ドルの回転信用枠
Bank America	●
Citibank	●
Chemical Bank	●
Morgan Guaranty	●
NationsBank	●
First Interstate	●
NBD Bank	●●
First Chicago	●
Crédit Lyonnais	●●
富士銀行	●
Banca Nauionale del Lavoro	
住友銀行	●

出所:各企業の年報より.

揺させるほどの危機が起これば,システミック・リスクを高めることになろう.このような偶発的事件は,銀行の融資枠を真に支える連邦準備による巨額の貸出を必要とするだろう.この皮肉な関連の隠蔽こそ銀行の短期的利益の本質なのである.一般的には,銀行の融資枠の手数料は 0.25% から 0.75% にすぎない.1992年のウェスチングハウス・クレジット・コーポレーション(WCC)への銀行保証60億ドルの見返りに,大手49行は,WCC からの手数料総額1,300万ドルと,親会社からの初期手数料9,100万ドルを分け合うことになった.

4. ファイナンス・カンパニーの構造と経営

大手ファイナンス・カンパニーは,その強力な商工業企業親会社との繋が

ス・カンパニーに対する銀行の信用保証

Sears Roebuck Acceptance Corporation	Westinghouse Credit Corporation	ITT Financial Corporation
● 42億ドルの回転信用枠	60億ドルの融資枠	銀行ごとの融資枠 (100万ドル)
●● 2億7,500万ドルの回転信用枠		
●●● 4億5,000万ドルの回転信用枠		
●●●● 7億ドルの回転信用枠		
● （共同代理人）		$175 (Security Pacific を含む)
●●		
●	●	$50
● （共同代理人）	●	$175 (MHT を含む)
●●		
● （主代理人）	●	$60
●●●		
●	●	$60
● （主幹事）	●	$36
●		$20
● （主幹事）	●	$70
●●● （共同代理人）	●	$55
●	●	$35
●●●●		
●● （主幹事）		$25
●●●●	●	$47.5

りから恩恵を受けて金融市場で上位にのし上がった．しかし，ファイナンス・カンパニーは，銀行に勝る有力な恩恵を享受しながら深刻な弱点にも直面している．大手ファイナンス・カンパニーの構造，経営，その固有の問題点について，有名な個々の企業とともに以下で述べることにしよう．

ファイナンス・カンパニーの特徴は，かなりの多様性をもった所有形態，構造，経営にある．ほとんどの大手ファイナンス・カンパニーは製造業あるいは小売業に従事する親会社により所有されている（表6.1）．ノンバンク金融コングロマリットの子会社（アメリカン・エクスプレス・クレジット・コープ，トランスアメリカ・ファイナンス・グループ）や国内銀行の子会社（ノーウェスト・ファイナンシャル・サービス）あるいは外国銀行の子会社（ヘラー・ファイナンシャル，CITグループ・ホールディングス）もある[9]．〔1991年の〕上位6位と11位の大手，ハウスホールド・ファイナンシャ

ル・コーポレーションとベネフィシャル・コーポレーションは，それぞれ独立系の会社である．それらは，規制されているものもあれば規制されていないものもあるが，一連の金融子会社を有している．

ファイナンス・カンパニーの経営は，一方では「専属」会社によって，他方ではベネフィシャルやハウスホールドなどの独立系企業によって行われている．一般的に，専属会社の事業は，(もし親会社が小売業者であれば)親会社が顧客に対してもつ債権の購入，貸出やリースの供与，親会社が製造業者であれば親会社の顧客への在庫金融に限定されている．また，親会社の短期証券を購入することによって，親会社の主要な業務のための資金を供給している．

対照的に，独立系ファイナンス・カンパニーは，消費者に貸出を行い，どの製造業あるいは小売業の親会社にも属していない第三者に商業貸出を行っている．こうしたことは，多くの多様化されたファイナンス・カンパニーが，親会社の主要な事業と関連したあるいは関連していない様々な事業に従事し

表6.11 資産規模別上位12社のノンバ

	1991	
	額 (10億ドル)	全ファイナンス・カンパニーの資産に占める比率
General Motors Acceptance Corp.	$102.9	12.8%
General Electric Capital Corp.	80.5	10.0
Ford Motor Credit Company	56.9	7.1
Associates Corp. of North America*	21.6	2.7
Chrysler Finance Corp.	21.3	2.7
Household Financial Corp.	17.3	2.2
Sears Roebuck Acceptance Corp.	14.7	1.8
American Express Credit Corp.	14.1	1.8
ITT Financial Corp.	12.6	1.6
IBM Credit Corp.	11.3	1.4
Westinghouse Credit Corp.	8.6	1.1
Beneficial Corp.	10.0	1.2
総 計	$371.8	46.4

出所：*Moody's Bank & Finance Manual*; *American Banker*, November 8, 1990, p. 14; Decem-
* Ford Motor Company の子会社

ていることを意味している．その最も有名なものは，自動車会社系のファイナンス・カンパニーとジェネラル・エレクトリック・キャピタル・コーポレーション（GECC）である．

1991年末に，ジェネラル・モータース・アクセプタンス・コーポレーション（GMAC），フォード・モーター・クレジット・カンパニー（FMCC），クライスラー・ファイナンシャル・コーポレーション（CFC）は，アメリカのファイナンス・カンパニーのなかでそれぞれ1位，3位，5位にランクされた（表6.11）．また，親会社の製品販売の促進に主に従事していたため，このビッグスリー傘下のファイナンス・カンパニーも一連の活動を行う子会社をもっている．

例えば，GMACの子会社には，専属の自動車保険会社，産業向け融資子会社，GMACモーゲージ会社（アメリカの大手モーゲージバンクのひとつ），およびエレクトロニック・データ・システムズ（EDS）――これは金融業に従事している子会社をさらに所有している――がある（*Moody's Bank*

ンク・ファイナンス・カンパニーの資産

	1990		1989	
	額（10億ドル）	全ファイナンス・カンパニーの資産に占める比率	額（10億ドル）	全ファイナンス・カンパニーの資産に占める比率
	$ 105.2	13.6%	$ 103.6	14.4%
	70.4	9.1	58.7	8.2
	59.0	7.6	54.9	7.6
	16.9	2.2	14.8	2.1
	24.7	3.2	30.1	4.2
	16.9	2.2	15.1	2.1
	15.4	2.0	14.4	2.0
	14.2	1.8	12.6	1.8
	11.7	1.5	10.6	1.5
	11.1	1.4	9.7	1.3
	10.3	1.3	9.3	1.3
	9.3	1.2	7.9	1.1
	$ 365.1	47.1	$ 341.7	47.6

ber 11, 1991, p. 11.

and Finance Manual, 1990, p. 5447 ; 1991, p. 5455).

　FMCC は 1966 年初めから，自動車用ではない消費者貸出へと業務多様化を図った．FMCC は，アメリカの S&L 業界第 5 位のファースト・ネーションワイド・ファイナンシャル・コープやファイナンス・カンパニー業界第 4 位のアソシエイツ・コーポレーション・オブ・ノースアメリカを含む金融子会社グループの一部である[10]．フォードは，金融サービスを収益の大きな柱にして「自動車産業の景気循環的性格を中和する」ために，1989 年にアソシエイツをパラマウント・コミュニケーションズから買収した．2 年後にアソシエイツは，FMCC から 22 億ドルの債権を購入することによって，(おそらく当初の期待通りではなかったが) この目的を達成するのに役立った (*Moody's Bank and Finance Manual*, 1991, p. 3039 ; *FMCC Annual Report*, 1991, p. 21).

　1991 年末には，GMAC は国内で活動する最大手の消費者金融会社であった．しかし，GMAC と他の 2 つの自動車会社系ファイナンス・カンパニーの市場シェアは低下した．1988 年に，3 つの自動車会社系ファイナンス・カンパニーの資産はファイナンス・カンパニーの総資産の 28.4% であった．1991 年には，自動車販売の不振が債権の増加を鈍化させると，そのシェアは 22.6% に下落した (表 6.11).

　自動車メーカーのファイナンス・カンパニーが市場シェアを失うにつれ，GE キャピタル・コーポレーション (GECC) が市場シェアを拡大した．この親会社は世界最大の最も多様化された会社である．GE は，35 州とプエルトリコでおよそ 182 の製造工場を，さらに他の 19 カ国で 79 製造工場を操業している．1980 年代の大きな拡張と多様化のうねりの中で，GE は，すでに産業分野で形成されていた堂々たる組織をさらに拡張しようと RCA やモンゴメリー・ワード，そして他の企業を買収した．

　また，GE は，1980 年代に，テキサコからエンプロイヤーズ・リインシュランス・コープを 11 億ドルで買収してジェネラル・エレクトリック・ファイナンシャル・サービス (GEFS) を設立し，金融サービスの幅と規模を拡

大した．その際，GEFS は，GE クレジット・コーポレーションに 100% 所有された．その後，GE はキダー・ピーボディ証券会社を買収した．GEFS は，今や金融産業において主要な業務すべてを，すなわち，証券，保険，貸出，リース，およびこれ以外の銀行業務と密接に関連した業務を行っている．

GECC は，この多様化した金融コングロマリットの中核会社である．それは，リース，貸出，および資産管理サービスなどすべての業務に従事するファイナンス・カンパニーとして主に活動している．また，保険業務にも従事している．こうした多様な業務は，53 の連結子会社や，キャタピラー・トラクターや BMW・オブ・ノースアメリカとの共同企業を通じて行われている．GECC の連結子会社には，GE 子会社のモンゴメリー・ワードの専属ファイナンス・カンパニーも含まれている[11]．

GECC は，自動車のリースや融資，モーゲージ貸出，および消費者貸出の分野で他の主要なファイナンス・カンパニーと競争している．この会社のポートフォリオの中での企業貸出や商業用不動産貸出の増加は，産業の傾向を反映し，GECC や他の急激に拡大するファイナンス・カンパニーがどの程度銀行の主要な競争相手となっているかを説明するものである．

すべてのファイナンス・カンパニーの資産残高が 1980 年代に急激に増大したが，GECC はそれよりも速く成長した．1983 年から 1991 年末にかけて，GECC の総資産は，157 億ドルから 805 億ドルに 400% 以上増加した．同時期に，ファイナンス・カンパニーの総資産に占める GECC の資産は，6.3% から 10% へ急増した．1983 年に，GECC は総 CP 発行残高の 3% 以上，ファイナンス・カンパニー発行 CP の 7% を占めるに至った．1991 年には，この比率はそれぞれ 7%，11.4% に上昇した（表 6.12）．

5. ファイナンス・カンパニーが直面する諸問題

実質的な優位性にもかかわらず，大手の有名なファイナンス・カンパニーの多くは，1990 年代に入ると障害にぶつかった．規制された貸し手がはま

表6.12　General Electric Capital Corpo-

	1983	1984	1985
総資産／負債	$ 15,719	$ 18,467	$ 22,469
負債			
銀行借入	53	72	37
CP	6,156	7,216	9,204
CPの負債総額に占める割合	39.2%	39.1%	41.0%
年末の総資産に対する自己資本の割合	9.8	8.5	8.7
比較項目			
全国内ファイナンス・カンパニーの資産に占めるGECCの資産の割合	6.3%	6.5%	6.4%
GECCのCP残高の総CP残高に占める割合	3.2	3.0	3.1
国内ファイナンス・カンパニー発行のCP残高に対する割合	7.0	7.1	6.5

出所：*Moody's Bank & Finance Manual,* 1990, Vol. 2, p. 3375 ; *1991 Annual Report,* pp. 17 and

ったと同じ資産の質の罠に落ち込んだファイナンス・カンパニーもあった．また，景気低迷や経営の失敗によって痛手を受けたものもあり，親会社や当該分野に影響を与えた．ニューヨーク連邦準備銀行によれば，ファイナンス・カンパニーの貸倒れ損失率は，1988年のネットの債権の1.95%から1991年には2.55%に跳ね上がり，1991年に総貸出の1.45%近くであった銀行の貸倒れ損失率を上回った（Frydl, 1991, p. 21）．

　1992年晩秋に，ファイナンス・カンパニーは驚くべき「11月の悪夢」に襲われた．6日間のうちに，国内3大ファイナンス・カンパニーは，深刻な問題をはっきりさせる措置を発表した．融資子会社の巨額損失により大きな損害を被ったウェスチングハウス・エレクトリック・カンパニーは，WCCを清算し売却することを決めた．クライスラー・コーポレーションは，信用格付けの格下げにより打撃を受けたので，金づるのクライスラー・ファースト消費者金融子会社をネーションズバンクに売却した．CP市場での取引が減るにつれて，GMACは，GMとは関係のない顧客や販売店への60億ドルの貸出ポートフォリオを収益性が高いにもかかわらず縮小せざるをえなかった．

第6章 パラレル・バンキング・システム

rationの連結バランスシートの主要項目

(単位：10億ドル, %)

1986	1987	1988	1989	1990	1991
$27,970	$36,644	$47,766	$58,696	$70,385	$80,528
3	3	15	2	13	41
12,654	15,901	22,568	28,898	33,614	36,932
45.2%	43.4%	47.2%	49.2%	52.9%	50.8%
9.0	8.9	9.6	9.5	9.8	9.8
6.8%	8.1%	9.8%	11.3%	11.0%	10.0%
3.8	4.4	4.9	5.4	6.0	7.0
7.0	7.5	8.4	9.6	10.0	11.4

25. また，本章の表6.4，表6.6も参照.

　こうした事態は自動車会社系のファイナンス・カンパニーについては，景気後退に関わる逆風のなかで最後にみられた．親会社とそのファイナンス・カンパニー両者の信用格付けの低下は，1990年にはCFCの資金調達を厳しく制約し始めた．1990年のGMとフォードの損失は，1991年初めにはGMAC，FMCC，および親会社の信用格付けを低下させた．これら3つのファイナンス・カンパニーはすべてCPの発行を削減し，コストの高い銀行の融資枠に依存することになった．

　クライスラー・ファイナンシャルの短期債務の構成の変化は，親会社の資産が減少したとき，ファイナンス・カンパニーの資金調達力とそのコストに何が起こるかをはっきりと示している（表6.13）．資金調達コストの上昇は，大きくCFCの資産を1990年には54億ドル，1991年にはさらに34億ドル減少させた．コストの低い資金調達源が枯渇したこともあって，CFCはクライスラーの製品を販売するための融資によって生じる債権の証券化にますます依存することになった．1990年，1991年には，CFCは159億ドルの債権を売却した．しかし，CFCは自動車販売を増加させるための販促用低コスト融資をもはや行うことはできなかった．CFCは，銀行借入が増加する

表 6.13 Chrysler Financial Corporation の短期債務

(単位：100万ドル，年末)

資金源泉	1989	1990	1991
CP	$ 10,061	$ 1,114	$ 339
アメリカ	9,233	957	271
カナダ	828	157	68
銀行借入	—	6,241	6,633
アメリカ	—	5,824	6,272
カナダ	—	417	361
短期債務総額	10,061	7,355	6,972

出所：Annual reports; *Moody's Bank and Finance Manual*, Vol. 2, 1991, p. 3055.

につれて，自動車向け貸出や販売店在庫のための融資における銀行に対する優位性を失った．

親会社の債務の格付けが投資適格を下回るようになると，クライスラー・ファイナンシャルは「深刻な流動性問題」を認識し，銀行の融資枠の組替や再構築を試みた．資金調達コストの上昇圧力や銀行融資の圧縮によって，GMAC も FMCC も債権の証券化に先行したクライスラーに追随せざるをえないようになった[12]．それらの資産が縮小するにつれて，フォードと GMAC の CP 発行残高に占めるシェアは 1990 年の 9.6%（537億ドル）から 1991 年には 8.6%（456億ドル）へと落ち込んだ．

自動車会社系のファイナンス・カンパニーに比べ，GE キャピタルは健全にみえた．その資産は着実に増加し，1991 年には 14% の伸びを示した．また，CP 残高も 1990 年の 336 億ドルから 1991 年には 369 億ドルへ急増した．しかし，1990 年と 1991 年に，不良債権と貸倒れ損失の水準は上昇し，経済の変化に対するこの企業の脆弱性を露呈した．

GE キャピタルの商業用不動産（CRE）ポートフォリオは，アパートとオフィスビルに極端に集中し（それらは CRE 貸出総計の 65% を占めた），急激に悪化する兆候を示していた．CRE の不良債権は 1989 年から 1991 年までにほぼ 4 倍に膨らみ，1 億 400 万ドルから 5 億 1,200 万ドルへと急増した．CRE 貸出の貸倒れ損失が急増したとはいえ（1990 年の 6,200 万ドルから

1991年の2億1,000万ドルへ），商工業貸出の貸倒れ損失を下回っていた．

商工業貸出の貸倒れ損失は，1989年の5,600万ドルから1991年には3億2,300億ドルへ増加し，そのほとんどは高レバレッジ取引（HLT）に分類される貸出であった[13]．GEキャピタルのHLTポートフォリオは65億ドルで，総商業貸出の60.2％，総資産の8.1％であった．その上，そのHLTポートフォリオは情報通信産業に大きく集中しており（41％），総計の22％がケーブル・テレビ会社（GEキャピタルの兄弟子会社であるNBCの競争相手であり潜在的な被買収企業）へ，10％がメディア企業へ，そして9％が「放送等企業」への貸出であった（GECC, 1991, p. 12)[14]．

GEの長年のライバルであるウェスチングハウスは，GECCが健全にみえたのとは対照的に，融資部門のポートフォリオ問題を抱えていた．ウェスチングハウス・クレジット・コーポレーションが1991年第3四半期に14億8,000万ドルの損失を被っていた時，その103億ドルの資産のうち，LBO貸出は45％，商業用不動産貸出は35％を占めていた．WCCは1990年に9億7,500万ドルの損失を出し（*The Wall Street Journal*, 1991, p. A1），1産業部門にLBO貸出の30％を，1借り手にCRE貸出の7％を行っていた．

WCCが融資したものの中で大規模な破綻は幅広く，コーラル・ゲーブルズやアトランティック・シティのホテル群からピッツバーグの19世紀に建てられたオフィスビルの修復まであった．ウェスチングハウスの運命は，今やほぼWCCに融資枠を与えた銀行の手の内にあった．その銀行とは，メロン，ネーションズバンク，シティバンク，ファースト・フィデリティ，クレディ・リヨネ，および富士銀行であった（全銀行リストは表6.14を参照せよ）．

これはこの産業における最近で最も劇的な破綻であったものの，ウェスチングハウスが，損失を被り格付けを引き下げられた唯一の大手の多様化したファイナンス・カンパニーではなかった．1991年に，ムーディーズは，ハウスホールド・ファイナンシャル・コーポレーションの親会社の長期債の格付けに沿って，HFCのCP格付けを引き下げた．消費者金融企業としての

表 6.14　Westinghouse Credit Corporation に 60 億ドルの信用保証を行った銀行

HAWAII	Dresdner Bank AG
Bank of Hawaii	First Interstate Bank of Japan, Limited
ILLINOIS	富士銀行
The Bank of Nova Scotia	北陸銀行
Bayerishe Vereinsbank AG	日本興業銀行
Continental Bank, N.A.	Instituto Bancario San Paolo di Torino
The First National Bank of Chicago	日本長期信用銀行
The Toronto-Dominion Bank	三菱銀行
MARYLAND	三菱信託銀行
The First National Bank of Maryland	三井信託銀行（U.S.A)
NEW JERSEY	Morgan Guaranty Trust Company of
First Fidelity Bank, N.A.	New York
NEW YORK	三和銀行
Arab Banking Corporation	Société Générale
Bank of Ireland	住友銀行
Bank of Montreal	住友信託銀行
東京銀行	東海銀行
Banque Nationale de Paris	Union Bank of Switzerland
Barclays Bank PLC	Westdeutsche Landesbank Girozentrale
Bayerishe Landesbank Girozentrale	Westpac Banking Corporation
BBL Bank Brussels Lambert	安田信託銀行（U.S.A)
Casa di Risparmio delle Provincie Lombarde (CARIPLO)	NORTH CAROLINA
	NCNB National Bank of North Carolina
Chemical Bank	(NationsBank)
Citibank, N.A.	PENNSYLVANIA
Credito Italiano	ABN AMO Bank, N.V.
Crédit Lyonnais	Mellon Bank, N.A.
Crédit Suisse	Pittnburgh National Bank
第一勧業銀行	The Royal Bank of Canada
Deutsche Bank AG	

出所：Westinghouse Credit Corporation Annual Report.

　名声にもかかわらず，ハウスホールドは，消費者貸出や商業貸出とともに保険の引受業務にも従事する多様化した持株会社であった（表6.1）。1991年に，HFCの不良債権化した商業貸出と差し押さえになった不動産は2倍以上になり，6億8,800万ドルとなった．

　自動車会社系のファイナンス・カンパニーのように，HFCは，CP発行を削減し（1991年に3分の1まで減少），証券化と債権の売却を進めざるを

えなかった (1990年, 1991年に66億ドル). GE やウェスチングハウスのように, ハウスホールドのポートフォリオは不健全な集中の兆しをみせていた. 1991年末時点で, その国内債権の22%もがカリフォルニアにあり, そこは不動産価格の下落が多くの大手ファイナンス・カンパニーを危機に陥れたところであった. 例えばITTファイナンシャルのCRE債権の67%はカリフォルニアにあった (1990年の66%から増加した). 1991年に債務の格付けが上昇した数少ない金融機関のひとつ, ベネフィシャル・コーポレーションでは, カリフォルニアでの貸出が1991年末の全債権の23%を占めていた. ベネフィシャルのカリフォルニアでのポートフォリオの90%には不動産担保がついていたが, それはこの会社の全債権のわずか58%にすぎなかった (BC, 1991, p.48, 注23).

6. 公共政策の重要性

金融規制を現代化するには, パラレル・バンキング・システムを生み出してきた不平等に取り組まねばならない. 以下の議論では, この現代化を行うための主要な問題点が概説される.

(1) 金融政策の実行と最後の貸し手機能の遂行

パラレル・バンキング・システムについて最も懸念されたことは, 連邦準備制度への影響である. パラレル・バンキング・システムは, 中央銀行の最後の貸し手機能を濫用するばかりか, 金融政策を行う能力も危うくさせるかもしれない.

パラレル・バンキング・システムに対する銀行保証の巨額さは, 次の2つの点で銀行を勝ち目のない状況に置いていた. 1つは, すでに競争上優位にある競争相手に支援を与えることによって銀行を弱体化させる点, 第2は, もしパラレル・バンキング・システムがつまずいたとき, 銀行は大きなリスクに直面させられるという点である. 銀行へのリスクは, 明らかに最後の貸

し手にリスクをもたらす．パラレル・バンキング・システムにおける商業銀行とその競争相手との共存関係は，連邦準備がその役割を果たす際の自由裁量の余地をかなり狭めるものとなっている．

銀行がパラレル・バンキング・システムに手数料を生み出す保証をつけたことによって，中央銀行は，巨額で複雑な偶発債務のドミノ効果にさらされることになった．パラレル・バンキング・システムの危機の際に，連邦準備は，自ら供給した流動性を銀行が与える金融機関や市場を選ぶ選択肢をもっていない．銀行は，保証することによってそうした選択をすでにしてしまったのである．連邦準備は，銀行を保護するためにこうした保証を支持せざるをえないだろう．

こうした「最後の貸し手」のシナリオが不確実な将来においてだけ連邦準備に影響を与えるとしても，アメリカのパラレル・バンキング・システムは現在でも金融政策に影響を与えている．この影響を評価するには，金融政策の決定においてと同様に金融産業内の競争における必要準備の役割を再検討することが有益である．

必要準備の遵守はコストに他ならない．このコストは，他の規制とともに，急成長するパラレル・バンキング・システムの貸し手に対する銀行の競争力を低下させた．このため，銀行業界とその支援者たちは，連邦準備が準備に金利を支払うことを求め，この問題の「解決」を提案した．必要準備を完全に廃止し公開市場操作を連邦準備の金融政策遂行の唯一の手段とするといった過激な提案を行うものもあった．こうした行動は，連邦準備にそのバランスシートの再構築を迫り，銀行準備を政府証券の売買に応じて増減する負債としないよう求めるものである．

必要準備の緩和や撤廃は，銀行の信用拡張シェアの低下に歯止めをかけるものの，それよりもずっと重要な問題をもたらすことになる．必要準備は有効な政策手段である．――しかし，それは，家計や企業および他の関連する経済主体の流動資産を保有する大部分の金融機関に影響を与える限りにおいてである．MMMFやクレジットカード利用の急増，その他パラレル・バン

キング・システムによる貸出の急増は,過去においてこの政策手段をかなり効果的にしていた制度的構造を収縮させた.1980年に実験的に非預金金融機関に特別預金準備を課した後で(後述),連邦準備は,金融政策の経路として銀行に再び注目し,連邦準備自身の金融政策遂行能力を低下させるような銀行の信用市場におけるシェアの低下に対応しようとした.

その間,公開市場操作の有効性も,アメリカ金融市場への巨額の外国資金の流出入によって侵食されてきた.こうした資金フローについての情報収集の遅れから,連邦準備は,あたかも目隠しをされた鬼のような状況にあり,市場の変貌に対して的確に対応することができなかった.この結果,通貨当局は自ら,その目標に対して小さくかつ漸進的な措置を採ることによっては操作できないと悟った.貨幣集計量を変化させるために現在行われている強力な手段は,金融政策の遂行を金融市場の安定化要因ではなく不安定化要因にしている.

(2) 説明責任と投資家保護

1933年の証券法の情報開示条項——これはアメリカの投資家保護法の礎石である——は,ファイナンス・カンパニーを主に監視するものである.また,この情報開示条項は,銀行や貯蓄金融機関の持株会社を含む金融システム内の他の企業主体にも適用される.しかし,健全性規制,監督,検査が,預金金融機関に対する監視対策の一部として情報開示を進展させたのである.

その上,ファイナンス・カンパニーの商工業企業親会社により開示された情報は,他の金融部門で入手された情報とめったに比較されることはない.実際,ファイナンス・カンパニーの閉ざされた世界の中で,情報開示それ自体の統一性はほとんどない.親会社は,証券法上の投資家保護条項で必要とされる情報とあまりにかけはなれていた場合にだけ,子会社のファイナンス・カンパニーの貸出ポートフォリオの詳細を公表する.

この規制機構は,商工業企業親会社によって所有されたファイナンス・カンパニーに資金を供給する機関に対して十分な保護を提供するものではない.

短期の貸し手は、ファイナンス・カンパニーが不利な情報を公表すれば資金供給を更新しないことで損失を免れるかもしれない。しかし、長期負債や株式の保有者はそれほど幸運ではなかろう。

銀行保証は、ファイナンス・カンパニーがCPを売却できないときに別の資金調達手段を提供するので、短期的には十分にそうした投資家を保護するだろう。しかし、銀行保証に頼れば、ファイナンス・カンパニーの資金調達コストは上昇し、バランスシートに追加的な圧力が加わり、企業の長期投資価値に悪影響を及ぼすであろう。ほとんどのファイナンス・カンパニーは、投資家を保護するには手遅れになるまで、十分なポートフォリオの内訳データをまったく開示しない。

民間格付け機関は、ファイナンス・カンパニーに関する唯一の独立した投資情報源である。その中長期債やCPの格付けは、ファイナンス・カンパニーが親会社の顧客ではない借り手に貸出を行っているときでさえ、ある程度発行者であるファイナンス・カンパニーよりもむしろ親会社の業績を反映している。非金融企業によって所有されたファイナンス・カンパニーになされた格付けは、親会社が子会社の被るかもしれない困難を解決するために相応の支援をするかどうかを反映している。

こうした暗黙の確たる情報源に基づく考え方を用いる格付けの問題点は、ウェスチングハウスの経験が示すように、ファイナンス・カンパニーの損失が親会社の格付けに悪影響を及ぼしうることである。こうした損失は、親会社の資本コストを高めるうえ、現在行っている業務に必要な資金を吸収するなど他のより直接的な方法で成長を妨げる。こうした伝染効果は、やがて親会社の投資価値を侵食するであろう。その大部分は、投資損失を被る余裕などほとんどない労働者の貯蓄をプールした年金基金が保有している。

非金融企業と金融商品提供者とがますます結びつくにつれて、これらのコングロマリットが投資家に適切な情報を確実に供給するように、情報開示の種類や範囲および統一性が再評価されなければならない。しかし、透明性の向上だけでは、規制の不平等や市場の不安定性といった問題を解決すること

はできない.

(3) ファイアウォールの欠如

アメリカの多機能の金融コングロマリットの初期の発展段階においては，たいていの非金融親会社はその専属ファイナンス・カンパニーを通じて金融市場に参入した．多くの場合，ファイナンス・カンパニーは，親会社が他の金融サービスに従事するにつれて多様化し，いわば独立した貸し手となった．

ファイナンス・カンパニーは今や金融仲介の大手企業となり，その規制されていない状況は，金融コングロマリット内の他の金融サービス企業との関係や取引にとってますます大きな意味をもつようになった．監督当局は，証券会社や保険会社および預金保険加入の預金金融機関といった規制された金融子会社への資金供給あるいはそこからの資金調達において，親会社あるいはそのファイナンス・カンパニーがもつ問題を回避する手段をほとんどもっていない．

こうした規制された子会社という資金源が拡大するにつれ，ファイアウォールの欠如に伴う潜在的な問題も増大している．表6.1が示すように，大手ファイナンス・カンパニーの多くはすでに300億ドル以上の預金を保有している銀行や貯蓄金融機関を支配している．ファースト・ネーションワイド（フォードの子会社），シアーズ・セービングス・バンク，ハウスホールド・バンク・FSBは，国内上位25社の預金保険加入貯蓄金融機関に入っている．

ファイアウォールの欠如は，親会社が独立系のファイナンス・カンパニーであっても問題である．例えば，ハウスホールド・インターナショナルの状況は，それがハウスホールド・ファイナンス・コーポレーションの国法銀行や貯蓄銀行にとっての強さの源泉であることを示してはいない．1990年に，親会社の自己資本比率は商業銀行に必要な基準を下回っていた．

同様に重要なことだが，1991年末のハウスホールド・インターナショナルによって報告された連結資本は，この会社の規制されているあるいは規制されていない子会社それぞれの報告された資本水準を下回っていた[15]．ハウ

スホールド・インターナショナルが預金保険加入の預金金融機関の成長を保証するのに必要な資金源を保持し正確に報告することを求めるような規制は存在するのか，またそれはどんなものかは明らかではない．

企業間の資産移転をあからさまに緩和することは，ファイナンス・カンパニーが質の悪い資産を子会社の預金金融機関や保険会社に売却することを監督当局が回避できるかといった問題を惹起する．同様に，もしコングロマリットが，ファイナンス・カンパニーの経営難に陥っている借り手の証券を引き受けるために証券子会社を利用する場合には，証券取引委員会による情報開示の強化や相当な注意の要求によっても，対等の取引の際と同様の注意深い監督が保証されるわけではない．詮索好きで洗練された外部の投資家だけが，発行者の問題や子会社を含めた取引に付随する利益相反問題を認識するだろう．

結局，親会社や規制されていない金融子会社の問題が直接にその状況を悪化させないにせよ，信頼の一般的な喪失は，規制されている金融子会社の資金調達コストを高めることになろう．

(4) ポートフォリオの多様化

ファイナンス・カンパニーによる不十分な情報開示は，アメリカのパラレル・バンキング・システムが，資産ポートフォリオを多様化していないことを示している．専属企業は，その貸出を単一の分野に，場合によっては単一の借り手（すなわち親会社）に集中させているのが定義上当然である．しかし，専属という立場を気づかれまいと銀行保証を利用するファイナンス・カンパニーが，貸出を多様化していないために専属とされる場合もある．

ある種の設備の金融やリースに特化したファイナンス・カンパニーに共通していることは，個別分野への貸出の著しい集中である．例えば，大手20社のファイナンス・カンパニーの1つ，ジョン・ディーレ・キャピタル・コープは，1991年の年報においてその債権の60%が農業部門に，22%が娯楽産業にあるというように「信用リスクの過度な集中」（p.13）を認めていた．

しかし，実質的に何の制約もない第三者の顧客をもつファイナンス・カンパニー数社も同様の結果となっていた．例えば，不運の WCC はそのポートフォリオの 80% が LBO や CRE 貸出であった．

この産業で合理的な多様化とはどんなものなのかは，ファイナンス・カンパニーの事業目的や専門性により異なるだろう．しかし，ジョン・ディーレ・キャピタルや WCC のポートフォリオが示す集中の種類や程度は，プルーデンス基準や常識を甚だしく無視したものである．

(5) 集中と非競争的な慣行

1991 年には，大手 12 社のノンバンク・ファイナンス・カンパニーが全ファイナンス・カンパニー保有総資産の 46% を占めていた（表6.11）．上位 5 社のファイナンス・カンパニーは，この部門の資産の約 35% を保有し CP 市場全体の総発行残高の 17% を占めていた（表6.9）．この集中度の高さは金融産業では異常でも新しいことでもない．例えば，1984 年末には，商業銀行，証券会社，生命保険会社の総数の 1% 弱がそれぞれの産業の資産や資本の 50% 以上を保有していた（U.S. Congress, 1986, p. 226）．しかし，他国と比べると，地域市場で活動し金融システムの総資産の小さな割合しか保有していない膨大な数の中小機関が存在しているために，アメリカの金融システムは極端に多様化しているようにみえる．

この明らかな下位の多様化にもかかわらず，上位集中度の上昇は，市場の開放度と公正性を維持するのに民間部門の競争に大きく依存しているアメリカの金融システムの効率性を脅かすものとなっている．他のほとんどの先進国経済は何らかの産業政策の下で機能している．その最も顕著なものは，輸出促進に協力するためになされた公的部門と民間部門のはっきりとした合意である．

こうした特定分野の優先は，集中がこれら諸国では金融システムの問題とみなされていないことを意味している．確かに，異なる視角をもつ意思決定者が増えることは生産的ではなかろう．輸出依存度の高い先進国は，国内金

融システムではなく貿易財のグローバル市場に分野別の勝者と敗者を選別させる．勝者への資金供給がこれらの国々の金融機関の仕事になる．

アメリカでは，国民的目標が融資の決定を行う際に決定的な役割を演じていない．そのかわり，収益機会が金融機関を動機づけ，収益の最大化が社会を豊かにするような融資の決定をもたらすということを前提にして，信用市場は組織されてきた．しかし，こうした前提は，とりわけ資本移動の活発化の影響を考慮していない．技術進歩によって進展した巨額の国際的な資金フローは，今や実体経済活動を阻害し，各国当局が持続可能な成長を促進するのを一層難しくしている．アメリカでは，グローバルな資本移動は，迂回経済部門や地域社会および地方における投資を阻害している．この結果，投資資金の供給を一層縮小させる経済活動の鈍化が生じている．要するに，短期的な収益に動機づけされた貸出の決定は，社会を豊かにせず衰退させる．

アメリカにおいて融資決定を民間市場に引き続き依存するには，市場が開放的，公平で，少数の大手マーケットメーカーに支配されないように保証する政府の役割が更新されなければならない．過去20年間の金融産業の集中度の上昇を無視した2大政党の合意は，アメリカ経済の脆弱性を助長した．

各金融部門における少数の大手金融機関の大きな地位と市場力は，すべての部門において非常に有害なレミングのような行動を引き起こした．1980年代に，あらゆる規模や種類の金融商品の供給者――銀行，証券会社，保険会社，ファイナンス・カンパニー――は，M&A，LBO，CRE投機のための信用フローを一時的な流行に乗って拡張させた．この自らの過度な行為の後始末は，生産的成長を促進するこの同じ企業の能力を阻害した．

また，同様のことがアメリカ経済のリストラを妨げた．金融機関の集中度の上昇は，金融システムが中小の革新的な企業の発展を支援し，古い企業や技術の新陳代謝を促進することを困難にした．巨額の資金をもつ大手金融機関は，中小企業への融資を収益性がないとみなし，ベンチャーキャピタルに資金を供給する動機も欠いていた．

中小企業への資本や信用の欠如は，金融機関の集中度の高まりからだけで

第6章　パラレル・バンキング・システム

なく，中小の貸し手が表面上たくさん存在する地方の貸出市場における競争の停滞からも生じていた．この衰退はとりわけ問題である．なぜなら，地方市場は，引き続き中小企業が信用や他の金融サービスにアクセスできる主要な場であるからだ．ノンバンクによるあらゆる種類の債務の発行ブームにもかかわらず，連邦準備のスタッフによる研究は，商業銀行だけが借り手の通常求める「一連の銀行サービス」を供給していることを明らかにしている(Elliehausen and Wolken, FRB, 1990)．

中小企業に対するこの「一連の」基本的な銀行サービスを巡る競争は，次のような多くの要因のために急速に縮小している．それは，民間市場において政府が奨励する合併活動の増加や，支払不能に陥った預金金融機関を救済するために連邦預金保険公社や整理信託公社によって実行される政府の支援による統合の増加である．価格に関して繰り返し示されてきた集中の効果を所与として，新たなサービスの主要なものが金融機関の集中によってますます中小企業に供給されないようになるとすれば，アメリカ経済は明らかに敗者となろう[16]．

この文脈の下で，パラレル・バンキング・システムの役割の増大は，一層の懸念をもたらす．ファイナンス・カンパニーの貸出ポートフォリオの情報開示や監視がなされていないことを前提すると，パラレル・バンキング・システムは日本の系列を特徴づける一種の閉鎖的な結合の複製ではないと断言することはできない．商業企業の金融子会社は，独立系ファイナンス・カンパニー，銀行，証券会社，保険会社よりも大きな市場力を行使している．ここから導かれる1つの結論は，自己売買や提携，すなわち親会社の仕入先企業が顧客として親会社と取引する条件として親会社の金融子会社からの資金供与を求めるといった非競争的慣行が潜在的に増加することである．

自動車会社系のファイナンス・カンパニーの業務は，市場占有力を高める恐れがあることを示している．ビッグスリーは，市場金利を下回る——実際，自分自身の資金調達コストを下回る——金利で自動車ローンを提供できた．なぜなら，自動車価格を引き上げることによって金利差を相殺することがで

きたからである．同じ状況にない独立系の貸し手は競争できない．この結果を反映して，1980年代にファイナンス・カンパニーの信用市場のシェアが劇的に拡大したのであった．規制の指針や監督慣行が，ある金融分野には経済的中立性の基準で行われ他にはそうではない限りにおいて，親会社や関連会社の製品やサービスの販売促進の機会があることは，こうした成長を引き続きもたらすだろう．

アメリカのシステムで，主目的が親会社の収益を増大させることにある組織内の金融仲介機関を通じて融資の決定とそのシェア拡大がなされる場合は，経済の多様性や革新は阻害されるであろう．長期的には，金融の安定性も同様に阻害されよう．親会社にとって仕入先や顧客――あるいはコングロマリット内の兄弟金融会社の顧客――を惹きつけ支援する必要があれば，貸出の判断は歪められることになろう．

アメリカの金融仲介システムの特徴は，その繁栄がもっぱら借り手の成功に依存する一連の分散した独立の貸し手にあった．しかし，潜在的な緊急救済という安心感は，それが政府や親会社どちらからであろうとも，借り手の成長期待と融資決定を結びつける必要性を弱める．つまり，これも投資家や貸し手による短期的な金融投機を助長することになろう．

一方，大手製造業者や流通業者の製品やサービスの販売のための組織内でのゆるぎない資金供与力は，競争力を犠牲にして自己満足を高めた．例えばアメリカの自動車製造業者は，その製品の多くが品質面で外国車に対して競争力をもたない場合に，自動車の買い手に提示する融資金利といった競争力を強調した．明らかに，こうした書類志向型〔品質や価格以外の面で〕の競争へのアプローチは，それが高価格，低品質，産業の衰退をもたらすとき，消費者を失い国内経済を衰退させることになろう．

7. 統一的な規制の必要性

規制の公平性が――それがすべての市場参加者の基準を引き上げることで

競争条件を平等化する限り――，アメリカの金融システムを特徴づけている非効率性，硬直性，近視眼性を克服するための回答である．規制されている貸し手に対して規制緩和しそれが信用市場でニッチ・プレイヤーになることを認めることによって，1980年代型の自由放任という薬に金融システムを委ねれば，金融安定性を一層促進し国内経済のパフォーマンスを改善する金融政策の能力や民間部門の競争力をさらに阻害することになろう．一層の規制緩和は，規制された銀行システムとその影であるパラレル・バンキング・システムという競争相手との共存的な関係のなかで発現した地雷を除去するよりもむしろ爆発させることになろう．

あまり規制されていない貸し手に追加的な規制を課すことは，短期的にはそうした貸し手やその顧客のコストを高めるが，幅広いその影響は，長期的には金融市場の安定に貢献し実物経済に恩恵をもたらすことになる．実際には，下位の貸し手に慎重な貸出態度を確立させることは，1980年代の連邦政策を特徴づける場当たり的な産業主導型の規制緩和の悪循環に対する唯一のオルタナティブである．

こうした連邦政策の欠点の1つは，最近の世論調査に示されているように，国民の支持を失い国民の信頼を損なうことである．金融システム改革は世論調査の結果だけでなされるべきではない．しかし，金融システム改革は，国民の明白なたびたび表明された懸念に応えるものでなければならない．国民の参加，信認，全幅の信頼と信用はいかなる金融システムにも重要である．どんな産業でも規制と市場の力のバランスを再考するには，慎重でなければならない．独特で重要かつ脆弱な産業においてそのバランスを再考することは，金融インフラの悪化を目撃している世論調査の回答者によって発言されている国民の認識や民主的な選好に対して特別の注意を払う必要がある[17]．

(1) パラレル・バンキング・システムを免許制にする提案

したがって，ファイナンス・カンパニーやモーゲージ会社および民間保険会社といった現行では連邦レベルで健全性規制を受けない企業に対してもプ

ルーデンス基準を適用する金融産業免許法の制定を提案する．必要であれば，銀行持株会社法，投資会社法，証券取引法，およびマクカラン・ファーガソン法など（それらに限定するわけではない）現行法規の関連条項を取り替えることも提案する．

この提案は，最近の政策論争や発案から出発するものの，そう遠くない過去の例を利用している．1980年に信用管理法の下で出された大統領令に対応して，連邦準備制度は，銀行システムと通常の政策の及ぶ範囲を越えて信用収縮政策を実行した．

連邦準備の政策は，クレジットカード，小切手信用での当座貸越，無担保の個人貸出，担保の購入のために行われるものを除く担保付の貸出を通じたすべての消費者信用の拡大に対して15%の特別預金準備率を課すというものであった．この預金準備率は預金金融機関だけでなく，すべての消費者信用の貸し手に適用され，同時にMMMFにも拡張された．さらに，連邦準備は，預金金融機関とともにすべてのファイナンス・カンパニーにも商工業部門への融資の増加を制限しようと自発的な国内信用収縮政策を行った[18]．

連邦準備の政策は，部分的に規制されているパラレル・バンキング・システムに光を当てたが，ごく短期で不完全なものであった．また，それはインフレが高進しているときに導入されたため，名目金利を急騰させ，大きな政治的混乱を招いた――金融政策の実験のための理想的な場では決してなかった．この経験以降，アメリカの信用市場におけるパラレル・バンキング・システムの役割は無視されてきた．

今や10年間の信用市場の無秩序に終止符を打つべき時である．金融産業免許法は，金融システムが効果的に経済に中立的に機能するのに必要な借り手と貸し手の間の基本的な境界線を維持しつつ，すべての貸し手を同じ規制の範囲に置くことによってその目的を達成しようとするものである．

(2) どういった機関が免許制となるべきか

経済成長や金融システムの安定性そして規制の公平性を促進するためには，

比較可能な健全性規制と不公正な競争や過度な集中の禁止が，次のすべての主体に適用されるべきである．

　①投資のために資金を国民から直接受け入れている金融機関．
　②自己資本や内部留保以外の資金を使い国民に貸出，あるいは貸出債権や証券の購入を行う金融機関．
　③金融機関や投資家に貸出債権や第三者の証券を売却する金融機関．

融資決定の公平性を確保し，金融市場の一層の安定性を促進するには，一連の保護的な規制は，上の機能を行っている機関をその金融・非金融親会社や関連会社から分離すべきである．こうした安全装置には次のような規制がある．

　①上の機能を行う企業の親会社はすべて，金融商品持株会社（FPHC）として設立認可を受け，金融子会社と同様の免許と規制を受けなければならない．しかし，非金融FPHCは，金融子会社に許されているどんな活動も直接に行ってはならない．
　②FPHCの認可された各子会社は，資本，組織，経営（独立した従業員および役員によって行われる）をそれぞれ分離しなければならない．
　③預金金融機関経営連結法にある連結経営の禁止は，FPHCを含むすべての認可された機関に適用されなければならない．
　④各FPHCとその認可された子会社は反提携規制を遵守し，連邦準備法の23A，23B条の規制や1991年に提案された証券規制均等法のファイアウォール条項をモデルにした子会社間取引の禁止に従わなければならない[19]．

(3) 免許制はどういった形態となるべきか

上の事業に従事するすべての企業は，資金の調達・運用を行うための免許を規定する更新可能な認可を申請しなければならない．その最初の免許を取得するためには，申請者は安全で健全な業務に必要な金融資源や経営資源があることを実証しなければならない．

その免許を維持するには，各企業は定期的に更新を行わなければならない．更新は，明白な公的義務を果たし健全性の指針を十分に遵守する申請者の能力に基礎を置いて行われるべきである（後述）．

さらに，免許を取得した金融企業の各職員は，雇用条件として開業者免許を取得しなければならない．この証書──これも定期的に更新される──は，法や規制および健全な貸出や投資に必要な事業慣行を個々人が熟知していることを示すものでなければならない．

開業者免許の管理（審査，監視，停止，取消，復活など）は，全米証券業協会がブローカー，ディーラーの免許を管理しているように，自主規制機関の責任でなされるべきである．各産業分野の主要な連邦監督当局がこうした自主規制機関を監督すべきである．

(4) 免許制にはいかなる公的な義務があるか

免許の最低条件として，各企業は，地域再投資法，住宅抵当貸付開示法，貸出真実法，信用機会均等法，公正信用報告法，および公正な貸出に関わる他の連邦法規で設定された基準を十分に遵守すべきである．

(5) 免許の規定には，どのような健全性規制が含まれるべきか

免許を受けた企業は，共通した必要準備率，自己資本比率規制，および流動性比率を適切に守らなければならない．国民から直接に資金を調達していないファイナンス・カンパニーや他の貸し手は，1980年に連邦準備が課した特別預金準備率をモデルとしたものに従わなければならない．この預金準備率は，消費者貸出だけでなくすべての貸出活動に適用されなければならない．この準備率は，現在の状況下では信用残高に対する名目比であるにすぎない．今それを実施すれば予め歪みを是正することになるし，もし必要であれば景気循環の後の段階に徐々に引き上げられよう．

さらに，資産やオフバランス項目は，免許を受けた金融機関の自己資本比率に関するすべての監督当局の決定に基づいて統一的にリスク・ウエイトづ

けされるべきである．同様に，すべての免許を受けた金融機関は，単一の借り手への貸出制限，不動産貸出規制や他の分野別の集中制限と類似したリスク分散基準を満たさなければならない．

システム全体の一層の透明性を確保するために，免許を受けた各金融機関は，定期的に（例えば四半期毎あるいは毎年）収入と支出，資産と負債についての詳細な情報を与える統一業績報告書を完全に情報公開しなければならない．統一業績報告書を通じて，免許を受けた金融機関は，資産や与信の地理的，分野別分布を実際にできるだけ詳細に報告しなければならない[20]．

活発な市場競争を維持することは，健全性規制を効果的にするのに重要である．利益相反や自己売買の禁止を遵守することに加えて，免許を受けた金融機関は，市場力の過度集中がなく反トラスト法が公平に矛盾なく適用されるような環境の下で，経営すべきである．

マッカラン・ファーガソン法のような不公正で市場を歪める反トラスト法の適用除外は廃棄され，統一性原則に根ざし実際の市場状況によって体系化された新たな反トラスト法の指針と施行慣行に代替されなければならない．新たな指針や慣行を決定するに当たっては，中小企業や地方企業，都市スラムの企業といった脆弱な借り手のニーズが重要な役割を演じるべきである．こうした企業が「一連の銀行サービス」を引き続き必要とし，国内資本市場にアクセスできない限り，反トラスト法の施行は地方や地域の貸出市場に焦点を当てるべきである．さらに，州の法務局やアメリカ司法省はその法の施行に大きな責任を負うべきである．現在はその役割を銀行監督官と共同で行っている．

規制の公平性を一層促進するために，検査手続き，施行，懲罰は，すべての認可された活動全般のなかで調和的に行われるべきである．換言すれば，基準は，合理的な等しいコストで同等の監督や検査を行うために，各業界で確立されるべきである．

国際的に活動している企業に効果的で公正な国内の取り扱いを適用するために，アメリカの金融監督当局と貿易交渉当局は，多国籍ベースの同様の基

準の採用を追求すべきである——それは規制の最低限を設定するグローバルな戦略であり，各国に特有の経済的優先事項の追求を促進するものである．

(6) 誰が認可と規制を行うのか

ここで示したアプローチは，国内の金融規制や国際的な金融規制につきまとってきた曖昧さをもった伝統的競争をなくそうと長い道を進むようなものである．そうした競争がなくなるかかなり少なくなれば，緊急に再編しなければならない金融規制の多くも消滅するであろう．

健全性規制を効果的に現代化するためには，州を越えてあるいは指定された規模の範囲を超えて（例えば連結資産10億ドル以上）営業している免許を受けたすべての金融機関は，連邦による監督に従わなければならない．これらの金融機関に連邦規制をかけることで，二元制度の伝統的な便益，例えば革新や柔軟性は，州や地方のニーズに応える中小金融機関の発展に適切に寄与するであろう．

規制の公平化のために提案されたアプローチは，単一あるいは複数の監督機関によって，またその使命が産業分野あるいは機能で規定される監督機関によって行われる．

金融市場の特定分野に規制上の専門知識が集中しているために，わずかな機能的規制が生じるのは明らかである．2つ以上の金融機能を行っている金融機関に対して，包括的な監督が行われなければならないのも明らかである．重複した多数の機関に最もありがちな認可と監督過程のこうした要素（例えば情報開示）は，現行機関の重複する部局から新設された連邦金融免許局に委ねられよう．

自主規制の強化は，規制の公平化に向けた運動において重要となるべきである．金融機関はお互いに常に取引している．問題や犯罪を見つける金融機関自身の能力は，外部のいかなる機関の能力よりも勝っている．自主規制の義務は，独立した監督機関の監督能力を補完すべきであって，それに代替するものではない．すばらしい要素をたくさんもつ証券会社の自主規制機関は

市場全体の自主規制モデルを与えている．

免許局は，こうした伝統に基づいて，金融機関に非合法の活動や非競争的活動をその自主規制機関に報告する責任を公式に課すべきである．そして，これらの自主規制機関は，情報を評価し適切な連邦監督機関にその結果を報告する法的責任を負う．

最後に，連邦準備は，金融政策の有効性を確保するために，金融機関に対する総合的な規制において大きな役割を維持すべきである．連邦準備は，その独自の経済的責任のために経済活動に対する金融規制の影響を常に監視せざるをえない．つまり，連邦準備は，その独自の制度的な能力によって，必要であれば影響を評価し具体化するのに必要な手段を獲得すべきである．

また，金融政策は，金融市場と国民経済に対する国民の信頼を高めるために公的に説明されなければならない．FOMC の議事録の即座で完全な情報開示から連邦諮問委員会や地区連銀取締役会の大まかな説明に至るまでの多くのメカニズムは，説明責任の増大に向けたこの運動を促進するであろう．1国の経済的厚生は非常に重要であるのでパラレル・バンキング・システムにそれを任せることができないとすれば，同様に，アメリカの中央銀行の政策を今日具現している民間金融機関にも任せることはできない．

注
1) 著者は，本章の調査に寄与したボストン大学法学部の国際銀行法研究科 LL. M. プログラムの大学院生 Izabel Carsalade, Jessica Chia-Chen Lee, そしてサザン・ファイナンス・プロジェクトの Marty Leary, Phil Cargile, Carol Mason Howle に謝意を表したい．さらに，Konrad Alt と Sheldon Friedman の有益なコメントに感謝する．
2) 連邦取引委員会（FTC）は，信用機会均等法や公正信用報告法といった連邦消費者信用保護法を遵守するようにファイナンス・カンパニーに規制を課している．FTC 法第5項の下で，FTC は，消費者貸出会社による詐欺的な行為を暴いた場合には，永久的な禁止命令や消費者賠償を求める権限を有する．これらの消費者保護法を除けば，他のいかなる連邦金融規制もファイナンス・カンパニーには適用されない（Noonan, Buffon, and Le Fevre, 1991, pp. 1093-7）．
3) アメリカ市場における外国銀行貸出の一層の詳細については，McCauley and

Seth (1992, pp. 52-65) を参照．

4) 実際，政府の提案は，金融不安定性に対して「表なら私の勝ち，裏なら君の負け」といった提案になった．ブッシュ案が商業企業が直接に銀行の所有権を取得できるようにすることにいくらか成功したとしても，結果的に生じる組み合わせは信用に関する意思決定の公平性を一層危うくするであろう．そうした組み合わせによってかなり大きなリスクが生じるので，そのことは，どの主要先進国も現在，商業企業が公的保護といったセーフティネットにアクセスできる銀行を支配することを認めていない事実に現れている．

5) ファイナンス・カンパニーのタイプとその経営環境についての有益な説明は，SNL Securities (1992, pp. 3-21) を参照せよ．

6) 2つの著名な例外は，クレジットカード顧客に貯蓄プランを提示したアメリカン・エクスプレスと，付保されていない短期金融市場預金からその商業貸出のために直接に資金を調達した IBM クレジット・コーポレーションである．

7) 表6.2が示すように，短期金融市場投資信託は，銀行，政府，政府機関，CP発行者の負債に投資している．これらの資産は格付け会社によって格付けされ，その情報コストは家計や企業への貸出にかかる情報コストと比べて非常に小さい．

8) CP発行者に対する銀行の融資枠は，銀行によるオフバランス取引全体のごく小さな部分にすぎない．国内銀行の融資枠と偶発債務の総計は，1.4兆ドルから5.6兆ドルの範囲にある．連邦金融監督当局によってアメリカ上院銀行委員会に提出された資料に基づいた大きい方の概算値は，小さい方では削除された金利スワップと外国為替スワップを含んでいる．

9) 崩壊を防ごうとする努力の一部として，1989年に，マニュファクチャラーズ・ハノーバー・トラストは第一勧業銀行に CIT を売却した．ヘラー・ファイナンシャルとその親会社ヘラー・インターナショナル・コープは富士銀行が完全に所有する子会社である．

10) ファースト・ネーションワイドの拡張は，納税者によって一部融資されていた．整理信託公社の概算によれば，連邦住宅貸付銀行理事会は，1988年12月，ファースト・ネーションワイドに4つの貯蓄金融機関の連結資産860億ドルを移転した時，約束手形，資本損失補填契約と利回り維持契約，その他の支払に400億ドルを支出した (RTC, 1990)．

11) GEによれば，「GE Capital によって融資されたほとんどすべての生産物は，GE 以外の企業によって製造されている」(GECC, 1991, p. 65)．事実，親会社はその飛行機のエンジンの購入者に直接貸出を行い，その金融子会社の借入とは独立して CP 市場での借入でそうした貸出資金を調達している．同時に，GECC は民間航空機業界に貸出を行い，親会社の商業・製造活動を間接的に支援している．

12) 1990年に，ファイナンス・カンパニーは，銀行の融資枠のコストと利用可能性という点で，またファイナンス・カンパニーの CP のための融資枠を進んで供与する銀行数という点で，商業銀行に課された自己資本比率規制の影響を感じ始

第6章　パラレル・バンキング・システム　　237

めた (Kramer and Neihengen, 1991, p. 55).
13) HLT とは，負債を利用した企業リストラ，マネジメントバイアウト，資本再編のための貸出のことである．
14) NBC は，ケーブルシステムとテレビネットワークの相互所有を禁じた障壁を除去しようと精力的にロビー活動を行った．そうした努力は，1992 年 6 月 18 日に連邦通信委員会が禁止令を削除した時に報われた．その結果，NBC は今や GECC によって融資されたいくつかのケーブル企業を取得するまでになった．NBC のジャーナリズム特有の慣行に対する GE の介入報告によれば，その関係は厄介なことになった．Ben H. Bagdikian (1992, p. 51) によれば，「前 NBC ニュース社長 Lawrence Grossman は，最近次のようなことを明らかにした．1987 年株式市場の崩壊の後，NBC の所有者で GE の最高経営責任者である Jack Welch は，GE の株価を下落させるようなことを言うネットワークのニュース番組など要らなかったと電話で伝えてきた」．
15) Thomson Bank Directory, Thomson Savings Directory, Best Insurance Reports, Household Financial Corporation の年報で報告されている 1991 年末の資料によれば，Household International の 4 つの主要な子会社の自己資本と払い込み剰余金の総額は，264 億ドルに上った．親会社の年報は連結自己資本を 203 億ドルと開示していた．
16) Elliehausen and Wolken (1990) は，中小企業にとっての貸出市場の地域的性格を明らかにし，そうした市場での競争水準を測定して「一連の銀行サービス」との継続的な関連性を確証している．Dunham (1986) は，すでに中小貸出機関に依存しており国内資本市場にアクセスできない中小企業借り手のジレンマを指摘している．Southern Finance Project (1991) によれば，バンカメリカとセキュリティ・パシフィックの大型合併の結果，ピュージェット・サウンド地域の中小企業とのすべての主要な銀行取引関係のほぼ 3 分の 2 が，単一の貸し手によって支配されることになった．Hannan (1991) は価格関係の集中を検討している．
17) 1991 年 9 月の NBC/『ウォール・ストリート・ジャーナル』による世論調査において，全回答者の 51％ が銀行規制があまりにも手ぬるいと答えた．52％ は保険産業の規制についても同じように感じていた．規制が「あまりにも厳しすぎる」と考えた人はごくわずかであった（銀行については 6％，保険会社については 9％ であった）(Hart and Teeter, 1991, pp. 26-9). 1991 年に，Gallup Organization による『アメリカン・バンカー』の 1991 年消費者調査において，「アメリカの銀行・金融システムの安全性に大きな信頼を置いている」と答えた回答者は，わずか 15％ しかいなかった．『アメリカン・バンカー』の Gallup による世論調査ではじめて，多くの人々が「大きな信頼を置いている」と答えるよりも，金融システムに「ほとんどあるいはまったく信頼を置いていない」と答えた．Gallup の 1992 年の調査結果は，まったく前年と変わっていなかった (Amer-

ican Banker, 1991a and 1992 surveys).
18) 一層の議論については,Wolfson (1986, pp. 79-80) を参照せよ.
19) アメリカ下院エネルギー・商業委員会の両党代表の指導の下で起草された証券規制公平法が,社外取締役や関連銀行からの借入といった問題に取り組むためのものである.
20) これは,郵便番号と3,4桁の数字のSIC(標準産業分類)コードによって報告されなければならない.

第7章 もはや銀行救済は必要ない
預金保険改革に関する提案[1]

ジェーン・ダリスタ

要　約

　1980年代末までに、アメリカ政府の金融保護機関としての役割は納税者に前例のない脅威を与えたことが明らかになった。ジョージ・ブッシュ大統領の1991年予算教書は、アメリカの商業銀行、貯蓄金融機関、信用組合の保有するすべての預金——約3兆ドル——が、連邦政府の偶発債務であることを明らかにした。これを明らかにしたことで、政府は、金融機関の破綻コストの高まりについて懸念を表明し、救済件数の増加をくい止める術を何も知らないことを露わにした[2]。アメリカ会計検査院（GAO）によると、この他の金融保護制度を考慮に入れると、納税者の偶発債務は5兆ドルにも達するかもしれない[3]。
　金融保護制度はもともと破綻した金融機関の預金者にペイオフすることを意図していた。しかし、1980年代にそれは破綻または破綻しかけている金融機関の買い取りのための資金という異なる機能を果たした。これら2つの機能を混同したことが、政府の潜在的な債務を大いに増加させることになったのである。
　本章では、金融保護を提供するための新しいシステムを提起する——それは、個々の貯蓄者を保護し、経済の安定と成長に必要な取引を支援する金融機関の能力を保護するものである。政府債務が手に負えないほど大きくなっていることが明らかなので、新しいシステムが必要であるのだ。つまり、貯

蓄者として個人にいかに利益が生まれようと，納税者として支払いを求められると，それは失われかねないからである．しかし，それだけではない．以下のような〔新たなシステムを必要とする〕他の理由もある．政府の保護が，消費者や貯蓄者，地域社会，経済全体を保護するのに役立つように，目的別に区分されるべきである．また，金融保護は，経済成長を促進する上で金融システムの役割を妨げるのではなくむしろその役割を高めなければならない．そして，新たな異なる金融環境の下での保護者でもあり規制者でもある政府の役割を活性化させる方法を明確にしなければならない．

　本章では，貯蓄を保護することを意図した金融保護制度の場合，保証額は，個々の勘定や金融機関にではなく，個々の貯蓄者の保有する貯蓄総額に基づくべきであると論じる．個人の資産が1つの金融機関に限られていようと，銀行，貯蓄金融機関，信用組合といった連邦規制金融機関の預金勘定から投資信託，従業員退職所得保障法（ERISA）によって定められた年金プランまで様々にわたっていようとも，個人は一定金額の損失から保護されるであろう．

　連邦規制金融機関の保有する多様な貯蓄手段を等しく保護することは，すべての金融機関が健全性と安定性に等しく注意して規制されなければならないことを意味している．そのことは，必然的に改革のための課題——現在のニーズや慣行を反映する規制手段を活性化する規制的枠組みの見直しを必要とするであろう．

　経常取引（例えば，日常的な経済活動を支える給与，買物，手形，その他の支払）に必要な資金を保護する場合，本章ではこれら勘定に保証限度を設けることは非現実的だと論じる．例えば，最小の金融機関でさえ破綻したら，現行の10万ドルの保証額は，地域の給与支払総額を満たすとは限らない．その後の支払の連鎖が中断されれば，損失の輪が一層拡がることになろう．

　それゆえ，すべての当座預金勘定は100％保護されなければならない．付保された決済勘定は，連邦規制の預金金融機関に無利子の要求払預金の形態で保有され，経済部門と満期に関して容認された多様化基準に合致する貸出

と流動資産のポートフォリオに投資されなければならない．預金金融機関は，投資収益から一定の利潤を差し引き，連邦準備銀行に保有される準備のコストを賄うであろう．残り——預金者に金利はつかない——が，保険基金に支払われることになる．

連邦金融保護制度へのこうした新たなアプローチを説明するために，本章では，最初に金融保護の歴史と目的を概観し，過去にうまく機能した制度を掘り崩してきた構造変化を明らかにする．そして，貯蓄預金や決済性預金に対する連邦預金保険の改革のための詳細な提案を行う．

注

1) 本章は著者の以下の提案に基づいている．*Restructuring Financial Markets : The Major Policy Issues*, a Report from the Chairman of the Subcommittee on Telecommunications, Consumer Protection, and Finance of the U.S. House of Representatives Committee on Energy and Commerce, July 1986. 著者はJeff Faux, Eileen Appelbaum, Michael Mandler の有益なコメントに感謝する．

2) 1991年2月に連邦預金保険公社（FDIC）は1991年に180行，1992年に160行が破綻するだろうと発表した．預金保険基金は1991年に40億ドル，1992年に24億ドルまで減少すると予想された．この数字は景気後退が6カ月で終息するとの仮定に基づいていた．もしそうならなかったら，銀行破綻はより大きくなり（1991年に230行，1992年に210行），基金はより少なくなるだろう（1991年に0，1992年にマイナス50億ドル）．この仮定に基づいて，FDICは，1992年半ばに（1991年1月に12セント引き上げられていた）預金保険料率を預金100ドル当たり19.5セントから23セントへ引き上げ，連邦金融銀行から100億ドルの借入を計画した（Rehm, 1991, pp. 1, 12）．

3) この巨額な数字とは別に，GAOは，制度の運営がうまく行かないこと，現在の損失に関して（大いに不正確な）情報しか得られないこと，これらの制度が未知の水準のリスクにさらされていることを指摘した．

第8章 銀行と地域社会，公共政策[1]

ジェームズ・T. キャンペン

1. はじめに

　銀行や政府の銀行政策に対する国民の不信は，国家創設以来のアメリカ人を特徴づけるものである．最初の中央銀行としての合衆国銀行の1791年の創設をめぐる苦闘は（そのピークは20年後にその設立認可の更新が認められなかったことである），銀行が普通の人々，地域社会，中小企業を犠牲にして，富裕な人々や力の強い人々のために働きがちであるというずっと変わらぬ考え方を基礎にしていた．過去2世紀の間，周期的な大衆運動（時に人民党員運動）が示してきたものは，金融問題がその中心であった（Greider, 1987, とりわけその第8章を参照せよ）．

　こうした現象の最近の現れは地域再投資運動であり，それは1970年代に始まった．これは，銀行や保険会社による地域社会の意図的な切り捨て（劣悪な地域社会への貸出拒否）を伴う都市部の悪化に対抗してのものであった．この草の根運動は，2つの重要な連邦法の可決に役立った．すなわち，1975年の住宅抵当貸付開示法（HMDA）と1977年の地域再投資法（CRA）である．HMDAは，各銀行のモーゲージ貸出の地理的配置の開示を命じたものである．したがって，銀行が預金を受け入れた地域に資金を再投資しているかどうかを調査しやすくなった．CRAは，「銀行が設立免許を受けた地域社会の信用需要を，銀行に充足させるための積極的差別是正措置」を確立し，連邦銀行監督官に各銀行の「低中所得地域を含むすべての地域社会の信用需

要を充足したかどうかの記録」を，とりわけ銀行の支店の新規出店申請や合併申請に際して評価するように求めた[2].

その後，地域再投資運動は，銀行が地方や都市部の低所得地域やマイノリティ地域の信用需要や金融サービス需要をどのくらい十分に充足しているかをめぐる闘いに，地域的にも全国的にもその関心の範囲を広げてきた．CRA と HMDA は，こうした闘いにしっかりとした根拠を与えたのである．つまり，CRA は，銀行が地域社会のニーズに応えることを法的な要件として確立した．HMDA のデータは，銀行の実際の貸出慣行についてかなりの情報を与えている[3].

1980 年代末に，再投資運動は再び活発になった．というのは，銀行と監督官が CRA 制定後の 10 年間その義務を果たさなかったからであった．そして，CRA（個々の銀行の業績評価の公開を初めて求めたこと）と HMDA（国勢調査の地域に準拠してどのくらいの貸出が行われたかについての単なる情報ではなく，モーゲージ貸出の申し込み者の人種別，性別，所得水準別の開示を求めたこと）の両法の下で開示を強化する重要な修正を勝ち取った[4].

CRA と HMDA のデータの存在によって，150 以上の都市と地方における地域社会のグループは，低所得層やマイノリティの地域に少なくとも 75 億ドル，貸出を増加させるよう銀行を説得した．さらに，合併提案を監督当局が審査する事態に直面した大手銀行は，そうした目標とされた貸出のために 23 億ドル以上の片務的支出契約を行うという声明を発表した（Goldberg, 1992, p. 181）．

それにもかかわらず，CRA 可決後 15 年間，銀行システムは，低所得層やマイノリティ，そして地域社会のニーズに依然として応えてこなかった．1990，1991 年の貸出の決定について拡充された HMDA のデータは，1989 年の修正によって命じられたものだが，モーゲージ貸出の拒否率が人種でかなり違っていることについての十分な証拠を与えている．1992 年 10 月，ボストン連銀による研究は，銀行による人種差別がこうした貸出の格差の 1 つ

の原因であることを初めて正確な統計的証拠によって示した．一方，銀行の実績評価の公的審査に新たな要件が付加されたので，銀行検査官は初めて多くの銀行に低い格付けをつけた．モーゲージ貸出の格差や銀行の低いCRA実績に関するこうした新たに入手可能な証拠は，S&Lの清算コスト，商業銀行の破綻，貧困の深刻化や所得不平等化についての懸念と結びついて，より責任ある銀行システムを求める世論の力を強めたのである．

銀行産業は，CRAを骨抜きにしHMDAの報告要件の削減といった攻撃的な企てによって，こうした世論の力に対抗した．CRAとHMDAは，銀行のエネルギーを銀行業務——と信用需要の充足——から政府に義務づけられた事務作業に転換させるやっかいな過剰規制の例として描かれてきた．たとえCRAの履行についての銀行家の不平になんらかのメリットがあるにせよ，その提案の攻撃目標は明らかに誤った方向を向いていた．

実際，低所得層やマイノリティの社会でいかに銀行がいいかげんなことしかやってこなかったかについての膨大な証拠は，CRAの要件が強化されるべきであって，骨抜きにされるべきではないことを示している．ずっと銀行監督官がその責任をきちんと果たしてこなかったことは，監督当局による監督強化を必要とするのであって，規制緩和が必要なことを示しているのではない．モーゲージ貸出以外の領域での銀行の行動実績についての情報不足は，貸出のデータが一層開示されなければならないことを示している．

したがって，政策担当者は，地域社会における銀行行動の監督や評価に関する現行のシステムに対するこうした2つの異なる対応のいずれかの選択に直面している．本章では，地域社会に再投資する行動基準の強化，監督機関の権限強化，データの一層の開示を選択すべきであることが示される．第2節では，地域社会への再投資のための一連の公共政策の適切な目標が示される．第3節では，銀行が低所得層やマイノリティの地域社会のニーズに応えることができなかったことの証拠が検討される．第4節では，この領域での銀行の悪い実績の背後にあるメカニズムが明らかにされる．地域再投資政策の課題という最後の第5節では，認識された問題に対応した一連の革新的な

公共政策の提案が概説される．

2. 地域再投資政策の目的

地域再投資のための公共政策は，4つの主要な目標に方向づけられるべきである．それぞれを以下で論じよう．
①銀行による人種差別の撤廃．
②低所得層が低コストで基本的な銀行サービスを利用できるように保障すること．
③低所得層とマイノリティの地域社会の信用需要が，社会の他の部分の人々と同様に積極的，創造的に満たされることを保証すること．
④銀行とその監督者の公的な説明責任を規定すること．

第1の目標である信用・銀行サービスを供給する際の人種差別の撤廃は，幅広く共有されていてほぼ議論の余地はない．個人に対する差別は，公正住宅供給法（1968年）と信用機会均等法（1974年）の下で違法である[5]．個人の平等な取り扱いに関するこうした公正な貸出についての法律は，CRAそれ自体とは異なっている．CRAは「低中所得地域」の信用需要を強調している．

第2の目標は，すべての市民が資金を安全に貯蓄でき金融資産を容易に現金化できるようにするとともに，債務支払の手段として小切手を利用できるようにすることである．基本的な銀行サービス——例えば貯蓄勘定，小切手振出枚数やATMの取引条件といった制約のついた小切手勘定，どの銀行でも適切な認証による政府小切手の現金化——を利用できないことによって，低所得層は現金だけしか使えないというリスクや不便を被り，小切手を現金として利用するという慣行の下で不必要なコストを支払わされている．また，それは，経済生活を十全におくるのに必要とされる知識や技術を修得する機会を奪うことでもある．連邦銀行監督官は，目下，そのような基本的な銀行勘定を利用可能にさせるように銀行に勧めてはいるが要求してはいない

(Canner and Maland, 1987). つまり、銀行のCRA格付けを決定する際に、基本的な銀行サービスを供給しているかどうかを考慮している.

第3の目標は、各銀行が、銀行の「安全性と健全性に矛盾することなく、低中所得層を含む当該地域社会全体の信用需要に応えなければならない」というCRA義務に由来するものである. 信用需要を満たすことは、単に貸出の申請に対して公正かつ非差別的に対応するだけではない. 潜在的信用需要を掘り起こし、適切な信用生産物を生み出し、これらの生産物を潜在的借り手に対して実際に市場化するといった肯定的で創造的な努力が求められる. 資本や信用の持続的なフローに対する地域社会の需要を満たすことは、地域社会が停滞状況を打ち破ろうとしている場合には、とりわけ重要である.

地域再投資という領域における公共政策の第4のそして最後の目標は、他の3つの目標の達成を促進することである. そのためには、どの銀行が地域再投資義務を果たしているかについてのデータを手に入れなければならない. その結果、利害関係者は、銀行の達成度や監督当局の達成度を詳細に評価でき、適切に対処可能となる.

地域の信用需要を充足するという主要な目標は、しばしばいくつかの点で誤解されている. 一方で、貧困層やマイノリティの地域社会への信用フローの増加が、必ずしもよいことではない. 信用のタイプが信用の量とともに重要である. すなわち、とりわけ重要なことは、低所得層やマイノリティの地域社会におけるいかなる借り手も、自宅の所有と維持、事業の経営と拡大を可能にするような「生産的」信用を供与される機会をもっているかということである.

さらに、第三世界のいくつかの国による過剰な借入れがIMFによって過酷な緊縮財政計画を課されるようになったことを想起すれば、信用フローの増加は、借り手が過度な債務を負っている場合には、有害である. また、連邦付保の住宅用モーゲージ貸出が、人種の違いを促進しそこからもうける搾取的な運動と結びついて、無資格のマイノリティの家族に貸し込まれたように、信用の増大は、対応できないほどの債務支払を導く場合には、望ましい

ものではない[6]. さらに, 地域への信用フローの増加が, 手頃な住宅をなくすことによって地域住民を追い出すような連中への融資に利用される場合には有害である. 簡単に言えば, 低所得層やマイノリティの地域社会への信用フローの単なる極大化は, 明らかに目標としてはよくない. なぜなら, 過重債務, 不適切な種類の信用, 過度にひどい条件の貸出は破壊的でありうるからだ.

他方, アメリカのマイノリティ, 貧困層, 地域社会が直面している数多くの問題は, 多様な原因と深い根をもっている. 銀行にそれらすべてを解決するように求めることは, 明らかに合理的なことではない. 銀行が地域社会の信用需要に応えるべきだという公共政策の目標は, 所得の低下, 住宅価格の上昇, 住宅・地域開発への公共部門の支援の削減によって生じる大きな資金不足を補填するために銀行が補助金を出すべきだといった期待を意味するものではまったくない. しかし, 銀行が, 公的にも私的にも率先して行うことができるような幅広い枠組みの中で, これらの問題の解決に寄与すべきだと期待することはまったく合理的である. つまり, 銀行は, 公的あるいは私的助成と結びついた民間融資のこの領域で, 自発的に努力する仲間であるべきなのだ.

要するに, 銀行は, 最低限, 貧困層やマイノリティの問題を悪化させるのではなく, できれば貧困や人種差別の除去に向けて歩みを容易に進めさせるように経営されなければならない. 公共政策の適切な目標とは, 結局のところ, 銀行の行動を機会の減少と正義の喪失にではなく機会の増加と正義の昂進に向けていくことなのである.

3. 地域社会のニーズに銀行は応えているか?

過去20年間, 社会科学者による洗練された計量経済学的研究から地域組織による簡単なデータの表示まで, 様々な研究は, アメリカの銀行が, 低所得層, マイノリティ, 地域社会の信用や銀行サービスへのニーズに適切に応

えてこなかったことを明らかにしている．銀行システムの地域再投資の成果は，まったくひどいものである．なぜなら，その一方で，投機的な不動産開発，ハイリスクの企業買収，その他無分別な冒険的事業に過剰な信用が供給されてきたからである．こうしたことが，S&Lの崩壊や商業銀行の破綻をもたらした．

本節では，いかに銀行が地域社会のニーズに応えたかということに関して入手したデータを以下の3つの項目の下でまとめる．すなわち，住宅用モーゲージ貸出，基本的な銀行サービスの供給，マイノリティや地域社会に根ざした中小企業への貸出である．銀行のこうしたことに対する実績が低レベルであったことを説明する原因やそのメカニズムについては，次節で検討される．

(1) モーゲージ貸出

1988年5月にピューリッツアー賞を受賞した，『アトランタ・ジャーナル・アンド・アトランタ・コンスティテューション』における「貨幣の色」という連載は，住宅用モーゲージ貸出の分野でかなり人種差別が行われているという問題を全国に知らしめることになった[7]．その研究は，少なくとも80%が白人の安定的中所得層の地域と80%が非白人の安定的中所得層地域とを比較している．1984年から1986年までにアトランタの銀行とS&Lは，黒人地域と比べて白人地域では1,000世帯につき4.5倍の貸出を行ったことが明らかにされた（Dedman, 1988）．

その後の研究は，各都市で同様にモーゲージ貸出に関して極めて大きな人種差別が行われていたことを明らかにしている[8]．1981年から1987年までボストンでは，銀行は，モーゲージ貸出を白人の低所得層の1,000家族につき黒人の低所得層のそれの2.9倍行った（Finn, 1989）．1981年から1986年までデトロイトでは，7大貸し手は，市街地の住民から都市部の総預金の13%を獲得したが，市街地住民には都市部の総モーゲージ貸出のわずか5.6%しか行わなかった．白人の中所得層に対するモーゲージ貸出比率（1,000家

第8章　銀行と地域社会，公共政策　　　　249

族につき）と黒人の中所得層に対するそれとの比は，調査時点の年ごとに上昇しており，1986年には3.14：1にまで達した（Blossom, Everett, and Gallagher, 1988）．同様の結果は，地域社会の変容に関するセンター（Center for Community Change, 1989）による14都市の研究や，シカゴ（Shlay, 1988），ロサンゼルス（Dymski, Veitch, and White, 1991），ミルウォーキー（Squires and Velez, 1987），ニューヨーク（Williams, Brown, and Simmons, 1988）でのそうした調査にも見出される．

　たいていの研究は，1990年以前のHMDAによるデータに依拠している．それは国勢調査の地域ごとの貸出についての情報を与えているが[9]，貸出を受けた個人について何の情報も与えてくれない．このような1990年以前のHMDAのデータは，異なる人種や所得水準の住民への貸出を検討するためには，10年間の国勢調査の情報と結びつけられなければならない．

　借入申込者の人種（住民の人種構成ではなく）に基づいて貸出の不平等を調査した最初の主要な研究は，1983年から1988年までのアメリカの3,100行のS&Lと貯蓄銀行すべてによって受け取られた1,000万人以上の住宅借入の申込者を検討している[10]．この研究によれば，黒人に対する貸出拒絶率は白人の2倍以上だった（23.7％対11.1％）．また，多くの地域で黒人高額所得者に対する貸出拒絶率が，白人低所得者よりも高かった（100大都市地域のうち85都市で，このことは少なくとも1年は真実であった）．さらに，入手された比較可能な資料によれば，17都市のうち13都市において，貸出の決定における人種差別は，時とともに改善されるのではなくむしろ悪化していた（Dedman, 1989）．

　HMDAの1989年改正は，モーゲージの貸し手が，国勢調査の地域ごとに以前必要とされた貸出額とともに借入申込者すべてについての包括的な情報――申込者の人種，性別，所得，申請の結果を含めた――を報告することを求めている．1990年のこれら豊富なデータの分析（例えば，Canner and Smith, 1991；Thomas, 1992a）は，白人と黒人に対する融資拒絶率に著しい違いがあったことを強調している．――全体として，普通の住宅用モーゲ

ージ貸出の黒人申込者の34%が拒絶されたのに対し，白人のそれは14%であった（ヒスパニックは21%，アジア人は白人をいく分下回っていた）．同じ所得水準の申込者に限定して比較しても，大きな違いが見出された．

その後数カ月間，銀行，産業グループ，監督当局はすべて懸念を表明し，マイノリティへの貸出の減少をもたらしている慣行を改めることを決定した．それにもかかわらず，1991年のHMDAのデータが1992年10月末に公表されたとき，前年とほとんど同じ拒絶率となり人種差別が明らかとなった (Canner and Smith, 1992)．

(2) 銀行サービス

最低所得層の人々にとって，必要最低限の銀行サービスを手頃に利用できないことは，融資を得ることが難しいということよりももっと深刻な問題である[11]．住宅や企業所有権を欲するいく分高所得の人々は，銀行口座のやりくりをしたことがないとしても，融資を得ることがずっと難しいことを知っている．さらに，地域社会に銀行の支店が物理的に存在することは，地域社会の住民に信用を利用できるという目に見える象徴を与えると同時に，借入申込者を評価するのに役立つ情報を銀行に与える．それゆえ，銀行の支店の設置，その提供する基本的銀行サービス，適切な信用供与は，低所得層やマイノリティの地域社会を相互に強化するものである．

多くの都市での調査によると，低所得層やマイノリティの地域社会の住民は銀行の店舗から疎外されている．ボストンでの1989年の調査では，「ボストンの大手12貸出機関は，白人地域に黒人やヒスパニックが大部分を占める［総人口が同じ］地域の5倍の店舗をもっていた」(Hanafin, 1989) ことが明らかにされた．別の調査で明らかになったところでは，1978年から1988年まで，銀行はマイノリティ地域の支店の40%を閉鎖したのに対し，主に白人の地域には支店数を30%以上増やしたのである (Community Investment Coalition, 1989)．6大都市の低所得層やマイノリティの地域における銀行店舗の設置についての包括的な研究によると，「低所得層や黒人

が多く集中する地域は，他の地域に存在するであろう数の半分にすぎなかった」(Caskey, 1992).

低所得層はしばしば必要最低限の銀行サービスを手頃な価格で受けることができない．会計検査院による研究は，アメリカの家庭の約17％が1985年に銀行口座をもっていなかったことを明らかにした．口座をもっていないことに最も共通する理由は，コストの高さ，必要最低残高の高さ，銀行店舗の場所や営業時間が不便であったことである (U.S. General Accounting Office, 1988). 1985年のアメリカ銀行協会の調査は，全商業銀行のわずか21％が生活に不可欠の銀行口座を提供しただけであったことを明らかにした (Canner and Maland, 1987). なお，ごく小さなマイノリティの銀行だけが口座をもっていない人に対して政府小切手を現金化したにすぎなかった．

生活に必要不可欠な銀行口座を提供したり政府小切手の現金化を行う銀行の数は，近年，一定程度増加してきている．しかし，生活に必要不可欠な銀行口座開設の強制化といった法制化の提案に対する産業の抵抗の強さ，地域社会の擁護者と銀行との間で締結されている最近の地域再投資協定における必要最低限の銀行サービスの提供といった突出ぶり，ジョン・キャスキーのいわゆる「フリンジ・バンキング（周辺銀行業）」——主に低所得層向けの小切手を現金化する店や質店——の最近の急激な成長などは，銀行自身が基本的な金融サービスに対する多くのニーズを充足していないことを示すものである (Caskey, 1991a, 1991b).

(3) 地域社会の経済開発のための融資

中小企業やマイノリティ所有の企業，とりわけ低所得地域に所在する企業への不適切な銀行融資という問題は，いくつかの点でここで取り上げられている3つの主要な問題のうち最も深刻なものである．経済開発は，地域社会を活性化するのに必要な雇用や所得を与える重要なものである．あらゆるタイプの企業は，事業の継続と拡張を支えるために信用を求めている．しかし，大企業は信用市場に直接アクセスでき，他の金融機関から資金を調達するこ

とができる．それに対し，中小企業は，ほとんどもっぱら銀行に依存せざるをえない．最近の連邦準備の研究によると，「中小企業によって利用されるほぼすべての金融商品やサービスのために最も重要な唯一の金融機関は，圧倒的に，地域の商業銀行であった」(Elliehausen and Wolken, 1990, pp. 31-2)．

しかし，中小企業向け貸出の重要性にもかかわらず，この領域の問題の大きさを明らかにするようなほとんど何の体系的なデータも存在しない．ロサンゼルスにおける貧困，人種，信用に関する最近の研究によると，「おそらく経済開発融資に関して最も明らかになったことは，この領域のことはほとんど何も知られていないということであった」(Dymski, Veitch, and White, 1991, p. 11)．ある地域社会の擁護者は最近の議会証言で強く問題提起した．「スラム地区の企業やマイノリティ所有の中小企業にとっての信用の入手可能性についての統計データが驚くほど存在しないし，問題の大きさを測定するために体系的データの収集が緊急の公共政策として必要である」(Bhargava, 1992, p. 3)．

体系的データがないとはいえ，7,000社以上の新規の中小企業（黒人所有企業のほぼ40％にあたる）によって獲得された融資について少なくとも1つの注意深い研究は，「事業を開始する企業にとって債務の一大源泉である商業銀行が，黒人や黒人所有企業にまで一般的に小額ではあれ貸出を広げているが，そうした企業は，計量経済学的知見によれば，似たような特徴をもつ白人所有の企業よりも小額の貸出しか受けていなかった」と結論づけている（Bates, 1991, pp. 65, 79)．なお，マイノリティ所有の企業や他の中小企業とりわけ低所得地域の企業が融資の獲得が困難だというようなことについて，証拠となるような話はあふれるほどある[12]．

さらに，前述のように，低所得層やマイノリティの地域に銀行の支店がないことが，そうした地域に所在する中小企業が融資や日々の銀行サービスを得るのが難しいという報告と一致している．とにかく，この地域において適切な銀行貸出が行われていないことについて論争の余地はない．監督当局が，

第8章 銀行と地域社会，公共政策   253

状況の改善を銀行に求める地域社会の代弁者に加わるべきである．例えば，連邦準備制度理事会理事ローレンス・リンゼイは，1992年5月のカルフォルニア銀行協会での演説において，「中小企業とりわけマイノリティの中小企業への貸出にもっとずっと積極的な役割を担うよう求めた」(U.S. Senate, 1992b, p. 482)．

また，銀行は，地域社会に基礎を置く非営利組織の信用需要に対処できていない．中小企業貸出よりもさらにこの分野でのデータはまったくないのだが，証拠となるような話が示すところでは，地域の機関，例えば子どものケアセンターやメンタル・ヘルス・クリニックが融資を得ることは極端に難しいようだ．例えば，低所得層に対する医療扶助制度の給付によって運営されているメンタル・ヘルス・センターは，しばしば支出と州政府からの給付とのギャップをつなぐ融資枠を得ることができない．

(4) 情報開示とデータの利用可能性

地域社会や研究者にデータを利用可能にすることに対して，ほぼ20年にわたって連邦当局が抵抗してきたにもかかわらず，ここで引用される一連の証拠が明るみに出されてきた．一般的なパターンは，「情報開示が法制化される前にはそれに反対し，法制化された後では情報開示をできるだけ少なくしようとする長い歴史」(Bradford, 1992a, p. 161) としてまさに特徴づけられる．それらをいくつか例証しよう．

1979年の市民権訴訟調停の条項の下，収集を義務づけられたモーゲージ申込者と人種に関する豊富なデータをまったく利用できなかった連邦住宅貸付銀行理事会の場合についてはすでに述べた（注10参照）．

第2に，HMDAのデータを手に入れ利用したいと考えている人々を妨害するように，引き続き障害があった（詳細は，Bradford, 1992b参照）．例えば，独自の分析のために1990年のHMDAのデータを利用したい人は，たった1つの銀行あるいはたった1つの都市でさえ，4本のコンピュータ・テープを500ドルもの価格で購入しなければならなかった[13]．

第3に，監督当局は，銀行のCRA実績の検査結果についての重要な情報公開に首尾一貫して反対してきた．CRAの実行に際して当局に対する1978年規制では，これらの検査についてのすべての情報が，その検査に利用された情報や与えられた格付けも含めて，秘密にすべきとされていた[14]．

　CRAの1989年の修正によって公的な実績評価が求められたとき，まず当局は，地域社会擁護者たちが個々の銀行の格付けがいつ手にはいるのかを知ることすらたいへん困難にするような手続きを採用した（より相応な手続きは，地域社会を基礎にした強い反対や議会の強い圧力を受けてはじめて，採用された）．さらに，これまで銀行の実績について公的に行われた評価は，ほとんど何も実際のデータを与えてこなかった（U.S. Senate, 1992b, pp. 48–50）．

　最近の例は，議会が中小企業向け貸出に関するデータの供与に向けてそれなりに第一歩を踏み出した1991年の連邦預金保険公社改革法（FDICIA）にそうした条項を監督当局が導入したことである．法によれば，各銀行の四半期ごとの業務報告書（公文書）には，マイノリティの所有する企業やベンチャー企業への貸出数を含めて，中小企業や小農家向け貸出数に関するデータが入っていなければならない．しかし，1992年11月に行われた最終的な規制は，いかなる規模の企業であっても「小額の」貸出（100万ドル以下）を受けた企業の総数を銀行が報告することだけを求めるものとなった．つまり，中小企業，マイノリティの所有する企業，ベンチャー企業についての報告それ自体は，最終的規制からまったく除外されてしまった．

4. 状況のひどさを理解しよう：その原因とメカニズム

　銀行が低所得層やマイノリティの地域社会の信用需要や基本的な銀行サービスに対するニーズに応えているかどうかは，データの開示を妨げるものがあるにもかかわらず，はっきりしている．モーゲージ貸出を行う際に人種差別が行われている，マイノリティの住む貧困地域にほとんど銀行の支店がな

い，小さなスラム街や農村企業の信用需要にまったく応えていない，こうした事実は一般的によく知られている．しかし，こうしたことが存続する理由については，意見が分かれている．本節では，論じられてきたその基本的な原因やメカニズムについて検討する．そうすることで，地域社会への再投資に向けた適切な公共政策を提案し発展させるための体系的な基礎が与えられよう．そうした政策提案の概略は，次節で示される．

地域社会のニーズに銀行が応えていないという状況を生み出す原因やメカニズムは，5つの項目にまとめることができる．すなわち，①銀行が収益性の高い事業機会を開拓できないこと，②人種差別，③監督当局の行動の効果のなさ，④金融改革と規制緩和，⑤社会的に望ましい地域社会への再投資活動を個々の銀行にとっては収益性のないものにする外的要因である．

(1) 収益性の高い事業機会を開拓できないこと

ほぼ20年間，地域社会への再投資運動は，銀行が低所得層やマイノリティの地域にある収益性の高い貸出機会を見逃してきたと論じてきた．もちろん，このことは経済学の教科書に載っている抽象的な利潤極大化モデルと矛盾する．それにもかかわらず，銀行行動は，自らの姿勢や直感通りに行動し従業員に動機づけをする銀行経営者によって形成されるというように，より現実的に表現された場合には，十分に理解されるものとなる．そして，利潤極大化の機会は，銀行経営者の誤った直感や，低所得層やマイノリティ個人そして彼らの住む地域社会についての情報の欠如のために，簡単に逸せられてしまった．これは，銀行経営者の人種構成や社会経済的な背景を前提すれば，至極当然である．

銀行家は，しばしば，以下の2つの主張の1つもしくは両方でCRA貸出の不備を正当化する．すなわち，低水準の貸出は借入需要の低さを反映していること，そしてこれらの貸出のリスクが非常に高いことである．これらの主張のいずれも綿密な吟味に耐えない．

需要の低さは，次の2つの理由で低水準の貸出額を説明するものではない．

第1に，適切なデータがこの主張を統計的に検証するために入手されれば（とりわけモーゲージ貸出に関して），拒否率の高さが低い貸出水準の大きな決定因であることがわかる．第2に，「需要」とは不変のものではない．とりわけ1990年代においては，企業がそうした不変のものに対応したわけではない．成功した企業によれば，需要とは，可能性のある特定の市場に生産物を適合させ積極的なマーケティングを行うことによって創出し拡大するものである．このことが，CRAを起案した人たちが地域社会の信用ニーズに応えるべしという「積極的義務」を銀行に課した理由なのだ．不十分な銀行活動は，観察された需要水準の低さの結果であるとともに原因でもある．銀行が，マイノリティや低所得層の地域社会で高い収益を見込めるという実際的な分析にもかかわらず，他の地域と同じように積極的に貸出顧客を探さないのは，銀行の偏見や態度をあらわしている．

リスクの高さは，たとえCRAが明確に銀行は「安全性と健全性に基づいた営業」活動を行うことと銀行を制約していても，少なくとも3つの理由で貸出額の低さを説明することはできない．第1に，一般に言われていることと違って，低所得層やマイノリティの地域社会でのモーゲージ貸出は，他の貸出よりもリスクが低い．住宅用貸出でさえそうである．この問題に関する体系的研究はまったく行われていないものの，かなりのエピソードからなる証拠は，CRAの指導によって行われた貸出の債務不履行率が非常に低かったことを示している[15]．

第2に，銀行の信用リスクは一般的に多様化によって低下するので，したがって，銀行貸出ポートフォリオに占めるCRA関連の貸出のシェアは今は小さいが，その増加は信用リスク全体を低下させることになる．第3に，とにかく，1980年代の経験の後，最低限の信頼すら失わせた銀行の健全性に基礎を置く議論がある．つまり，第三世界の国々に，エネルギー産業に，LBOに，ぜいたくなアパートやショッピング・センター，オフィス・タワーなどの投機的な開発業者に，いかがわしい貸出を行って何千億ドルもの損失を被った産業が，リスクが大きいことが貧困層やマイノリティの地域社会

に積極的な貸出を行わなかった実際の要因であったと決して主張することはできない．

　起こったことは，事業信用と証券市場が成熟し，銀行が以前支配していた多くの信用市場から追い出されるにつれて，銀行は伝統的な優良顧客の多くを失うようになったことである（本書第4章，第5章参照）．それで，銀行は収益性の高い貸出をどこかニッチ（隙間）に探し出そうとした．実際，銀行は，1980年代，1990年代初めに莫大な損失の原因となる商業用不動産向けや第三世界向け貸出，上で述べた他の分野をまさに見出した．信用市場における革新の進行と銀行の貸倒れ損失の増大の結果，そうしたニッチはいまや銀行が情報上の優位をもつ領域となっている．そしてまた，そこでは銀行の潜在的顧客は直接にそうした信用市場にはアクセスできない．それで，『ビジネス・ウィーク』が最近観測しているように，「銀行は嫌だと大騒ぎして引きずり込まれたが，多くの銀行は，低所得層のニーズに対応する伝統的なサービスに適合的な新たな——適度に収益性のある——ニッチを偶然に見つけたと認めている」(Foust, 1992)．

(2) 人種差別

　地域再投資に関する新聞報道がしばしば与える印象によれば，特徴的な1つの地域再投資問題とは，銀行が貸出を求める個人に対して人種差別を行っているか否かという問題である．事実，地域再投資運動の関心事は人種差別を封じ，同時にこの問題を十分に展開することにある．それにもかかわらず，明らかに，人種差別が主要な公民権問題であるということがアメリカ史の遺産なのである．また，それがどの程度信用市場を歪めるかに応じて，人種差別は健全な地域社会の発展に対する大きな障害になる．

　信用市場における差別の存在は，依然として一般的に証明されたとは考えられていない．1992年5月の時点で，ファニー・メーがスポンサーになった住宅およびモーゲージ市場における差別に関する研究会で発表された当局の2つの報告によれば，社会科学研究に活用される統計的な有意水準に基づ

いて，銀行がモーゲージ市場で差別を行っていると結論するに足る十分な証拠を発見できなかった（Galster, 1992b；Wienk, 1992）．銀行は，多くの研究（前節で言及したもの）が地域への貸出やモーゲージ借入の申込者に対する貸出拒否率にかなりの人種上の違いを発見したことを知っていた．しかし，銀行は，これらの違いが銀行による差別から生じたということを結論するに足る十分な根拠を入手されたデータが与えていないと主張した．例えば，黒人のモーゲージ申込者に対する著しく高い拒否率は，所有資産の小ささや最悪の借入経歴，HMDA のデータから除外された信用度に関連する他の要因から生じているのだと．これらの著者たちは，銀行の個々の貸出ファイルからだけ一般に得られる詳細な情報を含む一揃いのデータを入手し利用できるように要求した．

　6カ月もたたないうちに，ボストン連邦準備銀行の研究者が，差別の存在をはっきりと証明する必要かつ十分条件として，ガルスター/ウィンクによって確認された線に沿って非常によく設定された多変量解析の結果を報告した（Munnell et al., 1992）．この研究は，白人からのモーゲージ借入申請と比較できるように任意に注意深く抽出したサンプルとともに，合計して25以上のモーゲージ借入の申請を受けていたボストン市街地の 131 の全モーゲージ貸し手の下での黒人やヒスパニックによるすべてのモーゲージ借入の申請ファイルから詳細なデータを検討したものである．著者は，借入経歴，資産，負債残高，融資比率，他の変数に関する情報を含む申請書，融資報告書，貸し手の作業表から 39 の変数に関わるデータを集めた．そうした情報の欠如が，HMDA のデータからだけでは差別の存在を推論することができない理由としてたびたび言われてきた．結局，これらの他の変数は計量経済分析と結びつけられて，黒人やヒスパニックの申込者に対する拒否率が白人のそれより 60% 以上も高いことが明らかとなった（17%：11%）．マサチューセッツ銀行協会の高官の 1 人は，このことを，モーゲージ貸出における人種差別の存在をきわめて明白に立証する「決定的証拠」を最終的に与えたものだと述べた．連邦監督当局と銀行産業の指導者は，実際，ボストン連銀の研究

成果が説得力あるものだと珍しく一致したようだ．

　事実，社会科学において必要とされる証明の統計的基準に達してはいないが，理性ある人々が銀行が差別していると結論するのに適切な基礎を与えるいくつかの証拠がずっと存在していた．まず第1に，アメリカでは差別が一般的に見られ，とりわけ住宅市場における差別がよく知られており，差別が銀行産業において存在しないという主張が，説得的でないことははっきりしている．歴史的研究は，「人種が，長い間，住宅産業のすべての面においても，その公的規制においても，はっきりと認識され過度に利用されてきた要因であった」(Squires, 1992b, p. 3) ことを徹底的に明らかにした．政策の明白な変更が行われたときでさえ，これらの今では否定された過去の慣行から何も引きずってはいないと信じることは難しい．そうした慣行は，今日の銀行の古参社員が教育を受けたときに流行していたのだ．

　さらに，銀行経営者や貸出担当役員の中に占める黒人や他のマイノリティの比率が著しく低いので——同時に，マイノリティの住む地域に銀行の支店がほとんどないので——，黒人の申込者が白人とまったく同じように取り扱われているとはほとんど信じられない．豊富なエピソードからなる証拠は，融資を得るのが非常に難しかった黒人の融資申込者が有資格者であったことを示している．事実上，貸出格差に関する議会のあらゆるヒヤリングや報道による取り扱いは（前述の『アトランタ・ジャーナル』の連載記事や1992年6月に放送されたPBSのドキュメンタリー「フロントライン」を含めて），差別が明らかに行われたと思われる個々の事例を示すものであった．

　さらに，いくつかの統計的証拠は差別の存在と一致し，銀行家によって示されたもう1つの可能性と矛盾する．連邦銀行監督当局によって行われた人種による貸出格差に関する最初の重要な研究において，ボストン連銀の研究者たちは，黒人が5%未満しか住んでいない地域よりも，黒人が少なくとも80%住む地域のモーゲージ貸出の件数が少ないことは，多重回帰分析では説明できないということを発見した．たとえ，各々の地域の所得，資産，平均的な住宅価値，空室率，銀行の支店数，新たな住宅開発，他の10の変数

が考慮に入れられたとしても、そうである。マイノリティが支配的な地域でのモーゲージ貸出が24％少ないことを人種以外で説明することはできなかった（Bradbury, Case, and Dunham, 1989）。

第2に、「新しい」HMDAのデータは、マイノリティの住む人口調査標準地域におけるモーゲージ貸出数が少ないことが、黒人と白人との異なる拒否率の結果というよりもむしろ単に需要の低さ（借入申込者数の少なさ）の結果にすぎないという主張を証明しなかった。第3に、1991年末に「新しい」HMDAのデータの最初の発表をもたらした政治力に対応して、アメリカ司法省ははじめて、HMDA報告が貸出で人種差別があることを示していた、かなりの数の銀行の貸出ファイルの詳細な検討に真剣に乗り出した。4,000件以上のモーゲージ申込者の慎重な統計的な検討の結果、デキャツール（ジョージア州）連邦貯蓄貸付組合は、1992年9月にモーゲージ貸出における人種差別のかどでアメリカの司法省によって告発された初めての銀行となった。この銀行は嫌疑を否定したが、貸出を拒否された48人の黒人申込者に平均して2万ドル以上を支払うことと、そうした数多くの銀行取引のやり方を変えることの両方とも合意した（Canner and Smith, 1992, pp. 807-8）。

最後に、黒人の申込者に対して人種差別が行われているという証拠が、「検定」と呼ばれる方法によって発見された。この方法においては、対等の1組の申込者——1人は黒人でもう1人は白人という組み合わせ、しかし、貸出の決定に正式に用いられている基準からみて実質的に同一とみなされる2人——は、それぞれ同じ貸し手と交渉し、その経験を語ることになっている。つまり、対応の違いははっきりと申込者の人種の違いにのみ起因するというように場面が構成されるので、その方法によって差別的な行為が行われていることが明らかにされることになった[16]。広範に検定が利用されることで、住宅信用市場とは対照的に、住宅市場自体に差別があることをはっきりさせた（Turner, 1992）。モーゲージ貸出の分野で検定は、統計的に有意な結果を生み出すのに十分なほど大規模に行われてこなかったものの、試験的研究は、モーゲージ貸出を求める初期の段階でかなり差別が行われているこ

とを強く示していた（Galster, 1992a, pp. 23-36）．

(3) 監督当局の失敗

　銀行は，地域社会のニーズにほとんど応えていないことに対して主に責任を負わねばならないが，連邦銀行監督当局も，CRA を実施する責任を果たしていないことでそうした銀行の実績のひどさに寄与してきたといえる．国民の代理人としてよりもむしろ産業の助言者として行動することによって，監督当局は，法に従わなくても監督当局から何の厳しい処罰も受けないという銀行経営者の結論を十分に正当化するかなりの記録を蓄積してきた[17]．監督当局が圧力と指導を適切に結びつけて適用していれば，銀行はきっときちんと行動していたであろう．

　CRA 施行の最初の 10 年間，CRA の実施に際して銀行監督当局がいかにずさんであったかは，『アトランタ・ジャーナル』の「貨幣の色」という連載の後に行われた上院銀行委員会の 2 回にわたる公聴会で十分に明らかにされた．そこでの証言が明らかにしたことは，1980 年代の規制緩和の熱狂の中で，CRA の実施を課せられていた連邦監督当局が，あたかもそんな法など存在しないかのように基本的に行動したということであった．監督当局は，すべての銀行のごくわずか 3％ が不満足な CRA 格付けであるにすぎないと証言した．さらに，CRA の成立後 10 年間に監督当局の承認を必要とした 5 万件以上の銀行申請のわずか 9％ が，不適切な CRA 実績を根拠として否定されたにすぎなかったとも証言した．地域社会の支持者たちの指摘によれば，会計検査院が 1981 年の議会報告書において不適切な CRA 検査に対して監督当局を強く批判したにもかかわらず，監督当局は，実際に 1981 年から 1984 年までに CRA 検査に費やされた年間総時間を 68％ も（91 万 5 千時間から 29 万時間に）減らしたのであった．そして，連邦政府が，すべてこうした示唆的な証拠にもかかわらず，どの銀行に対しても貸出の差別を告訴できるような事例は 1 件もなかったとしたことに止目すべきである．今改革のための地域組織の会（ACORN）代表ミルドレッド・ブラウンは状況を次の

ように要約した．「銀行は法を犯し，監督当局もぐるだ」(U.S. Senate, 1988).

そうした証言がCRAとHMDAへの1989年修正案の可決に役立った後で，4年後に行われた上院銀行委員会の小委員会による綿密な調査は，監督当局の実績がまったく改善されていないことを明らかにした．証人は，監督当局によるCRA検査がいく分厳しくなった（満足以下の格付けを受けた銀行数が3%から11%に上昇した）ので，監督当局の不承認が，しばしばCRA実績の実質的側面よりもむしろそのプロセスや報告書に対して行われたと指摘し，公表されたCRA評価の質の悪さを明らかにした．そのような監督当局の行動は，銀行から強い抗議を引き起こすことをほぼ意図していたようであった．つまり，CRAによって課せられた「規制の負担」に対して金融界の怒りが誘発され，不適切な監督当局の行動によって煽られたのであった（U.S. Senate, 1992a, とりわけ，Bradford (1992a) とGoldberg (1992) の証言を参照せよ）．小委員会の報告は，「監督当局の矛盾した手ぬるいやり方」を強調し，次のように結論した．「当局が多くの金融機関の実績のひどさに大きな責任をもち，いま当局に対して全体的な実績評価をするならば，当小委員会は当局に対してDを与えることになるだろう」(U.S. Senate, 1992b, p.5, 強調は原文).

(4) 金融改革と規制緩和

銀行業は，大きな変化を経験していたので，元連邦準備制度理事会議長アーサー・バーンズ (1988) は，こうした変化を「アメリカ銀行業における革命の進行」と名づけた．この「革命の進行」は，近年のCRAを巡る戦いにも変化を与えている．しかし，銀行構造の変化――とりわけ合併や地理的拡張に向けた傾向――が銀行のCRA実績に関してどのくらいの影響を与えるのかということについてのはっきりとした結論は未だ明らかではない．

規制緩和と改革の進んだときが地域再投資の黄金時代ではなかったことに止目しておかねばならない．実際，地域再投資運動は，1960年代末から

1970年代初めまで広範な投資の停滞に対応して盛り上がった．地域社会への投資の悲惨な状況はかなり変わったが，規制緩和と改革によって銀行が地域社会のニーズを充足できなかったと結論するのは適切ではない．

さらに，銀行合併や州際拡張のうねりがマイナスの影響を与えたとはいえ，こうした展開は，地域社会が再投資の状況を改善するという銀行との合意を勝ち取ることによって，大きな力を与えることになった．いかなる合併もいかなる州際銀行買収も監督当局の承認を必要とし，監督当局は，是認するか否かを決定する際には銀行のCRA実績を考慮することを法的に求められていたので，銀行の拡張や合併の過程は，不適切なCRA実績を根拠に申請の無効を主張するという魅力的な機会を地域社会に与えた．何百ものケースで，そうした異議申し立てが，銀行と地域社会との間に合意をもたらしたのであった．

銀行の規模という点で，大手銀行ほど地域社会のニーズに応えていないというような体系的な証拠はない．状況は，銀行の規模と経営の効率性の関係に類似していると思われる．つまり，銀行業における規模の経済に関する研究が示しているのは，全体的傾向よりも，所与の銀行規模で効率性にかなりのバラツキがあるということである (Clark, 1988; Humphrey, 1990)．すべての中小銀行が地域社会の方に向いているわけではない（映画でいえば，どんな美しい心をもったジミー・スチュワートのような人物にも強欲で卑しむべきライオネル・バリーモアがいる）．実際，中小銀行の地域再投資実績が平均して大手銀行よりも悪いといういくつかの証拠もある．つまり，中小銀行は大手銀行より預貸率がかなり低く (U.S. House of Representatives, 1992, p. 14)，大部分の中小銀行が連邦銀行監督当局からCRA実績を低く格付けされている[18]．

銀行の規模に関するあいまいな証拠と比べて，銀行の地理的拡張に対する障壁の除去は，地域社会にかなりマイナスの影響を与えたようである．州内および州境を越えた——銀行持株会社によって支配された銀行のネットワークを通じた——銀行のさらなる拡張は，多くの地域社会が，主要大都市地域

における地域社会ですら，本部が遠く離れた都市にある銀行と取引せざるをえないことを示している．この問題に関する体系的な証拠は未だ存在しない．しかし，意思決定権が遠く離れた本部に集中することになれば，地域社会は，地域の状況をあまり知らない，また地方問題の解決にほとんど関心をもたない，さらにとりわけCRA実績の改善に向けての合意形成に不可欠である地域的に組織された運動をまったく受け入れない銀行と相対することになるだろうと想定することはもっともであると思われる．さらに，大手銀行の規模の拡大と地理的な拡大は，官僚や監督当局の選任に大きな政治的影響を与え，地域社会の擁護者たちを今までよりも一層不利にすることになろう．

(5) 個々の銀行が制御できない要因

最後に，個々の銀行が，地域志向型の貸出が収益性の低さを根拠にしてそうした貸出を抑制することが正しい環境がいくつかある．少なくとも3つの場合，地域再投資の実績のひどさは，個々の銀行が制御できない要因によって生じた．しかし，それぞれの場合に，適切な公共政策の手段は，当該貸出を収益性の高いものにするのに十分なほど環境を変えることができる．

第1に，再投資が団体行動という問題によって阻まれる場合がある．例えば，1つの銀行は，不況地域への貸出が非常に大きな債務不履行のリスクを伴うと正しい決定をするかもしれないが，すべての銀行がそこに貸出を行い始めれば，結果はすべての貸出が返済されうるほど地域社会全体を繁栄させることになろう[19]．もう1つの例は，非口座保有者に政府（福祉）小切手を現金化するか否かについての銀行の決定に関するものである．1行だけでこれを行う銀行は，店舗や職員をかなり必要とすることになろうが，すべての銀行がこのサービスの供給を認めれば，個々の銀行の負担はずい分と小さくなろう．そうした場合，行われるべき政策は，要求されなくとも，すべての銀行による地域志向型の行動を支援することである．

第2に，個々の銀行の貸出が，適切な流通市場が存在しないことによって大きく抑制される場合がある．このことは，明らかにモーゲージ貸出に関し

ては正しい．ますます増加する住宅用モーゲージ貸出は，流通市場で即座に売却されることを意図して行われているので，ファニー・メーや他の流通市場の機関の引受基準や取引慣行は，銀行が組成する貸出に大きな影響を与えている．その結果は，低所得層やマイノリティのような多くの潜在的住宅購入者の特殊な環境に対応しない「あっさりとしたバニラのような」貸出を推進することとなった（Canner and Gabriel, 1992）．手頃な住宅の開発や地域社会に根ざした事業への持続的な融資も，適切な流通市場の創設によって大いに強化されることになろう．これらの場合に，銀行は，地域志向型の貸出を増加させることになる流通市場の強化を支持する銀行以外の勢力と連携できるのである．

最後に，追加的な信用拡張から社会が享受する総利益は返済費用を上回るが，その利益のほとんどが，必要な貸出の返済を行っている借り手に還元されないような場合がある．これらには，低所得層の住む地域社会のニーズに応えるために提案され行われてきた多くのものがあり，さらに公的な金融支援や民間の金融支援を必要としている．ここでの公共政策の役割は，適切な政策的補助を与え，銀行が確立された枠組みの中で適切な役割を果たすことを保証することである．

5. 地域再投資政策の課題

本節では，低所得層やマイノリティおよび彼らの住む地域社会に信用と金融サービスを供給する銀行の実績の改善を意図した一連の公共政策が大雑把に提案される．これらの提案は3つの現実的な領域で行われる．それは，住宅用モーゲージ貸出，基本的銀行サービス，中小企業向け貸出であり，これらに対する銀行のひどい実績については，すでに第2節で明らかにされた．

ここで提案される政策は，本書の一連の金融システム改革提案の一部とみなされるべきである．つまり，地域再投資は，わが国の信用供給を経済発展を高め人的福祉を促進するように再び方向づけるまさに1つの道である．金

融改革の他の分野への提案と併せて再投資の提案を考慮すれば，最低限，銀行破綻の危機に対する政策対応が，銀行の地域再投資活動のすでにひどい状況をさらに悪化させることはなかろう．より積極的に，この分野でさらに前進するための政治的な槓杆は，地域再投資法の改正が，銀行によって熱心に求められた変更を含む全体的な法制と統合されたとき最大となろう．さらに，地域再投資の目的は，必要自己資本額の変更，預金保険規定の変更，監督機関の組織と手続きの変更，より全般的な改革やリストラ努力といったそれ以外の課題の変更を通じて実現されよう．

ここでの提案のいくつかは，明らかにコストがゼロか小さいものである．これら以外の新たな非営利貸出機関の創設といった類のものは，かなりの資金を必要とするであろう．特定の提案にかかるコストを実際に見積り，これらのコストがいかに補塡されるか詳細に論じ，この政策提案の利益が量的にどのくらいかを査定することは，非常に重要なことではあるが本章の範囲を超えている．

本節では，主に，地域社会のニーズに対応できるように銀行の実績を改善するための連邦レベルの政策手段に焦点が絞られる．この点は，銀行がこの分野で果たさなければならない中心的な役割からすればまったく当然である．同時に，銀行家も地域社会の擁護者たちも同様に，銀行だけが再投資の責任主体であるとすることは不公平で非現実的であると考えている．虐げられてきた地域社会に金融サービスや信用供給を増強するための手段についての包括的な政策には，少なくとも以下の3つのものが必要である．

第1に，適切な地域再投資義務が，銀行と競争するすべての非預金金融機関——保険会社，証券会社，投資信託会社，住宅金融会社，ファイナンス・カンパニーに対して法律で強制的に課されるべきである[20]．この措置は，銀行がこの分野で特別の責任をもつために競争上不利な立場に置かれることになるという銀行の懸念を取り除くことになろう．同時に，虐げられた地域社会の緊急のニーズに振り向けられる資金総額が実質的に増加するであろう[21]．

第2に，地域再投資実績の改善義務は，ファニー・メーやフレディ・マッ

クのような政府出資の企業に課されるべきである．1992年末に可決された法律で具体的にこの方向で重要な第一歩が記された．それには，ファニー・メーやフレディ・マックによって購入されたすべてのモーゲージの少なくとも30％は中心都市の土地で担保されなければならないこと，また，低所得の借り手を貸出の直接の標的にするという追加的な条項とともに，少なくとも30％は平均的な所得以下の借り手のためでなければならないという義務があった．低所得層やマイノリティの地域の土地に融資を行うこと，低所得層やマイノリティの借り手に融資を行うこと，非営利の開発業者によって建築された複数家族向け住宅に一定の融資を行うことをより明確な目標とすることは，望ましい次の一歩である．さらに，貸し手が積極的に行うようなタイプの貸出に流通市場の引受基準が影響を及ぼしていることを前提すれば，ファニー・メーや他の実質的な流通市場における買い手は，低所得層やマイノリティの地域社会の借り手のニーズに応えられるような弾力的な引受基準を一層採用すべきである．流通市場の機関からのそうした支援は，虐げられてきた地域社会への融資をますます増加させることになろう．

　第3に，地域再投資に最も期待できるアプローチの1つは，それに熱心な特定の種類の金融機関を創設することである．そうした金融機関は，非常にうまくいったシカゴのサウスショア・バンクを手本にすることができるし (Osborne, 1989)，あるいは地域開発信用組合といったモデルも創られよう (Isenberg, 1991)——おそらく，それは閉鎖された銀行の支店を基礎にすることもあろう (Green and von Nostitz, 1992, pp. 83-4)．個々の金融機関は，地域社会に根ざした企業家に小口の貸出を行ったり，手頃な住宅の建築に融資するといった特定のニーズに特化することになろう (Hanggi (1992) は，連邦住宅貸付銀行理事会を地域社会志向型の住宅向け貸し手にとっての一種の「中央銀行」に転換することを提案している)．あるいは，金融機関は，公共目的をもった銀行として (Schlesinger, 1991, Financial Democracy Campaign, 1992)，あるいは大統領候補ビル・クリントンが求めた「中小企業のための地域開発銀行の国内ネットワーク」の一部として (Clinton and

Gore, 1992, p.149)，幅広い一般的な義務を課せられることになる。こうした金融機関には，規模の小さな機関（単一の小さな地域社会のニーズに応えるような機関）から大きな機関（例えば，地域社会に根ざした機関や伝統的な貸し手によって行われる CRA 関連の貸出のための国内流通市場を用意するような機関）まである。その正確な大きさや範囲がどのようであれ，こうした機関は一般的に非営利でなければならないし，公的補助や民間の寄付によって支援され民主的に管理されなければならない。

それにもかかわらず，ノンバンク金融機関，政府系機関，地域社会志向型の非営利銀行はすべて必要とされる地域再投資に大きく貢献するとはいえ，これらの貢献は銀行自身による実質的な実績の改善を代替することはできない。少なくとも銀行に対する連邦政策の以下の5つの変更は，この実績の改善に役立つであろう。すなわち，人種差別を禁止する法律の適用強化，基本的な銀行サービスの供与義務，CRA 検査および評価の過程の改善，銀行の実績改善に向けた強い動機づけ，CRA 関連の貸出に関する情報開示の促進である。

(1) 人種差別との闘い

貸出における人種差別の調査と訴追を行う監督当局の不十分な実績については，すでに述べた。非常に重要なことは，銀行監督当局が――住宅都市開発省や司法省と同様に――将来においても人種差別にかなり大きな責任をもつことを義務づけることである。オルタナティブなアプローチは，1つに絞られた任務と特殊な専門知識をもった単一の機関に，公正な貸出についての法の適用の責任をもっぱら負わせることである。いずれにしても，まず必要なことは，新たな法の制定というよりもむしろ，現行法を強化する積極的で適切な努力の積み重ねである。

これらの努力を支持するのに，（前述の）一対検定法という方法は，監督当局が実行するに値する有効な手段である。つまり，銀行監督当局は，広く受け入れられた基準で行われるそうした検定を支援，指導すべきである。監

督当局も，銀行がマイノリティ個人からのあるいはマイノリティ地域にある住宅のための融資の申込を拒否するという仮の決定を行内で再考できるきちんとした機構を確立するように奨励すべきである．実際のまた潜在的な公正な貸出政策の検討については，Canner and Smith（1992, pp. 812-9）を参照されたい．

(2) 基本的銀行サービス

ほとんどのアメリカ人が当り前だと考える基本的な銀行サービス——貨幣の保管，個人小切手での遠隔地の支払，政府小切手の現金化——に社会のすべての成員がアクセスできることを保証するために，すべての銀行は，低コストの貯蓄勘定，低コストの小切手勘定，口座を開設していない人への小切手の現金化サービスを供与すべきである．このための法案が，上院議員ハワード・メッツェンバウムたちによって何年間も提出されてきた．そして，監督当局は，支店閉鎖という銀行の提案を認めるかどうかを決定する際には，基本的銀行サービスの潜在的な喪失という要因を考慮に入れるべきである．

基本的銀行サービスの供与によって，銀行はいくらかコストを負担することになる．しかし，そのことは利益も生むであろう．基本的銀行サービスの供与を通じて得られた情報は，地域社会での貸出活動に有用であろう．多くの場合，銀行は，現在の預金残高が最低残高であるが，経済環境が好転したときには収益をもたらす顧客となると予想される人々と事業関係を確立するであろう．これは，政府がすべての銀行に求める社会的に責任ある行動から，銀行がはっきりとした利益を得ることになる1例である．個々の銀行は，基本的銀行サービスの提供という片務的な措置が行員や設備を著しく必要とすることになるなどと悩む必要はないのだ．

(3) CRA 検査と評価の過程の改善

地域再投資は，本質的に地域的なものである．監督当局によるCRAの公的評価が，一定の銀行が営業している各主要大都市地域で別々に行われる場

合には，CRA検査の過程が一層社会的に有益となるであろう[22]．サンディエゴの住民は，バンク・オブ・アメリカが彼ら自身の地域社会でいかにCRA義務を果たしているかに興味をもっているのであって，ロサンゼルス，サンフランシスコ，カリフォルニア州の他の地域におけるいくつかの特定されない地域の実績の監督当局による混成に基づく全体的な評価に興味をもってはいない．つまり，銀行全体を基準にしてだけCRA検査が行われるという現在のやり方は，全国的に営業している大手銀行にはすでに不適切なものとなっている．個々の大都市地域で別々のCRA評価を求めることが，銀行が全国的に支店設置の権利を獲得すれば必須となるであろう[23]．

　CRA検査の過程の他の修正は，銀行家と地域社会の擁護者たちによる合法的な苦情を考慮すれば，望ましいことである．とりわけ重要なことは，形ではなく実質である．CRA検査は，実績を基礎にすべきである．なぜなら，実際に必要とされる信用を供与する銀行の実績が適切かどうかが実質という問題であって，それは形の問題ではないからである．実績がひどい場合にのみ，監督当局は，銀行がCRA義務を実行する過程を徹底的に調査しなければならない．検査官は銀行のCRAについての活動報告書を合法的に要求するので，現場からの報告は，多くの場合，報告書が活動それ自体よりも重要であるとみなされてきたことを示している．このことは，地域再投資法そのものの精神に基づいて実績を改善するよりもむしろ，銀行家の怒りや冷笑を醸成することをほぼ意図したとしか思えないような監督当局の行動の例を示すものでもある．

　また，CRAの基準を銀行の規模やタイプに注意深く合わせることが生産的である．前述のように，田舎の小銀行が，その地域再投資義務に対して都市の大銀行よりもよい実績をあげているということを信じるに足る十分な理論的・実証的根拠はない．しかし，その義務の性格が異なっていることははっきりしている．CRA検査官から支店閉鎖方針をもたないことを咎められて，あるマサチューセッツ州の銀行家は怒りを露わにしたが——この銀行は支店を1つももっていない——，このことは，標準化されたCRAの検査項

目表を異なるタイプの銀行に適用するという愚かしさを示している．その代わりに必要なことは，銀行のタイプに応じた基準の適切な組み合わせである．

最後に，CRA 検査と評価の過程の重要な変革は，国民参加の機会を増やすことである．例えば，当局は，CRA 検査を行うとき，地域社会の様々なグループの意見を活発に求めるようにすべきである．

(4) CRA 実績を改善するためのインセンティブ

現在，銀行は CRA 実績に対して 2 通りの賞罰を受けている．つまり，新規の支店設置や合併・買収の申請に対する監督当局の審査において，良好な（不良な）評判と良好な（不良な）配慮と表現されることである．追加的に具体的なインセンティブをこれらの賞罰に補うことは，CRA 実績を改善するであろう．そうした金融上のインセンティブは，1 つ以上の CRA 実績の指標——おそらく CRA 格付け自体や適格資産（例えば，低所得層やマイノリティの地域を対象にした貸出）や負債（低コストの基本的銀行サービスを行う口座の預金）を基礎にした特定の比率——に応じて，必要準備率，預金保険料率，監督機関への手数料を変えるという形をとるであろう．そうした一連の金融上のインセンティブ——貧困層向けに手数料が低く小切手振出可能な新種の預金を提供したり，貧困地域での貸出を増加させた銀行には預金保険料の引き下げを行うこと——は，1991 年の連邦預金保険公社改革法に含まれていたが，必要な財政上の手当がなされなかったため導入されなかった[24]．

(5) 情報開示の拡大

地域再投資の分野で，他の分野とも同様に，支持できない慣行の証拠を提供する情報公開は，明らかに一層の社会変革のための有力な手段である．実際，情報の公的な入手は非常に重要である．とりわけ，市民グループや地域社会の擁護者たちによる「下からの規制」の過程が，監督当局によるしばしば非効率な「上からの規制」に必要な補足として作用する場合にはそうであ

る（Fishbein, 1992）．それゆえ，銀行監督当局は，開示される情報の範囲を拡大し，その情報を容易に入手できるようにすることが重要である[25]．このことは，20年も法による情報開示命令に嫌々ながら応じてきた監督当局の態度を劇的に変えるものである．

とりわけ，銀行に商業貸出や住宅ローンについての報告を求めることは有益であろう．融資を受ける中小企業の所在地とその企業の所有者の人種に関するデータが，地域社会を基礎にした経済開発に融資を行う際の諸問題を立証することができるのである．

現在集積されているデータは，利用しやすく安価な形で，地域社会の諸グループにすぐに入手可能となるようにすべきである．コンピュータのハードとソフトの絶え間ない進歩によって，ハードコピーの形態であれディスクの形態であれ低い手数料で利用者が選択できるHMDAのデータが供給され，そのデータに基づいて諸報告が作成されるようになろう．拡張されたHMDAの情報を集め加工するのにかかるコストを前提しても，わずかな追加的な支出によって，関心をもつ地域社会の諸グループや研究者たちに利用しやすい形で，こうした情報供給は著しく容易になろう．

同様の趣旨で，監督当局は，いかに十分に銀行が合併申請の際に確約したCRA関連の義務を果たしているかについての公的な報告を行うべきである．最低限，詳細な報告は，各銀行に対して連邦監督官が定期的に行う公的なCRA実績の評価に含められるべきである．

(6) むすび

これらの提案すべてを導入したとしても，地域再投資というニーズを継続的に評価することの必要性がなくなることはなかろう．一方で，アメリカ資本主義も，とりわけ銀行業も，劇的な変革期にある．すなわち，それに応じて先進的な公共政策の提案者は，今やいつもよりも目標を移していかざるをえなくなっている．銀行業がこの20年弱でどのくらい変化したかを例証するために，地域再投資運動が最初に高揚したとき，近隣に銀行店舗がたくさ

んあり，州際銀行業などほとんど知られていなかったことを想起せよ．実際，1979年末の時点で，12州——シカゴの活動家がCRA運動の先頭に立っていたイリノイ州を含む——が，支店設置を全面的に禁止する単店銀行州であった（Mengle, 1990）．

他方，どんな勝利もそれで終わりというわけではない——過去の勝利を守り，成功に導く法制化に向けたイニシアティブを発揮し，到達された合意を監視し，新たな問題に対応した新たな手段を立案し，その実現に努力しなければならない．銀行からの決して終わることのない攻撃に抗して，過去のそして将来の成果を守る地域再投資運動を支援するためには，貸出情報の開示の拡大と実績の監視という先の提案がとりわけ重要である．

注

1) 著者は，本章の初期の草稿に有益なコメントを寄せてくれた Deepak Bhargava, Gary Dymski, Gregory Squires, Anne Shlay，および1992年6月開催の通貨・金融市場再構築のための経済政策研究所の作業委員会の研究会の参加者たちに感謝する．
2) 簡単化のために，「銀行」という用語は，商業銀行と同様にS&Lや他の貯蓄金融機関も含めて用いられている．地域再投資運動の歴史については，Greenwald (1980, 第5, 6章), Campen (1990), Dreier (1991), Guskind (1989), Squires (1992a) を参照せよ．これらの文献の最後のものが，CRA運動をもっぱら取り扱った最初の書物である．それは，地方における地域再投資の闘いについてのいくつかの詳しい事例研究を行っている．
3) 本章は，連邦レベルでの地域再投資政策に焦点を当てているが，州および地方自治体レベルでのその政策も全体の重要な部分を占めている．銀行監督がますます連邦レベルに集中されるようになるにつれて（FDICの役割が州法銀行の預金保険機関として拡張されたために），連邦と州の銀行監督が混在していたアメリカのこれまで長きにわたった2元銀行制度は侵食されつつある．それにもかかわらず，商業銀行の約3分の2と貯蓄金融機関の半分は州免許によるものである．それゆえ，地域再投資を促進するための州（および地方自治体）の政策の余地はかなり大きいといえる．州レベルの地域再投資法，州際銀行法，連結預金制度の領域での州政府の努力を見事にまとめたものについては（今ではいく分古くなったが），National Center for Policy Alternatives (1987) を参照せよ．
4) CRA と HMDA に関する文書を見事にまとめたものは，修正法それ自体と導入された規制および監督当局による他の重要な声明も含めて，国民教育情報セン

ターの『地域再投資法便覧（1991年版）』の付録にある．
5) 1866年の公民権法はこれらの法に100年以上も先だち，貸出も含めてあらゆる形態の契約における人種差別を禁じている（Wienk, 1992, p. 219）．人種差別は，公正な貸出規則に明記されたいくつかの禁止された特徴（例えば，年齢，性別，宗教）の中から選び出されている．なぜなら，いかなる証拠も，人種以外のものを根拠にして銀行が幅広く差別しているということを示していないからである．
6) この破滅的な現象を概観するには，また文献紹介をかねて，Bradford (1991, pp. 9-11) を参照せよ．Levine and Harmon (1992) は，いかにそのような貸出が，1960年代末のボストンにおいて，抵当流れを広げ，不運な借り手から資金や家を失わせ，標的とされた地域の急速な悪化をもたらしたかという，1つの劇的な例をありありと表現している．
7) ここで，貸出の差別がはじめて体系的に明らかにされたわけではなかった．不平等なモーゲージ貸出に関する1世代前の（1970年代の）研究については，Greenwald (1980), Schafer and Ladd (1981) を参照せよ．
8) Shlay and Goldstein (1994) は，モーゲージ貸出の研究についてすぐれた批判的，歴史的なサーベイを行っている．それは，1980年以降の26の研究の範囲，方法，結果についての体系的な比較分析を行っている．また，Shlay (1989) は，この分野で入手可能なデータや異なる研究方法の性格や限界についての有益で重要な説明を与えている．
9) 国勢調査の地域は，2,000～3,000人の人口を持つ2～3の街区四方の地域である．というのは，そこでは，詳細な人口統計的なデータ，社会経済的なデータが入手できるからである．例えば，ボストンには約160の国勢調査の地域があり，その地域は平均して26の市街区と約3,300人の平均人口とから構成されている．
10) 『アトランタ・ジャーナル』は，これらのデータを情報公開法に基づく請求という手段によって連邦住宅貸付銀行理事会から入手したにすぎなかった．すなわち，今では存在しない監督機関は，公民権訴訟の1979年の和解条件のために集めざるをえなかったデータをまったく分析していなかったのである．
11) 例えば，マサチューセッツ地域活動計画監督者協会は，地域活動機関の顧客に関する州全域にわたる調査の後に，「結果は驚くべきものであった．第1に，顧客の心配事はほとんどもっぱら基本的なサービスの分野に関してのものであった」(Massachusetts CAP Directors Association 1989, p. 4) と報告した．
12) この証拠のいくつかは，1992年6月に行われた上院銀行委員会の公聴会で提出された．それには，今まさに引用されたBhargava (1992) による証言も含まれている．詳細は，「都市復興の鍵を握る中小企業には資本が必要だ．状況は悪化の様相．銀行がスラムを避けるにつれて高利貸しが繁栄している」(Thomas, 1992b) という見出しのついた『ウォール・ストリート・ジャーナル』の第1面の記事を参照せよ．

13) 1990年のHMDAのデータはもともと10月に発表されたが，翌1月に改訂された時，改訂を求めた原データの購入者は何のオプションももたず，別の完全な一揃いのテープをさらに500ドルで購入しなければならなかった．
14) 「銀行の再投資実績についての銀行検査官のコメントが公開されるということが絶対的に重要である」という監督当局に先んじる当時の証言を含めて，法の導入をめぐる論争については，Greenwald (1980, pp. 171-8) を参照せよ．
15) 例えば，アトランタズ・シティズンズ・トラスト・バンクは，その住宅ローンのほとんどすべてをマイノリティ地域に行っている黒人所有の銀行であり，1986年に全米の同規模の銀行の中で不動産担保貸出の債務不履行率が最低であった (Dedman, 1988)．
16) そうした検定の1つの目標は，借り手となりうるマイノリティの「選別」の程度を明らかにすることである．それは，正式のローン申請者に対して常に行われ，したがってHMDAのデータベースに登録される以前に行われている．
17) 銀行のCRA実績のひどさが，一部，銀行の取締役の人種構成の結果として理解されれば，この同じ要因が，関連する監督当局の失敗を説明するのに役立とう．下院銀行委員会の最近の研究によれば，4つの銀行監督機関のうち3つ（通貨監督官局，貯蓄金融機関監督局，連邦預金保険公社）には，最高給を受け取る地位にある10人のうちに1人もマイノリティがいなかったのである（*Wall Street Journal*, June 2, 1992）．
18) 例えば，2,500万ドル未満の資産をもつ銀行は，1992年の半ばの時点で公的なCRA格付けを受けていた銀行の34%を上回っていたが，実質非協力という格付けの44%を占めていた (Goldberg, 1992, p. 201)．
19) そうした貸出のスピルオーバー効果によって特徴づけられる状況の分析については，Dymski (1990，および本書第4章) を参照せよ．
20) また，251頁で述べた周辺銀行業を営んでいる企業——例えば小切手換金店や質屋——に対する連邦規制についても考察が加えられるべきである．
21) 他の金融機関へのCRA義務の拡張に関しては，本書第4章を参照せよ．異なるタイプの金融機関の規制をさらに統一することの一般的な必要性については，本書第6章を参照せよ．
22) CRAの評価過程を強化するためのすぐれた勧告については，U.S. Senate (1992b, pp. 9-13) を参照せよ．
23) ネーションズバンクのダラス地区の営業が，ノースカロライナ州の親会社をもつ独立したテキサス州免許の銀行子会社によって行われているか，あるいはノースカロライナ州に本拠のある全国的な規模の銀行の支店として行われているかは，地方の営業にはほとんど実質的な違いはない——両方とも，最高経営責任者と実質的支配者は何百マイルも離れた所にいる．しかし，CRA評価の地理上の範囲の変更提案がなされなかったために，州際支店の導入は，ダラス地区のCRA実績についての入手可能な情報を大幅に減らした．貯蓄金融機関監督局は，1992

年半ばから事実上，連邦免許の貯蓄金融機関に全国的な支店設置を認めたが，それは，複数州で営業する貯蓄金融機関に対して全体としての銀行のCRA評価を行う以外に，何らの規定も含んでいなかった．
24) 各銀行の必要準備額をその貸出によって賄われた活動の社会的価値と結びつけるといったより幅広い提案については，本書第11章を参照せよ．
25) 銀行のCRA関連の実績についての情報を連邦レベルで増やしたことの1つの恩恵は，州および地方自治体の預金と連結した政策を一層効果的に導入できることであろう．いくつかのこうした政策の下では，公金預金や他の銀行取引の供与が，少なくとも部分的には，地域社会の再投資ニーズを満たしているという銀行実績の評価に依存しているのである．預金と連結した銀行政策に関する最近のサーベイについては，Campen (1991) と Flax-Hatch (1991) を参照せよ．ロサンゼルス市の預金と連結させた銀行政策の詳細な勧告については，Dymski, Veitch, and White (1991, pp. 194-203) を参照せよ．それらのこれまでの導入は失望させるものであったが，そうした政策が，やや全国的なレベルで，銀行のCRA実績の向上を約束する道を提供するのだ．

第3部　金融市場と生産的投資

第9章　アメリカ金融市場は信用を効率的に配分したか
1980年代の企業リストラについて[1]

ジェームズ・R.クロッティ/ドン・ゴールドシュタイン

1. はじめに

　通貨・金融政策に関する研究に，なぜ企業合併を取り扱う章が含まれなければならないのだろうか．企業買収は1980年代における一大事業であった．それに関わる金融は，金融市場や金融業務において生じた革命の不可欠な部分をなし，80年代の投機熱を生み出すのに中心的な役割を果たした．それゆえ，企業合併についての伝統的な生産物市場の観点からの問題——市場支配力や経営効率にどう影響したか——は，いまやその金融効果に関する重要な研究にまで拡張されなければならない．本章では，1980年代の企業買収が，合併資金の提供者の健全性を脅かすほどの深刻な金融汚染[2]と資金の利用者の体力を弱める企業拒食症を残したことを論証する．1980年代の合併関連活動は非常に大規模であったため，経済はすでに広く全体的に影響を受けてきた[3]．したがって，合併の背後にある金融市場の動態について政策的に関心を寄せることは，間違いなく正しい．

　1980年代の合併ブームは，過去15年間の金融規制や反トラスト政策に対する保守的で，何でもありの，買い手に用心させるアプローチを支えていた，2つの理論的支柱を評価するための理想的な実験——テストケース——であった．1970年代末から1980年代初めの学問的通説は，合併は生産効率を上昇させ，規制されない金融市場は資産の価格評価と信用配分を最適に行うので，合併そのものもその金融諸手段も，政府に規制されるべきではないとい

うものであった．経済学者によれば，政府規制がなければ，民間市場は「効率的」である．

この実験の結果はいまや明白であり，規制政策に対する不干渉主義的，自由放任的アプローチには痛烈であった．関連する経済学文献を入念に検討すれば，2つの重要な結論を得ることができる．第1は，1980年代に展開されたように，投機的な金融利得の追求が，ますますリストラの背後にある動機として生産効率に取って代わったことである．第2は，アメリカの規制緩和された金融市場は――通説の予想とは逆に――，信用配分者として驚くほど非効率であることが立証されたことである．悲惨なこの自由放任の規制哲学から，近い将来徹底的に脱却しなければならない．

最近の合併ブームがいかに巨大なものであったかは，いくつかの数値から一瞥できよう（*Mergerstat Review*, 1990）．1970-77年における合併の規模は年平均160億ドルであったが，1978-83年にその規模は毎年550億ドルの割合で増加した．さらに1984-89年では年に1,840億ドルに達した．比較のために1984-89年における新たな生産的資産への純投資（非住宅純固定投資）の年平均額をみると，840億ドルであった（*Economic Report of the President*, 1992）．1981-86年だけで全鉱工業資産の18%の所有者が変わっており，世紀転換期の大合併ブームの15%に匹敵するものであった（Markham, 1995; Ravenscraft, 1987）．だが，1980年代の企業リストラの程度は合併そのものを上回っていた．非常に多くの企業が，株式の買戻しや特別配当の給付のために資金を借り入れ，「資本再編」を行ったが，それはしばしば敵対的買収の脅威を感知しての対応であった．1980年代の合併は負債金融にかなり依存していたので，どちらの種類のリストラもネットの効果は同じであった．自己資本は企業のバランスシート上で負債に置き換えられた．ネットのエクイティ・ファイナンス（総発行マイナス償還）は1980年の100億ドルから1988年にはマイナス1,300億ドルに減少した．1990年までにはネットで6,220億ドルの自己資本が企業のバランスシートから取り除かれた．その間に，非金融法人部門全体の負債/自己資本比率は1980年の0.31

から1989年の0.56へとほぼ倍増した[4]．同時に，負債依存のリストラ・ゲームに参加したすべての有名な人々が築いた法外な富は，負債依存の賭博を金融市場のあらゆる分野に浸透させ，それに対する強い願望を生み出した．ニューヨーク連邦準備銀行 (1991) の推計によれば，1980年代の民間部門の負債の総増加額は，正常な，投機的でない資金調達行動のもとで予期されたものより約2兆ドルも多かった．

　最初に注意しなければならないのは，多くの場合そして多くの点で，アメリカ企業はリストラの必要に迫られていたということである．生産性上昇は遅れ，製品の品質は劣化し，人的資源は甚だしく誤って管理されていた．先進国のどこにも，所得と権限に関する格差が，経営者と財やサービスを実際に生産する人々との間でこんなに大きいところはない．しかし，後に説明される理由によって，1980年代の負債依存のリストラは，アメリカ企業の苦悩の根底にある「短期主義」を克服しなかった——むしろ悪化させたのであった．

　これらの点は，以下の諸節で次のような順序で展開される．第2節では，合併利得に関する議論と証拠を概観する．合併ブームで莫大な利潤を受け取った金融取引の参加者もいたが，それほどいい思いをしなかった人々——とりわけ買収企業の株主や被買収企業の社債権者——もいた．そして，有名な効率的金融市場論争の最近の展開は，投資家の利益そのものを生産効率の上昇の徴候と理解してはならないことを明らかにしている．実際，たくさんの証拠は，概して合併がほとんど経済的な利益をもたらさず，1980年代の企業リストラもコストの著しい持続的な改善を達成できなかったことを示している．

　第3節では，リストラの資金を供与した兆ドル単位の信用が，効率性の上昇という点でほとんど何も達成できなかったにもかかわらず，長期にわたる著しいコスト負担をアメリカ経済に課したことが明らかにされる．まず考察すべきことは，合併が労働者に直接及ぼす影響である．現在手元にある証拠は，労働者たちが，ブルーカラーもホワイトカラーも，負債依存の合併・買

収（M&A）のために多大な損失を被ったという国民の直感を裏づけるものである．家計，地域社会，公的部門へのスピルオーバー・コストの調査が，依然として必要である．さらにここでは，この兆ドル単位の信用によって購入できたと思われる無駄のない最新技術をもった経済的な機械の代わりに，負債依存のリストラは，結果的に，負債制約的な投資，研究開発支出，そして脆弱な財務構造を残したことを明らかにする．最後の第4節では，証拠は明白で説得力があると結論する．つまり，財務政策としての規制緩和は，たとえプロの乗っ取り屋自身にとっては金融的成功であっても，アメリカにとっては災難である．アメリカの規制哲学の完全な再考が求められており，そしてこの最終節は，信用を，1980年代の短期的な投機から，長期的にみて経済的，社会的に効率的な投資に配分するように立案された以下のような一連の規制改革を提示する．

①規制された金融仲介機関による高度に負債に依存したリストラ向けの貸出を，既存の政策手段（例えば預金保険の適用範囲）を操作することによって妨げること．

②短期の証券利得には高率に，流通市場のすべての取引には緩やかに課税することによって，長期的な金融投資を奨励すること．

③競争条件を長期志向的行動に同じように傾斜させるために，企業のすべての利害関係者が果たす役割を認め，年金基金が株主として長期的視点を働かせて積極的に行動するように奨励することによって，コーポレート・ガバナンスを改革すること．

④企業の負債金融の税制上の優遇措置を廃止すること．

⑤自らの将来をアメリカの将来に喜んで賭けるような企業に模範を示し誘因を与えることによって，アメリカの人的，技術的，物的な資本への公的投資を復興させること．

まずは，合併から利益を得たのは誰かという問題からみていこう．

2. 1980年代の合併・買収からの株式プレミアム：投機か効率性か

M&Aブームは，1980年代のアメリカ企業社会における負債依存の背後の推進力であった．このような主張から生まれる主要な政策上の問題は，合併ブームの経済的利益が社会に対するコストを長期的に上回るかということである．本節では，被買収企業の株主，プロの乗っ取り屋，彼らを援助した多くの専門家にもたらされた巨額の金融利得の源泉をめぐる論争を考察する．次節では，合併ブームのより長期的なコストを取り扱う．

(1) 買収プレミアムの源泉：理論

ここでの理論的課題は，1980年代の合併ブームに加わったウォール街の関係者の多くが受け取った直接的な利得の源泉をいかに説明するかということである．今日ではよく知られているように，これらの利得は概してかなりのものであった（とはいえ，以下に示すように，敗者もまた存在した）．最もはっきりとすぐにわかることは，大勢の金融市場の投資家と専門家がこの合併ブームから多大の利益を得たことである．

このような利益のうち，ずば抜けて大きなものは，被買収企業株主の株式プレミアムであった．『マージャースタット・レビュー』(1990)のデータから，プレミアム（企業にそのもともとの価格を超えて支払われた総額）は1980年代全体で3,940億ドルと推定される[5]．これに加えて，買収企業と被買収企業は，合併交渉における準備，助言，法廷闘争，防御のために，投資銀行，商業銀行，弁護士，会計士，PR会社その他に様々な手数料を支払った．あいにく，これらの手数料の総額に関するデータとしてすぐに利用できる資料はない．極端な事例をあげると，1988年のRJRナビスコの260億ドルのLBOは，約4億ドルの手数料を投資銀行に生み出した．RJRの場合に含まれる手数料の割合 (1.5%) は実際にはLBOの標準よりは低かった．カプラン/スタイン (1991) は，1980年代の巨額のLBOについて，10年の経

過中に手数料が2%から6%に上昇したと算定した．法律手数料を加えると総額はさらに増加するであろう．例えば，1988年の11週間に，フェデレイテッド・デパートメント・ストアーズの闘争は4,000万ドルの弁護士手数料を生み出し，さらに1億6,000万ドルが投資銀行に支払われた（Cowan, 1988; Labaton, 1988）．

　これらの金融利得は，基礎をなす事業の業績が回復する予兆として，それゆえ社会にとっての利得であると理解すべきであろうか，それとも単純に受取人にとって幸運なたなぼたであると理解すべきであろうか．学問的な通説は，1980年代のほとんどにおいて，合併は実際に効率性を高め，それゆえ，被買収企業の実物資産から合併後により多くのキャッシュフローが生み出されるであろうというものであった．この増加したキャッシュフローは当然，これらの資産に対する所有権を規定した株式の価値を高めることになる．したがって，効率性を高める買収者は，標的企業の株主に対し多額のプレミアムを進んで提供し，両当事者はこの取引を可能にする法律家と投資銀行に対して喜んで手数料を支払う，ということになるのである．

　1980年代の合併ブームを拙劣な経営を行っている企業の効率的なリストラであるとみなす最も有力な理論は，マイケル・ジャンセン（1986）のフリー・キャッシュフロー論であった．フリー・キャッシュフロー仮説によれば，経済的諸条件の変更は，多くのアメリカ産業を過去の投資から生じるキャッシュフローを利益を生むように再投資できない状態においている．もし経営者が——会社を縮小することによってでも——株主にフリー・キャッシュフローを支払うという対応が遅れたとしたら，その際には様々な形態の負債依存のリストラがそのような行動を強制することになろう．フリー・キャッシュフローは合併を懲戒的に解釈する1例であり，ここでは効率的な資本市場が企業の非効率性の矯正を促進するのである（Marris, 1964; Manne, 1965）．この考えはこれに続く議論に顕著に現れている．

　もちろん，経済効率の上昇と社会的厚生への付加を自動的に伴わない合併がなぜ起こるのかについて，これに代わるべき解釈も存在する．生産性上昇

のないところでも合併が起こる理由を説明するある理論は，買収企業の経営者は標的資産の効率性を上昇させる自分自身の能力を過大評価しており，その過度の自負に責任を帰すべきだと考えている（Roll, 1986）．ラベンスクラフト／シャーラーの重要な研究（1987）も，経済的でない合併は十分に機能している資本市場でも起こりうると示唆している．すなわち，平均して株価は「適正」でありうるが，あるものは過小評価され（合併対象になりやすくなり），他のものは過大評価される（潜在的な買収者にする）であろう．

　非効率的な合併を理論化する異なるアプローチ——最も説得力があると考えられるもの——は，資本市場自体が非効率である可能性を認めるものである．この場合，様々な合併参加者は，効率性上昇を促進するというよりもむしろ，被買収企業のために過度に負債に依存したか過大に支払った，あるいはその両方を行った投資家によって，裕福にされるかもしれない[6]．換言すれば，もし金融市場が投機的なブームとその崩壊に陥りやすいならば，根拠のない楽観主義によって，買い手は企業の実際の価値以上のものを支払うであろう．

　このような非効率性を考察する1つの方法は，合併の「インサイダー」が利用できる情報と国民が利用できる情報との格差に関するものである．ドゥボフ／ハーマン（1989）の提起した理論によれば，投資銀行，企業経営者，これ以外の合併促進から利益を得る人々は，予想される合併の結果に対する国民の期待を膨らませる能力と誘因をもっている．そのとき，これらのインサイダーはこの取引に伴う手数料や証券価格の上昇から利益を得るのである．ドゥボフ／ハーマンのモデルでは，国民とプロモーターとの情報格差は金融ブームの時期に最大になる傾向がある．関連する理論（Goldstein, 1991）は，金融部門が負債金融をますます選好するようになったことが，1980年代の合併ブームの根底にあったと考えている．この見解では，競争を強いられた金融業者，アドバイザー，乗っ取り屋が供給した，リスクが高く負債で再構築された資産をめぐる同じく競争を強いられた投資家たちによる高額な賭けにおいて，アメリカ企業はそのチップとなったのである．

どの理論の組み合わせが正しいのであろうか．ジャンセンのフリー・キャッシュフロー・アプローチを反映した通説を評価する際の中心問題は，企業の将来のキャッシュフロー，それゆえ現在行われている合併の効率性効果が現時点では識別できないということである．したがって，1980年代の合併が潜在的な経済発展に対する現実的，合理的な期待によって引き起こされたのだと主張する人々は，標的企業の株主利得の存在によって合併による効率性の上昇を証明するという循環論法に頼らざるをえなくなった．すなわち，合併による株式利得の解釈が，これに先立つこれらの利得を説明する仮定に基づいているのである．

こうして，1980年代の合併ブームを効率的なリストラの過程として描写する資料の大半が，株式市場の「事例研究」で構成されることになるのである．このような研究は，合併前後の短期間に，標的企業の株主の収益が，さもなければ過去のトレンドから期待されたであろうものを上回ることを説明している[7]．効率的合併は買収企業の株主にも同様に利益をもたらすであろうが，長期的には買収企業の株式のパフォーマンスが低下する傾向があると指摘するものもあった（Magenheim and Mueller, 1988）．ここで，乗っ取りの原因や効果がたとえどんなものであるとしても，標的企業を買収しようとするいかなる試みもその市場価値を引き上げるであろうという別の問題に焦点を当ててみよう．もし，標的企業の株価が企業の期待キャッシュフローを客観的に反映すると自動的に前提できない場合には，最も肯定的な事例研究でさえも自由放任的な合併政策に十分な支持を与えることはできない．

証券価格がある意味で将来キャッシュフローの現在価値の正確で客観的な評価であるということは，効率的市場仮説として知られている．効率的市場仮説の若干の変形が，合併運動の効率性やあらゆる金融市場規制緩和賛成論の学問的な弁護論の知的な核となっている．それゆえ，効率的市場仮説に対する批判的検討は，金融市場規制政策を再考するには必要不可欠である．金融市場が効率的でなければ，政府の規制は当たり前の話である．効率的市場仮説は，極めて多くの議論の主題となってきたが，それを正確に広く一般的

第9章 アメリカ金融市場は信用を効率的に配分したか

に説明することは難しい．ほとんどの定義は，完全に効率的な市場において，価格は証券の期待収益に関連するすべての既存の情報を正確に反映するというものである．この説明には，証券価格のランダムウォーク理論が伴う．すなわち，効率的市場では，価格は，定義によれば予測不可能でしたがってランダムな新情報が届いたときにはじめて変動するというものである．

しかし，十分な市場効率性はランダムウォーク特性以上のものを要求する．市場価格は，投機や気まぐれや市場心理に汚染されていないいわゆる「ファンダメンタルズ」によって決定されるので，各証券の将来の期待キャッシュフローの現在価値についての公平で客観的な評価をあらわすものでなければならない．論理は次のように展開される．投資家は期待されるリスクと収益に関心をもつので，将来収益（不思議なことに投資家はこれを知っていると仮定されている）と同様に付随する将来リスク（これも知っていると仮定される）を完全に考慮しながら，自由に機能する市場は，資源を最適な利用へ導くように証券の価格形成を行うであろう．もし証券価格がファンダメンタルズから乖離するとしても，知識をもつ投機家たちが過小評価（過大評価）された資産を購入（売却）して利益を獲得し，そうすることで価格を元の水準に引き戻すのである[8]．

1960年代に初めて明確な形で現れて以来，効率的市場仮説は白熱した学問的論争を呼び起こしてきた．初期の批評は非常に好意的なものであった．それは，ジャンセンによって「あらゆる社会科学の中で最も認められている事実」(1978)であると宣言された[9]．しかし，効率的市場命題は近年著しく攻撃されている．

主流派の理論家によって今や広範囲にわたって行われている市場の効率性についての再検討は，シラー (1981, 1984) と，リロイ/ポーター (1981) によってそれぞれ行われ，それは，極めて大きな変動性の研究から始まった．これらの研究者によれば，証券価格は，支払の後の変化を正当とみなせないほど，非常に変動性が大きい．それゆえ，証券の価格形成は非合理な影響を被り，ファンダメンタルズ以外のものに影響されているにちがいない．トー

ビンが指摘したように,「市場投機は,配当や収益の基礎となるファンダメンタルズの変化を数倍に増幅する」(1984, p.6)[10]．

これと関連して効率性に関する主要な批判がすぐに生じた——現在の証券価格は過去の証券価格と相互に関係しているという批判である．つまり,証券価格はトレンドに示される価値を巡って循環的に変動する．しかし,効率的市場仮説に従えば,過去の価格は,現在利用可能な情報として,現在の価格の変化に影響を及ぼすことはない．賢い投資家が資産価格の将来の変化を予想するのが当たり前のランダムウォーク市場では,何の循環も存在しない．株価がごく短期では微弱ではあれ明らかに循環的となりがちなことは,ずっと以前から知られている．最近論証されたことは,長期的には——数年,数十年では——,多くの国における多くの証券の収益は,平均に戻ってきていることである．すなわち,平均に戻る以前は,トレンドからの著しく持続的な長期的乖離(投機的バブル)を示している[11]．平均回帰は,多くの人に,証券価格が経済的ファンダメンタルズから乖離した投機的なブームと崩壊を被ったことを示すと受け取られている[12]．

ノイズ・トレーダー理論は,効率的金融市場理論のオルタナティブとして登場し,極めて大きな変動性,平均回帰,効率性アプローチに対する多くの明白な実証的批判と両立するものである(Shleifer and Summers, 1990)．ノイズ・トレーダー理論の枠組みにおいては,情報は不完全であり,不完全に共有されており,そして大衆に不利なリスクが存在する．なぜなら,最も情報に通じているプロのトレーダー(典型的に著しく負債に依存している人々)でさえも,価格がファンダメンタルズに戻るのをずっと待ち続ける余裕はないからである．実際,市場が証券価格をファンダメンタルズ以上に押し上げるにつれて,市場に逆らうよりも市場に同調する裁定取引業者にしばしば利益がもたらされるだろう．このような状況下では,市場は経済的な出来事に極めて過剰に反応する．規制緩和された金融市場では,「気まぐれ」や一見不合理にみえる投資家マインドが,価格をそのファンダメンタルズと思われるものから数年,数十年にもわたって乖離させることになろう．

第9章 アメリカ金融市場は信用を効率的に配分したか

　最後に，(広義の) 新古典派経済学内部からの最近のこうした批判は，効率的市場仮説について最もよく言われている批判を組み入れるのに失敗していることに注意しなければならない．この批判は，ケインズや，シャックル，ヴィッカース，デヴィッドソンのようなポスト・ケインジアンによるもので，以下のように要約できる．新古典派の金融理論の基礎は，将来の経済状態に対する経済主体の期待に具体化され，反映されている．効率的市場理論によれば，十分な知性と手段と気力をもった主体が，将来の成果に対する真の客観的な期待を捜し最後には発見し，そしてそのような主体が発見した将来リスクとリターンに対する期待が市場価格の重心を決定するということになる[13]．

　はっきり言えば，この理論に対するケインジアンの批判は，発見されるのを待っている客観的で予定された将来などそこに存在しないという主張に基づいている．むしろ，将来は，経済主体の現在および将来の意思決定によって創り出されるものとして存在する．経済の真の将来の進路を知ることなど誰にもできはしない．というのは，誰も他人の将来の行為を正確に予想することなどできないからである．他人の将来の意思決定は本質的に予測できないので，将来の経済状態は原則的には知ることができない．すなわち，それは基本的に不確実性に支配されているのである．シャックルによれば，「将来のことは，その時になるまで分からない」．だから，効率的市場仮説を組み立てる積み木である「合理的な」期待に対する客観的な基礎はまったく存在しない——期待を繋ぎ止め，市場価格を何らかの仮説上の効率的位置に押しやる客観的な重心など存在しない．期待と市場価格が，(次節で述べるように) 社会的慣習と気まぐれによって影響を受けることは避けられない．金融資産価格は——まさに本質的に——「楽観と悲観の波にさらされることになろう．それは不合理なことではあるが，合理的な計算のための確固とした基礎が存在しない場合には，ある意味において正当なことである」(Keynes, 1936, p. 154)．結論として，効率的市場仮説はいかにしても支持できない．

ボストン連銀のピーター・フォーチュンが最近『ニュー・イングランド・エコノミック・レビュー』に発表した論文（表題「株式市場の効率性：批判的分析」）は，規制されない金融市場の効率性とその政策への含意をめぐる論争の最近の状況を次のように要約している．「本論文では効率的市場仮説をめぐる最近の状況の評価を行う．効率的市場仮説は，1970年代，1980年代のほとんどにおいて経済学者の通説であった．実証的な証拠を検討し，それが効率的市場仮説に反する圧倒的な事例を提供していると結論する……．

基本的な結論は，効率的市場仮説が瀕死の状況にあるということである．……この結論は基本的に，証券市場の非効率性が証券市場への政策的な介入の経済的な基礎を与えているということを意味する」(1991, p. 34)．

(2) 買収プレミアムの源泉：経験的証拠

もし事例研究の結果が割り引いて受け取られ，効率的市場仮説が拒否されるならば，政策は主張される合併の利益に関するどのような種類の証拠に依拠できるであろうか．ここでは，経済が合併から利益を得るかどうかを評価しようと行われた標的企業と買収企業の業務上の特徴に関する2種類の研究を検討する．これらの研究は，合併された企業の合併前の特徴か，合併後の企業の業績かのいずれかを検討している．最後に，これらの取引をファイナンスする証券の価格から得られる間接的な証拠を検証する．

1980年代の合併ブームの中で買収された企業の買収前の状況を研究する目的は，一般に買収標的企業は新所有者による改善を必要とするほど業績が悪かったのかを確定することにある．不幸なことに，この研究の結論は，複雑で要領を得ないものである．その1つ，モーク/シュライファー/ヴィシュニー (1989) では，1985年以前の5年間に買収されたフォーチュン500企業を買収されなかった企業と比較している．彼らによれば，友好的な（無競争の）合併対象は，経営責任者（しばしば創業者一族）が大量の株式を保有し，それゆえ効率性を考えずに売却する個人的な金融動機をもつ傾向がある．こうした場合は，いずれにしても効率性上昇に関して何の糸口も与えない．

レーン/ポールセン（1989）もロング/ラベンスクラフト（1991）もLBOの事前的特徴を検討し，関与企業の種類に関して異なった結論に達している．レーン/ポールセンは，1980年から1987年までの263件のLBOについて調査し，LBOがフリー・キャッシュフロー問題——分配されないキャッシュフローが企業に利用可能な有利な投資機会をファイナンスするのに必要な以上に大きいこと——を被る傾向があることを見出している．定義によれば，この超過分ないしフリー・キャッシュフローは株主に支払われるべきものである．しかし，彼らの研究は，投資の期待収益性（これは観測できない）の尺度として使われているのが，売上高成長率という期待収益性にとっては貧弱な代理変数であるということによって損なわれている．いずれにせよ，この代理変数ではLBO標的企業と非標的企業とを効果的に区別することはできなかった．ロング/ラベンスクラフトも，同一期間をカバーするより多くのサンプルを用いて，LBO以前に平均を上回るキャッシュフローの存在を見出した．しかし，彼らはこの結論からフリー・キャッシュフロー問題や非効率性を推論してはいない．実際，彼らの使ったLBO以前のサンプル企業の産業平均を下回る投資率は，投資機会の減退に対する経営上の適切な反応であったことを示している．関連した研究において，ブレア/ライタン（1990）は，激しいLBO活動に関わった産業レベルの特徴について集計的なデータを調査している．その結論は，LBO活動それ自体と産業の低成長とは何の関係もないことを示している．

また，1980年代の敵対的買収に関する研究も，矛盾した結論に達している．ハーマン/ローエンシュタイン（1988）によれば，1980年代初めの買収はそれ以前と異なり，市場による企業支配の規律づけを必要としない高収益企業を標的にしていたと思われる．しかし，モーク/シュライファー/ヴィシュニーは，先に引用した論文で，彼らの調査した敵対的買収が，その企業と産業の双方において株価の低さとともに低成長や低投資によって特徴づけられることを見出した．彼らは，この特徴を合併以前の低い業績を示すものと解釈している．ゴールドシュタイン（1991）は，買収されなかった企業より

も敵対的買収の標的企業の収益性が限界的に低い点に注目しているが，彼のサンプルで，買収懸念を同様に強く予兆させるものは（とりわけ買収ブームの後半），現在収益性の低い企業が高水準の投資を行っていることである．このことは短期的な視野の株主と成長志向の経営者との間の対立を示唆している．

　それゆえ，合併の効率性理論を受け入れざるをえないような事例は，合併以前の状況の調査に基づいては構築されない．最も重要なことは，近年の合併ブームがピークに達して以来十分な時間が経過してから，合併後の実績の研究が現れ始めたということである（ほとんどは合併の労働者に対する影響や，投資・研究開発に対する影響についてみたものであり，次節で合併のコストを議論するときに考察される）．そのうち2つの論文が，LBO に焦点をあて，経営の効率性を測定しようと直接に調査している．リヒテンバーグ/シーゲル（1990）は 1981-86 年の製造業の買収前後の工場レベルの生産性について調べている．その結果は，とりわけ LBO の後には生産性が著しく上昇するということである．ロング/ラベンスクラフト（1991）は同じデータ源から重複するサンプルを用いながらも，非常に異なった結論に達している．彼らは在庫コストの実質的な減少を見出しているが，経営の効率性は調査された 1981-87 年の工場レベルの買収から影響を受けていない．注 14 で詳述した理由で，ロング/ラベンスクラフトの研究は信頼度が高く，それゆえその結論を受け入れざるをえないと考えられる[14]．1980 年代の LBO は概して，著しく持続的な効率性の上昇を示さなかった．

　買収のための資金調達に関する2つの研究は，この 10 年に効率性の考慮よりも投機がますます合併ブームを駆り立てたことを示している．売り手が獲得したプレミアムは，ますます買い手側の過剰な楽観から引き出されるようになったと思われる．カプラン/スタイン（1991）は，1980-89 年における 124 件の大型 MBO の価格評価と資金調達構造を直接に検証している．これは同期の LBO 総額の 4 分の 3 に相当する．彼らは当該期間の後半に，買収プレミアムの膨張と経営者による株式投資の減少を見出している．商業銀

行と投資銀行に支払われた手数料は，期間の始めには総額の2％だったものが最後には6％近くまで急騰した．一方，銀行は融資シェアを低下させた．また，銀行は元本のより早い返済を要求し，貸出条件を上回る債務返済比率で借り手企業のキャッシュフローを搾り取ったのである．そして，資金調達における新規公募債券（主としてジャンク・ボンドの発行）の比率の上昇は，貸し手にとってますますリスクの高いものとなった．なぜなら，金利支払はしばしば延期され，他方で上位債権者たちは債務不履行の際には借り手企業の資産に優先的請求権をもったからである．要するに，一般投資家がこの取引にますます多くの資金をつぎ込むにつれて，様々なインサイダーたちは，彼らの資金を前線から引き揚げ始めたのである．究極的には，債務不履行となった買収の貸出金に対する比率は，カプラン/スタインのサンプルでは，1980-83年の0から1985-88年の0.25に上昇した．これらの結果は，ウィグモア（1990）と一致している．それによると，ジャンク・ボンドの発行時のインタレスト・カバレッジは，1980年代を通じて着実に低下した．

調査によって入手された合併後の証拠と資金調達実務から描かれる構図は，はっきりしている．1980年代半ばまでに，投機的，自己増殖的な金融利得への期待が現れてくるようになった．初期の多くの取引の根底にあった効率性向上に向けた努力からますます乖離してきたのである．すべての合併が根拠の薄弱な同じ理由に基づいて行われたとか，それらが同じ不幸な結末を迎えたなどと主張してはいないことに留意されたい．個々の合併は，広範な投機的金融活動と必ずしも歴史的に関連づけられるわけではないが，合併ブームはそれと関連づけられる．同じことはとりわけ1980年代には当てはまる．

我々の結論は，政策当局が，1980年代の負債に依存したM&Aブームが生み出した莫大な富の源泉を説明する金融市場の効率性論やその系論のフリー・キャッシュフロー論や効率性上昇論についてのあいまいな学問的論争の複雑さにお手上げとなる必要はないということである．規制緩和された金融市場が必ずしも社会的に効率的な仕方で金融資産を配分するわけではなく，また金融市場は1980年代の合併ブームのような投機的ブームにおいてはそ

の配分機能を最も貧弱にしか発揮しないということについての,有力なます ます増える証拠を受け入れざるをえない説得力に富んだ理由が存在する.

一方では,1980年代の合併が主として非効率なフリー・キャッシュフロー企業を標的にしたとか,典型的な被買収企業の効率性が実際に非常に改善したとかいう受け入れざるをえない証拠は何も存在しない.他方では,証券市場における投機的なバブルに関する実証的な証拠と,こうした状況の基礎となる行動——経済的ファンダメンタルズの変化に対する合理的な反応として説得的に描くことができない行動——に関する現実的な理論モデルがある.ノイズ・トレーダー理論もケインジアンの理論も最近の金融史における厄介な出来事と密接に結びついている.すなわち,1987年の株価暴落,ジャンク・ボンド・ブームとその崩壊,保険会社の支払能力の不足,商業銀行の貸し渋りと枚挙にいとまがない.両理論とも,結局は市場を動かす意思決定を行う人々について我々の認識と一致する.不確実な世界では選択を行う場合,リスク(過度に気軽に負担する),過去のトレンド(継続を期待する),新情報(過剰に反応する)に関して,しばしば判断ミスをする[15].不確実な世界では,これらの投機的騒乱を生み出す金融市場の規制緩和は,災難を引き起こす処方箋であるかもしれない.

合併ブームの利益についての主張を検討したので,次は社会に対して起こりうる損失を考察しよう.

3. 合併ブームのコストとは何か

本節では,リストラ運動に関する主要な3種類のコスト——労働者と地域社会に対するコスト,投資とR&Dに対するコスト,経済システムの安定性に対するコストに焦点を当てる.

(1) 人的問題
1980年代の合併ブームの擁護者も批判者も,企業のリストラが一定の個

人や集団に困苦を課したことについては意見が一致している．業務が統合され，官僚的組織が合理化され，補助作業が短縮され，設備が閉鎖され，営業費が削減される場合，人々は雇用か所得，あるいはその両方を失う．にもかかわらず，企業リストラの効率性に関する研究のほとんどすべてが暗黙のうちに，これらの変化によって達成されたコスト削減のすべてが社会にとっての純利得を表すと仮定しているが，このような仮定はさらに次のような前提となる仮定を論理的に必要とする．すなわち，解雇された労働者は企業収益に何の貢献もしていなかったこと（つまり，これらの「労働者はまったく無用の長物であり，［彼らの］労働コストすべてが効率性の向上と扱われた［扱われなければならない］こと［Summers, 1990, p. 77］），彼らは他のどこかで同等の雇用を見つけることが可能であったこと，負の外部性も何ら存在しないこと——当事者が負担したコストは直接に取引に含まれない——，企業と労働者と供給者の間の暗黙の契約が新たな所有者によって破棄されることに伴う将来のコストは存在しないことを意味する．概して，これらの仮定のどれも真実ではない．

負の外部性の重要性と暗黙の契約の広範な決裂は，シュライファー/サマーズの影響力のある論文（1988）において強調され，当該企業が所在する地域社会の様々な分野は，かなりの損失を被っていると指摘されている．レイオフと賃金カットの結果，他の事業は収益を失い，地方政府は課税基盤を侵食され，住宅所有者は住宅用不動産市場の落ち込みに伴い実質的な損失を被った．

数多くの新聞や雑誌の記事が，特定の企業リストラに伴うレイオフと施設閉鎖の結果，とりわけ地域社会に生じた荒廃を報告しているが，我々の知る限り，近年の合併ブームのこうした間接的影響を調査した注意深い学問的研究は存在しない．しかし，そのような負の外部性は，確かにその社会的なコストと便益を評価するには重要であり，政府の政策はこれらの外部性を認識しなければならない[16]．さらに，シュライファー/サマーズは，効率性向上の結果よりもむしろ，標的企業の利害関係者（労働者，供給者，地域社会）

から所有者への既存の富の移転ないし再分配が，特に敵対的買収や一般的な「懲戒的」合併において獲得される買収プレミアムの主要な源泉であると主張している．例えば，彼らによれば，TWA買収の際，労働組合からカール・アイカーンへの「移転」は「買収プレミアムの1.5倍に達した」(1988, p.50)．これらの移転の最も重要な源泉は，シュライファー/サマーズによれば，労働者，供給者，標的企業の間に存在する暗黙の契約である．この契約において企業は，労働者には雇用保証と将来の賃金上昇を，供給者には合理的で長期的な利潤マージンを約束し，その代わりに，コストがかかり潜在的にリスクの高い当該企業特有の人的・物的資本への投資に進んで参加するよう求めるのである．これらの投資は短・中期的に企業収益を増加させるが，労働者や供給者にとって価値があるのは長期においてのみであろう．

そこで，懲戒的合併では，利害関係者に何らの忠節も感じていない新経営者たちは，年輩の労働者（契約期限は満了したが未だすべての支払を受け取っていない）をレイオフし，残った労働者の賃金を引き下げ，供給者の利潤を圧縮することによって，たなぼた的な利益を得ることができるのである．合併の前にはこのような暗黙の契約を結ぶことが標的企業にとって利益となったのだが，合併の後にはこれを否認することが新経営陣にとって利益となるのである．

しかし，このような近視眼的な行為の長期的なコストは結局莫大なものになるであろう．もし労働者と供給者が，もはや暗黙の契約手続きの目的を支持する企業だと信頼できないとするならば，彼らは生産性を向上させる投資を進んで引き受けようとはしないであろう．「潜在的供給者は特定の関係にある資本に投資しないであろうし，賃金の上昇が将来まったく期待できないならば若者たちは怠けるであろう」(Shleifer and Summers, 1988, p.45)．過去10年ほどにわたる企業のリストラ・ブームは，多くのアメリカ産業においてレイオフ，労働組合の崩壊，契約破棄を伴い，過重労働，特別な努力，企業特有の訓練に対して企業が雇用保証や賃金上昇で報いるとは信用できないとブルーカラーとホワイトカラーの労働者に広く浸透させた．しかし，労

働者と暗黙の契約——雇用保証と将来の所得上昇を提供し，代わりに訓練と企業の生産性改善義務を求める契約——を結ぶ能力は，成功したアメリカの国際的競争相手の多くが用いている経営哲学の基礎である．それゆえ，買収による利得を我がものにしたいとする欲望が，長期的に生産性を向上させるための基礎条件を破壊する一因となったといってよいだろう．結局は，これが1980年代の買収ブームの最も長期的な破壊的遺産であることが明らかになるであろう．

負の外部性のコストと暗黙の契約の崩壊の長期的な影響に関する重要な研究がまったくないので，その代わりにリストラが被買収企業の労働者に直接にどのような影響を及ぼしたかという，より限定された問題に向かおう．現在利用できる限りでの資料は，合併後に労働者の損失が存在するということを示している．ロセット（1990）は，1976-87年における組合の賃金決定を研究し，労働者が失ったのは株主の利得の1～5％でしかないと推定して，合併後の実質賃金の伸びの低下を発見した．しかし，効率的市場を仮定しない場合，興味深い問題は，株式プレミアムのどの部分を労働者が失ったかを「説明する」ことではなく，むしろこの損失がどの程度であったかである．組合の富の損失の現在価値を（合併後6年間で）4億9,000万ドルとするロセットの推定を累積期間に換算すれば，非常に大雑把にみて，彼のサンプルとなった組合員は実質賃金の伸びの低下で総額6億ドルを失ったと推論される．この数値を彼の研究がカバーしていない多くの労働者を反映するように——これもまた非常に大雑把に——調整すると，賃金損失は60～120億ドル程度という数値に達する[17]．実際，合併に伴って労働者の所得が数10億ドルも切り詰められたのだとしたら，地域社会に対する波及効果はかなり大きかったにちがいない．

ロセットは賃金決定に焦点を合わせていたが，バガット／シュライファー／ヴィシュニー（1990）は多くの敵対的買収のサンプルを使って買収後のレイオフ（および他の影響）を研究している．レイオフを報告した企業では，ブルーカラーは全労働力の平均6.5％が削減されたのに対して，ホワイトカラ

ーは3.2%が削減された．ホワイトカラーははるかに少数だから，そのレイオフはそれに比例して深刻であったと思われる．同様に，すでに検討したリヒテンバーグ/シーゲル（1990）の研究では，LBOはホワイトカラーの雇用と給与の相当な削減を伴っている．

　バガット/シュライファー/ヴィシュニーは，買収後に分割された企業でのレイオフについては追跡していないが，そのような分割が，平均して標的企業の価値の約30%を占めており，買収企業の2/3以上で切り売りが起こっていることに注目している．大企業の買収者も負債金融を行っているので，同様の問題は分割された企業でも再現される．例えば，バガット/シュライファー/ヴィシュニーが示しているセーフウェイのLBOでは，全労働力の0.1%にあたる300人がレイオフされる結果となった．しかし，組合のない企業の経営者へのダラス部門の分割は，9,000人の組合員を失業させることになった（とはいえ，確定できない数の低賃金の非組合員が彼らに取って代わったのである）．その結果生じた興奮状態のなかで，労働組合は，セーフウェイとその分割部門において組合は保持されるが，その代わり賃金は削減されるという協約をセーフウェイと結んだのである．当時の『ニューヨーク・タイムズ』の論説（Fisher, 1988）は，セーフウェイのリストラ「成功」の陰には「労働コスト削減があり……それが最大の要因」であるとみなした．この事例に関係したある組合幹部はこのレバレッジされた「成功」を人間にたとえて表現した．「これは治療に非常に苦しむ恐ろしい病気にかかるみたいなものだ，決して以前と同じではいられないが，生き残っている」（Fisher, 1988, p. 32）．

　現在利用可能な証拠はこのように，株主が合併から利益を得る一方で労働者は損失を被り，そしてこの損失は全体として生産性の向上に何ら寄与しないという憂慮すべき事態の可能性を浮き彫りにする．被雇用者コストは，債務を返済するために短期的にはいつでも削減される．しかし，長期的競争を支えるのに必要とされる類の維持可能な生産性の上昇は，簡単には達成されない．最新の経営理論と実務では，本当に生産的なリストラとは労働者の忠

誠心を引き出し，効率性のための戦いに労働者を参加させることである．負債依存のリストラという肉切り大包丁で裂くような効果を通じてこの種の転換を達成する機会はゼロである．すなわち，リストラが短期的にどのような貢献をしたとしても，そうした貢献は，長期的な生産性の上昇に対してリストラが生み出した障害によって挫かれるのである．

(2) 合併負債の長期的な重荷：投資とR&Dの不安定性

すでに見てきたように，1980年代のM&Aブームが関係企業のコスト構造に与えた短期的効果は，いくつかの論争の主題であった．しかし，コストの短期的変化は我々の主要な関心事ではない．より長期的な社会的観点からみて，この時期の自由奔放な規制緩和された金融市場が，負債依存のリストラ・ブームによって生み出された信用を効率的に賢明に創造し配分したかという問題の方がより興味深い．前節では，労働者や地域社会に対する合併コストが，人間に直接に影響を与えるだけではなく，長期的な経済的結果にも同様に影響することを明らかにした．本節では，負債依存のリストラが，投資，R&D，経済の安定性に悪影響を与えてきたこと，そしてこの影響がしばらくの間続くということを論じる．

1980年代のM&A運動があらゆる毛穴から負債を分泌したことを否定する者は誰もいないだろう．1980-89年の期間に非金融企業が市場から借り入れたネットの信用は総額1兆2,890億ドルであった．しかし，この多額の借入は資本投資のために必要とされたわけではなかった．内部で利用可能な資金を上回る企業の固定資本投資はこの期間に990億ドルたらずであった．1980-89年のリストラ（合併や株式買戻し）のうち負債による部分は，大雑把な推計では1兆2,420億ドルであった．実際，借入の大部分とリストラの大部分——各々のケースで約1兆ドル——は，企業の内部資金が投資支出を実際に上回っていた1984年から1989年に行われたのである[18]．

第1節で，この負債依存の指標の1つ——非金融企業の負債/自己資本比率を示した．負債/自己資本比率は，キャッシュフローの減少，金利上昇，

長期的な貸し渋りに対する企業の脆弱性を反映する．不幸にも，前述のように，自己資本（あるいは資産）の価値をいかに測るべきかに関して意見の相違がある．我々は自己資本の更新コストを示しておいた．市場価値を選好する者もいるが，市場価値は効率的市場理論の公理を受け入れる場合にのみ利用可能な尺度である．市場価値は投機的ブームと崩壊の影響を受けやすいので，市場価値で測定した負債/自己資本比率もまた極めて不安定である．これらの理由から，アナリストは，一般的に様々な利払い負担比率——内部資金フローの金利支払に対する比率で企業の短期的な金融安定性の1指標——を用いて金融脆弱性を測定している．1980年代に非金融企業の利払い負担比率に対して負債依存が与えた影響についてのフリードマン（1992）の推計は，この種の多くの研究の代表である．フリードマンは，金利支払が税引き前利潤プラス金利支払に占める比率は，1950年代および1960年代には16%であったが，1970年代には31%に上昇し，1980年代には60%まで高まったと述べている[19]．また，フリードマンは，非金融企業負債の国民総生産に対する比率が「1960年から1980年までは30%付近で変動していたが，1989年末までに，景気後退が始まる前に，この比率は約39%になった」ことに注目した（1991a, p. 4）．

もちろん，負債熱は，リストラに直接関わった企業や買収を避けるために資本を負債に代替することを余儀なくされた企業に限定されるものではなかった．また，その点では，非金融企業部門に限定されるものでもなかった．ニューヨーク連銀によれば，「実際，1980年代にはアメリカ経済に広範な負債依存が目撃された．民間部門負債とGDPの間にあった伝統的に安定的な連関は，この10年間に完全に崩壊し，1991年までに民間部門負債とGDPとの過去の関係に基づいて予想されたものを2兆ドルも上回る民間部門負債が生み出された（FRB of New York, 1991, p. 11）」．

非金融企業部門の外部で形成された負債のほとんどが，負債依存のリストラと直接，間接に関連していたことに注意することが重要である．買収運動の中で買収と直接関係した人々やマイケル・ミルケンのような買収の金融面

に関係した人々によって創り出された華々しい富は，ウォール街に負債依存を崇拝する文化を生み出した．マイケル・ジャンセンのような学者が保証したその文化は，効率性を高め社会的に生産的であるというものであった．M&Aと株式買戻しは株式市場をますます高騰させた．ジャンク・ボンドと繋ぎ融資はそれに手を出したすべての人に富をもたらした．これらのことから得られる教訓は明らかなように思われた．すなわち，資金を借り入れて行う金融市場でのギャンブルは，手際よく，かつ素早く富裕へと至る道である．高度な負債依存は個人的な富裕に至る道であると同様に株主，金融仲介機関，経済にとってもよいことだという信念は，通念となった．個人や企業の負債依存に関わった人々の成功は，高度な負債依存を集団規範へと転化し，群衆行動を導いた——個別的な意思決定が集団的な通念に従う傾向が生まれた[20]．

したがって，事実は明白であるように思われる．すなわち，企業は1980年代に著しく負債を増加させた．この負債の大半は資本蓄積のために必要なものではなかった．そして合併ブームは，その直接的および間接的効果を通じて，非金融企業部門の外部に負債を激増させた主要な犯人であり，こうした企業の負債依存の過程の唯一の最も重要な原因であった．「問題の核心は，1983年に始まった現在の経済拡大以来，アメリカ企業が乗り出した多額の借入行動の結果生じた金融脆弱性の高まりにある」（Friedman, 1988a, p. 126）．これらの事実は重要な政策課題を呼び起こす．この負債の重荷が，経済の実績に対してマクロ，ミクロ・レベルで及ぼす影響は，一体どれほどのものであったのか，そして現在どれほどであるのだろうか．

驚くことではないが，経済理論が異なれば回答もまた異なってくる．ますます信用されなくなった効率的金融市場理論に執着する人たちにとっては，高度な負債は経営者を規律づける効率的な装置の1つである．つまり，資本を非効率的企業から最も利潤をもたらす投資機会をもつ企業へ強制的に移すのである．負債は，企業支配の市場には不可欠のものである．しかし，効率的市場と全知の期待というおとぎ話の世界を去って，あるがままの現実の世界に戻るならば，高度な負債依存は危険と欠点を内包し，それは脅威であり

うる．企業の過度な負債依存が，長期投資や R&D 支出に及ぼすと思われる影響に議論の焦点を当てよう．とはいえ，マクロ経済の不安定性や金融危機の可能性に対する負債の影響という関連した問題にも同様に取り組むことにしよう．

(3) 負債依存と長期投資，R&D 支出：理論

はたして本当に，企業経営者，金融業者，業界観察者に広く信じられているように，1980年代の不安定な金融構造や積極的なリストラ行動は，事業意思決定者の視野を実質的に短期化し，あらゆる種類の長期投資——資本財，R&D，労働者の教育や訓練——を敬遠させたのであろうか．伝統的な新古典派の金融理論の答えは否である．有名な（あるいは悪名高い）モジリアーニ/ミラーの定理によれば，効率的市場の下では資本財への投資決定は企業の資本構成から独立であるべきである[21]．この独立特性は，「合理的に一般的な条件の下では」保持されると主張されている（Blanchard and Fischer, 1989, p. 295）．

効率的市場仮説批判についてはすでに検討した．そこには，効率的市場理論に代わって，過度な負債依存は投資支出を制限するであろうという主張に確固とした分析的基礎を与える2つの重要な議論があった．ますます影響力をもつようになったニュー・ケインジアン（NK）理論とより尊重すべきポスト・ケインジアン（PK）理論とを順に考察しよう[22]．

新古典派理論において資本構成と投資の関係を NK がどのように基本的に革新したかは，スティグリッツ/ワイス（1981）の生産的な論文で示された銀行貸出モデルを使うことで容易に理解される[23]．企業が投資計画をファイナンスするために銀行貸出を使う競争的市場を考えてみよう．貸出は十分に担保されていないために銀行にとってリスクが高いと仮定する．さらに，企業はその潜在的投資計画の各々に関連する「正確な」期待リスクと期待収益を知っているが，銀行はそうではないと仮定しよう．この情報の非対称性の結果，銀行は，「不良な」貸出（期待収益と比べてリスクが高い）と「優

良な」貸出（期待収益と比してリスクが低い）とを事前に区別することはできない．銀行貸出ポートフォリオの期待収益は，成功した投資計画からの期待利子支払と，失敗した投資計画の債務不履行から生ずる期待損失とから構成される．

スティグリッツ/ワイスは，これらの条件の下では，銀行はすべての借り手——優良な者も不良な者も——に対して，債務不履行から生ずる期待損失を補償する共通のレモン・プレミアムを課すにちがいないとしている．それゆえ，優良な投資計画にとっての借入コストは，内部資金のコストを上回るであろう．なぜなら，外部資金に課される金利は不良な投資計画の高い債務不履行リスクを反映したレモン・プレミアムを含んでいるからである．内部資金から外部資金への転換は，資本のコストを引き上げ，社会的に最適な投資計画のいくつかを企業が拒否する事態を引き起こすであろう．他の条件が同じならば，負債の少ない企業（より多く内部資金に依存することが可能で，その借入申込を支える多くの担保を保有する企業）は，資本投資により多くの資金を支出するであろう．さらに，銀行が金利を引き上げるならば，高金利のもとで借り手に利潤をもたらすのはリスクの高い計画だけであり（分類ないし逆選択効果），そして金利に応じて優良な計画を不良な計画に代替する企業の誘因が生じる（誘因ないしモラル・ハザード効果）という両方の理由から，銀行の貸出ポートフォリオに占める不良な投資計画の割合が上昇するであろう．それゆえ，銀行の期待収益は金利引き上げと同程度には増加しないだろう．ある点を超えると，実際には低下するかもしれない．そこで，「疑わしからざる仮定の下では」，信用割当が行われることになる（Stiglitz and Weiss, 1981, p. 394）．信用割当の下では，社会的に最適な投資計画のいくつかは実行されないだろう．これらの分類および誘因効果は，あらゆる形態の外部資金について形成された[24]．

この情報の非対称性議論の結論は，次のようなものである．第1に，企業の純資産価値が大きいか負債/自己資本比率が低いほど，企業が貸出を得るために利用できる担保の額は大きく，直面するレモン・プレミアムは低く，

信用割当が適用される可能性は低く，したがって，投資支出の水準は高くなる．第2に，企業が投資計画をファイナンスするために内部資金に依存する度合いが強いほど，その投資計画が超えなければならない収益率のハードルは低くなる．新古典派理論とはまったく対照的に，NK 理論は，投資は企業の負債/自己資本比率と逆比例的に関連づけられるべきであり，過度に負債に依存した企業の投資支出は現在のキャッシュフローの変化に「過度に感応的」であろう（Gertler, 1988, p. 573）と予想している．

このキャッシュフロー感応性は，次に，経済における所得や利潤水準に対する何らかのショックが投資の変化を引き起こし，それが最初のショックを拡大するといった状況を創り出す．したがって，過度な負債依存はより不安定なマクロ経済を創り出すのである．金融脆弱性が高い環境の下では，そのような不安定性は金融危機を引き起こすことになろう[25]．

NK 理論では，投資に対する負債の影響はもっぱら外部金融のコストを通じて伝達される点に注意しよう．PK 理論では，負債の増加は，外部資本のコストにレモン・プレミアムが何ら含まれない場合でさえ，企業の投資意欲を減退させる[26]．それゆえ，NK 理論と PK 理論は，負債依存が投資を制限するとする補完的な理由を提供しているとみなすべきである．

PK の基本的な議論は次の通りである．企業は，「基本的な」状況あるいはケインジアンのいう不確実性の状況の下で活動している．将来のことは原則として分からないので，経営者は，自分たちがすべての起こりうる将来の経済的結果の可能性について完全で正確な認識を有するとは決して信じていない．そのような環境の下では，予測と意思決定は，風習，習慣，伝統，経験，直感，および社会的な慣例に基づく，性質上慣習的なものと適切に表現される．そのようなものとして，予測や意思決定は，市場の気まぐれや流行に左右され，ウォール街の変転するムードに反応するだろう[27]．経営者は自分たちの予測に決して完全な自信を持てないので，将来利潤が期待より低くなることが分ったときに債権者や怒った株主から自らを守るため，金融的安全性のクッションやマージンを維持しようとする．企業が必要とするこの金

融的安全性のマージン（負債/自己資本比率の逆数や利払い負担比率，あるいはその両者に代表される）はそれ自体が慣習的なものであり，それゆえ金融市場のブームと崩壊という循環とともに上昇し下落する[28]．

　いかなる時にも通念が示唆する安全性マージンとは慎重であることだろう．すなわち，軽率な負債/自己資本比率や利払い負担比率は，企業を潜在的な財務上の困難や破産にさえ直面させる恐れがあると理解される．資本コストが一定であるとすると，負債依存度の上昇は企業の投資意欲を減退させるであろう．なぜなら，追加的な長期投資は企業を軽率ないし過度にリスクの高い状態に置くことになるからである．1980年代に起きたような投機的金融ブームのユーフォリアにおいて，経営者が負債依存度を慎重で容認できると許容する水準が，現実の負債依存度と同じくらい急速にあるいはそれよりもはるかに急速に高まり，その結果――一時的には――投資支出は負債制約的でなくなるかもしれない．しかし，ブームのユーフォリアがまず弱まり，さらに金融危機の最初の兆候とともに消失すれば，多くの企業は過度で危険な負債依存水準にあることに気づくだろう．そして，過去数年のように，かつては慣習的に慎重であるとみなされた負債依存の水準が，企業の生存や経営陣の意思決定の自治を客観的に危険にさらすようになると，投機的ブームから受け継がれた過度な負債依存は，リスクが高く非流動的な長期投資計画に資金を投じようという企業の意欲を厳しく抑制するであろう．

　要約すれば，NK理論もPK理論もともに，他の事情が同じならば，1980年代の負債熱は投資支出の水準を低下させ，投資の不安定性を高め，マクロ経済の不安定性を高め，そして金融危機の可能性を高めたことを示している．また，両理論は，負債の突出が続く限りこれらの効果は経済を引き続き悩ませるであろうと主張している．

(4) 負債依存と長期投資，R&D支出：経験的証拠

　過去数十年にわたって，金融構造が投資決定に何ら影響を及ぼさないという新古典派の定理は，この定理の実証的妥当性に対する信頼を正当化し強化

する方向に，投資行動に関する計量経済学的研究を導くとともにそれを強要した．しかし，1970年代，とりわけ1980年代の負債増大に関する懸念が，NK理論（仮定と方法論の点で新古典派理論と近いので，主流派経済学者によって丁重に取り扱われた）の発展と同時に，ついに新古典派の障害から実証研究を解放した．そしてなんと，過度な負債依存は，投資とR&D支出の両方を制限し，一層不安定にするというNK—PK命題を支持する実証的証拠が顕著にますます明らかになってきたのである[29]．

2種類の実証研究がここでは重要である．第1は，M&Aブームの中で買収された企業の長期的支出に対する負債依存の影響に関する研究である．第2は，リストラが行われた企業，行われなかった企業，そしてすべての企業の投資支出に対する負債依存度の上昇効果を測定しようとした研究である．

ホールの1990年の計量経済学的研究は，リストラそのものはR&D支出をさほど低下させないが，LBOに関連した多額の債務負担はほぼ確実にそういう事態を引き起こしたことを明らかにした．つまり，「負債依存とR&D減少の連関が立証された」(Hall, 1990, p. 123)．ホールは，「R&D支出は，資金調達の原資を負債にシフトさせているアメリカの現在の傾向の意図せざる犠牲者かもしれない」(*Ibid.*, p. 123) とみた．この研究を展開して，ホール (1991) は，1980年代のリストラ・ブームによって，「経営者が」，資本財とR&Dの両方に関する「長期投資を犠牲にして短期収益に注意を払わざるを」えなくなったのかどうかという，より広範な問題を検証した (p. 1)[30]．彼女の計量経済学的証拠によれば，「負債依存度の上昇は両種の投資に大きな負の影響を与えた．……[負債の増加の] 50%程度の投資……の減少を意味するほど，影響は著しく大きかった」(p. 11)．回帰分析と事例研究からホールは，「金融構造の大規模な変化は……あらゆる種類の投資の減少を伴っていると思われる」(p. 23) と結論づけている[31]．

前述のように，ロング/ラベンスクラフト (1991) はより多く収集されたLBOに関する最も広範なデータを分析した．彼らによれば，LBOは「資本支出の削減によって金利支払に利用できる現金の量を増加させる．資本支

出/出荷額は9％」買収後に低下し (p.20)，R&D 支出は約10％減少した．ロング/ラベンスクラフトも，これらの投資の減少は「一時的なものではない」(p.21) と立証している．

最後に，カプラン/スタイン (1991) は，1980-89年における124件のMBOについて，売上高に対する資本支出の比率は買収が行われた年のうちに平均38％低下したことを見出した (p.31, Table 10)[32]．

被買収企業の従業員数に限定されないこの問題に関する計量経済学的研究のうち，ファザーリとその仲間によるミクロ・データの研究が最も大きな影響を与えた[33]．例えば，ファザーリ/ハバード/ピーターセン (1988b) は，内部資金フローの減少が投資支出に大きなマイナスの影響を与え，とりわけ，NK理論が示唆したように最大のレモン・プレミアムに直面することになる中小企業にとってそうであることを示した．様々に特殊化されたオルタナティブな投資方程式とも両立する彼らの結論は，（1ドルの金利支払の増加によって起こる）キャッシュフロー1ドルの減少が投資支出を23セント減らすことを示している．

ファザーリの意図と類似した研究においてカンター (1990) は，過度に負債に依存した企業は投資を内部資金に大きく依存しているので，投資支出（および雇用）の景気感応性がより高いことを明らかにした．例えば，負債/資産比率が50％の企業は，この比率が25％の企業に比べて臨時のキャッシュフローを半分しか投資に用いないことを彼の研究は示している．「負債依存度の上昇がかなり広範に広がるとき，企業部門は，売上高およびキャッシュフローの変動に対してより大きく変動し，より敏感になると思われる……」[34] (p.41)．

フランケ/ゼムラー (1990)，クロッティ/ゴールドシュタイン (1992) は，非金融企業と製造業について集計的時系列データを用いて，各々が類似の結論に達している．1980年代の負債膨張と投資支出減少とについてさらに2つの連関に言及しなければならない．第1に，フェデラー (1991) は，マクロ経済全体の不確実性が高まるとき，投資支出が減少することを計量経済学

的に論証した．NK の実証研究は，負債依存度の上昇がマクロ経済の不安定性を増大させることを明らかにしており，不確実性の程度は不安定性とともに高まるので，フェデラーの結論は，過度な負債依存が投資を妨げるさらに別の経路を立証している．第2に，もし M&A と直接，間接に関連する大量の信用需要が 1980 年代半ばから末にかけて実質金利を押し上げたとすれば，このように仮定することは合理的であると思われるが，このことも，企業の視野を短期化し，標準的な新古典派の経路を通じて投資と R&D 支出の両方を減少させたであろう．

この問題を扱った実証研究に関するフリードマンの最近の評価は，賢明であると思われる．「負債比率の高い企業が，それ以外は比較可能な負債依存度の低い企業と比べて研究・開発に着手していないことを示す豊富な証拠がある．同様に，過度に負債に依存した企業がそうでない類似の企業と比べて資本支出が少ないという証拠もある．研究・投資と生産性を結びつける連関があるとすれば，1980 年代に広範に負債に依存したアメリカ企業は，1990 年代の経済成長の基礎を強化したのではなく損なったことを，この事態は示唆している」(1991a, p. 8)．

1980 年代の買収関連の負債をめぐる騒乱の最後の側面に言及しなければならない——金融システムの脆弱性に対するその影響についてである．一連の金融仲介機関が夢中になって行った貸出のために，金融機関は，合併ブームから発生した不良債権の重圧に苦しめられることとなった．

①投資銀行は，1989-90 年のジャンク・ボンド市場の崩壊によって借り換えができなくなったとき，繋ぎ融資の「停滞」にみまわれ，資本注入によって救済されなければならなくなった．ファースト・ボストンとそれに対するクレディ・スイスによる緊急救済が，その1例である．

②商業銀行の問題貸出，つまり過度に負債に依存した取引に対して行われた貸出は，多くの銀行に自己資本問題と監督上の問題を引き起こし，信用逼迫の一因となり，それゆえ近年の景気後退を長引かせた．連邦準備の非公式の研究によれば，1988 年までにニューヨークの大手銀行の数

行は新規の商工業貸出の40%をLBOに投入していた[35]．

③ジャンク・ボンドが1989年末から1990年初めに崩壊する前に，貯蓄貸出組合（S&L）はすべての発行済みジャンク・ボンドの9%を保有していた．その時まで，大量に新規に発行されたジャンク・ボンドの大半は合併とリストラをファイナンスするために流通していた（Altman, 1990）．貯蓄金融機関のジャンク・ボンド保有はごく少数のリスク突入型S&Lに集中しており，このことは，これらの金融仲介機関の破綻をもたらし，そのために納税者の負担を増加させた．

④保険業界で続く動揺でさえも，いく分かは合併ブームのためである．保険業者を悩ませる不良債権の大半は商業用不動産向けのものであり，1991年のミューチュアル・ベネフィット・ライフの破綻の引き金となった4つの大きな問題投資のうち2つはLBOであった（Pulliam and Anders, 1991）．

合併は金融機関の動揺を招いた唯一の原因ではなかった．合併は，商業用不動産貸出や第三世界の債務，石油向け貸出，そして金融機関の傷つきやすく競争的なハイリスク・ハイリターン資産を求めての貸出といった投機とともに起こったのである．実際，金融的競争は合併ブームそのものを刺激する上で重要な役割を果たした．この活発な借り手側に立つ多くの買収企業にとって，このことは財務上の困難を意味した．企業の負債依存度が1980年代に劇的に上昇し，その大半はリストラで説明できることを明らかにした．ようやく債務を返済するに足るだけのキャッシュフローで企業がきわどく活動している場合，その限界を超えて進もうとはしないだろう．驚くべきことではないが，我々は静かに蔓延する破産のただ中にいる．1970年代末の水準から事業倒産率は急速に上昇し，1980年代は大恐慌以来のどの時期より2倍の高水準を維持している．そして大規模な倒産の増加が最も顕著である．その結果，事業倒産は毎年300億ドルから400億ドルに達している（*Economic Report of the President*, 1992）．

我々は，理論的，実証的証拠の両方の評価に基づいて，1980年代の規制

緩和された投機的金融市場による信用配分は，その配分効果において不公平であったばかりでなく，甚だしく非効率的でもあったという結論に達した．高い債務不履行率および倒産率，投資・R&D支出の抑制，経済成長の減速，失業の増加，低生産性，賃金の停滞，地域社会の破壊という形をとるこうした配分ミスのコストは，すでに深刻な打撃を与えており，なおしばらくの間経済を悩ませ続けるであろう．1989年初めに始まった経済的停滞は，抵当に入れられた我々の将来に対する最初の頭金支払を意味するにすぎないのかもしれない．

4. 結論と政策的含意

雑然とした議論と証拠の渦の中から，ここで1980年代の合併ブームに関する単純な結論をいくつか引き出すことができる．この10年間のリストラ運動は企業債務を途方もなく増加させた推進力であった．しかし，もし株主の利潤が効率性の上昇を示すと仮定する株式市場の証拠を受け入れないならば——受け入れてはならない有力な理由が存在する——，企業業績が向上したことを示す兆候はほとんどなく，そうでないことを示すものは豊富に存在する．

対照的に，1980年代の規制緩和された金融市場を通じた信用創造や配分のコストが大きくて持続的であると思われる証拠は増えている．多くの場合，被合併企業の労働者は保障，所得，雇用に直接的な損失を被った．これらの損失からのスピルオーバーはかなりのものであった．地域社会は影響を被り，生産性向上への労働者の関与は大いに挫かれた．生産性は，投資・R&D支出に対する負債の抑制効果によっても脅かされた．最後に，経済のいたるところで商工業企業および金融仲介機関の金融安定性と伸縮性が損なわれてきた．銀行，投資銀行，保険，貯蓄金融機関における資本・信用逼迫はすべてリスクの高い合併向け貸出と密接に関係していた．リストラという借り手の苦悩は，破産率を急上昇させそれを維持させた．最近の『ビジネス・ウィー

ク』で注意されているように,「アメリカの実業界における犠牲者は,流行病のレベルにある.ダン&ブラッドストリート社のレポートでは［1992年］7月の事業破産は1991年7月より12%も多く,今年にはいって16%増加した」(October, 12, 1992, p. 24).

それゆえ,合併負債の膨張と長期的な経済パフォーマンスに対するその潜在的な障害は,1990年代の2つの主要な政策課題が交差する点に企業支配の問題を置くことになる.つまり,アメリカ経済のパフォーマンスと競争力に関するリストラ論争,そして金融市場改革である.この両分野での結論を要約すれば,合併関連の金融規制政策を根本的に再考せよということである.短期的には,政策決定者は最もひどいリストラの濫用にペナルティを課すよう行動すべきである.金融市場一般,とりわけ企業支配のための市場を,負債に依存した投機から引き離し,長期的な経済的・社会的に優先的な分野に傾斜させる方策を適用すべきである.そして今,合併ブームが鎮静化して,熟考され,目的をもった,強力な行動が許される今こそ,行動を開始すべきである.長期的には,信用を創造し配分する方法の基本的な制度変更——金融投機を阻止し,人的・物的資本への生産的投資を促進するような変更が必要である.我々は以下のような考えを主張する.

①過度に負債に依存したリストラ向けの貸出の抑制.金融市場における短期的投機を阻むための第一歩は,規制された銀行や貯蓄金融機関に,彼ら自身と借り手企業の財務状態を不安定化する貸出を抑制するような誘因を与えることである.対象となる貸出行動の1例は,実物投資よりも合併と資本構成の変更(株式買戻しと特別配当)をファイナンスするための借入となるだろう.この定義には,同様の目的で発行された証券の保有も含まれるべきである.例えば,リストラ関連ジャンク・ボンドである.現行の規制構造を前提すれば,最も効果的な制裁は,預金保険の支払拒否であろう.代替策としては,準備率か必要資本額の引き上げ,あるいはその両者であろう.

②長期的金融投資の奨励.規制された金融仲介機関の貸出が1980年代の

リストラの風潮を生み出す一因となったと同時に，株式や社債取引が決定的な役割を果たした．合併熱や負債依存熱は両方とも短期的で投機的な借入市場や株式市場で盛んになる．議会は2種類の課税で投機的な投資行動を抑制すべきである．第1に，短期的な——保有が1年に満たない——キャピタル・ゲインに対して非常に高率に（少なくとも50％）課税すべきである．第2に，ケインズ自身が提案したように，流通市場における証券取引は緩やかな取引税を条件とすべきである．これらの両措置が，短期的業績への市場の集中を矯正し，リストラ環境の下での投機的行動に対する誘因を弱め，企業部門における「所有権」の侵食を抑制する．

③コーポレート・ガバナンスの改革．前述の提案に示された投機的金融市場の慣行は，コーポレート・ガバナンスに対して，とりわけ企業支配の点で，強い影響を与えてきた．州，国，民間レベルで，合併に関する政策的枠組みは，近年の短期的株式保有パターンと，企業の収益性とその支持者たちの利害との複雑な相互依存関係との両方に注意を向ける必要がある．第1に，敵対的買収——その脅威はしばしば様々な種類の負債依存のリストラに駆り立てる——を規制する州法の強化は，それが存在するところ（例えばペンシルベニア州）では支持され，存在しないところでは採用されるべきである．そのような法律の制定は，労働者の権利を守り，グリーン・メールやその他の投機的な投資家の利益を制限し，そして長期的株式保有者に企業支配の問題により多くの発言権を与えることになろう．

第2に，社会的に責任のある株式保有は，株式市場に対する支配力をますます強めている年金基金に委ねられるべきである．現在までは，年金基金の「株主行動主義」は主として，プレミアムの高いリストラの支持を含む短期的キャピタル・ゲインの最大化に限定されており，成長と安定に資する長期的風潮を受益者の直接的な利益のために犠牲にしてきた．しかし，負債依存のリストラにおいてしばしば犠牲を払ったのは労

働者であった．労働組合は，組合員のものである年金基金の政策に対してより多くの発言権を得る方法を探らなければならない．従業員退職所得保障法は，年金基金の投資行動に与える誘因について吟味すべきである．

④企業の負債金融に対する課税優遇措置の廃止．現行の政策の歪んだ誘因は，コーポレート・ガバナンスそれ自体を超えて拡大する．配当に利用される企業所得に課税し，金利支払には課税しないことによって，連邦政府は，積極的なファイナンス一般と，とりわけ負債依存のリストラ向けのファイナンスとを奨励し助成している．最も単純で財政的に最も問題の少ない解決法は，金利に対する税額控除の廃止である．この措置は企業計画の混乱を最小限に抑えるよう数年かけて段階的に導入することができるし，そして企業所得に対する課税は全体として望ましい企業の租税負担を維持するよう調整されうる．要するに，政策決定者は高利回り負債の金利（投資等級を上回る金利と定義される），株式償却のための負債発行の金利，その両方を税額控除から排除するよう考慮すべきである．

⑤公的投資の強化と民主化．負債依存の投機の抑制と長期的な経済的・社会的に生産的な投資の奨励とを企図する場合，重要なことは公的な信用創造・配分を無視しないことである．過去数十年間にみごとな国民経済的パフォーマンスを示した，日本，ドイツ，韓国，台湾を含むいくつかの国は，工業的成長と発展のための公的，準公的信用配分に大きく依存してきた．アメリカでは，連邦レベルでの信用フローはすでに大量に存在するが，過去数十年間，農業や住宅産業以外の投資を目標としてこなかった．事業リストラの行方に影響を与えるために，政策決定者は，公的に導かれた信用を注意深く利用することを通じて，企業経営者に与えられる金融的誘因を活用することができる．そのような信用は，民主的に認められた社会的要求の緊急性によって決定された方向に流入すべきである．マルクーゼン／ユドケン（1992）は，軍事産業の転換に固有の

可能性を考え，ポーリン（本書第11章）は，アメリカの生産能力に環境の維持可能性を組み込むことに焦点を当てている．確かにその他の誘因も，公的信用フローを通じて育成されるならば，同様の社会的便益と経済的スピルオーバー効果を与えることができるであろう．このようなフローを創造し配分する明白なメカニズムについての提言は本章の範囲を越えている．しかし，それには，新たな公的機関の創設や既存機関の新機能開発だけでなく，信用保証や助成金が含まれるであろう．より長期的には，公的投資銀行（ポーリンが本書で提言しているようなもの）の創設が，効率的であるばかりでなく公正な金融システムを構築する重要なステップになるかもしれない．

　これらのすべての提言は，1980年代の合併ブームが，広範で過度な金融投機の一部であったという認識から生まれたものである．それゆえ，我々の政策提言は，合併それ自体に限定される（そして限定できる）ものではない．すべては，アメリカの企業金融のシステムが，取引と資産の回転に投機的に集中した（ザイスマン[1983]が「資本市場ベースの」と呼び，ポーター[1992b]が「うつろいやすい」と呼んだ種類の金融を連想させる）ものから，社会的に生産的な投資への長期的な関与に基礎づけられた（ザイスマンの「信用市場ベースの」，ポーターの「ひたむきな」）システムへと移行するのに役立つことを目的としている．そのような移行は，意思決定における労働者と地域社会の利害に一層の説明責任を組み込むにちがいない．なぜなら，企業の労働者と地域社会の支持者は，長期的な企業の業績にとって決定的なものであり，またそれによって大きな影響を受けるからである．

　我々は，1980年代の合併ブームの影響が企業の一種の拒食症であろうと示唆した．雇用，投資，R&Dにおける負債誘発的なコスト削減に伴って，循環を良くすることは可能であるが，長期的な活力についての見通しは暗い．こうして我々はどんな種類のリストラをアメリカ経済が必要としているのかという問題に戻ってきた．

　企業とその経営者は，柔軟で競争的となるよう，そして労働者の教育・訓

練,資本財,技術改善,R&D および製品品質へ長期的に投資するよう,圧力を加えられる必要がある.しかし,1980 年代の金融主導的なリストラはアメリカ企業を誤った方向に押しやった.皮肉なことに,この運動の学問的な擁護者たちは,アメリカ経済はあまりに多くの投資を行い,労働者をあまりに温情的に処遇し,今日の株価へあまりに注意を払わなかったことによって苦しんでいると主張することで,負債依存の緊縮的効果を合理化してきたのだ.

我々はこれよりもましな政策的基礎を必要としているのである.

注
1) 著者は,初期の草稿に有益なコメントを頂いた Ed Herman と Paul Burkett に謝意を表したい.
2) リスクの高い合併向け貸出の意図せざる金融市場へのスピルオーバー効果を表すこの用語は,Charkham(1989)による.
3) ほんの1例を挙げれば,1990-91 年の景気後退から経済が立ち直ることの難しさは,銀行貸出,事業支出,それらの経済活動への影響が合併関連負債によって圧迫されていることの証拠であると,しばしば解釈されてきた.
4) データは Pickering(1991)と連邦準備制度理事会の *Flow of Funds Accounts* および *Balance Sheets for the U.S. Economy* からのものである.負債/自己資本は,取り換えコストでの有形自己資本に対する信用市場借入額である.負債/自己資本比率は,分母に自己資本の市場価値を用いるべきであるとしばしば主張されている.そうすると,1982 年以降の強気相場が借入の増加を圧倒し,1980 年代の負債依存度の上昇傾向は消え去ってしまうことが明らかになる.しかし,これは,株式市場に対するこの尺度の感応性が引き起こす問題を示すものである.例えばこの定義によれば,1987 年 8 月 25 日から 10 月 19 日の間に負債/自己資本比率は約 50% から 80% 以上に跳ね上がるのである.この種のほとんどすべての指標はこの 10 年間に負債が増加したことを示している.
5) 我々は年々のプレミアムを計算するために,各年の報告された M&A の金額と,その年に市場に対して支払われた平均プレミアム率を用いた.すべての取引が金額を報告しているわけではないという事実はこの推計を下方に偏向させているかもしれない.だが,逆方向に偏向させる要因も同様に存在する.一般に,プレミアムが明らかなのは買収された公開企業についてのみであり,そこから「平均プレミアム率」が分かる.我々は公開・非公開を含めたすべての合併の自己資本額にこの率を適用した.もし,公開企業買収についてだけこの率を適用するな

らば，プレミアム総額は推計2,380億ドルである．（カバーされた年は1年ずれている．1980-89年はすべての合併について，1981-90年は公開取引についてで，後者はデータが利用不可能なためである．）

6) 例えば，Kaplan and Stein (1991) を参照．何人かのアナリストが示唆したところでは，合併に伴う金融市場参加者への富の流入は，被買収企業の様々な「利害関係者」——とりわけ労働者と地域社会——からの移転を意味する．実際，この説明は本章で述べる合併理論の効率性や投機のカテゴリーのいずれかと一致するであろう．我々は合併のコストを考察する第3節でこの問題に立ち返る．

7) この文献に好意的な論評については，Jensen and Ruback (1983), Jarrell, Brickley and Netter (1988) を参照．

8) このような見方に従うと，例えば，貯蓄金融機関や銀行の危機が生じることになろう．なぜなら，政策の歪み（預金保険）が預金者にとっての必要性を弱め，それゆえ銀行が資産選択の報酬をそのリスクと較量する必要性を弱めるからである．

9) そのような好意的な論評の1つにFama (1970) がある．市場の効率性を支持するために行われた数量経済学的分析の多くは統計学的な意義が低いことに注意すべきであり，このことは，効率性仮説はたとえそれが事実でなくても分析を無難にパスしそうだということを意味する．なぜそうなるのかについて，明解な説明は，Zeckhauser, Patel, and Hendricks (1991) の3-7頁を参照．

10) 効率的市場の支持者による統計学的基礎への批判にもかかわらず（例えば，Kleidon, 1988），これらの研究は影響力を持ち続けている．

11) 主要な研究は，Fama and French (1988) と Poterba and Summers (1988) によるものである．非技術的な論評は De Bondt and Thaler (1989) に含まれている．長期的な平均への回帰は，短期的な積極的自動修正よりもはるかに大きな影響があるように思われるにもかかわらず，その性質上，それが作用する長期は数多く存在せず，したがってその分析の統計学的正確さは低くなる傾向がある．

12) 市場の効率性に関して活発化した議論の多くが統計学的問題を巡って行われてきたにもかかわらず，効率性仮説の支持者はその批判に耐えうる多様な対策を出してきた．おそらく問題の核心は，批判者が実証した資産価格の明白な投機的振幅が，事実上投資家が要求する収益率の変化によって引き起こされたものであり，この変化は次に経済的ファンダメンタルズの変化に結びつくことにある．証券価格はその請求権に対する期待された支払流列の割引価値と考えられることを想起せよ．将来の支払に関する不合理な期待を反映するよりもむしろ，価格トレンドは支払に適用される割引率が変化していることを示しているかもしれない．効率的市場の擁護者によれば，投資家の割引率のシフトは，技術的発展の，あるいは将来消費と現在消費に関する投資家の選好の基礎的な（観察不能であるが）変化の影響を合理的に反映している (Fama, 1991)．

しかし，この説明はまたもや循環論法的である．市場価格の振幅が観察不能で

あるが合理的な割引率の変化の反映にちがいないと主張することは，単に証明される必要のあるものを仮定しているにすぎない．さらに，投資家のリスク選好，時間選好が広範なマクロ経済的諸条件に伴って変化するという考えは，投機的バブルの理論と完全に一致する．投機的資産バブルはしばしば，過剰反応と群集心理とが経済的意思決定を特徴づけると期待される，経済的ブームが過熱した時期に起こった．

13) より技術的には，将来の経済的成果に関して，経済主体が状況に応じて修正される主観的確率分布を有していることを，効率性は必要とする．

14) これら2つは1980年代の負債依存の買収に関する現実的な影響力をもった最大の研究なので，両者の相違の原因を考察することが重要である．Long/Ravenscraft のサンプルの方が多く，より注意深く選別・構成され，そして1年多くカバーしている．結論が対立する他の原因と思われるのは，効率性を測定する尺度の違いである．Lichtenberg/Siegel は，投入を説明変数とした回帰分析において各工場の産出額の説明できない変動（残差）を使って，生産性を測定している．使用された3つの投入のうちの2つ——工場の資本ストックと原材料費——は，買収後に大きく変化するとは思われない．だが，彼らが尺度に用いた労働投入は，総賃金・給与がブルーカラーとホワイトカラーの間でいかに隔たっているかに非常に感応的である．給与支払総額のうちホワイトカラーに支払われる割合が低下すると，この労働代理変数は低下する．実際，支払総額におけるホワイトカラー/ブルーカラー比率は，彼らのサンプルでは買収後に顕著に低下している．他の条件が同じならば，LBO された工場の産出残差は買収後に増加するであろう．他方，Long/Ravenscraft の効率性尺度は，「価格—費用マージン」比率——出荷総額に対する，出荷額マイナス賃金総額マイナス原材料費の比率——である．この尺度でみた直接の労働支払額はブルーカラー/ホワイトカラー比にあまり感応的ではなく，少なくともこの点では，より信頼できる効率性指標であるかもしれない．

　Lichtenberg/Siegel の検討に値する他の側面は，明白な生産性向上の時系列パターンであり，彼らはこれが後期 LBO において最も強くなることを発見している．頭を悩ませる問題は，80年代後半に行われた買収が財務上の困難を最も被りやすいと判明したものであるということである．実際，Long/Ravenscraft の研究において，後期 LBO は入札競争を激化させ，価格とプレミアムを上昇させ，そして経営責任者の持ち株比率を低下させた．これらの特徴は，生産コストの経営的管理の効率性向上よりも，熱心な外部投資家による過剰支払の進展を伴う投機的ブームとよりよく一致するように思われる．

15) この問題に関する豊富な文献の1つとして，Kahneman, Slovic, and Tversky (1982) を参照．

16) Bluestone and Harrison (1982) 第3章を，これらのコストが測定されるべき次元についての議論のために参照．

17) 我々は実質的な富の損失を4億9,000万ドルとするRosett (1990) の推計を，実質金利を6％として（1976-87年のBaa債券金利とCPI [消費者物価指数] の変化との平均格差），6年間各年の現在価値に直した．すると，年々の損失は不変ドル表示で約1億ドル，累積（割り引かずに）6億ドルとなる．この数値は，彼のサンプルが民間労働組合加盟労働力の25％しかカバーしていないこと，そして組合加盟者が全労働力の一部（我々は20％と推定）にすぎないこと，すなわち，サンプルは労働力の約1/20をカバーしていることを反映して，上方修正される．すると，損失は6億ドルではなく120億ドルとなる．我々がこの推計の半分の数値を提示したのは，数値が非常に大雑把であり，合併が経済分野に均等に分布しているわけではないためである．合併は製造業で頻繁に発生するが，そこでは労働組合が不均等に選出されている（したがって，カバー率は低めに調整される必要があるだろう）．

18) 信用市場からのネットの借入のデータは，連邦準備制度理事会の *Flow of Funds Accounts* からのものである．負債によって資金調達されたリストラの推計は，Pickering (1991) の表1から出発し，LBOの総額と他の非株式ファイナンス合併および株式買戻しを加えたものである．我々はPickeringが報告しているのに従って *Mergers & Acquisitions* から企業分割の額を加えた．企業分割はPickeringのデータでは省かれており，株式による資金調達であることはめったにない．負債によって資金調達されたリストラの推計は上方に偏向している．というのは，非株式買収のいくつかは，借入によるよりも買い手の現金によって支払われるからである．だが，さらになお省かれている推計を下方に偏向させる取引——例えば，負債依存の特別配当による資本構成の変更やアメリカ企業による外国企業の買収——が存在する．Henderson (1990, p. 17) およびKopke (1989, pp. 39-40) の重要なデータをも参照．

　我々は企業投資がもっぱら内部資金のみで資金調達されるべきであると主張するつもりはない．ポイントは，1980年代における投資支出の分別ある資金調達は実際に行われた企業借入のほんの一部分しか必要としなかったことにある．

19) Bernanke and Campbell (1988), Bernanke, Campbell, and Whited (1990), Estrella (1990), Friedman (1991a), Frydl (1990), Henderson (1990), Ryding (1990) を参照．Bernanke and Campbellは，「[キャッシュフローに対する] 支払金利のすべての尺度は [1980年代に] 顕著に増加した．この増加は実質支払金利について特に注意を引く．[数多くの公開企業をサンプルとする] 中央値で，実質金利支払の負担は1970年代末からほぼ4倍になった」と結論づけている．Bernanke, Campbell, and Whitedは，1987年と1988年の買収キャッシュフローにおいてさえ，「過度に負債に依存した企業の負債依存度は上昇し続けた……」ことを明らかにしている．

20) 例えば，Zeckhauser, Patel, and Hendricksは次のように報告している．「経営責任者が決定した負債/自己資本比率は，彼らの産業内における同業者たちの

選択に強く影響されることを,資料は示している.3つの理由が仮定される.(1)意思決定者が類似企業が行っている事柄の情報を入手する.(2)彼らは批判(自己批判を含む)に対する防御を確保する.(3)市場の向こう側の関係者(例えば融資している金融仲介機関や新規発行証券の購入者)が集団行動に加わっており,それによってこちら側の関係者の間で観察された団体行動を誘発している」(1991, p. 21).

21) Gertler は金融理論に関する最近のサーベイで次のように注意している.「MM 定理は魅力的であった.なぜなら,それは,金融的要件に誘発される複雑な問題を抽象化する厳密な根拠を研究者に与えたからである.例えば,新古典派投資理論の展開者(例えば,Hall and Jorgenson, 1967)は……企業の経時間的投資選択問題を解く場合,資本市場要件を無視するのに便利な理論的根拠として MM 定理を使った.同様の理由から,金融変数は実証的な投資方程式から消失し始めた」(1988, p. 565).

22) ニュー・ケインジアン理論のサーベイのためには,Mankiw and Romer (1991)を参照.投資支出に対する負債依存の影響に関する最も影響力のあるポスト・ケインジアン分析は Minsky(1975, 1986)のものである.

23) 信用市場のニュー・ケインジアン理論は,本書第 2 章でも検討されている.

24) 例えば,Myers and Majluf(1984)および Greenwald, Stiglitz, and Weiss (1984)を参照.

25) もちろん,家計の過度の負債依存も金融危機の可能性を高めるであろう.そして家計の負債依存は「大騒ぎの 80 年代」には企業の負債依存とともに高まった.1983 年初めから 1990 年末の間に,家計の負債・所得比率は 73% から 99% に上昇した(Altig, Byrne, and Samolyk, 1992, p. 3).経済主体一般の負債レベルが上昇すればするほど,所得フローの減少が金融的内部破裂の引き金となる可能性も高まる.

26) 以下でサーベイされる NK の縮小された計量経済学的研究では,投資に対する負債依存の信用効果に関して,NK の信用供給と PK の信用需要との規模が区別できないことに注意が必要である.

27) 慣習的意思決定と完全に不確実な状況下でのマクロ理論の特徴との分析については,Crotty(1991)を参照.

28) 慣習的期待,確信の形成,およびそのマクロ経済の不安定性との関連の分析については,Crotty(1991)を参照.

29) 「なぜ金融構造が問題なのか」と題した最近の論文で,Stiglitz は以下のような観察を行った.「[新古典派] 理論は計量経済学を酷使してきた.金融構造変数は [計量経済学的投資方程式から] 排除された.なぜなら「経済理論」——すなわち Modigliani/Miller——によれば,それらは排除すべきだからである.ほんの最近になって,発展した重要な経済理論がこれらの変数を含めるべきだと再び主張するようになったので,計量経済学者たちは再び投資原因の [金融] 変数を

彼らの明細事項に含めるようになった．するとなんと，それらが重要であることが明らかになったのだ！」(1988, pp. 121-2).

30) 企業視野の短期化に関するこの論争に対して，最近，Shleifer and Vishny (1990) は次のように主張している．企業経営者が短期的視野で計画立案を行うことは完全に合理的である．なぜなら，彼らにとって株価パフォーマンスが低調なために課されるペナルティはそれが好調なために得られる便益を上回るからであり，そして裁定取引は非効率的市場の長期資産価格評価より，非効率的市場の短期資産価格評価をより素早くかつ完全に修正することが可能だからである．「この推論は経営者が長期的投資計画以上に短期のものを選択するであろうと示唆する．なぜなら前者を選ぶことは，他の事情が同じならば，均衡において彼らの株式がより不適当な価格評価を受けることを許し，そして彼らの職を危うくするからである」(p. 151).

31) Hall (1990) はまた，株主が経営のエージェンシー問題を解決する1つの制度として企業支配のための市場がもつ一般的効能に疑念を表している．「経営者たちが2，3年良い結果が出せなければその職や会社を失う恐れのある環境では，長期的戦略を遂行することは困難であるという強い意識が存在する」(p. 33).

32) Long and Ravenscraft (1991) の3頁に引用されている関連研究をも参照．

33) Fazzari (1992), Fazzari, Hubbard, and Peterson (1988b), Fazzari and Mott (1986-87) および Fazzari and Peterson (1991) を参照．

34) 同じような調子で，Sharpe の最近の計量経済学的研究は，「負債依存の高い企業の雇用は……負債依存の低い企業の雇用よりも，売上高の需要誘発的変動に対して十分そして有意に感応的である」(1991，抜粋) と結論づけている．

35) 詳細は著者から入手可能である．

第10章　年金基金と資本市場，経済の将来展望[1]

ランディ・バーバー/テレサ・ギラドゥーチ

1. 概観：年金基金と経済の将来展望

年金基金は，将来の経済発展に必要な資金を供給する中心的な役割を果た

表10.1　金融部門別の資産額

(単位：兆ドル)

	1966年	1972年	1978年	1984年	1989年	1992年3月
商業銀行[a]	0.363	0.663	1.221	2.131	3.231	3.576
貯蓄金融機関[b]	0.204	0.359	0.731	1.290	1.716	1.356
保険会社[c]（年金責任準備金を除く）	0.171	0.258	0.397	0.617	1.140	1.282
年金責任準備金[d]（生命保険会社）	0.029	0.052	0.122	0.332	0.711	0.935
私的年金基金[e]	0.076	0.165	0.386	0.880	1.536	2.259
州・地方公務員年金基金	0.038	0.088	0.154	0.357	0.735	0.949
ファイナンス・カンパニー	0.047	0.081	0.160	0.371	0.719	0.789
投資信託[f]	0.035	0.059	0.056	0.370	0.994	1.567
不動産投資信託	―	0.011	0.003	0.006	0.013	0.015
証券会社[g]	0.011	0.023	0.032	0.118	0.236	0.698
合　計	0.974	1.759	3.262	6.472	11.031	13.426

注：a) アメリカ認可の銀行，外国銀行のアメリカ国内支店，国内の銀行持株会社，アメリカ属領の銀行を含む．
　　b) 貯蓄貸付組合，貯蓄銀行，信用組合を含む．
　　c) 年金責任準備金を除く生命保険会社とその他の保険会社．
　　d) 分離勘定を含む生命保険会社の年金責任準備金．
　　e) 連邦公務員退職貯蓄制度を含む．
　　f) オープン型投資会社と短期金融市場投資信託を含む．
　　g) 証券化された債権信託の発行者とディーラーを含む．
出所：*Flow of Funds Accounts and Liabilities Year-End, 1966-1989* and *the Flow of Funds Accounts* (*Flows and Outstandings*), *Third Quarter 1992*. Washington, DC: Board of Governors of the Federal Reserve System.

すようになる．年金基金は4兆ドル以上の資産を保有し，1992年の第1四半期から第3四半期までの時期には純個人貯蓄の74%を占めるなど(Board of Governors of the Federal Reserve System, 1992)，経済における最大の貯蓄源泉を代表している．年金基金は，今や全株式の3分の1 (Employee Benefit Research Institute ［EBRI］, 1992b, p. 55) と社債の約40%を所有している．

年金基金は，アメリカ経済の総金融資産のほぼ3分の1を所有しているので，アメリカでは重要な産業政策において年金基金による投資決定の影響を無視することはできない (Board of Governors, 1992, 表10.1と表10.2, 参照)．1993年には年金基金は，1兆から1.5兆ドル規模の新規の投資決定を行う．つまり，年率25-35%という通常の回転率による現存資産の運用に加えて，新規拠出金の投資と収益の再投資が行われているのである．さらに，その資金は，金融市場における信用の源泉として銀行と貯蓄機関に急速に迫っている．実際には現在すでに，年金資産は商業銀行の資産を5,000億ドル上回っている[2]．

これらの大量の資本プールは，長期投資のための資金を供給するのにとり

表10.2　金融部門別の資産構成比

(単位：%)

	1966年	1972年	1978年	1984年	1989年	1992年3月
商業銀行	37.3	37.7	37.4	32.9	29.3	26.6
貯蓄金融機関	20.9	20.4	22.4	19.9	15.6	10.1
保険会社(年金責任準備金を除く)	17.6	14.7	12.2	9.5	10.3	9.5
年金責任準備金(生命保険会社)	3.0	3.0	3.7	5.1	6.4	7.0
私的年金基金	7.8	9.4	11.8	13.6	13.9	16.8
州・地方公務員年金基金	3.9	5.0	4.7	5.5	6.7	7.1
ファイナンス・カンパニー	4.8	4.6	4.9	5.7	6.5	5.9
投資信託	3.6	3.4	1.7	5.7	9.0	11.7
不動産投資信託	—	0.6	0.1	0.1	0.1	0.1
証券会社	1.1	1.3	1.0	1.8	2.1	5.2
合　計	100.0	100.0	100.0	100.0	100.0	100.0

注：四捨五入により合計が一致しない場合がある．
出所：表10.1に同じ．

わけ適している．というのは，年金基金の負債は安定的で予測可能であり，しかも数十年という長期にわたっているからである．しかし，過去20年間についてみると，年金基金はしばしば資本市場でこれとはかなり異なったやり方による投資を行っていた．すなわち，年金基金が平均以上の収益を追求したことにより（たいていは無益な結果となるが），経済全般における「短期主義」や投機的傾向が助長されたことである（Cosh, Hughes and Singh, 1990）．おそらく年金基金のこうした行動は，長期的な経済成長や雇用の創出，実質所得の増加といった展望に障害をもたらす主要な欠陥の1つである．

年金基金は大部分，税制の賜である．税制は，雇用者についてはその課税所得から年金拠出金の税額控除を認めるとともに，年金信託については受け入れた拠出金と投資収益に対して非課税措置を認めている．年金給付への課税は，年金受給者の経常的な所得に対して行われることになる．退職者は一般に低所得であるため，雇用されていた時に比べて低い税率が適用されるのが通例である．年金基金に対する非課税措置により，1992年中だけで510億ドルの税収が免除された（Munnell, 1992）．そして，推定値には大きな開きがあるものの，年金総資産のかなりの部分が，数十年にわたって蓄積されてきた公的な租税支出を表していることは明らかである．

年金基金に対する優遇税制の適用状況からみて，年金基金の投資行動の目標と国内資本市場の適正な機能について，明確な公共政策を提示することが必要である．政府の産業政策や資本市場政策も，年金資金の政策上の役割について検討する必要が出てくる．

投資が長期的か短期的であるか区分することは困難である．例えば，株式は教科書的な定義では長期投資であるが，株式を購入する機関投資家は実際のところ，ますますトレーダーや投機家に変身してしまっている．さらに，過去10年の間に発展した，科学技術を駆使した投資技法は，買い時ばかりでなく売り時を知ることすら科学の対象にしようとしている．

議論の目的と公共政策の吟味という点で，我々は長期投資を概念と実際の両側面から定義する．概念的に定義された長期投資とは，それに伴って継続

的に派生する収益（配当，利子）か，または売買市場での価格変化から得られる利得ではなく，生産的な資産（通常は株式会社）の価値上昇から実現される利得のいずれかを期待して購入した資産のことである．実際的に定義された長期投資とは，5～7年の期間保有された資産として定義する．この期間は，ベンチャー・キャピタルの投資家にとって，投下資本の典型的な回収サイクルであり，社債や政府債の平均的な満期よりも短い．この場合には，投資家がその投資対象とした実物の生産資産の著しい成長に依拠しているのは明らかである．

1980年代には，何兆ドルもの年金資金が金融市場に流入した．この時代の金融市場は，投資よりも投機的な活動を評価したために，勤労者や地域社会，そして経済全般に損失をもたらした．年金基金は，長期的な投資家としてではなく，トレーダーや投機家として活動し，1980年代のカジノ経済において重要な役割を果たした．

連邦政府の年金監督当局は，資本市場は資源配分において効率的で完全な市場であるという見解を採用していた．この理論は，年金基金はウォール街で中立的な投資行動をとり，高い投資収益の追求以外には何の考慮も払うことなく自由に活動できるため，年金加入者に最善の利益をもたらすと主張する．

1974年の従業員退職所得保障法（ERISA）の制定以後，連邦政府の監督当局は，年金基金をその他の各種の信託と同じように取り扱うようになった．つまり，その唯一の収入源が投資収益であるような信託（例えば，無能力な相続人のために，銀行が受託者となっている信託）と同様に取り扱ったのである．このように単純化された受託者の義務は，監督当局が自由で効率的であるとみなした資本市場において，リスク調整済みの収益率を最大にすることにあった．

しかし，このアプローチは，年金基金が実際に備えている重大な特質を無視するものである．これらの特質は次のように表される．

①年金基金は，年金給付を行うことを目的としているが，それは労働組合

に組織された高賃金の労働者層という特色のある産業（とりわけ公共部門，製造業，運輸，通信）における労使関係から発展し，大部分はこうした産業の労使関係によって強く推進されてきたものである[3]．

② 年金基金は，両立可能であるが困難な目的——退職後の所得保障，雇用の安定（従業員の確保），長期的な経済成長，貯蓄の増進，資本形成といった目的——を実現するために特に税法の優遇措置を受けている．

③ 年金基金は，予測可能な非常に長期の負債を負っているが，その資産はまったくこうした負債に見合ったものではない．むしろ年金基金は，取得してから1，2年以内に売却できるかなり流動性の高い資産を蓄積しており，実際にこれらの資産を頻繁に売却している．

④ 年金基金は，金融市場で中立的であるには，あまりにも規模が大きく活動的である．それにもかかわらず，年金拠出者，ファンド・マネージャー，監督当局はなぜか，市場を通じる年金資金の動きは，市場に対して中立的な影響を与えるだけだという立場を事実上とっている．

⑤ 年金産業（年金基金のための各種の管理・サービス業務を提供する）は，投資を行うという気風にはほど遠い，取引という考え方を発展させた．長期的な思考は，短期的で投機的な思考によって押しのけられた．平均以上の短期収益を生み出すという極度のプレッシャーのもとで，年金のファンド・マネージャーは基本的には，現時点で達成できる最高の投資利回りを追求するトレーダーであり，安定した投資から得られる継続的な収益を追求する投資家ではない．

⑥ 年金資金は，ますます世界的規模で投資するようになっている（1991年の半ばには年金資産の約5％が国際的な直接投資であった）．地域再投資法のような規制措置または自発性に基づいて，地方や地域のプロジェクトに焦点を絞っている多くの銀行と異なり，年金資産は極めて自由に投資されている．

⑦ 一部の年金基金は行動的な株主となっているが，大部分は経営に関与している株主のようには行動しない．年金基金は，会社とデートはするが

結婚はしない．年金基金は，しばしば会社乗っ取り屋の味方になって，1980年代の敵対的な企業買収やLBOの活動から利益を引き出した．さらに，LBOに関与する年金基金は，高度に自動化されたポートフォリオ管理や取引技法を急速に採用しつつある．こうした技法は，大量の証券売買を可能にするだけでなく，株価指数先物や株価指数オプションのような様々な「合成的」または「派生的」な金融商品を大いに利用することを可能にしている（Twentieth Century Fund, 1992, p. 40）．かくして，その取引技術は，忍耐強い投資家の果たす役割さえ，年金基金から取り除きつつある．

⑧連邦法は，年金加入者の代表が，年金基金の投資と管理で果たす役割について，1つの例外を除いて何も規定していない．その例外とは，1947年にタフト・ハートレー法が，年金基金の合同理事会に雇用者側の代表と同数の加入者の代表を含むことが必要であると規定したことである．しかし，それ以外に雇用者側の年金拠出者に，年金理事会の支配権を加入者の代表と共有するように命じる法律は存在しなかった．

⑨雇用者に労働者を上回る特権を認める，という二重の基準が1980年代に発展した．それは暗黙のうちに，ERISAの目的専念規則にもかかわらず，雇用者自身の利益のために年金基金を利用することを企業に認めている．株式会社は，全般的な経営戦略の策定について，年金と関連づけて日常的に広範な検討を行っている．年金拠出金の水準は，全社的な現在価値計算によってしばしば変更される．また，多くの会社は，年金のポートフォリオを会社の資産を補完するように構築する．いずれにせよ，純粋に取引指向的な市場に依存しないで取得されるような経済的収益（すなわち，年金加入者や社会全体にとっての経済的収益）は，収益の構成部分として考慮に入れられていないのである．

年金監督当局は，年金加入者の総体的な属性を十分に認識していなかった．つまり，労働者としては，退職後の所得を蓄えるための雇用を必要としていること，市民としては，その生活の質が地域経済の健全性に依存しているこ

と，親としては，自分たちの子供が親と同じかそれ以上の機会に恵まれること，将来の退職者としては，退職後に支払われる年金小切手で財やサービスを購入できるような経済状態であることが保証され，その年金所得が投資収益から十分に賄われる必要があることである．

共和党政権下では連邦監督当局は，年金加入者のための雇用創出や地方経済への貢献，あるいはその他の資本不足を満たすような投資を行おうとした年金基金による控えめな試みにさえ水を注した．監督当局は，現在の年金法が実際には広範で革新的な投資活動を許していることを，不承不承ながら認めはした．

年金投資に対する監督について，監督当局は明らかに考え直す必要がある．こうした潜在的な長期資本のプールは巨額であるが，国はその生産的な利用方法を見失いつつある．労働省，財務省，商務省，住宅都市開発省等の連邦政府の諸官庁は，長期投資を促進する機構と年金基金や実直な投資家のための投資手段を整備するために，積極的な役割を果たすべきである．さらに監督当局は，生産的な長期投資を妨げる金融市場の偏向を是正するための措置に着手すべきである．

新しい規制の哲学とは，法律の制定なしに，このような経済破壊的な事態を変えようとすることである．監督当局は年金基金に対して，その安定的な長期負債を生産的な投資資産と適合させるように援助すべきである．さらに，一定の法律の改正が行われれば，年金基金は，経済の活性化のために重要な役割を大いに果たすことができよう．

年金の投資行動について広範な改革を行うには，次の4つの点について議論する必要がある．

① 年金の投資が，年金加入者の雇用維持や年金の拠出金，経済の必要性にフィードバックして影響を及ぼすことを考慮に入れて，年金加入者全体のライフサイクルに合わせた規制の枠組みを採用すること．

② 年金加入者の共同代表をすべての給付基金に義務づける法律を制定すること．

③長期投資を促進すると同時に短期の投機行為を抑制するように金融市場の規制と租税政策の改革を行うこと．

④新しい長期投資手段や仲介機関（例えば，連邦基盤整備債，経済目標設定投資（ETI）や地域開発貸出資金のための流通市場，年金基金のために実行可能な投資計画の策定を援助することのできる十分な人員を擁したブローカーの育成，年金基金による利用を目的とした補助金と資金保証を創造的に統合した機構など）を創設すること．

2. 年金基金の構造と管理

(1) 年金制度の類型

年金制度の考察で重要なことは，その管理方法と規則の相違によって年金制度を区分することである[4]．

民間部門では2つの管理形態がある．1つは，単独事業者型年金制度における雇用者の一方的な管理，もう1つは，複数事業者型年金制度における労働組合と雇用者の共同管理である．

1947年のタフト・ハートレー法は，年金制度の受託者のうち労働組合の代表は，半数を上限とするよう制限している．しかし，同法は，雇用者に従業員の代表と共同して管理することを義務づけているわけではない．労働組合は，多くの単一事業者型年金制度（民間部門の全年金制度の約90％の資産額を占めている）において，年金給付に関する交渉を行うが，複数事業者型年金制度では投資について交渉を行っているだけである．

民間部門の年金制度は，従業員給付制度のすべての側面にわたる規制の枠組みを設定したERISAによって規制されている[5]．投資に関してERISAは，誠実義務，慎重義務，分散投資の必要性，利益相反や自己取引の可能性を含む取引に対する諸々の禁止措置を規定した[6]．労働省は，ERISAの最も投資に関連した側面を施行する役割を担当している（内国歳入庁も同じ役割をもっている）．

ERISA の制定に続いて，労働省は一連の規制や勧告を行ったが，その中で最も重要なのは，年金制度の投資の適正さを判断する規則である．1979年に労働省は，投資ポートフォリオの適正さは個別の投資によるよりも，むしろ全体的な評価によって判断されるように定めた規則を発布した (Lanoff, 1981)．このため，現在の投資業界の慣行に従い，自己取引を行わない年金基金の管理者は，個々の投資（あるいは全体のポートフォリオ戦略でさえも）が惨めな失敗に終わったとしても，この法律のもとで処罰を受けることはない．ポートフォリオ全体に関する労働省の基準は，年金基金による株式投資（さらに，その他の伝統的な確定利付証券よりもリスク水準の高い資産への投資）の促進を企図としたものと広く考えられてきた．それは，明らかに1980年代に，年金基金を非常に活発な証券取引に向かわせた要因であった．

公的部門では，州や地方政府の職員のための年金制度は，州・郡・地方自治体の法律によって規制を受けている．その投資行動に対する規制は，大きく相違しており，しばしば特別な許可や禁止の対象となる投資分類を含んでいる．しかし，現在では大部分の公務員年金制度は，連邦法の慎重な専門家の原則に類似した規範に基づいて，その資産の投資を行っている．さらに，いくつかの州では，住宅や経済開発のような州内投資の追求を受託者に明示的に認可するか，あるいはこうした投資を要求することさえある．その他の州では，年金資産の一部について，明示的に投資制限を行っている投資分類の適用を除外する「バスケット条項」を規定している．

こうした年金制度の大部分は，少なくとも数人の選出または指名による年金加入者の代表（しばしば退職者や公務員労働組合の指名者を含む）を受け入れているが，ほとんどの場合，こうした代表者は少数派である．しかし，いくつかの州・地方政府の年金制度は，今でも雇用者によって一方的に管理されており，500億ドルの基金をもつニューヨーク州・地方退職制度（ニューヨーク市を除く）は，州選出のたった1人の受託者によって管理されている．

1992年の第3四半期の終わりには，民間部門の年金制度はほぼ3.2兆ドルの資産，州・地方の年金制度は9,490億ドルの資産をそれぞれもっていた (Board of Governors, 1992). 州・地方政府の年金基金は様々なやり方で管理され，政治的な監視や規制を受けている．しかし，こうした年金制度は，株式投資を制限した規則が，1970年代末から1980年代にかけて徐々に修正されたことに伴い，ポートフォリオの比率でその株式保有を2倍以上に引き上げた (EBRI, 1992a).

(2) 年金資産の管理

年金制度の管理に関わって1つの産業が成長してきた．典型的な年金制度は，ファンド・マネージャー，ブローカー，銀行のカストディアン業務，銀行のマスター・トラスト業務，弁護士，保険数理士，会計士，取引記録保全人，資産評価人，専門的な金融データや技術データの提供業者のサービスを利用する．たいていの年金制度は，投資ポートフォリオの策定のために，外部の投資顧問業者の助言を求める．そして投資マネージャーを選定し，その資金運用担当者の運用成績を委託期間中にわたって注意深く見守るのである．

通常，雇用者は企業の財務状態，資金流入，リスクの吸収能力といった広範な分析に基づいて，年金基金の資金積立と投資の決定を統合して行っている (Ghilarducci, 1992). また，企業は，しばしば年金の管理運用機能を，金融市場への窓口や財務担当職員の訓練の場として利用している．

年金基金はたいていの場合，流動性の高い公開市場で発行された既発証券の売買を行う受動的——あるいは第二次的な——投資家にとどまっている．注目すべき例外はあるものの，大部分の年金基金は，自分自身で融資交渉を行うことも，投資案件を組成することも，所有権に関わる積極的な役割を引き受けることもない．内部で資産の投資を行っている年金基金でさえ，外部の資産マネージャーに非常に多くを依存している．

ファンド・マネージャーには，銀行信託部，保険会社，独立の投資顧問業者という3つのタイプがある．保険会社と銀行信託部（伝統的なタイプの年

金の運用マネージャー）は，外部に管理運用を委託された年金資産のうち，約4分の1を管理している．独立のファンド・マネージャーは，外部で管理運用されている資産の約2分の1を管理している（*Pension and Investments*, May 18, 1992）．

過去10年の間に，投資マネージャー間の競争によって専門化が進み，市場を細分化する試みがなされた．過小評価株式への選択的投資を売り物にするボトムアップ型の投資マネージャーがいる一方で，投資分野を決めてから投資株式にアプローチすることをうたい文句にするトップダウン型の投資マネージャーや，適切な時期を見計らって取引を行い資産構成の調整によって資産価値を高めるという能力を宣伝する投資マネージャーもいる．また，小型株，優良株，トリプルA格または投資不適格の債券というように，投資手法の相違によって様々に異なるリスクの評価を専門にするファンド・マネージャーもいる．こうしたマネージャーは，株式，債券，国際投資，モーゲージ，不動産持分権，保険商品等の投資対象ごとに専門化している．多くの投資マネージャーは，各種のインデックス・ファンドやヘッジ手段のような，金融技術を駆使した金融商品を利用している．

こうした競争にもかかわらず，年金資産の管理業務の集中度は非常に高い．上位10位までのマネージャーが，外部に運用を委託された全年金資産の約20%を占め，上位50位では53%となる（*Pension and Investments*, May 18, 1992）．

(3) 年金基金の投資に関する基本的な問題

おそらく，独立の年金コンサルタントは，現在の年金投資業界において最も重要な存在である．どのような規模の年金制度も，たいていの場合，次のような多面的なサービスを提供する年金コンサルタント会社を雇っている．それは，ポートフォリオの設計や投資資産の配置の決定に関する基本的な助言の他に，有望な投資マネージャーの選別・評価・選任を行うことや，その年金制度のファンド・マネージャーの運用成績とその課された職務に伴うマ

ネージャーの能力を，継続的に監視するといったサービスである．（年金基金は，市場が低落している時には現金の保有を非常に多くすることによって，「ごまかそうとする」純然たる株式マネージャーを必要とはしない．というのは，資産配分の仕事は，受託者や投資顧問業者に任されているからである．）

ファンド・マネージャーの間で行われる「四半期ごとの運用競争」については，よく話題に取り上げられるが，実際に彼らは数十億ドルにのぼる年金基金の運用手数料をめぐって競争しているのである．しかし，こうした現象は，最近になって新たに粉飾決算のような，極めて馬鹿げた行為を引き起こすことになった．粉飾決算は，各四半期の終わりごとに頻繁に行われるようになっており，ファンド・マネージャーは，ポートフォリオの化粧直しを行うために価値のない株式を売却し，その四半期の最も値上がりした株式と入れ替える (Bodie, 1989)．別のマネージャーは，1年のうち少しの期間でも平均以上の運用成績を収めた場合には，その年の間中，優れた運用成績を維持するために，様々なテクニック（例えば，市場を模擬したようなポートフォリオを構築するか，S&P 500 の先物を購入する）を弄し，事実上その年の終わりに報告する成果を確保しようとする (Lakonishok, Shleifer, and Vishney, November 1991, p. 25)．

10年以上前の研究では，徹底した調査や熟達した株式選択に基づく投資は，各資産の市場価格に比例して組まれた市場ポートフォリオや株価指数を用いた投資に勝ることはない，そして管理手数料を考慮に入れて調整すれば，実際にはこうした活動はもっと悪い結果となる，というのが結論であった (Langbein and Posner, 1980; Lakonishok et al., November 1991)[7]．

金融市場の安定性に年金基金が，どのように関係しているかという点について，もう1つの問題がある．それは，ファンド・マネージャーの金融上の動機づけに関わる問題である．所有者の要求と所有者を代表する代理人の要求とが相違することから，エージェンシー問題が発生する．労働者と退職者は長期的な視点をもっているが，ファンド・マネージャーがその仕事と手数

料を確保できるかどうかは，短期の運用成績次第である (Speidell, 1990, p. 9)．また，ラコニショクらによれば，会社の年金担当職員は，優れた投資収益に関心をもつのと同じように，ファンド・マネージャーによって提供される非金融的なサービス（運用成績の悪い理由をもっともらしく説明する方法の指導）にも関心をもっている (Lakonishok et al., November 1991, p. 22-5)．

1970年代には新しいカテゴリーの投資商品，インデックス・ファンドが登場した．これは，積極的な取引を行うファンド・マネージャーは，実際には運用成績を傷つけているという証拠が提示されたことに対する反応であった．「純粋な」インデックス・ファンドは，単に株式（または債券）市場を全体として模擬するだけであるが，しばしば市場全体を代理するものとしてS&P 500を利用する．理論的にはインデックス・ファンドは，市場にあるすべての証券を同じ比率で保有する必要がある．

インデックス・ファンドの利点は，その支持者によると，はるかに低い管理費用と取引費用で，市場と同じ水準の収益を保証することにある．インデックス・ファンドの利用者は，ファンド・マネージャーの運用成績を監視するために，社内の専門家や外部のコンサルタントをほとんど必要としない．つまり，ファンド・マネージャーは，比較的変化のないポートフォリオの管理者にすぎないので，はるかに低い手数料の支払いしか要求できない．そして，インデックス・ファンドは市場を模擬するので，一度ポートフォリオが構築されてしまえば，取引費用を負担することもない．さらに，インデックス・ファンドは，取引をたえず行うことによって市場を強く刺激することがないので，ファンド・マネージャーが投資判断を行う際に高価な誤りを犯す機会が減少した，とインデックス・ファンドの推奨者は主張している．もちろん，付加価値のある投資管理の推奨者は，市場を上回る利得機会も同様に閉ざされてしまうと主張している．

大きな基金のファンド・マネージャーの大部分は，中核部分には何らかの形のインデックス・ファンドを利用しており，それと併せて多様な資産配分

や選別的な株式投資戦略を追求している．実際に，こうした投資技法はかなり普及しており，この業界の批評家は，積極的な取引を行うと目されているファンド・マネージャーの多くは，実際には密かなインデックス・ファンドの利用者であると批判している．

皮肉なことに，インデックス・ファンドの背後にある技術は，資本市場の最も攻撃的な取引手段のいくつかに極めて類似している．たいていのインデックス・ファンドの機構は，多数の証券を追跡するための極めてコンピュータ化されたシステムから構成されており，そのシステムの多くは，積極的な投資運用目的にも同じく利用することができる．また，それが明示的にプログラム・トレーディングの機構でないとしても，こうした自動化されたシステムは，次のような要素の組み合わせに基づいて売買注文を行うために頻繁に利用される．この要素には，ある証券の予想価格範囲，取引高，大幅な価格変動，目標価格，損失額の限定規定，株式の先物とオプション市場の動向が含まれる．また，しばしばこうしたシステムは，リスクのヘッジと利益の確定のために，株式の先物とオプション市場で積極的な取引を行っている．

経済において年金基金をより長期の投資に向かわせるという見地から見ると，こうした運用方法は，年金基金を投資という考え方からますます引き離し，取引という考え方に導くことになる．ラコニショクらの研究によれば，年間の株式回転率が45％に達する活動的なマネージャーは，単に当面の収益を最大にすることを追求していたにすぎない．しかし，受動的なインデックス・ファンドの利用者でさえ，一般に株価を上げるためには暗黙のうちに，活発な取引市場に依存しているのである．事実上，彼らはただ乗りをしており，完璧に機械的な投資家として，自分のポートフォリオに組み入れている会社について，まったくといってよいほど何の注意も払わない．さらに，インデックスを利用する多くの投資戦略は，実際にはヘッジ手段または市場の代理変数として合成的な証券の利用に深く関与している．したがって，こうした受動的な投資家といえども，それなりのやり方で市場の変動性や短期志向に寄与しているのである．

(4) アメリカ資本市場における年金基金の概観

　1992年の第3四半期末で4.1兆ドルの年金資産が存在していたが，これは株式市場で取引された普通株の総価値とほぼ同額であった．さらに年金資産は，1990年代の初めに商業銀行の資産を追い越し，現在では5,000億ドル以上も上回っている (Board of Governors, 1992)．年金基金の影響を計るもう1つの尺度は，資本市場を経由する資金量である．前述したように，年金基金は1993年中に1兆ドルから1.5兆ドルの新規投資を行う予定である．

　さらに，信用と株式市場の最終的な資金源泉として，年金基金は他のすべての金融部門や成長している金融部門に対してさえ，相対的にその重要性を高めてきた（表10.1と表10.2参照）．アメリカ経済において，総金融資産に占める年金基金の資産比率は，1966年の15％から1992年の32％超（約115％の増加率）へ増加した．金融資産に対する年金基金の支配力の増大は，商業銀行（1966年以降，総金融資産に占める比率は27％低下），貯蓄貸付機関（52％の低下），保険会社の非年金資産（28％の低下）の重要性の低下と表裏をなしている．投資信託だけが，1966年から1992年にかけて総金融資産に占める比率で100％増加し，年金基金に迫る増加率を示したが，いまだ年金基金の約4分の1の資産規模にすぎない．

　こうして年金基金は，経済において最大の資本の供給者となりつつある．この最大の資本供給者の特徴は，市場を経由する資金配分の趨勢と，多くのプロジェクトの資金調達に重大な影響力をもっていることである．年金基金が高度に集中した流通市場の投資家になるにつれて，それが取って代わった相対的に集中度が低く変動の少ない流動的な融資源泉の機能を，年金基金がおそらく代わって果たすことはないだろう．

　資本市場の変動性の増加とそれに伴う投資行動の短期化は，大部分こうした市場において，資産保有の回転速度が上昇したことに起因している．例えば，1960年には株式の平均保有期間は7年であったが，今日では2年以下でなお低下しつつある．こうした投資回転率の劇的な上昇は，株式市場において機関投資家が，1950年の8％から1990年の60％へと市場シェアを高

めたのとまさに軌を一にしている (Porter, 1992a, pp. 5-6).

投資顧問会社 SEI の企業データベースを利用したラコニショクらの研究によれば，1990 年末までの 5 年間でデータベース中の 250 のファンド・マネージャー（非課税で 5,400 億ドルの株式を運用）について調査したところ，それらの中位の投資回転率は年率 45% であったが，全体の 75% の投資回転率は 70% であった (Lakonishok et al., November 1991, p. 13). 別の調査によると，「平均的な機関投資家は，その株式保有額の 40% を購入してから 1 年以内に売却する」と報告されている (Brancato, Twentieth Century Fund, 1992, p. 76 に引用されている. Turner and Beller, 1990).

機関投資家の株式投資回転率の上昇は，これらの機関投資家の運用成績以上に深い意味をもっている．こうした行動は，それ自体経済的な悪循環をもたらす原動力を生み出し，その原動力は，機関投資家自体の長期的な投資見通しに悪い反響効果をもつものであった．1992 年に公刊された 2 つの研究では，市場投機と短期志向投資のもたらす破壊的な影響が分析されている．両方の研究とも，こうした行為が国の経済厚生を脅かすという結論を下している．20 世紀基金の報告書は，短期志向の投資行動は，「実体経済の基礎をゆっくりと侵食する一方で金融が繁栄するという大きな動きの一部に他ならない」と結論している (Twentieth Century Fund, 1992, p. 3).

ハーバード大学教授マイケル・ポーターは，最近の報告書で「投資資金を配分するアメリカのシステムは，アメリカ企業の競争力とアメリカ経済の長期的成長を脅かしている」と述べ，かなり厳しい事態さえ指摘している (Porter, 1992, p. 3). ポーターによれば，経営者は，外部市場の動向からシグナルを得ることによって，基礎的な長期展望もなしに現在の株価を最大化しようとしている[8].

3. 経済的・社会的な投資責任に関する議論

(1) 経済目標設定投資 (ETI) の発展

「経済目標設定投資」[9]という用語法は，1980年代の後半に遡るが，その考え方自体は数十年前からあったものである．その基本概念は，資本市場は自動的にすべての人々，とりわけ労働者階級と貧困者の要求を満たすことはない（すなわち金融ギャップが発生する）ので，その要求を満たすためには新しい機構が必要になるというものである．1920年代に遡れば，こうしたサービスを提供するために，労働組合が銀行や保険会社を設立し，既存の信用や保険市場を利用できない勤労者に貸出を行ったのである．

1950年代に労働組合の年金基金と教会が，中低所得層の住宅建設計画，個人向けのモーゲージ，医療施設に関与するようになった．1960年代にはAFL-CIOが，住宅投資信託と呼ばれる投資基金を設立したが，これは，明らかに労働組合の建設した単一家族向け住宅用モーゲージに，年金資金を投資しようとするものであった．

1970年代と1980年代には，我々が現在ETIと呼んでいるものが，州や地方政府，労働組合関係の年金基金，教会，財団，「進歩的な」金融アドバイザーや銀行家，少数の会社によって無数に創設された．

初期のETIの多くは，必ずしもよく練られた計画に基づいていたわけではなかったし，しばしば認識されていなかった金融上の問題点を含んでいた．この理由の1つには，創設の中心にいた大部分の人が，まったくといってよいほど金融上の実務経験がなく，また利用できる伝統的な投資計画の仕組みに精通していなかったことによる[10]．

1970年代から1980年代初めにかけて一連の研究や刊行物の公表により，こうした状況に劇的な変化がもたらされた．おそらく最も影響が大きかったのは，全米州知事会の援助で出版された一連の書物であった．これらの著作は，開発金融，ベンチャー・キャピタル，年金資金の投資といった領域をカ

バーしており，ETI の運営上の枠組みとともに理論面の枠組みを提示する役割を果たした．

ほぼ同時期に，より厳密な ETI の評価方法について多くの研究が開始された．さらに，初めて批判的な調査報告が公刊され，初期のいくつかの ETI について，金融や計画面の欠陥が指摘された（Kieschnick, 1979；Kirshner, 1979；Litvak and Daniels, 1979；Smart, 1979；Peterson, 1980；Salisbury, 1980；Hansen, 1981；Harrington and Gardels, 1981）．

この時期のいくつかの発展は，ETI の展開に重要な影響を与えた．1975 年にニューヨーク市が破産に直面した．ニューヨーク市を財政的な破局から救済するための効果的な方法として，市の労働組合は，従業員年金基金の総資産（31 億ドル）の約4分の1を，新たに発行された市債（いわゆるビッグ・マック債）に投資することを承認した．こうした投資が，通常の状況では次の2つの理由により慎重さに欠けた投資であることを，その時には誰も疑問に思わなかった．1つはその投資額の大きさであり，もう1つは債券金利が，年金基金がそれ以外の投資により取得できたであろうリスク調整済みの市場金利よりも低かったことである．このような投資は，選出された市の指導部と労働組合の指導部の双方が，それ以外にもはや破局を避ける選択肢がないという判断を下したことによるものでもあった．

1980 年代初めに，カリフォルニア州知事ジェリー・ブラウンは，その当時の最も包括的な ETI の試みの1つに着手した．知事任命の特別専門委員会の研究にしたがって，年金投資機構（PIU）が知事部局内に創設された．PIU の目的は投資を行うことではなく，それを仲介することにあった．ETI の成長に直面して，その最も重要な問題の1つに取り組むために，PIU は新しい投資手段を構築し，投資の触媒役として活動しようとした．PIU は，企業家，開発業者，労働組合，地域の諸団体の仲介者として，公共政策の目標——例えば，不動産投機の抑制——と市場収益率を稼ぐという年金基金の要求の両方ともを満たす投資案件を開発するために働いた．

10年後に，ニューヨーク州の年金特別専門員会は，州が ETI の推進を成

功裏に行うために利用できる最も重要なモデルとして，こうした政策を推奨した（New York State Industrial Cooperation Council, 1989, p. 30）．実際，産業協力会議（後述）の投資仲介機能は，PIU の機能を直接のモデルとしていた．

また，1970 年代と 1980 年代初めに，労働組合とその年金基金は，雇用の創出に貢献するような年金投資を目標とする一連の新しいアプローチや投資プールを開発した．商業施設や住宅建設計画は，労働組合の推進によって非常によく普及したタイプの投資であった．建物の取引は，ほとんどいつも共同受託の年金基金に関係していたので，その動機は明らかであった．多くの全国的な資金プールの機構が創設されるか，あるいは再び活発な活動を始めた．その後，こうした資金プールは 20 億ドルを上回る成長をみせた．これらには，AFL-CIO の住宅投資信託（その後，建物投資信託を設立），労働組合生命保険会社（ULLICO）の「Jは仕事」分離勘定（ULLICO は労働組合グループによる所有），複数事業者不動産信託があった．最初の2つは，プール型のモーゲージ・ファンドであり，3 番目は不動産持分投資信託である．これらのファンドはすべて，組合加入の労働者を 100％ 使用して建設される新規建築物に融資または投資することを必要条件として定めている．

その他に類似のプール型の投資商品が，1980 年代に民間の保険会社によって販売され始めた．これらのファンドは，規模の面で非常に成長しただけでなく，基金の開始から 1991 年末までの期間を含む，実際にすべての測定期間において，非 ETI 型の競争相手を上回る成果をあげた（Macro Consulting Group, 1992）．

ETI はまだ揺籃期にあり，いく多の厳しい方法でさらに成熟させる必要があることを認識することが大切である．多くの人が指摘しているように，この市場は極めて「薄く」，広範に受け入れられた標準や評価方法が不十分である．さらに，多くの潜在的な ETI の投資家は，単独で行動したり新しい投資手段を創設する費用を負担することに躊躇している．

(2) 経済目標設定投資の現状

現在では多くのタイプのETIがある．そのうちのあるものは，年金加入者に付加的な利益（雇用の継続，低利のモーゲージ・ローン）を直接に提供するために企画された．また，あるものは，年金加入者，年金受給者，その扶養家族が生活する経済環境を改善するように計画された．

ETIが，住宅やその他の不動産の形態に集中していることは，その需要や社会経済的効用に制約があることを意味するものではない．まったく反対である．この市場で適正な取引を行い，少なくともわずかな金額で効果的に目標を達成するとすれば，こうした集中は，事業開始時における合理的な選択を表している．今後の課題は，住宅と不動産投資市場以外の経済活動に融資を行うための，ひけをとらない金融技法の開発に挑戦することである．

ETIの範囲を拡大する努力の好例は，AFL-CIOの建物投資信託（BIT）とニューヨーク州都市開発公社のエクセルシオ・キャピタル・コーポレーション（ECC）である．

BITは2億ドルの比較的新しいファンドであるが，商工業用不動産への投資を通じて，建設業の仕事と商工業における長期雇用を直接生み出すことを意図していた．AFL-CIOも住宅投資信託という古いファンドをもっているが，これは政府保証のついた住宅モーゲージへの投資に限定されていた．対照的に建物投資信託は，保証のついていないモーゲージや持分参加型モーゲージにも好んで投資し，プロジェクトにおける出資持分権を取得した．建物投資信託は，多数の商業プロジェクトともに，マサチューセッツ州の新しいバイオテクノロジーの研究所にも融資を実行した．

都市開発公社の非営利子会社であるECCは，新しい年金投資手段を構築している．それは，ニューヨーク州やその周辺地域の経済開発に寄与しながら，年金投資家に市場並みの収益を提供しようとするものである．ECCの基本目標は，新しい投資仲介機構を創設し，それがなければ利用できなかったような資本を供給することにある．1992年に，ECCは，中規模の会社が発行した私募形式の社債や株式に投資することを目的として，最初のプロジ

ェクトであるエクセルシオ基金を開設した．この執筆中にも，エクセルシオ基金は，多くの公的年金や雇用者管理年金基金から，1億5,000万ドルにのぼる拠出の約束を得ているが，さらに追加の資金調達に動いており，地域に基盤をおいた企業からの投資申込を要請しているところである．

もう1つの興味深い展開は，AFL-CIOが国際的なETIの可能性を探り始めたことである（AFL-CIO Employee Benefits Department, 1992）．そして，労働団体と密接な関係をもっているある投資グループは，ポーランドで株式と債券に直接投資するための合同ファンドを設立する提案を行った．過去数年にわたってAFL-CIOは，企業統治問題，乗っ取り防止のための州法の制定，国内・国際資本フロー問題，全般的なETIの計画状況について詳細な分析に取り組んだ．そして，AFL-CIOは，1991年に年金投資と代理議決権に関して，組合年金の受託者のためのガイドブックを発行した（AFL-CIO, 1991）．

州と地方に目標を定めた投資は，大多数の州において公的基金によって実行されている（Center for Policy Alternatives, 1992）．これには以下の事例がある．

① アラバマ州の公的基金は，パルプ工場，化学工場，飛行機工場，パイプ工場，小売り商業センターを建設するための融資に関与してきた．この基金は，州内の住宅貸出も目標にしていた．

② ニューヨーク市の年金基金は，ETIに関係した8億5,000万ドルの資産を保有している．何年にもわたって，これらの基金は，住宅や中小企業に的を絞った貸出計画に投資してきた．こうした主導的行動のうちで，いくつかは住宅産業の資金不足，とりわけ金融機関が融資制限を行っている地域での資金不足の救済に貢献した．現在この分野において，これらの基金は，すべての銀行を合わせたよりも多いモーゲージ貸出を行っている．ファンドは，中低所得層に属するニューヨークの住民が，5％低い価格で住宅を購入できる計画を策定した．今日まで，これらの基金は，4,000件以上のモーゲージ貸出を行い，1万5,000件以上の住宅改修

資金を供給した（O'Cleireacain, 1992）．

③650億ドルのカリフォルニア州公務員退職制度（CALPERS）と370億ドルのカリフォルニア州教員退職制度（CALSTRS）は，目標を定めた投資計画に数多く関わってきた．例えば，これらの基金は，直接参加型のモーゲージ貸出に15億ドル以上を投資した．CALPERSは，AFL-CIOの住宅投資信託に1億ドルの資金保証を行い，3億7,500万ドルの住宅地を実際に開発する計画を提案した．この開発計画では，「一般的な賃金率」で雇用された労働者が使用されることになっていた．また，この2つの基金は，ロサンゼルス再建計画への投資についても評価を行っていると伝えられている．

批評家は，経済目標を設定した投資や「社会的」投資について，しばしばこうした投資は，一方では政府の助成金や補助金，保証に，他方では年金投資家の金融上の譲歩に依存している場合にはじめて，実行可能であると非難している．こうした反対者は，これをETIが市場で自立できない証拠だと主張している．

しかし，様々なタイプの資本ギャップを区別し，そのギャップを埋める最良の方法を考えることは重要である．中所得層による住宅取得の要求増は，既存の市場メカニズムの利用により，追加的な補助金や譲歩なしに，年金投資家によって満たされ始めている．貧困層のために良好な住宅を供給するような要請は，民間資本と公的支出の結合によってはじめて満たされる．しかし，それ以外の資本ギャップが存在する．というのは，たとえ基礎となる投資が伝統的なリスク評価基準に合致していたとしても，立ち上げ費用が高いか，金融仲介機関にとって潜在的な利益が不十分である場合には，現在の資本市場の構造が，このような資本ギャップに対応するように作られていないからである．

ブッシュ政権の最後の年に，従業員退職所得保障法に関する労働省の顧問委員会投資作業グループが，ETIについて包括的な調査を行った．1992年11月に作業グループは報告書を提出したが，その中でとりわけ以下の指摘

が注目される．

「作業グループは，証言，文献資料，共通の経験に基づいて，年金基金によって必ずしも目標とされない分野においても，多くの健全な投資が存在していると結論づけている．年金基金の加入者にとって，地域的にも職業的にも利益のあるプロジェクトに投資が行われる場合には，こうした投資は，主たる利益として他に見劣りしない金融収益をもたらすと同時に，雇用や富の創出，地方経済への波及効果という副次的な利益を生み出すであろう．ある場合には，こうした利益は測定できる．しかし，そうでない場合でも，合理的に推定することは可能である」(ERISA, 1992, p. 28)．

ETIに対する労働省の抵抗姿勢は，かなり広く認識されていた．そこで作業グループは，投資決定の際に，副次的な利益について考慮することを受託者に明示的に認めるよう，労働省に対して次のように強く要請した．「受託者が年金加入者に忠実であり，もっぱら加入者の利益のために投資する限り，受託者は，その地域や産業に経済的利益をもたらす投資を自由に追求すべきである．」

資本市場の非効率性のため，こうした追加的な経済的利益を提案する投資案件が，不十分であったという認識に基づき，作業グループは，労働省が「ETIの投資成績や特性に関する情報を収集し，それを年金業界の投資決定に利用できるようにするため，主導性を発揮する」[11]よう勧告した．

(3) ETIへの批判

経済目標設定投資と社会的責任投資への批判は，きちんと論理づけられた技術的な反対論から，労働組合，ETI，「万能薬のコーポラティズム型国家」[12]に対する非難に至るまで，幅の広いものであった．

とりわけ，ETIの発展段階の初期における批判のいくつかは正しいだけでなく，新しい技法と手続きを微調整するうえで結局は有益であった．批判の多くは，ETIや社会的責任投資の技術的な優位性を改善しようという願望に基づいており，またその流れを支持する広範な個人に源を発していた

(とりわけ, Feder, Ferguson, and Leibig in Salisbury, 1980; Smart, 1979; Leibig, 1981; Litvak, 1981, を参照).

　市場の投機性や短期的な投資活動について最近の主流派経済学の文献が明らかにしているように, ETI の支持者は資本市場の問題分析において最初から正しかったというのが我々の見解である. また, 彼らはその解決方法の提示においても正しかった. しかし, それは当初, しばしば不十分にしか実行されなかった.

　選択可能な投資機構の創設には, 技術上も法律上も重要な問題がある. 問題のいくつかは, 多かれ少なかれ克服されるか解決された (しばしば初期の批判に対応して). しかし, なお未解決の難問がある. 本章の最終節で示される提案の多くは, 残された多くの重要な障害を取り扱っている.

　ここでは, 効率的市場仮説に依拠した批判について論じる. 法律や経済に関する多くの知見に基づいているにせよ, こうした批判のすべては, 基本的に効率的市場理論の周囲を旋回しているだけである. つまり, 効率的市場理論とは, 他の投資家を完全に追放するか (この場合には, あなたの努力はむだになる), 真の市場収益率に対して何らかの譲歩をする (この場合には, あなたは愚かで浅薄である) ことなしに, 資本を目標に向けることは不可能であるという議論である.

　ETI と「社会的」投資に対する紋切り型の批判は, ハッチンソン/コール (1980) とランベイン/ポスナー (1980) によって最もよく言い表されている. 彼らは, すべての投資が, 効率的な市場で連続した経路に沿って行われているとみる (Bruyn, 1987, p. 12). つまり一方の局には, 最高の収益 (リスク調整後) を得ようとする投資家が存在しており, そのポートフォリオは, 競争的な収益を生み出すことが唯一の関心事である専門家によって管理されたポートフォリオである. この連続した経路のもう一方の局には, 最低の収益の投資家が存在しており, この投資家は, 自発的に外部性を組み入れたり, 現金の代わりに「社会的収益率」を受け取ることを好むというのである. この文脈において社会的投資は, 「通例では魅力的とみなされる会社の証券を

第10章 年金基金と資本市場,経済の将来展望

投資家のポートフォリオから除外する一方で,他方ではその会社が社会的に賞賛されるやり方で活動しているという理由から,あまり魅力的ではない会社の証券をポートフォリオに組み入れること」と定義される (Langbein and Posner, 1980, p. 84)。

この概念は,すべての投資収益はそのリスクを償うものであり,収益を犠牲にせずリスクを減らす唯一の方法は,分散投資を行うことであるという完全資本市場仮説にもっぱら依拠している。さらに,この仮説によれば,徹底した調査や熟練に基づいた株式投資は,運用一任型の市場ポートフォリオよりも優れた収益をもたらすわけではない。実際に管理手数料を考慮に入れると,こうした活動の成果はもっと悪くなるということである (Langbein and Posner, 1980, p. 82; Lakonishok et al., 1991)。

リベラル派の立場から社会的投資活動を批評しているのは,連邦準備の副議長アリシア・マンネルである。彼女は,1980年代初め,州のモーゲージ貸出計画について調査を行い,それに基づいてETIに対する反対論を展開している。マンネルは,31州の州内モーゲージ計画の大多数がAA格の社債と同じ収益をもたらしたが,それに伴うリスクはこうした証券よりも高かったと結論づけている (Munnell, 1983)。したがって,これらの計画に投資された資金は,その計画に伴うリスクを償うに足る収益を得ていないと彼女は主張した。

これらのモーゲージ貸出計画を同様な投資対象(例えば,ジニーメイ債)と比較すると,いくつかの基金は,それより1.2%ほど低い収益しかあげていないことを,マンネルは発見した (Munnell, 1983)。マンネルもスティーブン・サスも,「尊敬すべき」投資に対するこのような補助金は,年金基金(ひいては公務員や退職者)によって負担されるべきではないと主張している (Sass, 1992)。

さらに,サスは,国の基準を満たす人は誰でもすでにモーゲージ貸出を受けることができるのだから,年金基金が,こうしたモーゲージ市場への資本供給を増やすことはありそうもないと論じている。この場合には,年金基金

のモーゲージ投資は，何らかの資本ギャップを埋めることはない．サスとマンネルは，こうした公共投資の選択は，課税や明瞭な公的支出を通じてより公正かつ民主的に行われる必要があるという点で，意見が一致している[13]．

また，いわゆる「裏庭投資」を批判する人たちは，1980年代末の2つの大失敗を指摘する．アラスカ州の公務員年金基金は，州内の投資を軸とする投資方針を採用したが，1982年の原油価格の崩落により，その貸出の30％以上が債務不履行となった．最近では1991年に，カンザス州公務員退職制度（KPERS）が，ETIの歴史上最大の損失を被った．この事例では，S&Lと同様の資産価値の崩落により，一連の州内投資額3億6,000万ドルに2億ドルの損失が発生した（White, J., 1991, p.1）．

計画の不十分なETI（あるいは，あまり賞賛できない別の動機に由来するETIを装った投資）について，こうした明白な事例があるとはいえ，ETIの大多数または相当数についてまで問題があるというような主張は正しくない．ニューヨーク市の年金基金の報告によれば，過去5年間について，その基金の固定収益型ポートフォリオが9.9％の利回りであったのに対し，ETI投資の収益は平均して13％であった．その基金のETIと固定収益型ポートフォリオは，非常によく似た形状のリスクを備えている（O'Cleireacain, 1992）．こうしたETIは，その都市の経済活動の増大を通じて付帯的な利益をもたらすが，それとは別に，ETI投資は，それ自身の金融上の価値に基づいて存在していることを強調しておく必要がある．

十数年前にエクイタブル生命保険会社は，保険業の巨人にかけられた圧力に対応して，よりよき「企業市民」になるために，地域モーゲージ計画を策定した．この計画は，都市の未整備地域への投資を目標としていたが，その収益は実際に，エクイタブル社の通常の商業用モーゲージのポートフォリオよりもわずかに高い収益をもたらした．さらに，「この計画は，（エクイタブル社）全体のポートフォリオのリスクにわずかながらプラスの影響を与えた．というのは，不動産以外のポートフォリオとの共分散は非常に低かったし，いくつかの場合にはマイナスの共分散を示したからである」（ERISA Advisory Committee, 1992, p. 35). 言い換えると, 地域モーゲージ計画の特質は, ポートフォリオ全体の変動性を平準化する傾向をもっていることである.

ETI 批判者によるもう 1 つの議論は, 資本ギャップにより実現不可能となるような「価値あるプロジェクト」のための公式の市場が存在しないので, 年金基金は, 条件のよいプロジェクトを見つけるのが困難であるというものである. さらに, プロジェクトを見つけたとしても, それは, 伝統的な株式または社債投資よりもさらに複雑な仕組みとなり, 監視を強化する必要があるという. この議論は, こうした高い取引費用は, 投資家の収益を著しく引き下げる可能性があると結論づけている.

我々は, こうした批判を完全に認めるとともに, その批判は自発的な ETI 投資家が頻繁に遭遇する困難を言い表していると考える. 確かに, 多くの競争的な ETI が開始されたことは, まったく驚くべきことである. この問題は, 小数の投資家が, これまで投資可能であった資金よりも多くの資金を好んで ETI に投資しようとしてきたという事実を反映している. しかもなお, これは, この市場, とりわけその仲介機構の相対的な未成熟度を示すもう 1 つの徴候でもある. 実際, この批判は「資本ギャップ」分析の核心を突いている. つまり, 市場は, 多くの重要な経済部門で効率よく役立つような手段を, 自分自身の力で絶対に創り出しはしなかったということである.

全国的な情報と ETI の仲介機構の欠如は, 以下のような提案によって対処できる.

4. 長期投資戦略の奨励政策

(1) 年金基金のための産業政策と資本市場政策

本節で, 我々は, 年金基金が長期的で生産的な投資戦略を追求することを, 政府が制度的に奨励する方法についての勧告を提言する.

しかし, こうした特定の提言に移る前に, 我々はその提言をより広い文脈の中に位置づけなければならない. 我々の経済を活性化する最も効果的な政

策は，現在資本市場で優勢な短期志向の投資を抑制することによって，資本市場の機能を全体として正すような政策である（本書の諸章も参照）．長期の投資戦略に都合のよいように市場環境を変えることで，年金基金は確実な退職所得の給付，貯蓄の増進，経済成長，雇用の創出という年金基金の多面的な政策目標を十二分に満たすことができるだろう．

　それゆえ，個別的なETIの活動を顕著に拡大させるだけでは十分ではない．つまり，資本市場の環境変化がなければ，他の投資家が投資よりも取引を助長する市場のシグナルに反応するにつれて，ETIは引き続き逆流を泳ぐことになろう．

　ETIに対する公的な支援の拡充に関して，我々が推奨する政策は，資本市場政策の広範な目標に寄与する新しい機構の創設を促進するように企図されたものである．

　政府の産業政策と資本市場政策の策定において，留意すべき大事な点は，以下に列挙した年金基金に特有な性格を理解することである．

①年金基金と他の非課税の投資家は，伝統的な課税に基づく誘因や阻害によって直接に影響を受けることはない．

②他の金融機関と異なって，年金基金は本来，金融とは無関係の法律や金融問題には関与しない政府機関によって規制されてきた．

③また，ERISAの「ポートフォリオ全体」という語句に関する労働省の解釈に従えば，おそらく年金基金は，主要な金融機関の中で最も規制の少ない金融機関である．

④年金基金は大部分，流通市場（公開市場で取引されている証券）に投資する代理人（ファンド・マネージャー）を通じて活動する受動的な投資家である．

⑤伝統的に年金基金は，政府の経済政策と金融政策において，ウォール街から独立した存在としては扱われていない．

⑥さらに，年金基金は，ほとんどその受益者や代表によって監督されることはないし，年金加入者と年金資産の間には何層もの代理人が存在して

いる．

(2) 長期投資を奨励し投機を抑制する租税政策への転換と規制

　政府が年金基金に対して，長期的な投資行動をとるように奨励する多くの方法——規制や租税政策を通じて——がある．金融上の行動様式から見て，年金基金は最も規制を受けていない金融機関である．そのため年金投資に対する規制が，他の主要な金融機関に対する規制と矛盾しない方法を検討する必要がある（本書第9章，第11章を参照）．例えば，現行の地域再投資法の原則を強化し，その適用範囲を年金基金にまで拡張することである．そうすれば，こうした年金基金に対して，年金基金への拠出が行われた地域にその資産を再投資するように効果的に誘導することができるだろう．また，金融機関の規制に使用される必要準備のような方策が適用されれば，それは，政府に年金基金の投資行動に直接影響を及ぼす手段を与えることになるだろう．

　租税政策について言えば，長期の投資行動を促進し短期の投機を抑制することを目的としたいていの措置は，年金基金の特有な性格を考慮に入れていない．年金基金と他の非課税の投資家は，伝統的な課税に基づく誘因や阻害（例えば，キャピタル・ゲイン税率について，その上げ下げや特定の分野に焦点を当てた適用）が，投資先の会社に与える影響に対して間接的に反応するとしても，こうした措置によって直接に影響を受けることはない．したがって，税制による誘因や阻害は，課税対象の投資家と非課税の投資家に均等に影響を及ぼすように策定されるべきである．

　例えば，キャピタル・ゲイン（すなわち取引利得）への課税は，保有期間によって格差をつけるべきだと我々は考えている．1年未満の保有資産のキャピタル・ゲインには，経常所得に対する税率よりも高い税率で課税されるべきである．しかし，5年以上の保有資産（ベンチャー・キャピタルについて典型的な最短の保有期間）のキャピタル・ゲインには，経常所得に対する税率よりも低い税率で課税されるべきである．1年から5年の保有資産のキ

ャピタル・ゲインについては影響はない．こうした措置は将来の法律制定後（あるいは，法律の最初の施行日以後）に購入された証券について適用されることになる．

　課税および非課税の投資家に均等に影響を及ぼす措置であるためには，次の2つの条件を付け加える必要がある．
　①課税対象の投資家が取得した，短期のキャピタル・ゲインに課される罰則的な税率と同じ水準で，年金基金の短期のキャピタル・ゲインに対して課税すること．
　②非課税の投資家にとって，減税と同じ経済価値のある長期のキャピタル・ゲイン課税相当額を，課税対象の投資家に払い戻すことにより税額控除を行うこと．

　2つの提案の仕組みは比較的簡単である．年金基金（またはその投資マネージャー）は，その業務遂行に必要な書類を保存しておくことがすでに義務づけられている．短期の課税について言えば，年金基金はその活動状況について，非常に細部にわたる記載を指示した年次報告書を，内国歳入庁に提出する必要がある．そして，投資信託は，現在3カ月未満の短期取引の記録を残すことが義務づけられている．投資信託の水準で収益に課税されることを避けるために，年金基金は，このような短期取引からの収益を多くても30％にせざるをえない．というのは，短期取引による収益が30％の線を超えると，投資信託の収益は直接に課税されるからである（Twentieth Century Fund, 1992, p. 88）．

　払戻しによる税額控除とは，税額控除額が納税義務額を超えた分だけ，財務省が納税者に小切手を交付するという単純な仕組みである．例えば，現在の投資家は，長期の価値上昇が見込める投資のために，喜んでプレミアム——証券を5年以上保有することから得られる，将来の優遇課税による利益を現在価値に置き換えたもの——を支払うだろう．さらに市場は，会社の将来性について現在よりもさらに長期にわたる情報を評価し始めるようになるだろう．投資家が証券を長期に保有するほど，それだけ証券価値は増大する．

第10章 年金基金,資本市場および経済の将来展望

反対に,速い回転で購入された証券の価格は,短期取引の罰金に相当する価値額だけ割引されることになるだろう.

この2つの手段を併用すれば,短期的な投機への投資家の誘因を減らし,真に長期的な投資についてその現在価値を高めることになる.また,それはETIの魅力と活力をより高めるように投資環境を変え始めている.しかし,このような手段が,誤った経済効果を生み出す税金回避産業を再び出現させることのないように,注意深く計画することが大切である.

マイケル・ポーター(1992a)は,(我々の提案のように投機に罰則を課すものではないが)長期の投資行動が報われるような提案を行った.彼の提案は,優遇措置を事業会社の株式に対する投資に限定し,「不動産や他の金融資産を保有する非事業会社」への株式投資に対する優遇措置や,債券,不動産,回収可能な資産,非事業会社の株式の値上がりから生じるキャピタル・ゲインに対する優遇措置を廃止するというものである.我々は,この提案に賛成するが,他の資産に対する投機についても同様に扱われるべきだと考える.

また,ポーターは,長期保有からの利益に対する低い税率は,年金加入者が退職して年金小切手を受領し始めるときに年金受給者に適用されるものとし,基金の段階では適用されないという提案を行っているが,我々はこれには賛成できない.多くの年金加入者が退職まで数十年あるので,このようなアプローチは,投資マネージャーの行動には弱い影響しか与えられないだろう.基金段階における直接的な金銭による動機づけの方が,はるかに効果的であろう(それは,課税対象の投資家にとって限界税率の引き下げと同じ価値があるのだ).また,長期保有から得られる配当所得について,一定の優遇措置を考慮すべきである(これは,短期のキャピタル・ゲインに対する高率の課税により補うことが可能な税損失である).

(3) 年金加入者のライフサイクル全体を見通した年金投資の規制枠組みの採用

　労働省は，年金基金の投資パターンを規制する際に，ERISA の関連文言に注意する必要がある．しかし，規制の枠組みと ERISA の解釈を発展させるに当たって，労働省は，完全に現代ポートフォリオ理論とその基礎となっている効率的資本市場仮説を取り入れた．こうして，労働省は，取引市場で発せられたシグナルに依拠しない基準の使用は，必然的に最適状態への到達を阻害する結果をもたらすと主張する前提を採用した．

　労働省が ETI に敵意を持ち，現代ポートフォリオ理論以外の考え方の妥当性を認めたがらないのは，この理由からだと考えられる．皮肉にもこうした狭い解釈は，実際には金融市場の革新を抑制するように作用している．

　現代ポートフォリオ分析は，正しく適用されるならば有益なツールとなりうるが，投資決定を行ったり，年金基金の金融行動を規制するには，不十分な枠組みである．年金基金は，将来の年金小切手の受領者としての要求や利益ではなく，年金加入者全体の要求や利益を考慮するやり方で投資されるべきである．年金加入者は，経済の活性化が必要とされるような社会で，労働者，親，市民として生活している．確かに年金加入者は，年金基金が賢明な方法で投資されることを保証しなければならない．しかし，年金加入者は，年金債権を引き続き増加させることができるように，雇用の維持にも関心をもっている．そして，年金加入者は将来の経済状態にも関心をもっている．というのは，年金加入者が，退職後に小切手で購入したいと思う財やサービスは，結局はその時の経済状態に依存しているからである．現在の年金投資の収益に狭くこだわって，それ以外のことを無視するよりも，むしろ労働省は受託者に，年金加入者の全体的なライフサイクルを見通したポートフォリオ戦略の発展を積極的に奨励すべきである．とりわけ，労働省は，受託者が，その投資決定のポートフォリオにではなく年金加入者や経済全体に与える影響を，（実際には求められなくても）明確に考慮してもよいという立場をとるべきである．これは受託者の誠実義務を危うくするものではない．むしろ，

それは受託者の義務を果たす手段を広げることに役立つはずである．

ERISA は，非常に形式主義的で複雑であるが，多くのことは，この法律を修正せずとも達成できる．それは，主として解釈上の問題であり，せいぜい労働省の特定の規則を改訂するだけで済むと考えられる．この新しい見方に合わせるために，労働省は年金加入者全体のライフサイクルというポートフォリオ分析に照らして，既存の規則や解釈を明解にする必要がある．その際，これまでの労働省の見解を要請に沿うように言い換えるか，修正する必要がある．

現在まで市場は，ETI に付随して年金加入者に発生する利益について，その情報を評価してこなかった．というのは，ERISA 諮問委員会の作業グループが認めているように，こうしたデータは，合理的に推定できるとはいえ，一般に利用不可能であるからである．また，個別の投資についてその利益を定量化するのは，かなり費用がかかると思われる．

作業グループによれば，労働省にとってはるかに効率的な方法は，「運用成績（通常の利回りを達成する計画に，ETI に伴って生じる現在の年金加入者への利益を組み入れたもの）を評価し，それを基準と対照し，追跡するための特別措置の方法を立案することと，こうした考え方にふさわしい計画の構成を明確にすることである」．

このようなアプローチは，受託者に創意ある ETI を計画する柔軟性と，受託者行動の慎重さに関する労働省の解釈についての確実性を与える．そのため，労働省は，詳細かつ明確な手続きを説明した特例措置の規則を整備すべきである．この規則によって，受託者は ETI を行うことができ，さらに一般的な収益率という基準を満たすように，付随的な利益の推定額を計画に組み入れることができる．

(4) ETI の促進と長期投資のための新しい手段と仲介機関の創設

前述したように，年金基金は，多かれ少なかれ受動的で二次的な投資家である．年金基金とその代理人は，流動性の高い公開市場で証券を売買するが，

自分自身で取引を組成することはめったにない．年金基金は市場の生産者ではなく市場の消費者である．

ETIによる投資は，個々それぞれ特有のタイプをもっているので，こうした投資に適合した幅広い取引を取り扱うことができるETIの仲介機構を早急に整備する必要がある．多くの点で，潜在的なETIの投資家が直面している問題は，目標設定投資に内在するリスクや低収益とは無関係である．むしろそれは，未成熟な市場に伴う過度の情報収集費用や取引費用と関係している．こうした市場には，十分に理解され確立された仲介手段や仲介機構が存在しない．

こうした市場を形成する機構は，新しい革新的な投資機構の発展を促進し加速するように計画されるべきである．そうすれば，ETIの資本市場は自立して発展することができる．ETIのために補助金や初期投資資金が利用できるならば，それは自立的な金融仲介の手段や機構を創設することに役立てられるべきである．

こうした贈与や補助金のタイプ——自立的かつ市場形成的な機構の創設を企図したもの——と，手頃な住宅，荒廃した市街の再生，産業の競争力といった広範な社会目標のための税収（や民間の贈与）の公的な配分とを区別することが重要である．

確かに，ETIをより効率的で魅力的なものとするために，年金資金とともに，広範な社会・経済目標のための公的・私的な支出を利用することは可能である．明らかに極貧層は，手頃な住宅を市場価格で手に入れる余裕はない．しかし，その際，手頃な住宅のための補助金が，年金投資家のためではなくこうした個人のための公的な配分であるということ，そして補助金は年金基金からではなく公的資金に由来することを，明らかにしておく必要がある．

このような事例において，補助金で達成できることは，リスク調整後の市場収益に対する年金投資家の要求と，潜在的な借り手や買い手の金融手段との間のギャップを埋めることである．手頃な住宅に関する会計検査院の最近

の報告書は，適切な援助があれば，年金基金がこの領域で重要な役割を果たすことができるということを明らかにしている（U.S. Congress, Government Accounting Office, 1991）.

同様に，政府の産業政策や資本政策との関連で，公的支出は（それ以外の形態の誘導的・阻害的なものとともに），年金投資を特定の経済領域に向けるために必要とされる．

現在までETIはほとんど，州・地方政府，民間部門の労働組合，非営利団体の主導によって行われてきた．連邦政府は，ETIのすべての領域において何の存在感も示してこなかった点で際立っている．労働省や他の政府機関が，ETIの発展を支援するために積極的に関与する時期は過ぎた．連邦政府は，ETIの普及を先導すべきであるが，以下のような特定の機能範囲において，活動を始めるべきである．

①既存のETIの経験に関する情報の収集，分析，基準との照合，追跡調査，宣伝普及といった活動．
②新規投資の組成とそのための一連の仲介機関の創設，資金プールとリスク分散機構の創設，ETIの流通市場の創設のための支援活動．
③連邦政府の経済開発資金（これには「民間部門のパートナー」としての年金投資家はほとんど含まれない）の支出に際して，年金基金の広範な参加を奨励するために，融資保証やその他の補助金にかなりの資金を配分するように調整すること．
④新しいETIの創設を追求しようとする民間グループ，州・地方政府，年金投資家のために，教育，訓練，技術援助を行うこと．

すでに論じたように，ETIを促進する政府の役割について，いくつかのモデルが州政府レベルで作られてきた．カリフォルニア年金投資機構は，ジェリー・ブラウン州知事の下で，公的部門と民間部門の異なったグループを，特定の投資プロジェクトに向けて協調させるために，行政の権威を利用する開拓者となった．さらに，最近では，ニューヨーク州の産業協力会議が同様な機能を果たし，革新的な年金投資計画の策定に積極的に関与する子会社を

も設立した．連邦政府はこれらのモデルを見習い，さらに拡張すべきである．

経済活性化案の多くは，年金資金の投資を含んでいる．連邦政府のETI調整機関は，こうした計画を評価し，（少なくとも年金投資家については）その実現を調整し，年金業界にその計画を奨励するのに役立つであろう．

連邦政府のETI調整機関が調査する年金資金の投資分野には，住宅や物的な基幹施設，そして経済基盤と呼ばれるもの（通信網や最先端の製造技術などの民間部門の生産的資源）がある．

(5) 加入者の共同代表を命じる法律の制定

単に受託者に経済や社会の広範な諸要素を考慮してもよいとするだけでは不十分である．そのような個人はたいてい，その職業に固有の世界観や先入観をもった投資の専門家である．年金の加入者と受益者が，年金基金の意思決定過程に代表を派遣している場合にのみ，年金投資に加入者と受益者の全般的な要求や利益を反映することが可能となる．40年以上前に議会は，複数事業者型年金制度では雇用者と従業員の共同管理を命じていた．州・地方公務員の年金制度の多くは，相当数の加入者の代表を受け入れている．

加入者と受益者が，すべての年金制度の意思決定組織に代表をもつという要求は，かなり以前からの要求である．議会は，複数事業者型年金制度の標準である共同受託制度を，現存するすべての私的年金制度（確定給付型と確定拠出型の年金制度）に適用すべきである．

1990年に下院議員ピーター・ヴィスクロスキー（民主党，インディアナ州選出）は，確定給付型と確定拠出型の私的年金制度のすべてに加入者の共同代表を命じる法案を提出した．その法案は下院で否決されたが，173人の賛成を得た（あと39人の賛成があれば，結果は変わっただろう）．年金基金の経済的役割について関心が高まっており，ヴィスクロスキー法案は復活させられるべきである．

興味深いことにイギリスでは，ロバート・マクスウェルの年金スキャンダル（6億ドル以上の資産が詐取された）を受けて，『エコノミスト』（1992年

11月14日付）でさえも，年金加入者は基金の受託者を1人以上は直接選任する権利を与えられるべきだと論説で主張した．

5. 結論：我々自身のために投資する

　我々が年金基金に関心を抱くのは，ある意味でその巨額な資金量のゆえである．かつてNBCテレビのドキュメンタリー番組は，年金基金を「世界最大の資金塊」と特徴づけた．実際，4兆ドル（＄4,000,000,000,000）が，どれだけの富や潜在的な生産力を表しているのか理解することは不可能である．

　しかし，我々の年金基金に対する関心は，（単にそこにお金があるという理由だけで金融機関に魅力を感じた銀行強盗の）ウィリー・サットンと同じではない．年金基金は，アメリカの労働者5,000万人の繰り延べられた賃金──貯蓄──である．

　我々は，こうした資金がアメリカの今後の経済や年金加入者や受益者自身の将来に，不利益をもたらすやり方で投資されていることを示そうとしたのである．

　政府の主たる機能は，民間団体の行動が公益を脅かしたり，これらの団体が自分たちの行為を律することができないと判明したときに，その状況に応じて介入することにある．技術的な要因から短期取引と投機に偏向した資本市場は，明らかにこうした条件が当てはまる事例である．

　国は，政府の租税支出や様々な規制政策を通じて，我々が知っている年金基金の創出を支援してきた．とりわけ，年金投資家が，自主的に一定の政策目標を採用することが不可能だと判断されるときには，国が年金投資家にこうした目標を強制することは，明らかに適切な措置である．

　年金基金は，長期的な視野に基づいて我々の経済を再生する上で重要な役割を果たす．また，年金基金は，経済のために真に「忍耐強い」資本を供給する最も適切な民間資本の源泉でもある．より一般的な長期投資の分野への移行という以上に，経済目標設定投資は，年金基金にこうした役割を果たす

ための手段を与える．

　年金基金は，我々自身のために投資し，そして我々の経済の運命をより効果的に統御するために利用することができる実際的かつ必要不可欠な手段である．

注

1) Robert Polin, Ann Markusen, Helen Bowers, Ian Lanoff, Meredith Miller, Martin Wolfson の各氏から有益なコメントをいただいた．また，Heather Grob と Bill Barnes には調査上の助力をいただいた．
2) 本章の年金基金の集計データは，連邦準備制度の *Flow of Funds Accounts* と従業員福利研究所 (EBRI) の *Quarterly Pension Investment Report* (QPIR) の統計に依存している．QPIR は *Flow of Funds* にかなり依存しているが，一定のデータについて集計を細分化したり，一定の資産分類についていく分異なった定義を用いている．さらに，QPIR は米国生命保険協会からのデータも掲載している．

　1992年中に連邦準備が，年金勘定の集計方法を著しく修正した結果，年金資産は，それ以前の集計値よりも約5,000億ドル急増した．この執筆時点で，従業員福利研究所はまだこの修正を QPIR のデータに反映していなかった．可能な場合には，新しい連邦準備のデータを用いた．しかし，QPIR には公表された連邦準備のデータからは利用できない詳細なデータが掲載されていたので，一定の範囲で QPIR の利用を継続している．連邦準備の新しいデータの採用による増額修正を考慮に入れれば，QPIR のデータは，経済における年金基金の重要性について，控えめな基準を示すものとみなされるべきである．

　また，その他のタイプの退職および貯蓄制度，例えば連邦政府の退職年金制度，個人退職積立勘定 (IRA)，自営業者退職年金制度は，この議論には含まれていない．

　連邦政府は文官，軍人，その他の退職制度を管掌しており，その資産額は1990年末で2,510億ドルであった (EBRI, *Issue Brief*, September 1992)．この資産は，約100億ドルを除いて，すべて財務省証券に投資されていた．民間の投資マネージャーによって運用される連邦公務員退職年金信託貯蓄制度への確定拠出金100億ドルを除いて，連邦政府の退職年金制度の資産額は，連邦準備の報告する計数には含まれていない．

　個人による直接加入型の貯蓄制度である個人退職積立勘定や自営業者退職年金制度は，1985年から200%増加し，1991年末に6,850億ドルの資産を保有していた．これらの貯蓄制度は，確定拠出型の制度と多くの類似点をもっているが，連邦準備の報告する年金資産の計数には含まれていない．これらの制度は，投資

第10章 年金基金，資本市場および経済の将来展望 359

信託，証券会社，商業銀行，貯蓄貸付組合，保険会社，信用組合，相互貯蓄銀行（重要度の高い順に列挙）によって保有された個人勘定で管理されている (EBRI, *Benefit Notes*, July 1992). 連邦準備は，こうした金融機関のその他の資産から，個人退職積立勘定と自営業者退職年金制度の資産を細分化して集計していない．

3) 年金制度に関する1992年の調査では，上位25位までの年金制度のうち，17は州・地方政府か大学の職員年金制度が占めていた．残りの8つの年金制度のうち，IBMを除くすべての企業において，労働組合の組織状況は比較的高い水準に達していた．これらの企業には，AT&T, GM, GE, フォード，デュポン，ナイネックス，アメリテックがある (*Pension and Investments*, January 20, 1992).

4) 退職年金制度を検討するもう1つの方法は，年金給付の確実性について評価することである．

確定給付型の年金制度では，加入者は最後の数年間の平均給与額の百分比や，勤務期間1年当たりの一定額，あるいはその組み合わせで表された算定式に基づいて，1カ月の給付額が保証される．これが伝統的な年金制度である．

確定拠出型の年金制度では，年金の給付水準は保証されておらず，退職時までに加入者が積み立てていた口座の残高にのみ依存している．この残高は，加入者に一括して給付されるか，保険会社から年金保険を購入するために使用される．従業員は，雇用者の拠出金に加えて，年金制度への拠出を要求されることがある．

確定拠出型の年金制度には，次のような多くのタイプがある．それには，単純な現金給付型の制度，従業員持株制度 (ESOP), 利益分配制度，401(k)プラン〔米国内国歳入法第401条k項で認められている退職貯蓄制度〕, 従業員貯蓄制度がある．確定拠出型の年金制度は，まだ年金制度全体の資産額の4分の1以下を占めているにすぎないが，その資産額は1983年以後，確定給付型の年金資産の約2倍の増加率で成長した (Employee Benefit Research Institute, September 1992b; *Money Market Directory*, 1992).

5) ERISAの基礎的な規定と，労働省によってその後に施行された規則に関する徹底的な議論は，本章の範囲を超えている．この問題に関する最近の有益な議論，特にETIに関する議論の紹介については，AFL-CIO Guide, 1991; ERISA Policy Review, 1992; Berger, 1992, を参照されたい．また，この問題に関する労働法学者の観点による最近の議論については，Zanglein, 1992, を参照されたい．公的部門と民間部門の両方の従業員給付の規則に関する最近の概観については，Irish, 1992, を参照されたい．

6) 「慎重人」の概念は，法的にはハーバード大学が投資マネージャーのFrancis Amoryに対する訴訟で，1830年に敗訴したときに確立されたものである．ハーバード大学は，Amoryが彼に委託された資産の40%を，リスクの大きい製造業や保険会社への株式投資により失ったときに，彼を不誠実という理由で裁判に訴

えた．しかし，裁判所は Amory に有利な判決を下した．

　ERISA に成文化された「慎重人」，「慎重な専門家」のルールは，Amory の原則を採用し，それをいく分か修正したものである．それは，受託者に「同じような状況において，慎重な人が用いる注意と技能および慎重さと勤勉さ」をもって，資金を管理するように要求するものである（Litvak and Daniels, 1979, p. 129）．このように慎重人の基準は，受託者が「自分自身の問題」をどのように管理するかということから，他の専門職の投資マネージャーが同じような環境のもとで，どのように行動するかというように変わってきた．

7）　大学の研究者3人による最近の予備報告は，この問題について魅力的な洞察を行っている（Lakonishok, Shleifer, and Vishney, November 1991）．大手の投資顧問会社 SEI の2つのデータベースを利用して，彼らは700以上の年金基金と350の別々のファンド・マネージャーについて，異なった時期区分にわたる株式投資の運用成績を比較分析することができた．例えば1983年から1989年に，これらの年金基金とその投資マネージャーのポートフォリオは，資産額に対する平均的な資金管理手数料率 0.6% を控除する以前でさえ，S&P 500 の株価指数を資産額の加重平均基準で 2.6% 下回っていたことを，彼らは発見した．投資信託が実際に S&P 500 を上回る運用成績をあげたという調査に注目して，彼らは次のように結論づけた．「総合すると，それぞれ時期を異にする資料調査の結果は，ファンド・マネージャーの年金基金の管理手数料を除いた正味の運用成績が，1年当たり 200 ベーシス・ポイント（2%）だけ投資信託に劣っているということを指摘している」．

　また，彼らは，ポートフォリオの撹拌すなわち売買回転率の影響について矛盾した証拠を発見した．1つの分析は，こうした撹拌は収益を約 0.8% だけ傷つけることを示すものであった．もう1つは，積極的管理運用と収益の増加との間に正の相関関係（5年間で1年当たり約 0.6% の収益増加）を表すものであった．とはいえ，これは S&P 500 の株価指数よりも低い平均的な運用成績であった．

　面白いことに，平均よりも高い短期の運用成績（1年）をあげている投資マネージャーを選ぶことは，実際には逆の結果をもたらすことを彼らは発見した．つまり，「敗者を選ぶことは，勝者を選ぶよりも高い収益をその後にもたらす」ということである．しかし，彼らは，長期の優秀な結果（3年間の運用成績のデータ）とその後の優秀な運用成績との間には，一定の相関関係があることを発見した．しかし，著者たちは，「こうした特殊な結果は，このようにして選ばれた優れたファンド・マネージャーが，受動的な投資戦術を打ち負かすと期待できることを意味しない．というのは，こうした優れたファンド・マネージャーについてさえも，管理手数料を除いた正味の期待収益は S&P 500 の収益を下回っていると思われるからである」と指摘している．

8）　Clinton 大統領就任前に行われた経済界との首脳会談で，テルモ電子の会長 George Hatsopolous は，企業は「短期志向のトレーダー」によってもたらされ

た「資本不足」に苦しんでいると主張した．また，過去5年間にアメリカの企業は，株価を支持し，落ち着きのない株主をなだめるための配当と株式購入計画に必要な資金を調達するため，会社の金庫から1兆ドル以上を使い果たしたと，Clinton に語った．同じ期間に日本企業は2,000億ドルの純資本流入を受け取ったと述べた（*The Washington Post*, December 16, 1992, p. F3）．

9) ETI と社会的責任投資（SRI）との相違について，多少の混乱がみられる．我々は，この点をそれほど厳密に区別する必要があるとは思わないが，議論を進めるために以下のような相違点を指摘しておこう．

経済目標設定投資とは，個別的に主導される投資であり，グループ，地域社会，産業，経済全体に経済的な利益を与えるという政策目標をもつものである．すなわち，

・既存の市場メカニズムの外部で，直接の貸出や株式投資の実行，

・新しい市場メカニズムの確立，

・既存の市場メカニズムの機能の何らかの方法での変更・修正，これらを企図する投資のことである．

社会的責任投資とは，投資管理の過程（ほぼ通例では，公開市場で取引されている証券を含む）で伝統的には非経済的な基準とみなされてきたものを適用したポートフォリオの管理技法である．この管理技法の特徴は，従業員，地域社会，環境，社会全体に影響を及ぼすような企業の行動について，株主の決定を支持し援助することである．

いうまでもなく，ETI は重要な「社会的」要素を有しており，同じく SRI も経済的な政策目標を有している．

10) この点で重要なのは，Lawrence Litvak の 1981 年の *Pension Funds and Economic Renewal* である．この本で Litvak は，現代的なポートフォリオ技法を応用して，経済発展，ベンチャー・キャピタル，手頃な住宅の供給，雇用の創出といったポートフォリオ戦術について方法論的な分析を行っている．彼は何十もの新しい有望な ETI の機構を列挙するとともに，ETI のポートフォリオにリスク分析を応用するよう体系化した．

11) 作業グループの議長，Ronald D. Watson は，手紙で次のように述べた．作業グループは，「年金基金が，次のような可能性に無関心ではいられないほど，大きな成長を遂げたという点で意見が一致した．その可能性とは，年金基金の狭い投資政策がいくつかの経済部門において，長期資本の取入れを妨げているかもしれないという可能性である．……プロジェクト・ファイナンスのための官民協力や金融技術の革新は，受託者義務に違反することなく，いくつかの基本的な投資ニーズへの対応を大いに可能にするものである」（1992 年 11 月，Watson から Randy Barber への手紙）．

12) Veria, 1984, を参照されたい．このような攻撃の多くは，年金基金の投資に従業員が参加したり，監視が多くなることに伴って現れる潜在的な力によって，

従来の政治的，経済的利害が脅かされることからきている，と Bruyn (1987) は主張している．

13) 連邦予算において年金制度が最大の租税経費を表していることに注目して，Munnell は，既存の年金資産については1度限りで15％の課税を行い，年金制度の収入については継続して15％の所得課税を行うという議論を展開した (Munnell, 1992)．Munnell は，年金給付に対する租税経費は，高所得者に不均等な利益を与えるものであり，こうした税の損失は，政府によって他の方法でうまく「補塡される」(例えば，赤字の削減や他の計画への資金供与.) と主張している．実際に，Munnell の提案が実行されたならば，1回限りの課税で6,000億ドルの歳入と，継続的な課税で，1990年には550億ドル近い歳入がもたらされたはずである．

Munnell は，ETI は定義上，〔その投資リスクに比して収益〕譲歩的な投資であるという早まった結論を導き出して，政府の適正な活動範囲は，税収を価値あるプロジェクトに用いることであり，こうしたプロジェクトへの投資を年金基金に認めたり，退職者の福祉を危険にさらすことではないと主張した．

我々は，年金制度の資産と収入に課税するマンネルの提案には同意しない．Dorsey (1992) は，年金に関する租税経費の大部分は，年収3万ドルから5万ドルの家族層に関わっていると主張した．彼女が正確に指摘している問題は，実際の年金の適用範囲が労働人口の半分にも満たないということである．そして，その答えは，すべての労働者に雇用を基礎にした意味のある退職所得を与えるという探求をあきらめることなく，年金の適用範囲を拡大するためのより強い措置を実行することである，と我々は考えている．とりわけ，我々は，事前積立て方式による強制加入の全般的な年金制度の法制化を支持する．法制化によりすべての雇用主は，全従業員のための退職年金制度の維持や拠出金の払い込みを義務づけられる．もちろん，社会保障制度の抜本的な強化が，構造的な所得分配問題に対処するためには重要である．

しかし，たとえ我々が，現在の年金基金の資産と所得に課税するという Munnell 提案に同意するとしても，資本市場は効率的かつ不変であり，ただ単にその勝手な動きに任せるべきという彼女の暗黙の前提には同意しがたい．彼女の提案が実施に移されたとしても，やはり我々は，短期的な投資戦術と投機の問題に直面することになる．

もし年金基金が，資本市場でそれ程重要な役割を果たしていなかったならば，おそらく，その投資行動に対処する公共政策は必要ではない．しかし，たとえ他の退職所得政策の採用が望ましいとしても，年金基金の規模は非常に大きく重要となっているので，もはや無視することはできないのである．

第11章 連邦準備による公的な信用配分
なぜ必要か，どうすべきか[1]

ロバート・ポーリン

1. はじめに

　アメリカの金融システムは構造問題の広まり，すなわち制度的不安定性，不十分な長期生産的投資，代表でもない対応の遅いエリートへの意思決定力の集中といった問題に直面している．その上，これらの問題に取り組む（財政，金融，規制政策を含む）政策手段は，これらの問題を好転させ，安定性，長期投資，民主的説明責任を促進するのには明らかに不適切である．

　ここでの提言は連邦準備内に公的な信用配分システムを作ることである．それによって，脆弱性と不十分な生産的投資に取り組む新たな政策手段を連邦準備にもたらすことができる．これは連邦準備の行動に対して民主的説明責任を増加させることでもある．これによって，金融システムにおける民主主義の拡張メカニズムを作ることができる．

　連邦準備から独立した新しい公的な信用配分機関を創設することは可能である．しかし，新しい機関を作るよりも既存の中央銀行システムを変える方が，創設問題と官僚制の伸長の両方を小さくする利点がある．さらに，金融問題が広がった時期に連邦準備を改革することは，アメリカにおける中央銀行業務の発展とも一致している．

　19世紀を通して，アメリカでは中央銀行設立に反対があった．1864年の国法銀行法に沿って組織された最小限の規制では1873，1893，1907-9年の深刻な金融パニックを防げないことが明らかになったので，その直後の

1913年に連邦準備制度は設立された．その上，政治システムはこれらの金融恐慌に続く社会不安の広まりにさして注目しなかった．

しかし，当初の連邦準備はほとんど実質的な影響を与えなかった．1929年のウォール街の暴落とそれに引き続く銀行システムの崩壊で最高潮に達した1920年代の金融投機の大波は，この当初の中央銀行システムが金融の安定性を促進する能力をもっていないことを明らかにした．1920年代に公開市場操作が金融政策を行う新しい強力な手段として発達していたにもかかわらず，そうであった．

その後，このシステムは1935年に改革された．この目的は，ワシントンにある新しく作られた理事会に権力を集中し，理事会に支払準備率と割引率を決定する大きな権限を与えることであった．新たに集権化された連邦準備の焦点は，これらの新しい権限によって2つの政策目標すなわち短期金利とマネーサプライの伸びに影響を与えることになった．

現在の提言の目的は，1935年の再建でなされたように，権力それ自体の強化よりも連邦準備の行動に焦点を移すことである．ここでの要点は，マネーサプライや短期金利といった短期の目標ではなく，責任，安定性，生産的投資を促進するための長期のものに焦点を絞る手段を中央銀行に与えることである．とはいえ，連邦準備に新しい信用配分政策を与えても，短期の金融政策能力を減少させないであろう．むしろ，新しい政策によって得られる安定した金融環境は，短期政策の有効性も同様に高めるであろう．

ここに提出された考えは他の発達した資本主義経済の経験に基づいている．我々のモデルは，日本やフランスのような，中央銀行とそれと類似した機関が大規模な投資計画への信用配分において活発な参加者であった経済機構である．こうした関係は金融革新や自由化の中で近年減少してきたが，戦後の経験は有用な教訓を含んでいる．

これらの国々についての主な関心は，大規模な投資のための資金調達が金融市場における多くの金融機関の交渉によって，アルバート・ハーシュマン(1970)の用語では「発言」の行使によって計画されたことである．「退場」

が制度変革を求める主要な手段である．独立した企業間の市場関係によって長期のファイナンスが支配されているので，アメリカのシステムは苦しんでいるのだ．

けれども，日本とフランスのシステムにおける標準的な政策過程は，公的な投資機関の責任を制限してきた．つまり，発言という選択肢は官僚の幹部エリートと企業家にのみ与えられていた．対照的に，ここでの提言は民主主義を制限するのではなく拡張するような信用配分政策を発達させる戦略を勧めている．

最後に，この提言は，独立しているが同様に重要なアメリカのシステムが直面する問題に取り組む手段を提供している．1つは，2つの産業における長期の転換過程，一方で軍需産業をやめ他方で環境に優しい生産技術を行う必要性である．2つは，労働・金融市場のグローバル化によって低賃金圧力の増加したアメリカにおいて，高賃金，高生産性の仕事に従事する機会を増加させることである．これらの問題は金融の安定化や再建の問題にとくに関連してはいない．しかし，これらすべてに取り組むことは長期計画を立て生産的に金融資源を利用することを必要とする点で結びついている．

全体的に，この提言はケインジアンの投資の社会化のかねてからの考えの実現に向けたアプローチを提供している．公的な信用配分政策は投資の社会化の手段としての政策課題の1つに値する大きな理由がある．それは，金融の安定化を促進し投機を制限し，長期投資を支持し，主要な金融・投資決定への説明責任を高め，私的な市場では解決できないような構造問題に取り組むことである．

本章の構成は以下の通りである．第2節では，我々の当面の政策関心と関連している既存の金融構造における基本的な問題を概観する．第3節では，連邦準備が長期の安定化，生産的投資，民主的説明責任を促進するために採用すべき一連の新しい政策手段を提案する．第4節では，アメリカと信用配分政策をもつ他の市場経済の両者の経験を考察する．第5節では，そのような政策に関する批判を検討する．むすびでは，ここでの提言が，時間の経過

とともに，あるものは既存の法体系と政治風土の中で即座に，あるものは経済・政治環境が変化するにつれて後の時点で，どのように実現されるかという問題に取り組んでいる．

2. 金融システムの機能不全

ここでは，アメリカの金融システムにおける4つの根本的で制度的な問題が考察される．それは，全体として評価すると，信用配分の分野において連邦準備に新しい権力を与える必要性を示すものである．この4つの問題は以下の通りである．

①長期化する金融脆弱性の深刻化．
②長期投資や長期計画の短期化．
③金融市場で活動する公的・私的な金融機関の民主的説明責任の欠如．
④これらの深刻な構造的破綻に取り組む政府の政策能力の低下．つまり，
　政府の政策は現在こうした問題を悪化させていると思われる．

我々は順を追ってこれらの問題に取り組む．そして，産業転換とグローバリゼーションといった関連した問題を考察する．

(1) 金融不安定性

構造的な金融不安定性の傾向を異なったレベルで観察できる．金融機関の内部で起こる一連の連動した危機と転換を通した不安定性の影響を最もはっきりとみることができる．

市場の貸し手側からみると，不安定性の最も明らかな指標は貯蓄貸付産業の崩壊とその崩壊に支払った巨額の公的コストである．同様の現象は銀行システムの危機である．それは，例えば1947-79年には10,000行当り年平均4行から，1980-89年には10,000行当り年78行へ，1990年には169行(10,000行当り128行)への銀行破綻の増加によって測定される．他に不安定性を測るものとして，ニューディール期に設立された金融規制構造の崩壊

とそれに代わるべきものの方向性が完全に欠如していることがある．

　金融市場の借り手側からは，企業とりわけ非金融法人企業と家計による負債による資金調達の急速な増加による構造的な金融不安定性が観察できる．図11.1は，非金融法人企業と家計の国民総生産（GNP）に対する負債比率の上昇を示している．循環的変動を考慮にいれても，双方とも1960年代初めからGNPに対する負債が増加している．また，1980年代には増加率は急速に上昇している．こうして，1961年から90年まで，家計の負債比率は46％から75％に上昇している．企業の負債比率の上昇は，48％から63％で家計ほどではないがかなり大きい．

　1980年代における負債の対所得比率の上昇は，図11.1でもわかるように，前例のないほどの高い実質金利を伴ったので，家計と企業の負債返済の負担は時間の経過とともに大きくなり，1990-92年の景気後退時に所得が減少傾向にあったのでその負担は激しさを増した．こうして，企業の倒産率は，

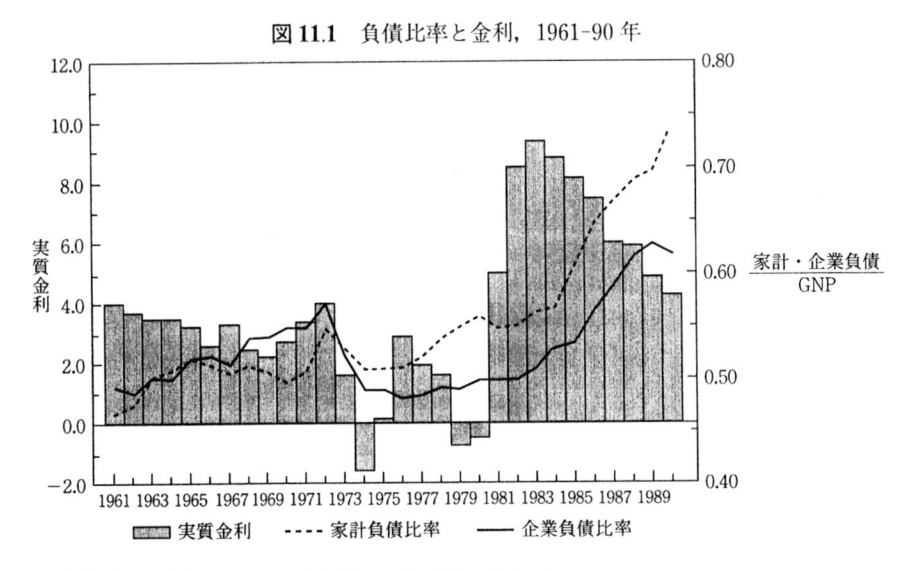

図11.1　負債比率と金利，1961-90年

出所：Federal Reserve Board, *Balance Sheet for U.S. Economy*.
注：金利はムーディーズ平均社債利回りとFHA（連邦住宅局）によって付保されたモーゲージ貸出の流通市場利回りとの平均からCPI（消費者物価指数）の変化を引いたものである．

1947-79年には10,000社当り平均42.3件から，1980年代には10,000社当り90.8件へ増加した．10,000世帯当りの個人破産は，1960年代と1970年代は8-9件という著しい安定から，1982-90年には19件へと増加している．

最も単純なレベルで考えると，金融不安定性の背景は，負債契約が返済に必要な所得フローを構造的に上回っていることである．ここで試みていることは負債契約と所得フローのミスマッチの原因を説明することである．他で論じたように（Pollin 1990, 1992），負債契約と所得フローの構造的な乖離の基本的な説明は，借入資金が投機的支出や補償的支出のために，つまりキャピタル・ゲインを期待して既存資産を購入するためや所得や他の内部資金の減少を埋め合わせるために過度に利用されたことである．同時に，借入資金が生産的支出，すなわち企業や個人の生産能力を高めるような支出を賄うために利用されることはほとんどなかった．信用が生産的支出に比して投機や補償的支出に過度に与えられるとき，必然的に所得が負債増加を十分に賄うことはできなくなるであろう[2]．

(2) 短期志向

投機活動の増加の一因は，現在の金融構造の中に組み込まれた投資の短期志向から説明される．現代のアメリカの金融市場における短期志向には2つの基本的な原因がある．第1は，資産創造において長期投資以上に短期資産証券を優遇してきた現代の収益についての考え方である．第2は，同様に，生産的企業に長期間かかわるより株式収益を引き上げるための短期の手段を優遇する組織的な構造である．これらを順を追って考察しよう．

① 利潤率と市場価値

非金融法人企業にとって，平均して税引前利潤率，すなわち既存の資本ストックの取替原価に対する利潤率は，1960年代の12.2%から1970年代半ばと1980年代初めの6%前後に低下している．利潤率は1982-90年の景気循環において平均8.6%に上昇したが，ほとんど生産性の上昇を伴わない再分配効果（税率の引き下げと賃金切り下げ，すなわち利害関係者から株主への

再分配)によるものであった.

この同じ時期に,(qレシオと呼ばれる)資産の取替原価に対する企業の平均市場価値は,1960年代の96.1%から1970年代半ばと1980年代初めの41-44%へ急減している.1982-90年,とりわけ1987年の株式市場の崩壊前には,qレシオは株価とともに上昇したが,平均63%にしか過ぎなかった.これは,1982-90年には,1ドルの価値の既存企業の生産的資産は株式市場ではわずか63セントで購入できることを意味していた.

結果として,企業の固定資本投資の伸びは停滞し,合併,買収,既存企業資産の買い占めといった,投機活動のための資金の借入水準は急上昇した.1982-90年には,資本支出の伸びは平均2.2%にしか過ぎず,その伸びはすべて1983-84年の支出の35%の増加によるものである.さもなければ,資本支出は年平均1.5%減少したであろう.同じ時期の1980年代に,合併・買収に関する支出は,合計で1兆3,000億ドルに,つまり固定資本投資額の3分の1に達していた[3].

② 金融市場における退場と発言

アメリカの金融システムは,資本市場における独立した関係によって基本的に組織されている.ジョン・ザイスマン(1983)が論じたように,アメリカの金融システムはイギリスとよく似た「資本市場」(p.63)優位のシステムである.それは,「金融機関が,困難な時期に成長するような特定の企業の将来に投資するよりもむしろリスクを企業間に分散することで株式ポートフォリオを管理する傾向がある」システムである.こうした制度的構造は,長期の投資計画を育てるよりむしろ短期の配当や資本利得の獲得を助長する.

そのような制度的組み合わせは,1980年代の金融革新と規制緩和の波以前に,日本,フランス,ドイツで一般的である「信用市場」に基づいたシステムと明らかに対照的である.これらのシステムでは金融機関は非金融企業や国家と密接に協力して長期投資計画を実現していったとザイスマンは論じている.それゆえ,短期収益や資本評価に対する圧力はかなり小さかった.ザイスマン(p.64)によれば,日本,フランス,ドイツでは「資本市場に

対する規制，とりわけ流通市場が制限されていたために，金融機関が単に金融ポートフォリオ・バランスの問題として株式投資を行うことは困難である」[4].

　ザイスマンはハーシュマンの退場/発言の枠組みを経済的相互関係の分析に有益に利用している．ザイスマンの説明によれば，アメリカ・イギリスのシステムは影響を与える手段としての退場に支配されている．こうして，不満のある株主や債券保有者はそれらの請求権を企業に売ることによって不満をはっきりと表現するであろう．対照的に，信用に基づいた企業金融システムは発言による影響力の行使を前提にしている．主要金融機関と政府機関は，非金融企業の長期計画の立案やそれらの計画の実行過程に積極的に関与してきた．

　ここでの要点は，信用市場システムは必ず発言を奨励するのに対して資本市場システムは退場に依存せざるをえないということにあるのではない．むしろ，現在のアメリカのシステムには，発言の行使を奨励するような日本，フランス，ドイツで一般的な制度的枠組みが存在しないことである．資本市場を基礎にするシステムに固有なこうした枠組みの欠如によって，アメリカの金融構造は短期的な思考に焦点を当てることになったのである．

(3) 説明責任の欠如

　アメリカの金融システムにおける説明責任の問題は，少なくとも非金融法人企業にそうした問題が存在する限りでは長いこと認められてきた．バーリ/ミーンズ（1932）の古典的な研究は，企業の組織形態の発展は経営者と所有者の利害の相違，現代の用語では「プリンシパル・エージェント」という問題を助長するであろうことを論じた最初のものであった．この問題は，分散し組織されていない所有者の代理人として経営者が自己の利益のために行動するが，経営者の利害は企業の所有者のものと必ずしも一致，または両立しうるものではないことにある．例えば，経営者は，企業の資金を他で生産的に用いることができるときでさえ，しばしば彼ら自身の給料，安全，権

力，賞与を最大にしようと腐心するのだ．

近年，バーリ/ミーンズの議論がジャンセン（1989）によって著しく形を変えて復活した．企業支配のための市場防衛に関する論文で，ジャンセンは企業内でのプリンシパル・エージェントの対立は企業形態それ自身の自然な発展から生じたものではないと主張している．むしろ，資金調達を必要とする投資計画に所有者や監督者として参加する投資銀行の力を劇的に制限したニューディール規制によって生じたのである．

ジャンセンによれば，ニューディール立法以前には，投資銀行は先頭に立って企業の投資ファイナンスを組織し，彼ら自身の資本を投資し，企業の経営者の行動を綿密に監視した．また，ジャンセンは，古いシステムの頂点に位置した J.P. モルガンは投資銀行のその特徴を最もよく表していると述べた．モルガンは経済全体の金融と投資行動を調整でき，これが金融機関と非金融機関の間の緊密な関係を作り上げた．政府の関与は必要とされなかった．したがって，ジャンセンによれば，投資銀行，商業銀行，企業経営者の間の法的な障害を取り除けば，企業に対する説明責任は回復することになるであろう．

しかし，アメリカの金融システムにおける説明責任問題へのジャンセンの解答にはいくつかの問題がある．1つには，説明責任の問題を狭く捉え過ぎていることがある．株主の利害に加えて多くの利害が現代の金融・企業システムにおいて悪く描かれている．まず第1に，企業の繁栄にその暮らしを依存している労働者や地域社会を含めて企業や銀行といった多数の「利害関係者」の問題がある[5]．荒廃地域に対する銀行の貸出拒否は地域社会レベルにおける説明責任という問題の1つの指標である．すなわち，地域再投資法が十分には実施されておらず，1977年の同法の可決以降，説明責任という問題が減少しなかったことは明らかである（本書第8章）．

さらに，企業の実際の所有者のかなりの部分は年金基金だということである．1987年現在，年金基金は，社債と外債の39%に加えて，国内外の企業の株式総計の24%を保有している（本書第10章）．しかし，年金基金所有

者は年金基金貯蓄が投資される方法に何の影響も与えない．こうして，組合労働者の資金が反組合の企業や外国に投資されるという皮肉な行動となるのだ．それは，そのような投資が国内の高賃金の仕事を失わせ地域社会を衰退させるときでさえそうなのだ．

ジャンセンが完全に見過ごした最後の問題は，J.P.モルガンのようなものは現代のアメリカの金融システムにおいて存在しないし存在できないことである．その理由は，アメリカの金融業者と企業経営者はもはやJ.P.モルガンと同じようにアメリカ経済との関係にはないことである．現在，アメリカの企業と金融機関の利害は統合されたグローバルな市場で活動している．彼らはどこであろうと最も高い収益率を追求する．もちろん，モルガンも同様な戦略を求めたが，20世紀の初めには入手できる機会と制限があったにせよ，アメリカにおける投資が最高の利潤機会を提供したのであった．

しかし，現在の状況は，利己的な資本が結局すべての投資と金融活動が依存する原資の供給者である大部分のアメリカの貯蓄者の利害と鋭く対立していることを示している．アメリカの大部分の貯蓄者は適当な雇用，安定した社会を求め，それゆえ金融業者よりも国内雇用を増やし社会を高める投資を重視している．このような利害関係者も経済の主要な金融と投資の決定から制度的に締め出されている．

(4) 政策の無力性

第2次大戦後のかなりの期間，財政，金融，規制政策はすべて金融安定性に貢献したようである[6]．また，これらの政策は金融安定性に貢献する長期契約と，規制システムに組み込まれた民主的手続きによる発言の行使をともに促進した．

しかし，1970年代以降，とりわけ1980年代に，政策の積極的な効果はかなり低下したようである．3つの政策分野では，規制政策の効果が最も弱まった．1970年代に明らかになったことは，戦後の規制構造が1960年代初め以降強まってきた金融革新の勢いを阻止できなかったことである．1980年

代初めに可決された規制緩和立法は，基本的に，すでに事実上の出来事になったことを立法化したにすぎない．

同様に，1980年代に貨幣集計量や金利をコントロールしようとしてもできなくなった．貨幣集計量の動向は，標準理論が示すような名目 GNP やインフレ目標との明白で不変の関係を失った[7]．また，1990年代初めに連邦準備は必死に短期金利を押し下げようとしてほぼ成功したが，明らかに長期金利にはほとんど影響を与えることができなかった．こうして，連邦準備による金利引き下げが2年間続いた後，1991年末に短期金利は18年ぶりに最低となったが，利回り曲線の傾きは最もきつくなった．

最後の貸し手としての金融政策はこの期間にも金融安定性に貢献した．しかし，それは危機に陥ることから脆弱な金融システムを守るという狭い意味においてのみであった．さらに，長期的にみると，最後の貸し手としての介入はモラルハザードを生じさせ不安定性をもたらしている．つまり，金融機関は，政府のセーフティネットの下にあるのを知っていたので，慎重であるよりもリスキーなことを行うようになったのである．

戦後長い間，連邦政府の赤字支出は最後の貸し手としての介入とよく似た結果をもたらした．基本的に，赤字支出の目的は景気停滞期に有効需要を創り出すことにある．また，そのような需要が創り出される限り，赤字支出は第2次世界大戦以前の資本主義の金融史を特徴づける負債デフレーションと不況の歴史的パターンを阻止することになる．しかし，まさに負債デフレーションの回避に貢献することによって，赤字支出は既存の投機行動を有効にするように作動した．つまり，赤字支出があれば，投機活動は報いを受けないのである．

このように，デフレ防止策の有効性は時とともに低下してきた．つまり，政策は，脆弱なシステムを助けそれによってデフレーションを避けるために要請されるが，まさにこの政策が脆弱性を助長しそれゆえ将来の政策介入の負担を増加させている．強力な介入をしばしば行うことがデフレーションを避けるために必要になったのである．換言すると，政策介入のベネフィット

が減少する一方で，コストが増加したのである[8]．

(5) 構造変化のための信用政策

特に金融面における制度的な不安定性，短期志向，説明責任の不十分さの問題に加えて，アメリカ経済は長期投資に配分されるべき資金に関する2つのさらに手に負えない問題に直面している．それらは産業転換とグローバリゼーションである．こうした問題は金融構造に焦点を当てたものではないが，これらに取り組むために信用配分政策の必要性は同様に高い．

① 産業転換

第2次世界大戦後，アメリカ経済には軍事支出の型をとった計画部門がいつも存在した．無駄から不正までたくさんあるその欠点にもかかわらず，軍事支出は総需要と技術革新の安定を促進してきた[9]．もちろん，軍縮に向けた絶好の機会を見出さなければならない．だが，経済政策は需要の安定装置を再生産し，非軍事的な研究開発の環境を育むようにしなければならない．

現在軍事に振り向けられている巨額の公的資金と技術資源を吸収するために選択すべきことは，環境に関してである．とりわけ，その基礎が環境維持的なシステムへと生産能力を再構築する画期的な計画に関してである．バリー・コモナー（1990）は，現在の軍事支出の約3分の1を使うことによって20年以内にアメリカに環境に優しい生産システムを作り出すことができると推計した．しかし，そのような計画のための資金が利用可能であっても，実現には膨大に調整されなければならない問題がある．中央銀行は産業転換と長期投資の相互関係を十分独自に観察できるので，信用配分能力をもつ中央銀行がこれらの調整問題に取り組むには最適である．

② グローバリゼーション

アメリカの投資，金融，労働のグローバル経済への統合が急速に進行している．現在の傾向が続くならば，この傾向の長期的な意味は今やはっきりしている．つまり，アメリカの労働者は，外国の低賃金労働者とグローバルに統合された労働市場で競争せざるをえなくなるので，アメリカの労働者の賃

金に引き下げ圧力を及ぼし続けるであろう．こうして，熟練を要しない仕事は低賃金国へ引き続き輸出される．しかし，技術的に洗練された技能を要する熟練の仕事さえも低賃金地域にますます移転されるようになる．

これまで自由主義者によって進められた解決のための主要な政策は教育投資であった．こうして，アメリカの労働者は技能を基礎にして競争上の優位を獲得するであろう．しかし，この戦略は多国籍企業が外国に低賃金の熟練労働力を求めることを阻止しない[10]．

それゆえ，アメリカにおける長期投資と雇用造出のインセンティブ機構を作り出す必要がある．しかし，明白な資本規制より緩やかで税制上の優遇措置より安上がりな方法によって実行されるならば，このインセンティブ機構は最も効果を発揮することになろう．適切に作成された信用配分政策は，最も公正かつ低コストで問題に取り組む適切な手段を提供するであろう．

3. 公的な信用配分政策の手段

本節では，連邦準備内に効果的な信用配分政策を創設するのに必要とされる多様な政策手段について論じる[11]．そのような政策は現在のものからの劇的な変更を意味するとしても，この提言の要点はアメリカや他の市場経済にかつても今もふさわしい政策にまったく由来している．その課題は成功の可能性を最大化する最良の政策の組み合わせを発展させることである．

アメリカに関して言えば，容赦のない反政府的論調が続いた12年が過ぎた1992年でさえ，連邦政府は依然としてアメリカの金融市場において単独で最大の債権者であった（もちろん単独で最大の債務者でもある）ことを銘記しておくことは重要である．直接貸出，信用保証，政府系機関の貸出（連邦抵当金庫〔ファニー・メー〕，連邦住宅貸付銀行制度，奨学金融資金庫，連邦農業信用制度）の合計は表11.1に示されている．表11.2はこれらの資金の主要な受け取り手を示している．みられるように，連邦助成貸出の割合は1975年から1991年に15％から36％の間を変化している．貸出の主要な

表 11.1　アメリカ政府の信用配分

(単位：10億ドル)

	1975	1980	1985	1991
直接貸出	$12.8	$24.2	$28.0	$26.6
信用保証	8.6	31.6	21.6	106.9
政府系機関の貸出	5.6	21.4	60.7	90.7
連邦助成貸出総計	27.0	77.2	110.3	224.2
アメリカ信用市場で貸出された資金総計	178.0	354.5	768.6	616.9
総貸出に占める連邦助成貸出の割合	15.2%	21.8%	14.4%	36.3%

出所：Data for 1975, 1980, and 1985 from Bosworth et al., 1987, p. 5. Data for 1991 from *Budget of the United States*, Appendix 1, p. 123; and *Flow of Funds Accounts*, Federal Reserve System, fourth quarter 1991, p. 61.

表 11.2　1985 合計年度における主要政策分野別連邦政府貸出(総貸出に占める割合)

	直接貸出	信用保証	政府系機関の貸出
住　宅	11.4%	81.2%	80.7%
農　業	49.3	2.7	16.5
教　育	6.3	8.7	2.8
輸　出	6.6	—	—
中小企業	3.7	2.2	—
その他	22.7	5.2	—

出所：Bosworth et al., 1987, p. 12.

受け取り手は家計，農業，教育部門であった．

　政府貸出が大きいので，ここでの提言は明確なかたちでの金融市場における政府関与の劇的な変更を含むものではない．ここではむしろ介入のための一連の新しい優先順位とその手段を提案する．

　現在の連邦政府の信用配分政策を研究して，ボスワース／キャロン／リン(1987)は，これらの政策が3つの機能を果たしていると主張した．すなわち，効率的な市場の創出，金融資源の再配分，所得の再分配である．彼らの結論は，現在の信用配分政策が市場の改善を求めて資源の再配分にかなり成功するとき，この政策は最も成功するということである．しかし，直接的で効率的な所得再分配がいつでも可能なので，この政策は所得を再分配するのには有効ではない．

ボスワースら（1987）の結論と同様に，ここでの提言は金融市場の機能を改善し資源を再配分することを主な目的としている．前節での議論は，まさに既存の市場は制度的な不安定性，短期志向，不適切な説明責任をもたらすので失敗しているということであった．必要な再構築は金融資源の再配分を必ず伴わなければならない．つまり，信用の好ましくない利用や既存の不公正な配分手段を取り除くことが望まれる．

　まず中央銀行の民主化の手段とそれによってその説明責任を高める手段が考察される．民主化なしに中央銀行の権限を増加させようとすれば，すでに確立された権力によって一層の権力を非合法に手に入れることと解釈されよう．

　それから，信用配分を変える多様な方法（割引窓口貸出による公開市場操作の代替，資産に対する多様な必要準備率，信用保証，利子補給を含む）を論じる．

　新しい金融規制を作るどんな努力も，1970年代に苦労して学んだ教訓と何とかして向かい合わなければならない．教訓とは，金融仲介機関はつねに利潤動機に基づいて規制を回避する方法を追求し金融革新によっていつもそれを発見したことである．この問題の解決策は，本書第6章で展開されている．つまり，すべての金融仲介機関すなわち何らかの形で預金を受け入れ貸出を行うすべての企業に対して（必ずしも均一ではないが）一貫した誘因と規制を適用することによって「競争条件を平等にする」ことである[12]．それゆえ，新しい規制は銀行や他の金融仲介機関に不利益をもたらさないであろう．実施上の問題は，とりわけグローバルに統合された金融市場において，一貫した規制を行うときに間違いなく生じるであろう．しかし，これらは克服できないものではなく，どんな場合でもこの原則に基づくことが必要である．このように，以下の提言のすべての基礎になっている前提は，そうした規制が貸出を行うすべての金融機関に一貫して影響を与えるように実施されることである．

(1) 民主化

連邦準備の民主化要求は新しいものではない．それは，長い間，政界の主流派内でとりわけライト・パットマンとヘンリー・レスというアメリカ下院の銀行委員会の元委員長たちの尽力によって進められてきた．近年では，下院議員リー・ハミルトンと上院議員ポール・サーバネスという両院合同経済委員会の最近の議長たちが連邦準備の民主化を提案している．下院銀行委員会現議長，下院議員ヘンリー・ゴンザレスもそのような提案を強く支持している[13]．

組織化の原則として，民主化は連邦準備制度の12地区連銀への権力の再分配によって行われるべきである．ワシントンの理事会に加えて12地区に連銀を設立した背後の指導原理は中央銀行の権限を広く分散させることであった．これは有益な考えであるが，実際に本気で試みられたことは一度もなかった．現在，地区連銀は異常な状況下で運営されている．つまり，ひどく非民主的で実質的には何の権限をもたないのである．この状態は逆転されなければならない．すなわち，地区連銀の民主化と地区連銀への権限委譲である．

地区連銀の総裁は，現行では選挙で選出されていない企業家，たいていは商業銀行家である地区連銀の取締役会によって選ばれている．それゆえ，民主化は当該地区の住民による地区連銀取締役の直接選挙を伴うことになろう．

連邦準備制度理事会の理事7名とともに，12名の地区連銀の総裁のうち5名が連邦公開市場委員会の委員であることによって，現在地区連銀は権限を行使しているにすぎない．地区連銀の権限を強化する1つの手段は，公開市場委員会における地区連銀のための席を増やすことであろう．他の補足的な方法は理事会から地区連銀に権限を委譲することである．理事会は一般的な指針を定める責任があり，地区連銀は実行のための大きな権限をもたねばならない．地区連銀の権限を強化する1つの方法は割引窓口操作の役割を高めることである．これも地区連銀に当該地区における金融機関の監視と規制の役割を増加させるであろう．この点は以下で敷衍される．

これ以外の提言は1930年代に試みられた実験を行うことである．当時，地区連銀は銀行家と企業家からなる委員会を組織し，市場が形成できない環境における金融市場の問題を議論した．このモデルは議論の中に労働者，消費者，地域社会の代表を含めるように拡張できる．そのような委員会の焦点は，地域再投資法の施行でこれまで達成されたこと以上に大きな成功をあげることである[14]．

民主的な説明責任を強化する政策の最後の決定的な構成要素は，民主的な連邦準備が金融システムの直面する根本的な問題に取り組む手段をもつことである．そうした問題とは，制度的な不安定性や短期志向を含み，産業転換のために資源を有効利用することやグローバリゼーションに対処することである．連邦準備がそのような力をもたなければ，民主化の進展は単に象徴的な意味しかもたないであろう．こうして，民主化とともに，近い将来中央銀行に問題に取り組むための新しい手段を与えることが必要になる．

(2) 割引窓口による準備供給の強化

現在の連邦準備の政策手段の下では，準備は，ほぼすべて公開市場操作すなわち連邦準備が民間銀行の保有する政府証券を購入することを通じて銀行に供給されている．こうして，1953年から88年には，準備残高の97％が公開市場操作によって供給された（Pollin, 1991, p. 383）．結果的に，この手法の下では準備創造と民間銀行の行動に対する監視と規制の直接的関係が希薄になる．

連邦準備の政策手段の強力な変更は，割引窓口による準備供給をかなり増加させるであろう．割引窓口貸出の相対的な割合を高める政策手段は，ミンスキー（1986, pp. 322-8）によって鋭く概説されている．ミンスキーの説明によれば，割引窓口を基礎にしたシステムでは，銀行準備は短期の企業活動の資金を調達するために生じた銀行貸出を連邦準備が割り引くときに供給される．それで，銀行準備は特定の貸出活動と関連して増加し，同様に準備残高は，貸出が満期になったり返済されると減少する．

この政策手段は現在のシステムに比べて重要な利益を4つもたらす．
　第1に，準備創出過程を企業活動のための資金調達と密接に関連づけることである．特定の目的のために貸し出すとき，銀行は現在よりも十分に準備を獲得できる．それゆえ，連邦準備は，銀行が投機活動に融資するために準備を求めるとき，割引窓口貸出を拒否するか懲罰金利を課すことができる．こうして，投機金融への強力な障害を比較的単純な機構によって創ることができる．
　第2に，割引窓口政策は，金融機関を監視し規制するための効果的な戦略を創出する．金融仲介機関は定期的に中央銀行の審査を受けなければならない．規制当局の介入は投資のための資金調達の過程と密接に結びつけられる．
　第3に，この政策手段は連邦準備に市場金利に影響を及ぼす大きな力を与えることになる．連邦準備によって設定される割引率は民間部門の資金コストに直接組み込まれる．これには投機金融に課される懲罰金利が含まれる．
　最後に，政策手段の運用は地区連銀に権限を委譲する最良の方法である．割引率は必然的にシステム全体で同じでなければならないとしても，各地区連銀は割引窓口貸出を与え規制を遵守するように銀行を監視するかなりの権限をもつことになろう．このことは地方の短期金融市場を発展させ，金融構造の分権化を促進する．ミンスキーによれば，「地区連銀は個別銀行と地区の短期金融市場に対して貸し手の関係をもつ」(1986, p. 326)．
　ミンスキーの明確な提案は，基本的に割引窓口貸出を公開市場操作と代替させるものである．その議論はこうした結論を導いたが，そのような完璧な変更は現実的ではない．それは中央銀行の行政上の責任の莫大な増加を伴うであろう．というのは，「金融上の競争条件を平等化」することを通じて，銀行だけではなくすべての金融仲介機関は（ダリスタ／シュレジンガーの「競争条件の平等化」のための提言で定義されているように）必要準備率と連邦準備による監督を課されることになるからである．
　実行可能な方法は，連邦準備による監督を強化し，投機金融に対する障害を高め，地方信用市場を育成するといった意図された効果を達成するのにま

さに十分なほどの割引窓口操作の相対的な重要性を高めることである．このことは基本的に公開市場操作を厳しく統制することを意味している．フェデラル・ファンド・レートは，割引率よりおそらく1-2%高い水準に維持されるべきである．それゆえ，金融仲介機関は定期的に割引窓口で資金を求めざるをえなくなる．同時に，地区連銀は運営上の負担に押し潰されることはない．

地区連銀の行政上の負担を一層減少させるこの戦略の補完として，連邦準備は，イギリスでますます行われている（Bank of England, 1984）商業手形市場を通じた公開市場操作を行使し始めるであろう．イギリスでは，銀行適格手形の中央銀行買入は公開市場操作の主要な手段となっている．アメリカがそのような方法を採用すれば，連邦準備買入に適格な銀行手形は割引窓口で受け取られるのと同じ基準の貸出でなければならない．そのような革新は現在の連邦準備法の改正を必要とする[15]．

(3) 資産に対する必要準備率

資産に対する必要準備率制度の基本的特徴ははっきりしている．この政策手段の様々な型は，1970年代にレスター・サロー（1972）のようなエコノミストやアンドリュー・ブリマー（1975），シャーマン・マイセル（1973）といった元連邦準備制度理事会理事によって概説されている．当時の上下両院の銀行委員会委員長，上院議員ウイリアム・プロキシマイヤーと下院議員ヘンリー・ラスは，連邦準備が信用配分政策を行うための手段を創設する法案を提出したが，不成功に終わった．こうした努力は上のような主張と多かれ少なかれほぼ密接に関連していた[16]．

政策立案プロセスで最も重要な第一歩は，民主化された連邦準備内でまたは一層の広い話し合いによって，信用を優先的に与えられる経済部門を決めることである．例えば，アメリカ国内での軍需生産から再生エネルギーへの，一般的には生産的投資への産業転換が優先的に提案されよう．一度目標が設定されれば，預金金融機関の必要準備率は，望ましくない投資分野よりも，

これらの活動のための貸出に対してはかなり低くなるであろう．

例えば，サローは以下のように論じている．「住宅や他の優先部門に国民貯蓄の25%を投資することが国民的目標として求められている場合には，各金融機関はその資産の当該部分に対して100%の必要準備率を課されることになる．しかし，金融機関が住宅部門に資産の25%を投資する限り，政府に準備を預託する必要はない．その資産の20%を住宅部門に投資した場合，資産の5%は必要準備として政府に保有されなければならない．金融機関が何も投資しなければ，その資産の25%が準備として保有されるであろう」(1972, pp. 186-7)．

金融市場における持続的な大きな変化と新しい連邦準備の構造の実現に伴う一層の変化を前提すると，多様な必要準備率の適切な水準を合理的に先験的に推定することは不可能である．しかし，計量経済学的研究が確認したところでは，必要準備率の長期的な変更が金融仲介機関の収益性に大きな影響を与え，それゆえ望ましい方向に貸出パターンを変えることができる（例えばKolari, Mahajan, and Saunders, 1988を参照せよ）．望ましくない活動は市場から締め出されることになる．

この政策は，金融仲介機関と企業の両者にかなりの意思決定の自由を認めながらも，主要な金融と投資活動に関して社会的に大きな統制手段を創り出す．例えば，金融仲介機関は依然として企業の信用度や計画の実現性をはっきりさせる責任をもっている．企業は投資計画の策定と実施に責任を有する．実際には，企業が優先的でない計画を追求することは自由だし，銀行がそれに融資することもできる．こうした融資のコストはかなり高いであろう．ある程度，この政策は優先的でない活動に融資する銀行に対する課税と似ている．つまり，銀行は，連邦準備が国債を購入するのに利用できる無利子の貸出を政府に対して実質的に与えているのだ．

しかし，多様な必要準備率の設定は弾力的なので課税よりも望ましい．現行法の下で預金に対する必要準備率が連邦準備の命令によって変更されるように，状況に応じて資産に対する必要準備率も定期的に変更される[17]．それ

ゆえ，民主化された連邦準備の下では，多様な必要準備率を設定する能力は，金融，投資の決定に影響を及ぼす手段としての発言の余地を，すなわち税制という障害に制約されない国民的な討論と交渉のための大きな機会を産み出すのだ．

一層の弾力性をもたらすために，必要準備率は，マイセル（1973）が提案したように，割当よりも市場競売制度として行われるべきである．競売制度によって，金融機関は優先的な部門への貸出において特定の割合（例えば，サローの例では25%）を準備するように要求されるのではない．市場公害認可制度のように，限度を超えている金融機関は，優先的な部門への貸出が最低限に達していない金融機関に貸出を売却する許可を得るのである．それゆえ，個々の金融機関は市場の特定分野（ニッチ）を選び保持する．同時に，この制度は，いくつかのニッチが高い準備率か「優先的な資産許可証」の購入という特別の負担を伴うことを確実にするであろう．

この提言の現実性に関しては，連邦準備が金融安定性を促進させるために長いこと預金に対する多様な必要準備率を設定してきたことを想起されたい．基礎的な前提は，必要準備率は預金が高額で流動性が高いと上昇することであった．多様な預金準備率は，回避のインセンティブが十分に強くなると金融革新によって容易に回避できることから，現在ではかなりの程度まで放棄されている[18]．

さらに，資産に対する必要準備率とほぼ同じようなものが，長い間アメリカにおいて定着した慣行の一部であった．つまり，貯蓄貸付組合の当初の計画は貸出ポートフォリオを住宅用モーゲージのみに限定することであった．

現在でさえ，資産準備に非常に近いものは，1988年にバーゼルで考案されたリスクベースの国際的な自己資本基準によって行われている．現在この基準はすべてのOECD諸国で適用されている．バーゼル基準によると，銀行自己資本の適格性は資本と資産にそのリスクに応じて異なったウエイトを課すというやり方で決定される．例えば，このシステムの下では自己資本は2つの項目に分類される．第1項目は，恒久的な株主資本であり，第2項目

は株式以外の自己資本項目である．そして，4つのリスク・ウエイトのうちの1つは，相対的な信用リスクについてのはっきりとした評価に基づいて（オフ・バランスシート項目と同様に）資産に対して課される．1992年末に，リスクベースの自己資本比率は両項目の自己資本に対して8％，基本的項目の資本に対して4％に設定された[19]．

バーゼル・システムがアメリカにおいてすでに運用されているという事実があるので，多様な資産に付加的に相対的なウエイトを課すこの資産ウエイトづけシステムの追加は比較的容易であろう．これはアメリカの金融システムがバーゼル基準だけで達成するよりも広い社会的目標の追求を可能にする．

(4) その他の信用配分手段

信用保証，利子補給，無条件の政府貸出は，表11.1，表11.2にみられるように，すべてアメリカにおいて現在広く利用されている政策手段である．これらの政策はまた前述の優先的な信用配分と市場再構築を促進することに用いられるであろう．しかし，これらの政策手段には割引窓口と資産に対する必要準備率といった方法と比べて明らかに2つの欠点がある．第1に，コストが高くそれゆえ連邦予算に追加的な負担を加えることがある．信用保証は借り手が債務不履行に陥ったとき民間の貸し手に支払わなければならない連邦政府の偶発債務である．しかし，債務不履行が生じなくても，信用保証はそれに対して民間の保険を購入する必要があるので，その手数料と同等の補助金を与えていることになる．政府が債務不履行のリスクとコストを引き受けるので，直接的な政府貸出という政策は信用保証よりも行政上の負担を伴うが，それ以外は同じである．最後に，利子補給は，政府の貸出政策を通じてかあるいは民間が発起した貸出に付与するので，政府の直接コストである．

これらの政策の第2の欠点は，企業活動への一層の政府関与を必要とすることである．金融機関への貸出と監視のための指針を単に設定するよりも，政府貸出，信用保証，利子補給は借り手とかなり直接に関わることになる．

このことは政府の行政上の支出を増加させ，おそらく民間の貸し手が行うよりも計画を監視する効率を低下させるであろう．

それゆえ，配分目標を促進するために，なるべく割引窓口と資産に対する必要準備率に頼るべきである．信用保証，利子補給，無条件の政府貸出は望ましくないと理解されるべきであり，それらは割引窓口と資産に対する必要準備率政策を補完するために主に利用されるべきである．しかし，これら後者の政策手段は十分に強力ではないかもしれない．金融革新とグローバリゼーションが，単一の国家つまりアメリカと同様に大きな金融市場を有する国において規制の執行に対する障害を産み出し続ける限り，こうした考察はとりわけ重要となるであろう．

4. 信用配分政策の経験

アメリカでは信用配分政策が，今日のアメリカ金融市場のかなりの部分をとりわけ農業，住宅，中小企業，輸出分野をコントロールしてきたことをみてきた．しかし，現在の政策の起源を想起することも有益であろう．

1930年代の大恐慌以前の金融システムは，商業，工業，富裕層にほぼ完全に適合していた．1930年代初期の壊滅的な出来事の後，介入主義者による金融市場政策は当初金融システムを安定させるために創り出された．その狙いは損失を被っている個人と金融機関を救済することであった．

それゆえ，ボスワースら（1987）によれば，「復興金融公社は銀行に資金を貸し出し営業を続けるのを助けた．個人住宅貸付公庫は銀行から滞納された住宅用モーゲージを購入し再編した．連邦農場抵当公社も農民に同様の機能を提供した．これらの機関は，民間金融機関の苦境を助け，家族が住宅と農地を失わないようにしたのである．

1930年代末までに，連邦信用の救済機能は縮小し，大部分の救済機関はすみやかに解体された．民間資本市場の失敗を是正し，金融システムをさらなる崩壊から守るメカニズムを発展させる方向に力点が移ったのである．そ

のような政策の中に，連邦預金保険公社，証券取引委員会，大がかりな信用政策としての連邦住宅貸出銀行制度（貯蓄金融機関に貸出を行う政府系機関）があった．そうした信用政策には他に，満期が長期の住宅用モーゲージにおいて貸し手の信頼を高めるための連邦住宅局によるモーゲージ保険や農民に農産物のための融資を行う商品信用公社があった．輸出入銀行が1934年にアメリカの輸出を促進するために設立され，1938年には連邦抵当金庫（ファニー・メー）が住宅用モーゲージの流通市場を発展させるために創設された．農業の特別のニーズに応えるための一連の連邦政策は，商品信用公社の他に農村電化局と農民住宅局があった．前者は信用できる農民に便宜を与える拡張された農業信用制度であり，後者は零細で限界的な農民に便宜をはかるものである」(p. 11)．

つまり，大恐慌から現在まで，信用配分は政府の政策の重要な一部であったのである．また，信用配分は，たくさんの富裕でない人々に住宅所有のための新しい手段を創り出すといったいくつかの注目すべき成功を収めた[20]．

他の国では，金融市場政策は，長期的な投資をファイナンスする中央銀行と他の金融機関による公的な信用配分政策に大きく依存してきた．1970年の下院銀行委員会は，この問題に関する研究（Thurow et al., 1970）を行った．それは，先進資本主義経済の中でドイツ，フランス，イタリア，イスラエル，オランダ，日本，スウェーデン，イギリスを取り上げ，その中央銀行政策を調査した．その結論は次のようなものであった．「たいていの国の中央銀行は，中央銀行から好意的な扱いを受けることになる特定の経済部門を指定する．これは，市場金利以下でこれらの好ましい部門に貸出を行うか，またはいわゆる市場の力が機能するとき以上にこれらの部門に信用を利用可能にすることを意味している．このことは，ある場合には優先的に特定の部門を救済するために，他の場合には民間短期金融市場の一方的な影響を相殺するために行われる」(p. 1)．

最近の傾向は，金融市場の自由化を支持して，そのような政策から離れてきていると言える[21]．こうした政策転換は，1960年代末から顕在化してき

た金融のグローバリゼーションと他の市場革新の圧力を反映している．この傾向は欧州経済統合が進展するにつれて一層強まってきたようである．市場が規制を出し抜く強い力を産み出したとき，介入や規制政策を行うことはますます困難になった．

それにもかかわらず，そのような政策の必要性は低下していない．それゆえ，政策目標がはっきりと特定化され目標に到達するため手段が強化されることが必要である．より詳細にいくつかの関連した経験を考察しよう．

(1) 日　　本

日本のケースは，1つの経済機構が金融の安定性と長期的な成長を促進させるためにどのように信用配分政策を利用できるかについての優れた例である．1992年春の株式市場の崩壊で終わった日本の投機金融の波は，これらの政策の長期的な功績を決して減少させるものではない．それどころか，少なくとも部分的には，最近の金融不安定性は，1970年代中頃に始まり1980年代中頃に急速に進行した政府主導の配分システムの自由化の結果であった．

第2次世界大戦後，日本は民間貯蓄を長期の投資計画に動員する3つの基本的な機構に依存した．第1は，小額の個人貯蓄をコントロールすることである．これは，政府が小額貯金を直接受け取る郵便貯金制度によって初めて達成された．また，政府は民間銀行の支店設置を規制して郵便貯金との競争を制限した．

第2の機構は，商業銀行に短期貸出を与える中央銀行政策である．郵便貯金を貸し出したり新しい準備を創造できるので，商業銀行への中央銀行貸出はアメリカよりはるかに大きい．その上，割引窓口貸出は準備創造の手段として公開市場操作よりも広範囲に利用された[22]．さらに，商業銀行は，企業の特定の計画と結びついた信用需要と関連した融資を中央銀行に申し込む．これは，中央銀行が企業に間接的な貸出を効果的に行っていることを意味する．そして，貸出が短期なので，中央銀行は商業銀行のポートフォリオと間接的に非金融企業の活動を定期的に監視できる．

信用配分政策に関連した他の主要な政府機関は，通産省（MIT）である．その基本的機能は，長期的な成長のために指定された大企業と産業部門に信用を供給することであった．通産省は，日本輸出入銀行や日本開発銀行のような専門信用機関を通じて郵便貯金と民間銀行の資金を選定された部門に投入した．

こうして，日本は公式な計画化システムをもたなかったにもかかわらず，信用配分政策の広範な利用は，通産省，中央銀行，他の政府機関が事実上の中央計画者になったことを意味したのである．このシステムは「統制政策」，暗示的な5カ年計画，一種の交渉的コーポラティズムといったものに基づいていた．

たくさんの研究者が正しく指摘したように，信用配分―中央計画システムをもつ日本の成功の基礎は，政治的エリートにコンセンサスがあり強力な反対運動がなかったことがある．このことによって通産省とその類似機関は，消費，社会福祉支出，中小企業を支援するために競合する需要に同調することなく，好ましい部門や企業を支えようと貯蓄を動員することができたのである．しかし，同時に，日本の企業家とエリート官僚はつねに分断されてきた．コックス（1986）が指摘するように，通産省は，戦後初期には「これらの機関に存在する均衡予算という固有の財政的保守主義にもかかわらず，産業に十分な資金を確実に供給するために大蔵省や日本銀行との絶え間ない政争」の渦中にあった．「同様に，通産省は，民間商業銀行が長期貸出を日本経済の将来の推進力として指定された大企業に与えるように操作する間接的手段を利用せざるをえなかった」（p.18）．

つまり，日本のエリートの中でさえ，実際に金融自由化への最近の動きが確実になるにつれて，信用配分政策の支持は決して一枚岩ではなかったのである．どの場合でも，日本における信用配分の議論は，企業家とエリート官僚の様々な集団からなる一種の交渉的コーポラティズムに極めて限定されていた．労働者と他の一般的な集団は交渉には入れなかったのである．

(2) フランス

第2次世界大戦後のフランスで発展した信用配分システムには，日本とよく似た特徴がたくさんあった．そして，日本と同様に，フランスのシステムも金融革新，グローバリゼーション，規制緩和を通じて過去10年間にかなり変化してきた．

この規制緩和の最近の局面まで，フランス政府は生産的投資への融資を通じて第2次世界大戦後の経済の近代化を促進してきた．政府の主要な政策手段は信用配分であった．政府は戦前も金融市場に積極的に関与していたが，戦後期に明確な目的をもって一度も独自に行動したことはなかった．

フランスの信用配分政策は，財務省とりわけ国庫局すなわち通産省と機能的によく比較される財務省のエリート部局に集中して行われていた．

国庫局の戦後最初の重要な任務は，経済の近代化を支持するようにマーシャル・プランの援助を配分することであった．国庫局は，伝統的な産業利害によるこの政策に対する強固な反対に直面したが，完全に粉砕した．しかし，フランス金融市場への国庫局の影響力はマーシャル・プラン後も長く続いた．ザイスマン（1983）がみたように，国庫局は戦後ずっとフランスの経済政策立案の中心であった．

「国庫局は，単なる政府の銀行ではなく公共部門と民間産業部門への介入機関である．……マネー・サプライ，銀行規制，産業への政府貸出や補助金の管理に関する驚くべき範囲の政策責任がここに集中している．国庫局は中央政府の財政を運営しているが，国民経済がうまく機能するようにこの権限を行使してきた．政府部門は総投資のかなりの部分を占め，国庫局は公共部門によって行われる投資に権限を用いている．さらに，国庫局自体が金融仲介機関であり，貸出と決済システムを通じて経済に介入する」(p. 114)．

国庫局の全般的な指導的役割と関連して，政府の信用配分政策を実行するに際して国庫局を支援するために他の制度的な変更が戦後行われた．例えば，4つの主要な預金銀行といくつかの保険会社が戦後国有化され，いくつかの政府機関が郵便貯金，社会保障基金，年金基金を国内産業に供給するために

創設された．

　フランスの信用配分政策の管理機構は明らかに日本と似ているが，これらの政策によってフランスが日本と同じように成功したかははっきりしない．もちろん，フランスのシステムが，国有化の最初のうねりのなかで，あるいはその初期の段階で一層の国有化を行ったミッテランの社会党政権下で，社会主義的な政策のようなものを促進したことは嘘ではない[23]．むしろ，適切な質問は次のようになろう．こうしたシステムは，長期的な生産的投資のための信用の動員という穏当な目標の実現にどれだけ成功したか．

　ザイスマンは1983年頃この点に関して強く支持している．しかし，コックス（1986）など他の研究者は，フランスの信用配分システムの効き目が1980年代の半ばまでに弱まったと論じている．コックスの見方では，これが起こったのはまさに，日本と違ってフランスが信用配分政策の目的についてコンセンサスを維持できなかったからである．社会的厚生に対する需要はフランス官僚の間では強く，それゆえ優先的な信用配分とは競合した．こうして，例えば工場を閉鎖する短期の社会的費用が高いので，フランスが苦境にある企業に与える補助金は日本よりはるかに大きくならざるを得なかった．

　コックスの評価が正しいかどうかはともかく[24]，コックスの提起した問題は重要である．政府が政治的な対立に巻き込まれるほど，信用配分政策が競合的でレント・シーキング活動を行う有権者のための手段となる可能性が大きくなると，コックスは示唆している．この問題には後ほど立ち返ることにしよう．

(3) 韓　　国

　韓国とアメリカや他の先進国との相違が大きいので，公的な信用配分政策に関する韓国の経験から直接的な教訓を引き出すことは期待できない．とはいえ，韓国には特に注目すべき輝かしい経験がある[25]．

　主流派の研究によれば，1960年代半ばに始まった韓国の成長が成功した決定的な原因は，アメリカの経済学者ロナルド・マッキノンとエドワード・

ショーの勧めにしたがって，1965年に金融市場を自由化したことであった．この改革は，韓国の金融システムに合理的なインセンティブ構造を作り出し，とりわけ市場を正確に反映する金利の上昇をもたらしたと論じられている．金利の上昇は3つの基本的な市場調節作用を産み出したといわれている．つまり，市場への貯蓄フローをかなり増加させ，投資計画からの利潤獲得可能性が金利によって決定される水準以下の計画を排除することによって投資効率を上昇させ，適切な為替レートを設定することに貢献したのである．これらの要因が輸出主導による韓国の成功の基礎であるといわれている．

しかし，この標準的な見解に対して，1965年以来の韓国の経済政策の詳細な研究は，自由化立法がまったく異なる一連の効果を通して成功をもたらした成長経路を促進したことを明らかにしている．事実，ハリス（1988）が示したように，自由化立法は，選択的信用配分政策を行う政府の能力，とりわけ好ましい輸出企業に補助金付の信用を供与する政府の能力を高めた．

ハリスによれば，政府は，改革にもかかわらず金融システムの2つの重要な変数すなわち貯蓄フローと金利に対する断固たる支配を現実に保持した．政府は，1965年以降の継続的な財政黒字によって貯蓄をコントロールできたのである．1971年までに，財政黒字は総国内貯蓄の42％に達していた．

政府は，この貯蓄供給によって韓国経済における中核的な金融仲介機関として行動する力をもつことになった．政府は，この役割の下で特別な金利で好ましい部門に信用を配分できたのである．自由化立法は確かに市場金利を引き上げた．しかし，政府が，輸出市場全体で成功を収めた好ましい企業に市場金利以下の金利で大きく自由に信用を提供することができたのは，まさにこの高い市場金利によるものだったのだ．

日本の経験と同様に，信用配分政策に韓国が成功した政治的前提は，まったく揺らぐことのないエリート官僚の権威であった．これも日本と同様だが，伝統的な地主の影響力が戦後の土地改革で失われたので，政府がこの権力を獲得したのだった．そのうえ，当時韓国には，初期の近代的資本家階級だけしか存在していなかった．それゆえ，政府は近代的資本家の代理人となるこ

とができたのだ．

　信用配分政策は，この経験によって非常に強力な政策手段であると再認識できる．しかし，これが成功するかどうかは，政策が行われる政治状況に依存している．

5. 本当に機能したか？

　信用配分政策が，アメリカにおいてまたはより広範に行われるようになるにつれて，これらの政策に対する批判——たいていは否定的——の範囲は年々広がってきた．

　もちろん，最も根本的な批判は，純粋な市場調節が効率性と公正性の観点からどんな型の政府介入よりつねに優れているというものである．この結論に到達するために，金融市場を含む実際に機能している市場は，完全な市場が完全な効率性と公正性の下でいかに資源を配分するかというモデルと近いという強引な仮定に依拠する研究者もいる．しかし，現実世界の市場は不完全にしか機能しないものの，その結果は市場メカニズムに政府が介入して得られるものよりいつも優れているといういく分穏やかな主張から始めることもできる．

　しかし，本章の最初の部分で展開された現代のアメリカの金融市場に対する批判——市場による金融不安定性の助長，短期的な思考の促進，民主的な説明責任の欠如に悩まされること——が正しいのであれば，市場の不完全性は深刻であり広がっていることを意味しよう．アメリカ経済がさらに2つの根本的な課題——軍事支出から環境支持への合理的な産業転換に着手し，経済のグローバリゼーションの過程をコントロールすること——に直面していると認識すれば，市場機能を再構築する介入主義的な政策の立場を強めることになる．

　問題は介入するかしないかではなく，最も効果的な介入手段と目標とは何かである．メイヤー（1975）は，市場の不完全性が介入を必要とすると仮定

第11章 連邦準備による公的な信用配分

しても,信用配分政策は効果的な介入手段ではないのでなお正当化されないという理由を展開しながら,数多くの批判的研究をよくまとめている[26].

メイヤーの第1の主張は,信用配分政策が追求される目標の達成には効果的ではないことである.信用配分政策によって特別な規制が,一部の金融仲介機関だけに――主に銀行に(銀行だけではないが)――課されることになる.それゆえ,連邦準備の必要準備率規制を受けない他の金融仲介機関は,競争上の優位を得る.例えば,規制されない金融機関には資産に対する必要準備率などなく,そのためその資金コストは銀行より低いだろう.この事実は,そうした金融機関が低金利で貸出を行うことを可能にし,規制された銀行を市場から追い出してしまうであろう.

この主張はその限りでは正しい.しかし,すでに論じたように,この問題の単純な解決策は競争条件を平等にすること,つまり,ダリスタ/シュレジンガー(本書第6章)が提案した方向ですべての金融機関に一貫した規制を創ることである.そのような規制への取り組みは当初の懸念を乗り越えて成功するであろう.

メイヤーの第2の主張は,信用配分政策は他の政策手段と比べて効果的ではないことである.メイヤーは,例えば,手頃な住宅の供給といったいくつかの特定の政策目標に関して公正にこうした主張をしている.そこでの議論はいく分正しいかもしれないが,ここで言及した広範囲の問題に取り組むには,信用配分政策は他の政策よりはるかにコストがかからず効果的である.

公共投資のような財政政策は,投機よりも生産的投資を促進するのに明らかに重要である.しかし,財政政策は直接の政府支出と長い実行期間を伴う.信用配分政策は即座に細部まで細心の注意を払って行われる.そのうえ,ここで展開された政策は,重要な経済政策決定に民主的に参加するためのかなりの新たな機会を産み出すであろう.それゆえ,これらの政策は,資本市場で広がったプリンシパル・エージェント問題を解決する有効な方法を提供する.実際に,このアプローチは,1980年代に広まったジャンセンによって支持された解決策すなわち企業支配の市場よりははるかに効果的である.

このアプローチに対する最後の批判は最も深刻である．つまり，それは，そのような政策が必然的にレント・シーキングへと堕落し，レント・シーキングによる唯一の勝者が最良のロビイストを買収した者だということである．歴史が示すところでは，こうした問題は，コンセンサスと目的意識が中央銀行政策をコントロールするエリート集団の中に存在していれば最小となったのである．この顕著な例は日本と韓国である．

　日本と韓国で成功した基本的に独裁的なアプローチは，提案している枠組みに受け入れられないことははっきりしている．そこで，問題は，民主主義を狭めるのではなく拡げることによっていかに効果的に信用配分政策を行うかである．連邦準備内で民主主義を促進する制度的構造を描くことは容易である．しかし，結局，このアプローチの成功は，ともに正当なものだが潜在的に対立する要求（つまり，一方での経済的民主主義と他方での公正で持続的な成長）を融合できる力強い政治活動に依存している．

　間違いなくこれは困難な仕事で，完全な成功は決して達成されないであろう——レントは必然的に追求され獲得されるであろう．しかし，この事実は広い視野で考察されなければならない．レント・シーキングは政府主導の配分でも市場での交換でも起こる．これはレント・シーキングを「私的な利益が富の創造からではなく富の再分配から生じる」(Murphy, Shleifer, and Vishny, 1990, p.5) ような行動と定義すると明らかになる．バグワティ (1982) は一般的な用語「直接には生産的でないプロフィット・シーキング」を展開した．その意味は，私的には利益があるかもしれないが直接に財・サービスのフローを増やさない行動である．この視点からすると，例えば，1980年代の合併買収運動では大々的にレント・シーキングが行われ，そのために1兆3,000億ドルの信用が私的に配分されたのである．効果的な公的信用配分機構を創るにはそのような私的なレント・シーキングをまさに最小化することが目的になるであろう．公的な信用配分政策の下で，レントを獲得する機会が1980年代の合併買収運動の際の大きさに近づくといった最悪のシナリオを想像することは難しい[27]．

第11章 連邦準備による公的な信用配分

メイヤーが1975年の論文で予期しなかったもう1つの問題がある．すなわち，そうした政策はグローバル化した金融市場で保持されるかという問題である．グローバリゼーションは，金融仲介機関に規制が最小になる所を法的な所在地とすることを勧める．一方で，グローバルな市場ではどこでも事業は行える．こうして，金融仲介機関は，依然としてアメリカの居住者から預金を受け入れ貸出を行いながら，何ら煩雑な法的操作なしにアメリカの外に法的な所在地を設定して連邦準備の新たな規制を回避することができるであろう．このように予測して，バーゼルの国際的な自己資本基準は，一様な規制環境を創り出すことを意図したのであった．これは，金融仲介機関が国家間の規制の相違を濫用するインセンティブをなくす．では，アメリカはどのようにしてバーゼルで受け入れられた以上に厳格な規制をうまく実行できるのであろうか[28]．

再構築された連邦準備制度がグローバリゼーションの破壊的な圧力に対抗できるようにするいくつかのインセンティブが，この提言に事実上盛り込まれている．

第1に，アメリカ以外の金融機関が連邦準備から準備を受け取ることができないようにすることがある．もちろん，そうした金融機関は民間の銀行間貸出（フェデラル・ファンド）市場でドルを借りることはできる．しかし，割引窓口貸出のコストがフェデラル・ファンド・レートより十分に低く維持される限り，主にアメリカで営業する金融仲介機関はアメリカの法的な枠組みの中に留まることを望むであろう．流動性危機の際に，アメリカの金融機関だけが連邦準備から最後の貸し手としての支援を受け取ることができると考えれば，この問題は非常に重要になる．

さらに，アメリカの金融機関だけが連邦準備との公開市場取引に参加できるようにすることがある．それは，アメリカの金融機関がドル準備をさらに入手しやすくすることを取り決めることである．再構築された連邦準備も公開市場で商業手形を売買するイギリス型のシステムを導入すれば，このインセンティブを強めることができる．そのような取決めの下では，アメリカ所

在の金融機関によって発行された手形だけが連邦準備の公開市場買入に適格となり，その手形の市場性は外国金融機関の発行した手形と比べて著しく広がることになろう．

第3に，アメリカ所在の金融機関だけが政府によって付保された預金を取り扱うことができるようにする．これを実現する特定の手段は，もちろん預金保険制度がどのように再建されるかにかかっている．金融機関ではなく個人が預金保険を受けるというダリスタの提言（本書第7章）によれば，個人は保険の適用範囲を受けるようにアメリカ所在の金融機関に預金しなければならないという考えに容易にたどりつくであろう．

これらの要因は結びついて，金融機関が規制の少ない国に所在地を求めようと考える魅力に対抗するのに十分な影響力をもつはずである．アメリカの規制が国際基準より厳しくても，アメリカのこうした市場運営は所在地をアメリカに定める強いインセンティブを与えることになろう．さらに，これらのインセンティブは，事実上アメリカの納税者の負担なしに得られよう．

6. 進化的転換

新しい信用配分の権限をもち民主化の浸透した新しい連邦準備の構造を創出すること（あるいは信用配分問題に取り組む連邦準備と類似した機関を創設するといったこの変種）は，一晩でなしえないことははっきりしている．しかし，ここで描かれた提言はアメリカの中央銀行の転換――そして，さらに広く，金融市場と長期的な投資活動への公的介入――が進化の過程を通じて明らかとなるように作られている．

とりわけ，この提言は，その構成要素のいくつかが既存の法的，制度的枠組みの中で即座に，あるいは少なくとも既存の政治状況の中で可能な改革を達成することを通じて行われるように作成されている．本章で展開された4つの考えは，こうした点を満たしていると思われる．

①地域再投資法の施行．

②銀行システムの準備供給メカニズムとして割引窓口貸出利用の大幅な増加と公開市場操作利用の大幅な減少．

③すべての金融仲介機関に対する一貫した規制環境の創設．

④例えば，地区連銀の取締役の直接選挙を通じた連邦準備の民主化．

これらの改革が実現すれば，政策は資産に対する多様な必要準備率によって優先的投資分野に信用を供与するといった他の提言へと移行することになる．しかし，こうした決定的な改革を行うに際しては，何が優先的な投資目標で同様にどういう種類の投資に高い必要準備率という暗黙の税金を課すのかを明確にすることがまず要求されるであろう．この点に到達するにはまた連邦準備制度内で一連の新たな民主的な運営手続きを十分に経験する必要がある．

注
1) 本章はもともと，経済政策研究所の通貨・金融市場再構築のための作業委員会のための研究会（ワシントンD.C.）において発表されたものである．他のメンバー，とくにGerald Epsteinからのコメントに大変感謝している．また，Fred Block, Ilene Grabel, Laurence Harris, Chris Lewis, Thomas Mayerと匿名のレフェリーによる草稿に対する極めて建設的なコメントと示唆に感謝したい．不幸にももし誤りがあれば，すべての責任は筆者にある．
2) Goldsmith (1969) らは，負債に対する国民所得の比率の上昇が経済の「金融的深化」と総合的な経済的発展の兆候であると長年論じてきた．しかし，このことは，負債比率の上昇が生産的投資の増加を伴い，それとともにその間に負債返済能力が増加するときにのみ，明らかに正しい．
3) この点の一層の展開は，Pollin (1992) を参照されたい．
4) これは基本的に，Keynesがかのまさに有名な『一般理論』(1936年)の第12章での議論と同じである．例えば，Keynesはその章で次のように述べている．「証券市場がない場合には，我々が既に契約してしまった投資物件の再評価を頻繁に試みてみても何の役にも立たない．しかし，株式取引所は多くの投資物件を毎日のように再評価し，その再評価は個人に対して（社会全体に対してではないが）彼の契約を変更する機会を頻繁に与えている．……しかし，株式取引所の日々の再評価は，主として旧投資物件を一個人から他の個人へ移動することを容易にするために行われるものであるが，不可避的に今期の投資額に決定的な影響を及ぼす」(p. 151)．

Porter（1992a）や Poterba and Summers（1991）の最近の研究も，アメリカの金融システムが他の先進国より視野を短期的にしているという見解を支持している．Porter によれば，アメリカの金融システムは，その多くの長所にもかかわらず，「資本を最も生産的に利用できる企業に資本を投入する，あるいは資本を企業内で最も効果的な生産的投資計画に投入するという点では，最も効果的であるとは思われない」（p. 20）．Poterba and Summers は，日本，ドイツ，イギリスの最高経営責任者（CEO）に関する限定された調査と同様に，アメリカのフォーチュン 1,000 社企業の CEO に関する非常に興味深い調査を行った．それによると，アメリカと外国の CEO は，アメリカでは企業がより短期的な見方をしていることに同意している．また，たいていのアメリカの経営者は，株式市場が長期的投資を過小評価していると考えている．

5) Shleifer and Summers（1988）は，企業買収が企業の利害関係者間の福利厚生を再分配するメカニズムであるという議論を初めて提起した．この問題に関しては，本書第 9 章で検討されている．
6) 第 2 次世界大戦後から 1970 年代にかけて，「大きな政府」の介入が安定的なマクロ環境を作り出したいう証拠は，Pollin and Dymski（1993）をみよ．
7) Friedman（1988b）と Friedman and Kuttner（1992）は，標準理論が予想するどんな方法を通じても金融政策は金融市場に影響を与えることはできないと痛烈に批判している．
8) これは，Pollin and Dymski（1993）での中心論点を要約したものである．
9) Markusen and Yudken（1992）は，アメリカ経済に対する軍事支出の効果と非軍事化戦略について注目すべき説明を行っている．
10) 貿易と金融の統合強化は，貿易/国内総生産比率やアメリカ金融市場における外国資金の割合といった標準的指標によって示される．いくつかの指標によれば，統合の程度は 19 世紀末や 20 世紀の初めより大きくない（例えば，Gordon, 1988a；Zevin, 1992 をみよ）．しかし，統合が第 2 次世界大戦後に高まってきたことは否定できない．その上，初期の段階と比べて，統合の性格が劇的に変化している．MacEwan（1991）が指摘するように，19 世紀には，通常，国際部門とその他大部分の農業部門との関連は弱かったので，国際貿易と金融はたいていの国々の経済の比較的小さな部分にしか影響を与えなかった．しかし，今や市場関係が深く浸透するにつれて，結びつきはずっと強くなった．これは，アメリカの労働市場が外国労働者との予期しないほどの競争に直面している理由を説明する．こうした発展への自由主義的な対応は，Reich（1991）によって最も広範囲に論じられている．Reich の戦略に対する強い反論が，Shaiken（1987）のメキシコのマキラドーラ地区における旋盤技術をもつ自動車組立工場の配置に関する見事な事例研究から生じている．
11) Grabel（1989）は，本節とよく似た問題に関して非常に有益な議論をしている．

第 11 章　連邦準備による公的な信用配分

12) D'Arista and Schlesinger（本書第 6 章）は，一貫した規制システムに服する金融機関を「国民から投資のための資金を直接受け入れ，国民に貸出を行い自己資本と内部留保以外の資金を用いて貸出債権や証券を購入し，貸出債権や第三者の証券を金融機関や投資家に売却する」すべての金融機関を含むと定義している．
13) 連邦準備の説明責任問題に関する最も広範囲で厳密な研究は，Gerald Epstein によって行われている．本書第 3 章は，そのアプローチと一層の関連文献の紹介を行っている．
14) 地区連銀が民主的説明責任の要として設立される場合，必要とされる 1 つの変更は，地区の境界あるいは何かそのようなものを引き直すことである．連邦準備制度が 1913 年に創設された時，12 地区連銀は当時の人口分布と政治/経済力を地理的に反映して配置された．現在の地区の境界と 12 行の位置はそうした古い時代の遺物である．こうして，例えば，ミズーリ州にはセントルイスとカンザス・シティに 2 つの地区連銀があるが，ネバダ，アリゾナ，アイダホ，アラスカ，ハワイの各州と全西海岸地区を合わせてサンフランシスコにたった 1 行しかない．Epstein and Ferguson（1984）では，地区連銀の説明責任を強化する 1930 年代の実験が描かれている．
15) Minsky によれば，このアプローチのモデルは，第 1 次世界大戦以前のイングランド銀行の短期金融市場操作である．一般的には，そうした考え方は Adam Smith の『諸国民の富』で初めて展開された古典的な「真正手形原理」に似ている．真正手形原理の中心命題は，「真正手形」すなわち実質価値の章標あるいは生産過程にある価値の章標と交換に貸出された銀行券は過度に発行されることはないというものである．それゆえ，中央銀行がこの原理に従う限り，投機金融とインフレを防ぐことができる（Green, 1987 参照）．

　この議論は金融理論史における一コマを形成するものであった．例えば，1913 年に連邦準備制度が創設された時，指導原理として採用された．しかし，第 1 次世界大戦の後，インフレ率が 14% まで上昇して，アメリカ国内では信用を失い放棄された．歴史から明らかなように，真正手形原理に依拠して中央銀行政策を行うことはできない．というのは，ある目的で借入を行う企業はそれを他のことに使うかもしれないし，投資計画はしばしば実施されず失敗するからである．Arnon がいうように，「借り手が自己の業務を正確に評価する，つまり借入時の計画の実現に基づいて評価する限り」（1991, p. 171），この原理は機能するにすぎない．同時に，Minsky が提起したように，この原理の中心命題――中央銀行は非金融部門の明白な生産的金融のニーズと密接に同調して準備供給を行うべきである――は，依然として有効である．Karl Marx もこの中心命題を支持し（1973, p. 131），この原理が与える「平均的な保証」は，少なくとも，この原理の批判者によって支持されている量的規制を含む他の安定化政策と同様に成功していると論じた．
16) 例えば，下院第 212 法案「金利引き下げ，信用配分法」（U.S. Government

Printing Office, 1975) を提出した下院銀行委員会の国内金融政策小委員会の公聴会を参照せよ．

17) もちろん，連邦準備は，変更を予想しての投機活動を助長するのを避けるために，資産に対する必要準備率を変更する際には慎重でなければならない．

18) 現在，必要準備率は2つしかない．すなわち，4,200万ドルまでは取引決済預金の3%，それ以上は取引決済預金の10%である．

19) Alfriend (1988) は，国際的なリスクベースの自己資本基準に関する歴史と論理について適切な解説をしている．

20) 独立しているが関連した問題は，既存の信用配分政策を現在の支援水準で続けるべきか否かである．この問題の真剣な検討は，住宅，農業，中小企業，輸出への連邦支援の基礎をなす基本的な前提が正当なものであるかどうか，信用市場を選択することが適切な支持手段かどうか，最後に，支持の程度が正当であるかどうかを問うことである．これらの問題はすべて本章の範囲を越えている．しかし，1つの分野に関してだけ言えば，モーゲージ金利の税額控除に加えて，政府保証のモーゲージ流通市場を通じて裕福な家計に住宅補助金が流れていることは，容易に手に入る基本的な水準の持ち家を作ろうするこの政策の当初の目的と明らかに一致しない．

21) OECDのフランス (1987) と日本 (1991) に関する経済調査は，これらの国々の自由化過程を詳細に描き出している．Feldman (1986) は，日本における技術革新，グローバリゼーション，自由化の過程の綿密な研究を行っている．

22) この議論についての基本文献は，Zysman (1983) と Eccleston (1986) をみよ．Ruehl (1988) は，日本の金利政策と信用割当について詳しく述べていて有益である．Feldman (1986) は，中央銀行が商業銀行の業務内容を直接監視することなしに準備を創造する公開市場操作が金融市場の自由化と両立するので，金融革新と規制緩和の結果，2つの政策の相対的な重要性は変化していると指摘している．

23) 例えば，Lipietz (1988) は，銀行国有化政策はフランスのミッテラン政権下で社会主義的な経済課題にまったく何の貢献もしなかったと論じている．なぜなら，国有化された銀行の取締役たちの目標は，民間の銀行家のものと完全に一致していたからであった．

24) Cox が，信用配分政策の機能における自由化の影響を考慮していないことは重要である．

25) 本節は主に Harris (1988) に負っている．

26) Silber (1973) は，アメリカの主流派内のこの問題に関する議論の比較的客観的なサーベイを行っている．Gale の最近の研究 (1991) は，信用配分政策の負の効果に関する公式モデルと計量経済学の結果を示している．

27) Ilene Grabel の草稿への詳細なコメントと彼女の1992年の博士論文に関するその後の議論は，この点を明らかにするのに非常に役に立った．

28) こうした問題を提起せざるをえない理由は，William Greider の優れた著書『アメリカ民主主義の裏切り―誰が民衆に語るのか―』(1992) からの次の一節で力強く伝えられよう．「……草の根市民組織 ACORN は，低所得層に住宅取得の資金を供給する見通し――組織のメンバーにとって主要な優先課題――が，多世帯用住宅建設計画のための銀行融資に極めてリスクが高いと格付けする新しい銀行規制によって，重大な打撃を受けたことを発見した．……しかし，この新しい信用規制は，議会や大統領の定めた立法から出たものではなかった．これは，アメリカを含む 12 の先進国の中央銀行で練り上げた国際［バーゼル］協定の一部であった．……アメリカの代表（またこの協定の指導的推進者）は，政治責任から形式的には切り離されていて選挙と関わりない中央銀行，連邦準備であった」(pp. 387-8, 邦訳 517-8 頁)．

参 考 文 献

AFL-CIO, Committee on the Investment of Union Pension Funds, *Investment of Union Pension Funds*, Washington, DC: AFL-CIO, 1979

AFL-CIO, *Investing in Our Future : An AFL-CIO Guide to Pension Investment and Proxy Voting*, Washington, DC: AFL-CIO, 1991

AFL-CIO, Department of Employee Benefits, "Domestic and International Pension Investment Issues : A Report Prepared for the AFL-CIO Pension Investment Committee", *Investment of Union Pension Funds*, Washington, DC: AFL-CIO, 1992

Alfriend, Malcolm C., "International Risk-Based Capital Standard : History and Explanation", *Economic Review*, Federal Reserve Bank of Richmond, November/December 1988, pp. 28-34

Altig, S., S. Byrne and K. Samolyk, "Is Household Debt Inhibiting the Recovery ?", *Economic Commentary*, Federal Reserve Bank of Cleveland, February 1992

Altman, Edward, *The High Yield Debt Market*, Homewood, IL: Dow Jones Irwin, 1990

American Banker, "1991 Consumer Survey", 1991a

American Banker, "Top Finance Companies in the U.S.", December 11, 1991b, p. 8

American Banker, "1992 Consumer Survey", 1992

American Express Credit Corporation Annual Report, Wilmington, DE: American Express Company, 1991

American General Finance Corporation Annual Report, Evansville, IN: American General Corporation, 1991

Arnon, Arie, *Thomas Tooke : Pioneer of Monetary Theory*, Ann Arbor, MI: University of Michigan Press, 1991

Associates First Capital Corporation Annual Report, Dallas: Associates First Capital Corporation, 1991

Atkinson, Bill, "New Capital Rule Hits 200 Banks and Thrifts", *American Banker*, December 9, 1991, pp. 1, 6, 7

Auerbach, Alan J., "On the Design and Reform of Capital-Gains Taxation", *American Economic Review*, Vol. 80, May 1992, pp. 263-7

Bagdikian, Ben H., "Journalism of Joy", *Mother Jones*, May-June 1992, pp. 48-51

Bank for International Settlements, "Recent Innovations in International Banking", Report by Study Group established by the Central Banks of the Group of Ten Countries, 1986

Bank of England, *The Development and Operation of Monetary Policy, 1960-1983*, Oxford, England : Clarendon Press, 1984

Banuri, Tariq and Juliet B. Schor eds., *Financial Openness and National Autonomy*, Oxford, England : Clarendon Press, 1992

Barro, Robert, "Comment on 'Extreme Inflation : Dynamics and Stabilization'", *Brookings Papers on Economic Activity*, No. 2, 1990, pp. 68-75

Barro, Robert and Xavier Sala i Martin, "World Real Interest Rates", National Bureau of Economic Research Working Paper, No. 3317, Cambridge, MA : NBER, 1990

Barth, James R., Dan Brumbaugh, Jr. and Robert E. Litan, *The Future of American Banking*, Armonk, NY : M.E. Sharpe, 1992

Bates, Timothy, "Commercial Bank Financing of White- and Black-owned Small Business Start-Ups", *Quarterly Review of Business and Economics*, Vol. 31 Spring 1991, pp. 64-80

Beneficial Corporation Annual Report, Wilmington, DE : Beneficial Corporation, 1991

Benston, George, *The Separation of Commercial and Investment Banking*, Oxford, England : Oxford University Press, 1990

Berger, Marshall J., "Statement of the Solicitor", *Before the Infrastructure Investment Commission*, U.S. Department of Labor, October 30, 1992

Berle, Adolf A. and Gardiner C. Means, *The Modern Corporation and Private Property*, New York : Harcourt, Brace and World, 1932, 北島忠男訳『近代株式会社と私有財産』文雅堂銀行研究社, 1958 年

Bernanke, Ben S., "Nonmonetary Effects of Financial Crisis in the Propagation of the Great Depression", *American Economic Review*, Vol. 73, June 1983, pp. 257-76

Bernanke, Ben S., "On the Predictive Power of Interest Rates and Interest Rate Spreads", *New England Economic Review*, Federal Reserve Bank of Boston, November/December 1990, pp. 52-68

Bernanke, Ben and Alan Blinder, "The Federal Funds Rate and the Channels of Monetary Policy", National Bureau of Economic Research Working Paper, No. 3487, Cambridge, MA : NBER, October 1990

Bernanke, Ben S., and Carla Lown, "The Credit Crunch", *Brookings Papers on Economics Activity*, No. 2, 1991, pp. 205-39

Bernanke, Ben and John Campbell, "Is There a Corporate Debt Crisis ?" *Brookings*

Papers on Economic Activity, Vol. 1, 1988, pp. 83-139

Bernanke, Ben and John Campbell and Toni Whited, "U.S. Corporate Leverage: Developments in 1987 and 1988", *Brookings Papers on Economic Activity*, Vol. 1, 1990, pp. 255-86

Bhagat, Sanjai, Andrei Shleifer and Robert Vishny, "Hostile Takeovers in the 1980s: The Return to Corporate Specialization", *Brookings Papers on Economic Activity*, Microeconomics, 1990, pp. 1-72

Bhargava, Deepak, "Credit Availability for Minority-Owned and Inner-City Business", Statement at Hearings on Impediments to Access to Capital for Minority-Owned and Inner-City Businesses, U.S. Senate Committee on Banking, Housing, and Urban Affairs, June 23, 1992

Bhagwati, Jadish, "Directly Unproductive Profit-seeking Activity", *Journal of Political Economy*, Vol. 90, No. 5, October 1982, pp. 998-1002

Blair, Margaret and Robert Litan, "Corporate Leverage and Leveraged Buyouts in the Eighties", In John Shoven and Joel Waldfogel eds., *Debt, Taxes, and Corporate Restructuring*, Washington, DC: The Brookings Institution, 1990, pp. 43-80

Blanchard, O. and L. Summers, "Hysteresis and European Unemployment", *NBER Macroeconomics Annual*, Vol. 1, 1986, pp. 15-89

Blanchard, Olivier and Stanley Fischer, *Lectures on Macroeconomics*, Cambridge, MA: Massachusetts Institute of Technology Press, 1989

Blecker, Robert, *Are Americans on a Consumption Binge? The Evidence Reconsidered*, Washington, DC: Economic Policy Institute, 1990

Blinder, Alan and Joseph Stiglitz, "Money, Credit Constrains, and Economic Activity", *American Economic Review*, Vol. 73, May 1983, pp. 297-302

Blossom, Teresa, David Everett and John Gallagher, "The Race for Money", *Detroit Free Press*, July 24-27, 1988

Bluestone, Barry and Bennett Harrison, *The Deindustrialization of America*, New York: Basic Books, 1982, 中村定訳『アメリカの崩壊』日本コンサルタント・グループ, 1984年

Blundell-Wignall, Adrian and Frank Browne, "Macroeconomic Consequences of Financial Liberalization: A Summary Report", Organization for Economic Cooperation and Development (OECD), Department of Economics and Statistics Working Papers, Paris: OECD, February 1991

Board of Governors of the Federal Reserve System, *Banking and Monetary Statistics: 1914-1941*, Washington, DC: Federal Reserve, 1943

Board of Governors of the Federal Reserve System, *Banking and Monetary Statistics: 1941-1970*, Washington, DC: Federal Reserve, 1976

Board of Governors of the Federal Reserve System, *Federal Reserve Bulletin*, Table 1.25, Flow of Funds, Washington, DC: Federal Reserve Board, various dates

Board of Governors of the Federal Reserve System, *Flow of Funds Accounts; Balance Sheets for the U.S. Economy*, Washington, DC: Board of Governors of the Federal Reserve System, Various years

Board of Governors of the Federal Reserve System, *Annual Statistical Digest: 1980-1989*, Washington, DC: Federal Reserve Board, 1991

Board of Governors of the Federal Reserve System, *Annual Statistical Digest: 1980-1989*, Washington, DC: Federal Reserve Board, 1991

Board of Governors of the Federal Reserve System, *Flow of Funds, Financial Assets and Liabilities: Year-End 1966-1989*, Washington, DC: Board of Governors of the Federal Reserve System, 1991

Board of Governors of the Federal Reserve System, *Flow of Funds, Financial Assets and Liabilities: Third Quarter 1992*, Washington, DC: Board of Governors of the Federal Reserve System, 1992

Board of Governors of the Federal Reserve System, *Flow of Funds Accounts: Flows and Outstandings, Second Quarter 1992*, Washington, DC: Federal Reserve Board, September 28, 1992

Bodie, Zvi, "Pension Funds and Financial Innovation", *Working Paper* No. 3101, Series. Cambridge, MA: NBER, September 1989

Bosworth, Barry P., Andrew S. Carron and Elisabeth H. Rhyne, *The Economics of Federal Credit Programs*, Washington, DC: The Brookings Institution, 1987

Bowles, Samuel, David M. Gordon and T.E. Weisskopf, *After the Wasteland*, Armonk, NY: M.E. Sharpe, 1991

Boyd, John H. and Stanley L. Graham, "Investigating the Banking Consolidation Trend", Federal Reserve Bank of Minneapolis, *Quarterly Review*, Spring 1991, pp. 3-15

Bradbury, Katharine L., Karl E. Case and Constace R. Dunham, "Geographic Patterns of Mortgage Lending in Boston, 1982-1987", *New England Economic Review*, September/October 1989, pp. 3-30

Bradford, Calvin, "Never Call Retreat: The Fight Against Lending Discrimination", Part 1 of *Credit by Color: Mortgage Market Discrimination in Chicagoland*, Chicago: Chicago Area Fair Housing Alliance, 1991

Bradford, Calvin, "'We trust Our Banks'—15 Years After the CRA", Statement Before the U.S. Senate Committee on Banking, Housing, and Urban Affairs, Subcommittee on Housing, September 15, 1992a, pp. 149-80

Bradford, Calvin, "The 20-year Effort to Secure Data on Race and Home Lending: A Review of HMDA, FIRREA, and the Fed", Unpublished paper, Des Plaines,

IL: Community Reinvestment Associates, 1992b

Brancato, Carolyn Kay, "Institutional Investors and Corporate America: Conflicts and Resolutions: An Overview of the Role of Institutional Investors in Capital Markets and Corporate Governance", Exhibit 17, pp. 70-85, In *Impact of Institutional Investors on Corporate Governance, Takeovers, and the Capital Markets*, Hearing before the U.S. Senate Subcommittee on Securities of the Committee on Banking, Housing, and Urban Affairs, Washington, DC, 1990

Brimmer, Andrew, "Central Banking and Credit Allocation", In W.H. Irons Memorial Lecture Series No. 2, Bureau of Business Research, Graduate School of Business, University of Texas at Austin, 1975

Brimmer, Andrew F., "Distinguished Lecture on Economics in Government: Central Banking and Systemic Risks in Capital Markets", *Journal of Economic Perspectives*, Vol. 3, No. 2, 1989, pp. 3-16

Browne, Frank and Warren Tease, "The Information Content of Interest Rate Spreads Across Financial Systems", Organization for Economic Cooperation and Development (OECD), Economics Department Working Paper No. 109, Paris: OECD, 1992

Brumbaugh, Dan and Robert E. Litan, "A Critique of the Financial Institutions Recovery, Reform, and Enforcement Act of 1989 and the Financial Strength of Commercial Banks", Mimeo, Washington, DC: March 18, 1990

Bruyn, Severyn, *The Field of Social Investing*, Cambridge, England: Cambridge University Press, 1987

Bryan, Lowell L., *Bankrupt: Restoring the Health and Profitability of Our Banking System*, New York: HarperBusiness, 1991, 大澤和人・志村真紀訳『銀行の破産』ダイヤモンド社, 1992年

Burns, Arthur F., *The Ongoing Revolution in American Banking*, Washington, DC: American Enterprise Institute for Public Policy Research, 1988

Campen, James T., "Payment Due: Communities Win Bank Commitments", *Dollars and Sense*, No. 155, April 1990, pp. 12-4

Campen, James T., "The Political Economy of Linked Deposit Banking Programs", *Working Paper* No. 91-02, Boston: Department of Economics, University of Massachusetts at Boston, 1991

Canner, Glenn B. and Stuart A. Gabriel, "Market Segmentation and Lender Specialization in the Primary and Secondary Mortgage Markets", *Housing Policy Debate*, Vol. 3, No. 2, 1992, pp. 241-329

Canner, Glenn B. and Ellen Maland, "Basic Banking", *Federal Reserve Bulletin*, April 1987, pp. 255-69

Canner, Glenn B. and Dolores S. Smith, "Home Mortgage Disclosure Act: Expanded Data on Residential Lending", *Federal Reserve Bulletin*, November 1991, pp. 859-81

Canner, Glenn B. and Dolores S. Smith, "Expanded HMDA Data on Residential Lending: One Year Later", *Federal Reserve Bulletin*, November 1992, pp. 801-24

Cantor, R., "Effects of Leverage on Corporate Investment and Hiring Decisions", *Quarterly Review*, Federal Reserve Bank of New York, Summer 1990, pp. 31-41

Carlson, Keith M., "The Future of Social Security: An Update", *Review*, Federal Reserve Bank of St. Louis, Vol. 73, January/February 1991, pp. 33-49

Caskey, John P., "Check-Cashing Outlets in the U.S. Financial System", *Economic Review*, Federal Reserve Bank of Kansas City, November/December 1991a, pp. 53-67

Caskey, John P., "Fringe Banking: The Shape of Things to Come", Paper presented at Jerome Levy Institute Conference on "Restructuring the Financial System for Economic Growth", November 1991b.

Caskey, John P., "Bank Representation in Low-Income and Minority Urban Communities", Unpublished paper, 1992

Caskey, John P. and Steven M. Fazzari, "Aggregate Demand Contractions with Nominal Debt Commitments: Is Wage Flexibility Stabilizing?", *Economic Inquiry*, Vol. 25, October 1987, pp. 583-97

Center for Community Change, *New Research Shows S&Ls Shun Lower Income and Minority Neighborhoods*, Washington, DC: Center for Community Change, 1989

Center for Policy Alternatives, "State Experiences with Economically Targeted Investments", December 7, 1992

Charkham, Jonathan, "Corporate Governance and the Market for Companies: Aspects of the Shareholders' Role", *Bank of England Discussion Paper*, London: Economics Division, Bank of England, 1989

Chirinko, Robert S., "Business Fixed Investment Spending: Modeling Strategies, Empirical Results and Policy Implications", *Journal of Economic Literature* (forthcoming); expanded version available as Federal Reserve Bank of Kansas City, Working Paper, April 1993

Chouraqui, Jean-Claude, Michael Driscoll and Marc-Olivier Strauss-Kahn, "The Effects of Monetary Policy on the Real Sector: An Overview of Empirical Evidence for Selected OECD Economies", OECD Department of Economics and Statistics Working Paper, No. 51, April 1988

Chrysler Financial Corporation Annual Report, Southfield, MI: Chrysler Corpora-

tion, 1991
Clark, Jeffrey A., "Economies of Scale and Scope at Depository Financial Institutions: A Review of the Literature", *Economic Review*, Federal Reserve Bank of Kansas City, September/October, 1988, pp. 16-33
Clark, J.M., "Business Acceleration and the Law of Demand: A Technical Factor in Economic Cycles", *Journal of Political Economy*, Vol. 25, March 1917, pp. 217-35
Clinton, Bill and Al Gore, *Putting People First : How We Can All Change America*, New York : Times Books, 1992
Commerce Clearing House, "Consumer Credit Guide", July 18, 1991, pp. 1083-98
Commercial Credit Corporation Annual Report, Baltimore: Commercial Credit Corporation, 1991
Commoner, Barry, *Making Peace with the Planet*, New York : Pantheon Books, 1990, 松岡信夫訳『地に平和を』ダイヤモンド社, 1994年
Community Investment Coalition, *Community Investment Plan : A Plan to Build and Preserve Affordable Housing and Improve Banking Services in North Dorchester, Roxbury, and Mattapan*, Boston : CIC, 1989
Congressional Budget Office, *The Economic and Budget Outlook : Fiscal Years 1993-1997*, Washington, DC : U.S. Government Printing Office, January 1992
Congressional Research Service, "Joint Pension Trusteeship: An Analysis of the Visclosky Proposal", Hearings before the Subcommittee of Labor-Management on H.R. 2664, Washington, DC, February 21-28, 1990
Cook, Timothy Q. and Thomas Hahn, "The Effect of Changes in the Federal Funds Target on Market Interest Rates in the 1970s", *Journal of Monetary Economics*, Vol. 24, November 1989, pp. 331-51
Cowan, Alison, "Investment Bankers' Lofty Fees", *New York Times*, December 26, 1988, p. D1
Cosh, A., A. Hughes and A. Singh, "Takeovers and Short-Termism: Analytical and Policy Issues in the U.K. Economy", In *Takeovers and Short-Termism in the UK Industrial Policy Paper No. 3*, London : Institute for Public Policy Research, 1990
Cox, Andrew, "The State, Finance, and Industry Relationship in Comparative Perspective", In Andrew Cox ed., *The State, Finance, and Industry*, Sussex, England : Wheatsheaf Books, 1986
Crotty, James, "Keynes on True Uncertainty and Conventional Decision Making", Mimeo, Amherst, MA : University of Massachusetts, Amherst, 1990
Crotty, James, "Are Keynesian Uncertainty and Macrotheory Compatible? Conventional Decision-Making, Institutional Structures and Conditinal Stability in

Keynesian Macromodels", *Working Paper* No. 1991-17, Department of Economics, University of Massachusetts, Amherst, 1991

Crotty, James and Don Goldstein, "A Marxian-Keynesian Theory of Investment Demand: Empirical Evidence", In Fred Moseley and Edward Wolff eds., *International Perspectives on Profitability and Accumulation*, Brookfield, VT: Edward Elgar, 1992, pp. 197-234

Cunningham, Rosemary and Thomas J. Cunningham, "Recent Views of Viewing the Real Rate of Interest", Federal Reserve Bank of Atlanta, *Economic Review*, July/August, 1990, pp. 28-37

D'Arista, Jane, *The Evolution of U.S. Finance, Vol. II : Restructuring Institutions and Markets*, Armok, NY: M.E. Shape, Inc., 1993

De Bondt, W. and R. Thaler, "A Mean-Reverting Walk Down Wall Street", *Journal of Economic Perspectives*, Vol. 3, No. 1, 1989, pp. 189-202

Dedman, Bill, "The Color of Money", *Atlanta Journal and Atlanta Constitution*, May 1-4, 1988

Dedman, Bill, "Blacks Turned down for Home Loans from S&Ls Twice as Often as Whites", *Atlanta Journal & Atlanta Constitution*, January 22, 1989

DeLong, J. Bradford and Lawrence H. Summers, "Equipment Investment and Economic Growth", *Quarterly Journal of Economics*, Vol. 106, May 1991, pp. 445-502

DeStefano, Michael, *Statement to the U.S. Senate Banking Committee*, Washington, DC, September 12, 1990

Dornbusch, Rudiger and Alberto Giovannini, "Monetary Policy in the Open Economy", In Benjamin Friedman and Frank Hahn eds., *Handbook of Monetary Economics*, Vol. II, Amsterdam: Elsevier Science, 1990, pp. 1231-303

Dornbusch, Rudiger, Federico Sturzeneggert and Holger Wolf, "Extreme Inflation: Dynamics and Stabilization", *Brookings Papers on Economic Activity*, No. 2, 1990, pp. 1-84

Dorsey, Stuart, "Taxation of Pensions", In John Turner and Daniel Beller, eds., *Trends in Pensions*, Washington, DC: U.S. Government Printing Office, 1992, pp. 577-88

Dreier, Peter, "Redlining Cities: How Banks Color Community Development", *Challenge*, Vol. 34, November/December 1991, pp. 15-23

Drifill, John, Grayham E. Mizon and Alistair Ulph, "Costs of Inflation", In Benjamin Friedman and Frank Hahn eds., *Handbook of Monetary Economics*, Chapter 19, Vol. II, Amsterdam Elsevier Science, 1990, pp. 1013-66

DuBoff, Richard and Edward Herman, "The Promotional-Financial Dynamic of Merger Movements: A Historical Perspective", *Journal of Economic Issues*,

Vol. 23, No. 1, 1989, pp. 107-34
Dunham, Constance, "Regional Banking Competition", *New England Economic Review*, July-August 1986, pp. 3-19
Durgin, Hillary, "Milrite Finds Opportunities Limited", *Pension and Investment Age*, Vol. 17, No. 25, November 17, 1989, p. 33
Dymski, Gary Arthur, "Moral Hazard Versus Lending Spillovers: Paths into and out of the Dual Banking Crisis", Paper presented at the URPE/ASSA Conference on "The Crisis in Finance", Washington DC, December 1990
Dymski, Gary, Gerald Epstein, James K. Galbraith and Robert Pollin, "A Report Card on the Greenspan Fed", Washington, DC: Economic Policy Institute, February 1992
Dymski, Gary, John Veitch and Michelle White, *Taking It to the Bank: Poverty, Race and Credit in Los Angeles,* A Report to the City of Los Angeles, Los Angeles: Western Center on Law and Poverty, 1991
Eccleston, Bernard, "The State, Finance, and Industry in Japan", In Andrew Cox ed., *The State, Finance, and Industry*, Sussex, England: Wheatsheaf Books, 1986
Economic Report of the President, Washington, DC: U.S. Government Printing Office, 1992
Economist, "Protecting Pensions", November 14, 1992
Edmister, Robert, "Commercial Bank Market Share of the Financial Services Industry: A Value Added Approach", Paper presented at the Conference on Bank Structure and Competition, Federal Reserve Bank of Chicago, 1982
Eichenbaum, Martin, "Comment on C. Sims' 'Interpreting the Macroeconomic Time Series Facts: The Effects of Monetary Policy'", *European Economic Review*, Vol. 36, 1992, pp. 1001-11
Eisner, Robert, "Deficits: Which, How Much, and So What?", *American Economic Review*, Vol. 80, May 1992, pp. 295-8
Elliehausen, Gregory and John Wolken, "Banking Markets and the Use of Financial Services by Small and Medium-sized Companies", *Federal Reserve Board Staff Study* No. 160, Washington, DC, 1990
Employee Benefit Research Institute, *Retirement Security and Tax Policy*, Washington, DC: EBRI, 1984
Employee Benefit Research Institute, *Issue Brief*, Washington, DC: EBRI, 1992a
Employee Benefit Research Institute, *Quarterly Pension Investment Report*, Washington, DC: EBRI, September 1992b
Epstein, Gerald, "Domestic Stagflation and Monetary Policy: The Federal Reserve and the Hidden Election", In Thomas Ferguson and Joel Rogers eds., *The*

Hidden Election, New York: Pantheon, 1981

Epstein, Gerald, "The Triple Debt Crisis", *World Policy Journal*, Vol. 2/3, 1985, pp. 625-57

Epstein, Gerald, "An Argument for a Democratic Monetary Policy", Mimeo, June 1991

Epstein, Gerald, "A Political Economy Model of Comparative Central Banking", In Gary Dymski and Robert Pollin eds., *New Perspectives in Monetary Macroeconomics: Explorations in the Tradition of Hyman P. Minsky*, Ann Arbor: University of Michigan Press, 1993

Epstein, Gerald and Thomas Ferguson, "Monetary Policy, Loan Liquidation, and Industrial Conflict: The Federal Reserve and Open Market Operations of 1932", *Journal of Economic History*, Vol. 64, No. 4, 1984, pp. 957-98

Epstein, Gerald and Thomas Ferguson, "Answers to Stock Questions", *Journal of Economic History*, March 1991

Epstein, Gerald and Juliet Schor, "The Political Economy of Central Banking", *Working Paper*, No. 1281, Cambridge, MA: Harvard Institute for Economic Research, 1986

Epstein, Gerald and Juliet Schor, "Corporate Profitability as a Determinant of Restrictive Monetary Policy: Estimates for the Postwar United States", In Thomas Mayer ed., *The Political Economy of American Monetary Policy*, New York: Cambridge University Press, 1990, pp. 51-63

Epstein, Gerald and Juliet Schor, "Structural Determinants and Economic Effects of Capital Controls in OECD Countries", In Tariq Banuri and Juliet B. Schor eds., *Financial Openness and National Autonomy*, Oxford, England: Clarendon Press, 1992, pp. 136-62

Epstein, Gerald and Juliet Schor, "The Federal Reserve-Treasury Accord", *Social Concept*, 1993

ERISA Advisory Committee, *Economically Targeted Investments, An ERISA Policy Review*, Work Group on Pension Investments, Advisory Council on Pension Welfare and Benefit Plans, Washington, DC: U.S. Department of Labor, November 1992

Estrella, Arthur, "Corporate Leverage and Taxes in the U.S. Economy", In E. Frydl ed., *Studies on Corporate Leverage*, Federal Reserve Bank of New York, September 1990, pp. 29-44

Evans, Paul, "Do Budget Deficits Raise Nominal Interest Rates? Evidence from Six Countries", *Journal of Monetary Economics*, September 1987, pp. 343-67

Fair, Ray, "Does Monetary Policy Matter: Narrative vs. Structural Approaches", NBER Working Paper No. 3045, 1989

Fair, Ray, "History, dat", FAIRMODEL, Southborough, MA : MACRO Incorporated, No. 2, 1992

Fama, Eugene, "Efficient Capital Markets : A Review of Theory and Empirical Work", *Journal of Finance*, May 1970, pp. 383-417

Fama, Eugene, "Efficient Capital Markets : II", *Journal of Finance*, Vol. 46, No. 5, 1991, pp. 1575-617

Fama, Eugene and Kenneth French, "Permanent and Temporary Components of Stock Market Prices", *Journal of Political Economy*, Vol. 96, 1988, pp. 246-73

Fazzari, Steven, "Tax Reform and Investment : Blessing or Curse", *Review*, The Federal Reserve Bank of St. Louis, Vol. 69, June/July 1987, pp. 23-33

Fazzari, Steven, "Monetary Policy, Financial Structure and Investment", Paper presented at the 1992 Conference of the Economic Policy Institute's Working Group on Monetary and Financial Restructuring in Washington, DC, June 1992

Fazzari, Steven M., R. Glenn Hubbard and Bruce C. Petersen, "Investment Financing Decisions and Tax Policy", *American Economic Review*, Vol. 78, May 1988a, pp. 200-5

Fazzari, Steven M., R. Glenn Hubbard and Bruce C. Petersen, "Financing Constraints and Corporate Investment", *Brookings Papers on Economic Activity*, No. 2, 1988b, pp. 141-95

Fazzari, Steven M. and Bruce C. Petersen, "Working Capital and Fixed Investment : New Evidence on Financing Constraints", Depatment of Economics, University of Washington, St. Louis, MO, November 1991

Fazzari, Steven M. and Tracy Mott, "The Investment Theories of Kalecki and Keynes : An Empirical Study of Firm Data", *Journal of Post Keynsian Economics*, Vol. 9, No. 2, Winter 1986-87, pp. 171-87

Federal Deposit Insurance Corporation, *Deposit Insurance in a Changing Environment : A Study Submitted to the U.S. Congress*, Washington, DC : U.S. Government Printing Office, 1983

Federal Reserve Bank of New York, *Recent Trends in Commercial Bank Profitability*, New York : New York Federal Reserve Bank, 1986, 大和銀総合研究所訳『米国商業銀行の最近の収益性動向』大和銀総合研究所, 1987年

Federal Reserve Bank of New York, *International Financial Integration and U.S. Monetary Policy*, New York : New York Federal Reserve Bank, 1989

Federal Reserve Bank of New York, *Intermediate Targets and Indicators for Monetary Policy ; A Critical Survey*, New York : New York Federal Reserve Bank, 1990

Federal Reserve Bank of New York, *Annual Report*, 1991

Federer, J.P., "The Impact of Uncertainty on Aggregate Investment Spending",

Department of Economics, Clark University, *Working Paper* No. 1991-2, Worcester, MA, 1991

Feldman, Robert Alan, *Japanese Financial Markets : Deficits, Dilemmas, and Deregulation,* Cambridge, MA : Massachusetts Institute of Technology Press, 1986

Ferguson, Karen, "The Advocates Arguments : A Review and Comment", In Dallas Salisbury ed., *Should Pension Assets Be Managed for Social/Political Purposes ?,* Washington, DC : Employee Benefits Research Institute, 1980, pp. 94–105

Financial Democracy Campaign, "Public Purpose Banking : Conceptual Outline" (undated pamphlet), Charlotte, NC : Financial Democracy Campaign, 1992

Finn, Charles, *Mortgage Lending in Boston's Neighborhoods, 1981-1987 : A Study of Bank Credit and Boston's Housing,* Boston : Boston Redevelopment Authority, 1989

Fishbein, Allen J., "The Ongoing Experiment with 'Regulation from Below' : Expanded Reporting Requirements for HMDA and CRA", *Housing Policy Debate,* Vol. 3, No. 2, 1992, pp. 601–36

Fisher, Lawrence, "Sefeway Buyout : A Success Story", *New York Times,* October 21, 1988, First Business Page

Fischer, S., "Towards an Understanding of the Costs of Inflation, II", In K. Brummer and A. Meltzer eds., *The Costs and Consequences of Inflation,* Vol. 15, Carnegie-Rochester Conference Series on Public Policy, Amsterdam : North-Holland, 1981, pp. 5–41

Fischer, S. and F. Modigliani, "Towards an Understanding of the Real Effects and Costs of Inflation", *Weltwirtschaftliches Archiv,* Vol. 114, 1975, pp. 810–33

Flax-Hatch, David, *Banking in the Public's Interest : Promoting Community Development with the Public Deposits of Cities and States,* Chicago : Woodstock Institute, 1991

Ford Motor Credit Corporation Annual Report, Dearborn, MI : Ford Motor Company, 1991

Fortune, Peter, "Stock Market Efficiency : An Autopsy", *New England Economic Review,* Federal Reserve Bank of Boston, March/April 1991, pp. 17–40

Foust, Dean, "Bad Credit Doesn't Necessarily Mean No Credit", *Business Week,* November 9, 1992, p. 43

Frank, Ellen, "Key Currencies, Portfolio Behavior and Exchange Rates", Unpublished paper, University of Massachusetts, Amherst, 1992

Franke, R. and W. Semmler, "Finance, Profit Expectations and Investment in the Business Cycle : Theories and Empirical Evidence", Paper presented at the

参 考 文 献

Jerome Levy Institute, September 1990

Frankel, Jeffrey, "International Financial Integration, Relations Among Interest Rates and Exchange Rates, and Monetary Indicators", *New York Federal Reserve, 1989*, 1989, pp. 15-49

Frankel, Jeffrey, "Measuring International Capital Mobility : A Review", *American Economic Review*, Vol. 82, No. 2, May 1992, pp. 197-202

Friedman, Benjamin M., "Comment on Bernanke and Campbell", *Brookings Papers on Economic Activity*, Vol. 1, 1988a, pp. 126-30

Friedman, Benjamin M., "Lessons of Monetary Policy from the 1980s", *Journal of Economic Perspectives*, Vol. 2, Issue 3, Summer 1988b, pp. 51-72

Friedman, Benjamin M., "The Changing Effects of Monetary Policy on Real Economic Activity", In *Monetary Policy Issues in the 1990s : A Symposium Sponsored by the Federal Reserve Bank of Kansas City*, 1989, pp. 55-111

Friedman, Benjamin M., "Financial Impediments to Economic Prosperity", Department of Economics, Harvard University, Cambridge, MA : December 1991a

Friedman, Benjamin M., "U.S. Fiscal Policy in the 1980s : Consequences of Large Budget Deficits at Full Employment", In James M. Rock ed., *Debt and the Twin Deficits Debate*, Mountain View, CA : Bristlecone Books, 1991b

Friedman, Benjamin M., "Risks in Our High Debt Economy : Depression or Inflation ?" In Steven Fazzari and Dimitri Papadimitriou eds., *Financial Conditions and Macroeconomic Performance : Essays in Honor of Hyman P. Minsky*, Armonk, NY : M.E. Sharpe, Inc., 1992

Friedman, Benjamin M. and Kenneth N. Kuttner, "Money, Income, Prices and Interest Rates", *American Economic Review*, Vol. 82, No. 3, June 1992, pp. 472-92

Friedman, Milton and Anna Jacobson Schwartz, *A Monetary History of the United States 1867-1960*, Princeton, NJ : Princeton University Press, 1963

Friessen, Connie M., "International Competitive Consequences of Capital Guidelines", *American Banker*, February 26, 1991

Frydl, Edward J., "Some Issues in Corporate Leverage : An Overview", In E. Frydl ed., *Studies on Corporate Leverage*, Federal Reserve Bank of New York, September 1990, pp. 1-28

Frydl, Edward J., "Overhangs and Hangovers : Coping with the Imbalances of the 1980s", *Federal Reserve Bank of New York Annual Report 1991*, New York : Federal Reserve Bank of New York, 1991

Galbraith, James K., *Monetary Policy in the New World Order*, Washington, DC : Economic Policy Institute, March 1992

Galbraith, James K. and Michael Mandler, "Economic Overview", In Mark Green ed., *Changing America : Blueprints for a New Administration*, New York : New York Market Press, 1992

Gale, William G., "Economic Effects of Federal Credit Programs", *American Economic Review*, Vol. 81, Issue 2, March, 1991, pp. 133-52

Galster, George, "The Use of Testers in Investigating Mortgage Lending and Insurance Discrimination", In R. Struyk and M. Fix eds., *Clear and Convincing Evidence*, Washington, DC : Urban Institute Press, 1992a

Galster, George, "Research on Discrimination in Housing and mortgage Markets : Assessment and Future Directions", *Housing Policy Debate*, Vol. 3, No. 2, 1992b, pp. 639-83

General Electric Capital Corporation Annual Report, Stamford, CT : General Electric Corporation, 1991

General Motors Acceptance Corporation Annual Report, Detroit, MI : General Motors Corporation, 1991

Gertler, Mark, "Financial Structure and Aggregate Economic Activity", *Journal of Money, Credit and Banking*, Vol. 20, No. 3, Part 2, August 1988, pp. 559-88

Ghilarducci, Teresa, *Labor's Capital : The Politics and Economics of Private Pensions*, Cambridge, MA : Massachusetts Institute of Technology Press, 1992

Goldberg, Deborah, "Enforcement of the Community Reinvestment Act", Statement Before the U.S. Senate Committee on Banking, Housing, and Urban Affairs, Subcommittee on Housing, September 15, 1992, pp. 180-203

Goldsmith, Raymond, *Financial Structure and Development*, New Haven, CT : Yale University Press, 1969

Goldstein, Don, "Takeovers and the Debt Assessments of Firms and the Stock Market", Unpublished Ph. D. dissertation, University of Massachusetts, Amherst, 1991

Goldstein, Don, "Debt and Takeovers : What Makes Cash Flow 'Free' ?" Allegheny College, Meadville, PA, 1992

Gordon, David, "The Global Economy : New Edifice or Crumbling Foundations ?" *New Left Review*, March/April 1988a, pp. 24-65

Gordon, David, "The Un-Natural Rate of Unemployment : An Econometric Critique of the NAIRU Hypothesis", *American Economic Review*, Vol. 78, No. 2, May 1988b, pp. 117-23

Gordon, Robert J., "The Gordon Update", New York : Harper Collins, 1991

Grabel, Ilene, "Taking Control : An Agenda for a Democratic Financial System", Paper prepared for the Financial Democracy Campaign, 1989

Grabel, Ilene, *Financial Market Regulation and Economic Growth : A Consideration of Theories of Optimal "Repression"*, Ph. D. dissertation, Amherst, MA :

University of Massachusetts, 1992a

Grabel, Ilene, "Three Essays on Financial Regulation in Open Economies", Ph. D. dissertation, Amherst, MA : University of Massachusetts, 1992b

Green, Roy, "The Real Bills Doctrine", *The New Palgrave*, 1987, pp. 101-2

Green, Mark and Glenn von Nostitz, "Bank Mergers Are Taxing Consumers", *Nation*, January 27, 1992, pp. 81-4

Greenwald, Carol S., *Banks Are Dangerous to Your Wealth*, Englewood Cliffs, NJ : Prentice-Hall, 1980

Greenwald, Bruce, Joseph Stiglitz and Andrew Weiss, "Information Imperfections in the Capital Market and Macroeconomic Fluctuations", *American Economic Review*, Vol. 74, May 1984, pp. 194-9

Greider, William, *The Secrets of the Temple*, New York : Simon and Schuster, 1987

Greider, William, *Who Will Tell the People ? The Betrayal of American Democracy*, New York : Simon and Schuster, 1992, 中島健訳『アメリカ民主主義の裏切り―誰が民衆に語るのか―』青土社, 1994年

Gurley, J. and E. Shaw, *Money in a Theory of Finance*, Brookings Institute, Washington, 1996, 桜井欣一郎訳『貨幣と金融』至誠堂, 1967年

Guskind, Robert, "Thin Red Line", *National Journal*, October 28, 1989, pp. 2639-43

Hahn, Frank H., "Solowian Growth Models", In Peter Diamond ed., *Growth/Productivity/Unemployment*, Cambridge, MA : Massachusetts Institute of Technology Press, 1990

Hall, Bronwyn, "The Impact of Corporate Restructuring in Industrial Research and Development", *Brookings Papers on Economic Activity, Microeconomics*, 1990, pp. 85-133

Hall, Bronwyn, "Corporate Restructuring and Investment Horizons", National Bureau of Economic Research Working Paper No. 3794, July 1991

Hall, Robert and Dale Jorgenson, "Tax Policy and Investment Behavior", *American Economic Review* 57, 1967, pp. 391-414

Hanafin, Teresa M., "Bank Machines, Branch Offices Scarce in Boston Minority Neighborhoods", *Boston Globe*, February 7, 1989

Hanggi, Elena, "The Public Purpose of the Federal Home Loan Bank System and Community Lending", Statement before the U.S. House Committee on Banking, Finance, and Urban Affairs, Subcommittee on Housing and Community Development, June 10, 1992

Hannan, Timothy, "Bank Commercial Loan Markets and the Role of Market Structure", *Journal of Banking and Finance*, No. 15, 1991, pp. 133-49

Hansen, Derek, *Banking and Small Business*, National Governors Association, Council of State Planning Agencies, Washington, DC : NGA, 1981

Harrington, John, *Investing with Your Conscience : How to Achieve High Returns Using Socially Responsible Investing*, New York : John Wiley and Sons, 1992

Harrington, John and Nathan Gardels, *Interim Report : Governor's Public Investment Task Force (California)*, March 1981

Harrington, John and Nathan Gardels, *Final Report : Governor's Public Investment Task Force (California)*, October 1981

Harris, Laurence, "Financial Reform and Economic Growth : A New Interpretation of South Korea's Experience", In Laurence Harris, Jerry Coakley, Martin Croasdale and Trevor Evans eds., *New Perspectives on the Financial System*, London : Croom Helm, 1988

Harris, Ethan S. and Charles Steindel, "The Decline in U.S. Saving and Its Implications for Economic Growth", Federal Reserve Bank of New York, *Quarterly Review*, Vol. 15, Winter 1991, pp. 1-19

Hart, Peter and Robert Teeter, "Poll on Bank and Insurance Industries", *NBC/WSJ Poll*, September 20-24, 1991, pp. 22-9

Henderson, Y., "Is Leverage a Tax Dodge—or Not?" *New England Economic Review*, Federal Reserve Bank of Boston, March/April 1990, pp. 11-32

Herman, Edward and Louis Lowenstein, "The Efficiency Effects of Hostile Takeovers", In John Coffee, Louis Lowenstein and Susan Rose-Ackerman eds., *Knights, Raiders, and Targets*, New York : Oxford University Press, 1988, pp. 211-40

Hester, Donald D., "Opportunity and Responsibility in a Financial Institution", *Financial Institutions and The Nation's Economy*, Book I, Compendium of Papers Prepared for the FINE Study, Committee on Banking, Currency, and Housing, U.S. House of Representatives, Washington, DC : U.S. Government Printing Office, June 1976, pp. 182-9

Hibbs, Douglas, *The American Political Economy*, Cambridge, MA : Harvard University Press, 1987

Himmelberg, Charles P. and Bruce C. Petersen, "R&D and Internal Finance : A Panel Study of Small Firms in High-Tech Industries", Working Paper, St. Louis : Washington University Department of Economics, 1992

Hirschmann, Albert, *Exit, Voice, and Loyalty : Responses to Decline in Firms, Organizations, and States,* Cambridge, MA : Harvard University Press, 1970, 三浦隆之訳『組織社会の論理構造—退出・告発・ロイヤルティ—』ミネルヴァ書房, 1975 年

Hollister, Robert and Tunney Lee, *Development Politics : Private Development and the Public Interest*, National Governors Association, Council of State Planning Agencies, Washington, DC : NGA, 1981

Household Financial Corporation Annual Report, Prospect Heights, IL : Household Financial Corporation, 1991

Huizinga, John and Frederic S. Mishkin, "Monetary Policy Regime Shifts and the Unusual Behavior of Real Interest Rates", Carnegie-Rochester Conference Series on Public Policy, Spring 1986, pp. 231-74

Hull, Everette, "The Complete Story on Securitization of Bank Assets", Parts 1 and 2, *Journal of Commercial Bank Lending*, November and December 1989

Humphrey, David B., "Why Do Estimates of Bank Scale Economies Differ?" *Economic Review*, Federal Reserve Bank of Richmod, Vol. 73, October 1990, pp. 38-50

Hutchinson, James D. and Charles G. Cole, "Legal Standards Governing the Investment of Private Pension Capital", In Dallas Salisbury ed., *Should Pension Assets Be Managed for Social/Political Purposes ?*, Washington, DC : Employee Benefits Research Institute, 1980, pp. 28-93

International Business Machines Credit Corporation Annual Report, Stamford, CT : International Business Machines Corporation, 1991

International Telephone & Telegraph Credit Corporation Annual Report, St. Louis : International Telephone & Telegraph Incorporated, 1991

Institute for Fiduciary Education, *Economically Targeted Investments : A Reference for Public Pension Funds*, Sacramento, CA : Institute for Fiduciary Education, 1989

Isenberg, Dorene, "Financial Institutions After the S&L Crisis : A Community-Based Credit Union", *Review of Radical Political Economics*, Vol. 23, Nos. 1 & 2, 1991, pp. 155-60

Isenberg, Dorene and Gary Dymski, "Financing Affordable Housing in the 1990s : A Progressive Approach", Mimeo, Drew University and University of California, Riverside, 1993

Irish, Leon E., "Twenty Years of Employee Benefits", *Tax Notes*, November 12, 1992

Jarrell, Greg, J. Brickley and J. Netter, "The Market for Corporate Control : The Empirical Evidence Since 1980", *Journal of Economic Perspectives*, Vol. 2, No. 1, 1988, pp. 49-68

Jensen, Michael, "Some Anomalous Evidence Regarding Market Efficiency", *Journal of Financial Economics*, Vol. 6, 1978, pp. 95-102

Jensen, Michael, "Agency Costs of Free Cash Flow, Corporate Finance, and Takeovers", *American Economic Review*, Vol. 76, No. 2, 1986, pp. 323-9

Jensen, Michael, "Eclipse of the Public Corporation", *Harvard Business Review*, Vol. 67, Issue 4, September-October 1989, pp. 61-77

Jensen, Michael, "Corporate Control and the Politics of Finance", *Journal of Applied Corporate Finance*, Vol. 4, No. 3, Summer 1991

Jensen, Michael and Richard Ruback, "The Market for Corporate Control: The Scientific Evidence", *Journal of Financial Economics*, Vol. 11, 1983, pp. 5-50

John Deere Capital Corporation Annual Report, Reno, NV: John Deere Corporation, 1991

Jorgenson, Sale W., "Econometric Studies of Investment Behavior: A Survey", *Journal of Economic Literature*, Vol. 53, December 1971, pp. 1111-47

Jorgenson, Sale W. and Kim-Young Yun, *Tax Policy and the Cost of Capital*, Discussion Paper Number 1465, Cambridge, MA: Harvard Institute of Economic Research, November 1989

Kahneman, Daniel, Paul Slovic and Amos Tversky, *Judgment Under Uncertainty: Heuristics and Biases*, New York: Cambridge University Press, 1982

Kaplan, Steven and Jeremy Stein, "The Evolution of Buyout Pricing and Financial Structure in the 1980s", National Bureau of Economic Research Working Paper No. 3695, May 1991

Kasman, Bruce and Charles Pigott, "Interest Rate Divergence Among the Major Industrial Nations", *Quarterly Review*, Federal Reserve Bank of New York, Vol. 13, No. 3, Autumn 1988, pp. 28-44

Kaufman, George G. ed., *Restructuring the American Financial System*, Boston: Kluwer Academic Publishers, 1990

Keeton, William R., "The Reconstruction Finance Corporation: Would It Work Today?" Federal Reserve Bank of Kansas City, *Economic Review*, Vol. 77, No. 1, 1992, pp. 33-54

Keynes, John M., *The General Theory of Employment, Interest, and Money*, London: Macmillan, 1936, 塩野谷祐一訳『雇用・利子および貨幣の一般理論』東洋経済新報社, 1995年

Keynes, John Maynard, *Essays in Persuasion*, New York: W.W. Norton, 1963, 宮崎義一訳『ケインズ全集 第9巻 説得論集』東洋経済新報社, 1981年

Kieschnick, Michael, "Venture Capital and Urban Development", National Governors Association, Council of State Planning Agencies, Washington, DC: NGA, 1979

Kirshner, Edward, "The Effect of Housing-Related Securities on the Performance of Public Employee Pension Funds", Working Paper, Oakland, CA: Community Economics, Inc., 1979

Kleidon, Allan, "Bubbles, Fads and Stock Price Volatility Tests: A Partial Evaluation: Discussion", *Journal of Finance*, Vol. 43, 1988, pp. 656-9

Kolari, James, Arvind Mahajan and Edward Saunders, "The Effect of Changes in

Reserve Requirements on Bank Stock Prices", *Journal of Banking and Finance*, Vol. 11, Issue 3, June 1988, pp. 183-98

Kopke, Richard, "The Roles of Debt and Equity in Financing Corporate Investments", *New England Economic Review*, Federal Reserve Bank of Boston, July/August 1989, pp. 25-48

Kramer, Mark C. and Raymond M. Neihengen Jr., "Analysis of Finance Company Ratios in 1990", *Journal of Commercial Bank Lending*, September 1991, pp. 54-61

Labaton, Stephen, "$200 Million in Wall St. Fees Seen From Federal Deal", *New York Times*, April 5, 1988, p. D1

Lakonishok, Josef, Andrei Shleifer and Robert Vishney, "The Structure and Performance of the Money Management Industry", Preliminary draft, University of Chicago, November 1991

Langbein, John H. and Richard A. Posner, "Social Investing and the Law of Trusts", *Michigan Law Review*, Vol. 79, No. 72, November 1980, pp. 72-111

Lanoff, Ian, Department of Labor, Advisory Opinion 8112A, Letter to Robert Georgine, Washington, DC, January 15, 1981

Lehn, Kenneth and Annette Poulsen, "Free Cash Flow and Stockholder Gains in Going Private Transactions", *Journal of Finance*, Vol. 44, No. 3, 1989, pp. 771-87

Leibig, Michael, "Social Investing and the Law : The Case for Alternative Investments", Conference for Alternative State and Local Policies, Washington, DC, 1981

LeRoy, Steven and Roy Porter, "The Present-Value Relation : Tests Based on Implied Variance Bounds", *Econometrica*, Vol. 49, No. 3, 1981, pp. 555-74

Levine, Hillel and Lawrence Harmon, *The Death of an American Jewish Community : A Tragedy of Good Intentions*, New York : Free Press, 1992

Lichtenberg, Frank and Donald Siegel, "The Effects of Leveraged Buyouts on Productivity and Related Aspects of Firm Behavior", *Journal of Financial Economics*, Vol. 27, 1990, pp. 165-94

Lindsey, Lawrence B., "The Case for Disinflation", *Economic Commentary*, Federal Reserve Bank of Cleveland, March 15, 1992

Lipietz, Alain, "The Limits of Bank Nationalization in France", In Laurence Harris, Jerry Coakley, Martin Croasdale, and Trevor Evans eds., *New Perspectives on the Financial System*, London : Croom Helm, 1988

Litan, Robert, *What Should Banks Do ?*, Washington, DC : The Brookings Institution, 1987, 馬淵紀壽・塩沢修平訳『銀行が変わる』日本経済新聞社, 1988 年

Litvak, Lawrence, *Pension Funds and Economic Renewal*, National Governors

Association, Council of State Planning Agencies, Washington, DC : NGA, 1981
Litvak, Lawrence and Belden Daniels, *Innovations in Development Finance*, Council of State Planning Agencies, National Governors Association, Washington, DC : NGA, 1979
Long, William and David Ravenscraft, "Decade of Debt : Lessons from LBOs in the 1980s", *Brookings Discussion Papers* No. 91-6, Washington, DC : The Brookings Institution, 1991
Luzzatto, Daniel, "Social Investing ; the Protest for 1980s", *National Underwriter*, Vol. 91, No. 4, January 26, 1987, pp. 4-5
MacEwan, Arthur, "What's New About the 'New International Economy' ?" *Socialist Review*, Vol. 21, Nos. 3-4, July-December 1991
Magenheim, Ellen and Dennis Mueller, "Are Acquiring-Firm Shareholders Better off After an Acquisition ?" In John Coffee, Louis Lowenstein, and Susan Rose-Ackerman eds., *Knights, Raiders, and Targets*, New York : Oxford University Press, 1988, pp. 171-93
Maisel, Sherman, "Improving Our System of Credit Allocation", In Federal Reserve Bank of Boston, *Credit Allocation Techniques and Monetary Policy*, Proceedings of a Conference held at Melvin Village, New Hampshire, 1973, pp. 15-30
Mankiw, N. Gregory and D. Romer, *New Keynesian Economics*, Cambridge, MA : Massachusetts Institute of Technology Press, 1991
Manne, Henry, "Mergers and the Market for Corporate Cotrol", *Journal of Political Economy*, Vol. 73, No. 2, 1965, pp. 110-20
Marco Consulting Group, "Survey Shows Targeted Investments Create Jobs, Outperform Competitors", Press release, Chicago, April 15, 1992
Markham, Jesse, "Survey of the Evidence and Findings on Mergers", In National Bureau of Economic Research, *Business Concentration and Price Policy*, Princeton, NJ : Princeton University Press, 1955, pp. 141-212
Markusen, Ann and Joel Yudken, *Dismantling the Cold War Economy*, New York : Basic Books, 1992
Marris, Robin, *The Economic Theory of "Managerial" Capitalism*, New York : The Free Press of Glencoe, 1964, 大川勉・森重泰・沖田健吉『経営者資本主義の経済理論』東洋経済新報社, 1971年
Marx, Karl, *Grundrisse*, New York : Vintage Books, 1973, 高木幸二郎監訳『経済学批判要綱』大月書店, 1958-65年, 高木幸二郎・大谷禎之介他訳『マルクス資本論草稿集1, 2』大月書店, 1981, 1993年
Massachusetts CAP Directors Association, Inc., "Analysis and Recommendations Regarding Basic Banking Services", Fitchburg, MA : 1989
Mauskopf, Eileen, "The Transmission Channels of Monetary Policy : How Have

They Changed?" *Federal Reserve Bulletin*, December 1990, pp. 985-1008
Mayer, Martin, *The Greatest-Ever Bank Robbery : The Collapse of the Savings and Loan Industry*, New York : Charles Scribner's Sons, 1990, 篠原成子『こうして銀行はつぶれた 米国 S&L の崩壊』日本経済新聞社, 1991 年
Mayer, Thomas, "Credit Allocation—A Critical View", In Karl Brunner ed., *Government Credit Allocation : Where Do We Go from Here ?*, San Francisco : Institute for Contemporary Studies, 1975
McCallum, Bennett, "Inflation : Theory and Evidence", In Benjamin Friedman and Frank Hahn eds., *Handbook on Monetary Economics*, Vol. 2, Amsterdam : Elsevier Science, 1990, pp. 964-1012
McCauley, Robert H. and Rama Seth, "Foreign Bank Credit to U.S. Corporations : The Implications of Offshore Loans", *Quarterly Review*, Federal Reserve Bank of New York, Spring 1992, pp. 52-65
Mengle, David L., "The Case for Interstate Branch Banking", *Economic Review*, Federal Reserve Bank of Richmond, November/December 1990, pp. 3-17
Mergerstat Review, Chicago : Merrill Lynch, 1990
Meyer, John and Edwin Kuh, *The Investment Decision*, Cambridge, MA : Harvard University Press, 1957
Minsky, Hyman P., *John Maynard Keynes*, New York : Columbia University Press, 1975, 堀内昭義訳『ケインズ理論とは何か』岩波書店, 1988 年
Minsky, Hyman P., *Can "It" Happen Again ?*, Armonk, NY : M.E. Sharpe, Inc., 1982, 岩佐代市訳『投資と金融』日本経済評論社, 1988 年
Minsky, Hyman P., *Stabilizing an Unstable Economy*, New Haven, CT : Yale University Press, 1986, 吉野紀・浅田統一郎・内田和男訳『金融不安定性の経済学―歴史・理論・政策―』多賀出版, 1989 年
Mishkin, Frederic S., "Understanding Real Interest Rates", NBER Working Paper No. 2691, August 1988
Mitchell, Gina, "Social Investing of Public Pension Funds", National Conference on State Legislatures, Washington, DC, Monograph, November 1986
Modigliani, Franco and Merton Miller, "The Cost of Capital, Corporation Finance and the Theory of Investment", *American Economic Review* 48, June 1958, pp. 261-97
Moody's Banks and Finance Manual, Vol. 2, 1990 ; Vol. 2, 1991 ; Vol. 2, 1992
Morck, Randall, Andrei Shleifer and Robert Vishny, "Characteristics of Hostile and Friendly Takeover Targets", In Alan Auerbach ed., *Takeovers : Causes and Consequences*, Chicago : University of Chicago Press, 1989, pp. 101-36
Mosser, Patricia C., "Changes in Monetary Policy Effectiveness : Evidence from Large Macroeconometric Models", *Quarterly Review*, Federal Reserve Bank of

New York, Spring 1992, pp. 36–51

Mott, Tracy and Grainger Caudle, "The Role of Rentier in Keynes's and Kalecki's Conceptions of Capitalism", Mimeo, Denver: University of Denver, April 1992

Munnell, Alicia H., "Pitfalls of Social Investing: The Case of Public Pension Funds and Housing", *New England Economic Review*, September/October 1983, pp. 20–41

Munnell, Alicia H., "Current Taxation of Qualifies Pension Plans: Has the Time Come?" *New England Economic Review*, March/April 1992, pp. 12–25

Munnell, Alicia H., Lynn E. Browne, James McEneaney and Geoffrey M.B. Tootell, "Mortgage Lending in Boston: Interpreting HMDA Data", Working Paper No. 92-7, Federal Reserve Bank of Boston, 1992

Murphy, K.M., A. Shleifer and R.W. Vishny, "The Allocation of Talent: Implications for Growth", National Bureau of Economic Research Working Paper No. 3530, Cambridge, MA: NBER, 1990

Myers, Stewart and Nicholas Majluf, "Corporate Financing and Investment Decisions When Firms Have Information That Investors Do Not Have", *Journal of Financial Economics*, Vol. 13, June 1984, pp. 187–221

National Center for Policy Alternatives, *Legislative Sourcebook on Financial Deregulation*, Public Capital Series, Washington, DC: NCPA, 1987

National Training and Information Center, *The Community Reinvestment Act (CRA) Handbook*, Fourth Edition, Chicago: National Training and Information Center, 1991

Nembhard, Jessica, "Capital Controls, Credit Controls and Economic Growth", Ph. D. dissertation, Amherst, MA: University of Massachusetts, 1992

New York State AFL-CIO Task Force, *It's Our Money*, Edward Cleary, President, and Joseph E. McDermott, Chair, 1990

New York State Industrial Cooperation Council, *Our Money's Worth: The Report of the Governor's Task Force on Pension Fund Investment*, Ira Millstein, Chair, and Lee Smith, Director and Editor, June 1989

Noonan, Jean, Kathleen Buffon, and John Le Fevre, "Federal Trade Commission Developments in Consumer Financial Services", *Business Lawyer*, May 1991, pp. 1093–7

O'Cleireacain, Carol, Prepared remark for the Center for Policy Alternatives Conference on ETIs, Washington, DC, December 7, 1992

Organization for Economic Cooperation and Development, *OECD Economic Surveys: France*, Paris: OECD, 1987

Organization for Economic Cooperation and Development, *OECD Economic Surveys: Japan*, Paris: OECD, 1991

Osborne, David, "A Poverty Program That Works", *New Republic*, May 8, 1989, pp. 22-5

Palley, Thomas, "The Case for Progressive Monetary and Fiscal Policy : Time to Reassess the Inflation Constraint", Revised version of a paper presented in Washington, DC to a meeting of the Working Group on Monetary and Financial Restructuring of the Economic Policy Institute, June 1992, Mimeo, Graduate Faculty, New School for Social Research, July 1992

Peirce, Neal, Jerry Hagstrom and Carol Steinbach, "Economic Development : The Challenge of the 1980s", National Governors Association, Council of State Planning Agencies, Washington, DC : NGA, 1979

Pension and Investments, "Managers Ranked by Pension Fund Assets", and "Profile Statistics at a Glance", May 18, 1992, pp. 1-3

Pension and Investments, "Market Lifts Top 1000 Assets to \$2.3 Trillion", January 20, 1992, p. 1

Peterson, John S., "A Summary of State and Local Employee Retirement System Investment Practices and Policies", Government Finance Center, Chicago, IL, 1980

Pickering, Margaret, "A Review of Corporate Restructuring Activity, 1980-1990", *Staff Study* No. 161, Washington, DC : Board of Governors of the Federal Reserve System, 1991

Pierce, James L., *The Future of Banking*, The 20th Century Fund, New Haven, CT : Yale University Press, 1991, 家森信善・高屋定美訳『銀行業の将来』東洋経済新報社, 1993年

Pollin, Robert, *Deeper in Debt : The Changing Financial Condition of U.S. Households*, Washington, DC : Economic Policy Institute, Armonk, NY : M.E. Sharpe, Inc., 1990

Pollin, Robert, "Two Theories of Money Supply Endogeneity : Some Empirical Tests", *Journal of Post Keynesian Economics*, Vol. 13, No. 3, Spring 1991, pp. 366-96

Pollin, Robert, "Destabilizing Finance Worsened This Recession", *Challenge*, Vol. 35, No. 2, March-April 1992, pp. 17-24

Pollin, Robert and Gary Dymski, "The Costs and Benefits of Financial Instability : Big Government Capitalism and the Minsky Paradox", in Dymski and Pollin eds., *New Perspectives in Monetary Macroeconomics : Explorations in the Tradition of Hyman P. Minsky*, Ann Arbor, 1993, MI : University of Michigan Press

Porter, Michael E., "Capital Choices : Changing the Way America Invests in Its Industry", Washington, DC : Council on Competitiveness, 1992a

Porter, Michael E., "Capital Disadvantage : America's Failing Capital Investment System", *Harvard Business Review*, September–October 1992b, pp. 65–82

Poterba, James M., "Comparing the Cost of Capital in the United States and Japan : A Survey of Methods", Federal Reserve Bank of New York, *Quarterly Review*, Vol. 15, Winter 1991, pp. 20–32

Poterba, James and Lawrence Summers, "Mean Reversion in Stock Prices : Evidence and Implications", *Journal of Financial Economics*, Vol. 22, 1988, pp. 27–59

Poterba, James and Lawrence Summers, "Time Horizons of American Firms : New Evidence from a Survey of CEOs", Washington, DC : Council on Competitiveness, 1991

Prem, Roohi, "The Key Currency Issue", Unpublished paper, University of Massachusetts, Amherst, 1993

President's Commission on Pension Policy, *Coming of Age : Toward a National Retirement Income Security Policy*, 1981

Pulliam, Susan and George Anders, "Mutual Benefit Life Took Plenty of Risks, and Is Paying the Price", *Wall Street Journal*, July 26, 1991, p. A1

Quint, Michael, "Lending When Bankers Won't", *New York Times*, October 7, 1991, p. C1

Radecki, Lawrence J. and Vincent Reinhart, "The Globalization of Financial Markets and the Effectiveness of Monetary Policy Instruments", *Quarterly Review*, Federal Reserve Bank of New York, Vol. 13, No. 3, Autumn 1988, pp. 18–27

Ravenscraft, David, "An Industrial Organization Perspective", In Lynn Browne and Eric Rosengren eds., *The Merger Boom* : Boston : Federal Reserve Bank of Boston, 1987, pp. 17–37

Ravenscraft, David and F. Michael Scherer, *Mergers, Sell-Offs, and Economic Efficiency*, Washington, DC : The Brookings Institution, 1987

Rehm, Barbara A., "FDIC Plans to Raise Premium to 23 Cents", *American Banker*, February 26, 1991

Reich, Robert, *The Work of Nations : Preparing Ourselves for 21st Century Capitalism*, New York : Alfred P. Knopf, 1991, 中谷巌訳『ザ・ワーク・オブ・ネーションズ—21世紀資本主義のイメージ—』ダイヤモンド社, 1991年

Resolution Trust Corporation, *Report to the Oversight Board of the RTC and the Congress on the 1988/1989 FSLIC Assistance Agreements*, Washington, DC : U.S. Government Printing Office, September 1990

Rhoades, Stephen A., "Mergers and Acquisitions by Commercial Banks, 1960–83", *Staff Study* 142, Board of Governors of the Federal Reserve System, Washington, DC : January 1985

Riegle, U.S. Senator Donald W., "Comprehensive Deposit Insurance Reform and Taxpayer Protection Act of 1990", *Congressional Record*, September 26, 1990

Roll, Richard, "The Hubris Hypothesis of Corporate Takeovers", *Journal of Business*, Vol. 59, No. 2, 1986, pp. 197-216

Romer, Christina and David Romer, "Does Monetary Policy Matter ? A New Test in the Spirit of Friedman and Schwartz", NBER Working Paper No. 2966, 1989

Romer, Christina and David Romer, "New Evidence on the Monetary Transmission Mechanism", *Brookings Papers on Economic Activity*, No. 1, pp. 149-214, 1990

Rose, Peter S., *The Changing Structure of American Banking*, New York : Columbia University Press, 1987

Rosenblatt, Robert A., "Bankers Say Fed Rules Make Them Afraid to Lend", *Los Angeles Times*, September 22, 1992, pp. D2 and D5

Rosett, Joshua, "Do Union Wealth Concessions Explain Takeover Premiums ?", *Journal of Financial Economics*, Vol. 27, 1990, pp. 263-82

Rowthorn, R.E., "Conflict, Inflation and Money", *Cambridge Journal of Economics*, Vol. 1, 1977, pp. 215-39

Ruehl, Sonja, "Interest Rate Policy and Credit Rationing in Japan : The Evidence", In Laurence Harris, Jerry Coakley, Martin Croasdale and Trevor Evans eds., *New Perspectives on the Financial System*, London : Croom Helm, 1988

Ryding, J., "The Rise in U.S. Corporate Leveraging in the 1980s", In E. Frydl ed., *Studies on Corporate Leverage*, Federal Reserve Bank of New York, September 1990, pp. 45-84

Salisbury, Dallas ed., *Should Pension Assets Be Managed for Social/Political Purposes ?*, Washington, DC : Employee Benefits Research Institute, 1980

Sass, Steven, "Public Pensions : Do and Don'ts", *Regional Review*, Federal Reserve Bank of Boston, Spring 1992, pp. 21-4

Schafer, Robert and Helen Ladd, *Discrimination in Mortgage Lending*, Cambridge, MA : Massachusetts Institute of Technology Press, 1981

Schlesinger, Tom, "A Democratic Program for Financial Reform", Paper presented to Fannie Mae Colloquium Series, University of Rhode Island, November 21, 1991

Schlesinger, Tom, "Grassroots Banks Could Be Right Answer for Cities", *Greensboro News and Record*, May 31, 1992

Sears Roebuck Acceptance Corporation Annual Report, Wilmington, DE : Sears Roebuck Corporation, 1991

Sellon, Gordon H., "Changes in Financial Intermediation : the Role of Pension Funds and Mutual Funds", *Economic Review*, Federal Reserve Bank of Kansas

City, 1992, pp. 53-70

Shaiken, Harley, *Automation and Global Production : Automobile Engine Production in Mexico, the United States, and Canada*, La Jolla, CA : Center for U.S.-Mexican Studies, 1987

Sharpe, Steven, "Debt and Employment over the Business Cycle", Finance and Economics Discussion Paper Series Number 172, Washington, DC : Federal Reserve Bank, October 1991

Shiller, Robert, "Do Stock Prices Move Too Much to Be Justified By Subsequent Changes in Dividends ?", *American Economic Review*, Vol. 71, 1981, pp. 421-36

Shiller, Robert, "Stock Prices and Social Dynamics", *Brookings Papers on Economic Activity*, Vol. 2, 1984, pp. 457-98

Shlay, Anne B., "Not in That Neighborhood : The Effects of Population and Housing on the Distribution of Mortgage Finance Within the Chicago SMSA", *Social Science Research*, Vol. 17, 1988, pp. 137-63

Shlay, Anne B., "Financing Community : Methods for Assessing Residential Credit Disparities, Market Barriers, and Institutional Reinvestment Performance in the Metropolis", *Journal of Urban Affairs*, Vol. 11, No. 3, 1989, pp. 201-23

Shlay, Anne B. and Ira J. Goldstein, "Proving Disinvestment : The CRA Research Experience", In Anne B. Shlay ed., *The Politics of Community Reinvestment : Legislation, Organizing and Financial Reform*, Philadelphia : Temple University Press, 1994

Shleifer, Andrei and Lawrence Summers, "Breach of Trust in Hostile Takeovers", In Alan Auerbach ed., *Takeovers : Causes and Consequences*, Chicago : University of Chicago Press, 1988, pp. 33-68

Shleifer, Andrei and Lawrence Summers, "The Noise Trader Approach to Finance", *Journal of Economic Perspectives*, Vol. 4, No. 2, 1990, pp. 19-33

Shleifer, Andrei and Robert Vishny, "Equilibrium Short Horizons of Investors and Firms", *American Economic Review*, Vol. 80, No. 2, May 1990, pp. 148-53

Silber, William L., "Selective Credit Policies: A Survey", *Banca Nazionale del Lavoro Review*, No. 3, 1973, pp. 329-51

Sims, Christopher A., "Interpreting the Macroeconomic Time Series Facts ; The Effects of Monetary Policy", *European Economic Review*, Vol. 36, 1992, pp. 975-1011

Smart, Donald A., "Investment Targeting : A Wisconsin Center for Public Policy", Wisconsin Center for Public Policy, Madison, WI, 1979

Smith, Lee, ed. and coauthor, "Competitive Plus : Economically Targeted Investments by Pension Funds", Prepared by the New York State Industrial Cooperation Council in cooperation with the Governor's Task Force on Pension Fund

Investment, New York State, 1990
SNL Securities, *The Directory of Financial Services Companies : 1992*, Charlottesville, VA : SNL Securities, 1992
Southern Finance Project, "The Bigger They Come", Charlotte, NC : Southern Finance Project, September 1991
Speidell, Lawrence S., "Embarrassment of Riches : The Discomfort of Alternative Investment Strategies", *Journal of Portfolio Management*, Vol. 17, No. 1, Fall 1990, pp. 6-11
Squires, Gregory D. ed., *From Redlining to Reinvestment : Community Responses to Urban Disinvestment*, Philadelphia : Temple University Press, 1992a
Squires, Gregory D., "Community Reinvestment : An Emerging Social Movement", In Gregory D. Squires ed., *From Redlining to Reinvestment : Community Responses to Urban Disinvestment*, Philadelphia : Temple University Press, 1992b, pp. 1-37
Squires, Gregory D. and William Velez, "Neighborhood Racial Composition and Mortgage Lending : City and Suburban Differences", *Journal of Urban Affairs*, Vol. 9, No. 3, 1987, pp. 217-32
Stiglitz, Joseph, "Why Financial Structures Matter", *Journal of Economic Perspectives*, Vol. 24, No. 4, Fall 1988, pp. 121-6
Stiglitz, Joseph and Andrew Weiss, "Credit Rationing in Markets with Imperfect Information", *American Economic Review*, Vol. 71, June 1981, pp. 393-410
Summers, Lawrence, "Comment on Bhagat, Schleifer and Vishny", *Brookings Papers on Economic Activity, Microeconomics*, 1990, pp. 75-81
Thomas, Paulette, "Federal Data Detail Pervasive Racial Gap in Mortgage Lending", *Wall Street Journal*, March 31, 1992a
Thomas, Paulette, "Small Businesses, Key to Urban Recovery, Are Starved for Capital", *Wall Street Journal*, June 11, 1992b
Thomson, James B., "Using Market Incentives to Reform Bank Regulation and Federal Deposit Insurance", *Economic Review*, Federal Reserve Bank of Cleveland, 1990
Thurow, Lester, "Proposals for Rechanneling Funds to Meet Social Priorities", In Federal Reserve Bank of Boston, *Policies for a More Competitive Financial System*, Proceedings of a conference held in June 1972, pp. 179-89
Thurow, Lester, Peter Temin, Alan Blinder, Joseph Quinn and Ernesto Tironi, "Activities by Various Central Banks to Promote Economic and Social Welfare Programs", Staff Report prepared for the Committee on Banking and Currency, House of Representatives, 91st Congress, 2nd Session, 1970
Tobin, James, "On the Efficiency of the Financial System", *Lloyds Bank Review*,

Vol. 153, July 1984, pp. 1–15

Tobin, James, "Price Flexibility and Output Stability", Cowles Foundation Discussion Paper, No. 994, New Haven, CT: Yale University, 1991

TransAmerica Finance Group Annual Report, Los Angeles: TransAmerica Corporation, 1991

Turner, John and Daniel Beller, *Trends in Pensions,* Washington, DC: U.S. Government Printing Office, 1990

Turner, Margery Austin, "Discrimination in Urban Housing Markets: Lessons from Fair Housing Audits", *Housing Policy Debate*, Vol. 3, No. 2, 1992, pp. 185–216

Twentieth Century Fund, *The Report of the Twentieth Century Fund Task Force on Market Speculation and Corporate Governance*, Background paper by Robert J. Shiller, New York: Twentieth Century Fund, 1992

U.S. Congress, House Committee on Banking, Currency, and Housing, *Financial Institutions and the Nation's Economy,* Book I, Compendium of Papers Prepared for the Committee on Banking, Currency, and Housing, Washington, DC: U.S. Government Printing Office, 1976

U.S. Congress, House Committee on Energy and Commerce, *FDIC Securities Proposal and Related Issues,* Hearings Before the Subcommittee on Telecommunications, Consumer Protection, and Finance of the Committee on Energy and Commerce, Washington, DC: U.S. Government Printing Office, June 16, 1983

U.S. Congress, House Committee on Energy and Commerce, *Restructuring Financial Markets: The Major Policy Issues*, Report from the Chairman of the Subcommittee on Telecommunications, Consumer Protection, and Finance of the Committee on Energy and Commerce, Washington, DC: U.S. Government Printing Office, 1986

U.S. Congress, Government Accounting Office, "Pension Plans: Investments in Affordable Housing Possible with Government Assistance", Report to the Chairman, U.S. House of Representatives, Committee on Government Operations, Washington, DC, 1991

U.S. Department of the Treasury, *Modernizing the Financial System: Recommendations for Safer, More Competitive Banks*, Washington, DC: U.S. Government Printing Office, February 1991

U.S. General Accounting Office, *Deposit Insurance: Analysis of Reform Proposals*, Staff Study, Washington, DC: U.S. Government Printing Office, September 30, 1986

U.S. General Accounting Office, *Government Check-Cashing Issues*, Washington,

DC: U.S. Government Printing Office, 1988
U.S. General Accounting Office, *Federal Credit and Insurance : Programs May Require Increased Federal Assistance in the Future*, Report to the Chairman of the Subcommittee on Oversight and Investigation of the House Committee on Energy and Commerce, Washington, DC: U.S. Government Printing Office, 1989
U.S. General Accounting Office, *Bank Insurance Fund : Additional Reserves and Reforms Needed to Strengthen the Fund*, Washington, DC: U.S. Government Printing Office, September, 1990
U.S. General Accounting Office, *Private Pensions : Millions of Workers Lose Federal Benefit Protection at Retirement*, Washington, DC: U.S. Government Printing Office, 1991
U.S. House of Representatives, Subcommittee on Domestic Monetary Policy, *An Act to Lower Interest Rates and Allocate Credit : Hearings on H.R. 212*, Washington, DC: U.S. Government Printing Office, 1975
U.S. House of Representatives, Committee on Banking, Finance, and Urban Affairs, *Analysis of Banking Industry Consolidation Issues*, Staff Report, Washington, DC, 1992
U.S. Senate, Committee on Banking, Housing, and Urban Affairs, Hearings on Community Reinvestment Act Held March 22-23 and September 8-9, 1988, and July 31 and October 24, 1989
U.S. Senate, Subcommittee on Housing, Hearings on Enforcement of the Community Reinvestment Act, September 15, 1992a
U.S. Senate, Subcommittee on Housing and Urban Affairs, Report on the Status of the Community Reinvestment Act, Vol. I: Views and Recommendations, November 1992b
Vieira, Edwin, Jr., *"Social Investing" : Its Character, Causes, Consequences and Legality Under the Employment Retirement Income Security Act of 1974*, Washington, DC: U.S. Department of Labor, Labor-Management Services Administration, 1984
Wall Street Journal, "Pension Guarantee Agency Reports a Net Loss for 1990", February 28, 1991, p. 2
Wall Street Journal, "In-House Lenders", October 8, 1991, p. A1
Wells, F. Jean, "Banks and Thrifts: Restructuring and Solvency 1990", Congressional Research Service Congress, Library of Congress, Washington, DC: August 6, 1990
Wells, F. Jean, "Banks and Thrifts in Transition", CRS Report for Congress, CRS, Washington, DC: Library of Congress, July 9, 1991

Westinghouse Credit Corporation Annual Report, Pittsburgh : Westinghouse Corporation, 1991

White, James, "Picking Losers : Back Yard Investing, Roils Kansas Pension System", *Wall Street Journal*, August 21, 1991

White, Lawrence J., *The S&L Debacle : Public Policy Lessons for Banks and Thrift Regulation*, New York : Oxford University Press, 1991

Wienk, Ronald E., "Discrimination in Urban Credit Markets : What We Don't Know and Why We Don't Know It", *Housing Policy Debate*, Vol. 3, No. 2, 1992, pp. 217-40

Wigmore, Barrie, "The Decline in Credit Quality of New-Issue Junk Bonds", *Financial Analysts Journal*, September-October 1990, pp. 53-62

Williams, Peter, W. Brown, and E. Simmons, *Race and Mortgage Lending in New York City : A Study on Redlining*, Brooklyn, NY : Medgar Evers College, Center for Law and Social Justice, 1988

Wojnilower, Albert M., "The Central Role of Credit Crunches in Recent Financial History", *Brookings Papers on Economic Activity*, Vol. 2, No. 2, 1980, pp. 277-326

Wojnilower, Albert M., "Financial Change in the United States", Paper presented at the Conference on the Origins and Diffusion of Financial Innovation at the European University Institute, Florence, Italy, October 7-9, 1985

Wolff, Edward, "The Distributional Effects of the 1969-75 Inflation on Holdings of Household Wealth in the United States", *Review of Income and Wealth*, Vol. 25, 1979, pp. 195-207

Wolfson, Martin H., *Financial Crises : Understanding the Post-War U.S. Experience*, Armonk, NY : M.E. Sharpe, Inc., 1986, 野下保利・原田善教・浅田統一郎訳『金融恐慌―戦後アメリカの経験―』日本経済評論社, 1995年

Wolfson, Martin H., "The Causes of Financial Instability", *Journal of Post Keynesian Economics*, Vol. 12, No. 3, 1990, pp. 333-55

Wolfson, Martin H., "The Financial System and the Social Structure of Accumulation", In David Kotz, Terry McDonough and Michael Reich eds., *Social Structures of Accumulation : The Political Economy of Growth and Crisis*, Cambridge, England : Cambridge University Press, 1993

Woodward, G. Thomas, *Deposit Insurance Reform : Evaluating the Proposals*, U.S. Library of Congress, Congressional Research Service Report No. 90-403E, Washington, DC : U.S. Government Printing Office, 1990

Wooley, John, *Monetary Politics*, New York : Cambridge University Press, 1984

Youngblood, Dick, "Quick Fix Means Economy Will Be Long-Term Broke", *Minneapolis Star Tribune*, January 27, 1992

Zanglein, Jayne Elizabeth, "Soley in Our Interest: Creating Maximum Benefits Through Prudent Pension Investments", The Labor Law Exchange, AFL-CIO Lawyers Coordinating Committee, Washington, DC, No. 11, 1992

Zeckhauser, R., J. Patel and D. Hendricks, "Non Rational Actors and Financial Market Behavior", National Bureau of Economic Research Working Paper No. 3731, June 1991

Zevin, Robert, "Are World Financial Markets More Open? If So, Why and with What Effects?", In Tariq Banuri and Juliet B. Schor eds., *Financial Openness and National Autonomy*, Oxford, England: Clarendon Press, 1992, pp. 43-84

Zuckerman, Sam, "As Washington Dithers, Nonbanks Advance", *American Banker*, March 15, 1991, p. 6

Zysman, John, *Government, Markets, and Growth ; Financial Systems and the Politics of Industrial Change*, Ithaca, NY: Cornell University Press, 1983

訳者あとがき

　1980年代から90年代にかけてアメリカの金融システムは，フリーマーケット・イデオロギーに乗って自由化・規制緩和されてきた．戦後金融システムを形造ってきた規制的システムは，その中核をなしたグラス・スティーガル法を廃棄するグラム・リーチ・ブライリー法が1999年11月に成立したことで消滅した．すべてがフリーマーケットに委ねられ，アメリカ経済に生じた活況をニューエコノミーともてはやすことで，市場信仰が社会の隅々にまで広がった．ところが，1990年代の後半にはアジア金融危機やヘッジファンドの破綻などによって市場の暴走が懸念され，市場原理主義に対する批判が高まるようになった．そして，世紀の転換とともにアメリカ経済に翳りが見え始めるにつれて，実はこの景気拡大が自由化された金融システムの下で引き起こされたバブル＝不安定な金融投機の上に成り立っていたことが徐々に判明するに至っている．バブルの崩壊がアメリカ経済や世界経済にどのような結末をもたらすかは予断を許さないが，何の規制もない自由な市場は暴走しがちで過剰投機を引き起こすことだけははっきりしている．したがって，現代の経済条件に適合的な新たな公的規制が金融システムに必要とされている．本書は，こうした状況の下で公平・公正で効率的な金融システムを再構築するための方策を提示するものである．

　本書は，アメリカにおける非主流派経済学のラディカル派（URPE：Union for Radical Political Economics）による本格的な金融システム改革の書である．本書は，戦後形成された政府による規制と保護を中核とする現代のアメリカ金融システムの問題点を，M&Aや不動産投機といった非生産的投資への融資を積極的に行い負債依存と投機を促進した点に求め，そのことが富の一層の不平等化と実質金利の上昇を引き起こしたとしている．したが

って，本書の金融システム改革に関する基本的な主張は，金融システムを投機から引き離し生産的投資と結びつけること，すなわち社会的生産的投資を促進するような信用配分機構を創設することにある．フリーマーケット論を中心とする様々な改革論を批判的に検討しながら，市場機能を重視しつつも具体的に次のような政策提言を行っている．

第1に，金融システムの民主化の必要性を論じ，一層積極的な情報開示と説明責任が重要であることを強調している．これらは従来無視されてきた消費者や労働者，地域社会に対して重点的になされなければならない．さらに，民間金融機関から大きな影響力を受けている連邦準備（中央銀行）を民主化するために，地区連邦準備銀行の取締役の直接選挙を行うことなどを提言している．これらのことによって，大手金融グループの意思を体現しインフレ抑止を目標としてきた連邦準備を政府・国民の側に取り戻し，低金利を追求して経済成長を促進することができるとする．それは中央銀行の独立性を低下させることでもある．

第2に，ファイナンス・カンパニーを中心とした非預金金融機関の台頭に伴う規制の不平等化という問題が生じているので，規制を平等化し金融機関相互の競争条件を平等化することが不可欠であると提言する．ここで，フリーマーケット論者のように単に規制の撤廃をすればよいと主張するわけではない．すべてを市場に委ねた結果，経済社会が著しく不安定となったことを想起すれば，フリーマーケット論に従うことはできない．基本的に市場は，アプリオリに存在するわけではなく公的介入（規制）がどのように行われるかによって「作られる」．金融システムが不安定であれば経済社会は大きな影響を受ける．したがって，金融システムに対して規制と保護が必要となる．つまり，規制の撤廃ではなく，時代に即した新たな規制と規制の平等化，そして保護でなければならない．具体的には，すべての金融機関に対する統一的な免許制の導入と預金保険制度改革（預金者個人への預金保険の適用と企業の決済勘定の全額保護）が提起されている．

現代アメリカの金融システムにおいては，規制を受けない金融機関のウェ

イトが著しく高まり預金金融機関を凌駕するに至り，信用供給者としての銀行の役割は低下している．このことは，中央銀行による金融システムに対するコントーラビリティの低下をもたらし，生産的投資へと資金が回らず投機を促進し，信用配分を誤らせることとなった．金融政策とは中央銀行の準備供給を意味するが，主要な金融政策手段としての公開市場操作では民間金融機関に監督当局の明確な意思が伝わりにくい．そこで，投機を抑制し生産的投資を促進するために，中央銀行の意志を明確に伝えることができるような新たな信用配分メカニズムの創設，すなわち割引窓口貸出の重視が提起される．これは，以前日本やフランスなどにおいて行われていた機構を参考にしたものである．これによって，民間金融機関の監視・監督を強化することができる．さらに，先の目的を達成するために，投機と関連した高リスク資産を保有する金融機関に対しては高い準備率を課すというような資産準備率の適用も提言されている．以上のような基本的な提言は，先述のアメリカ経済の状況を考えると，安定的で公平な金融システムの再構築のために現在ますます必要とされてきていると思われる．

　翻って日本の金融システムの現状を考えてみると，1996年以降のビッグバン路線は，金融システムを規制緩和によってフリーマーケットに委ねながら，公的保護を重ねていくというものとなっている．それは本書で繰り返し批判されている財務省案と軌を一にしたものである．止めどない納税者の犠牲の上にいかなる金融システムが構築されるのだろうか．フリーマーケット・アプローチはグローバル・スタンダードとして抗しがたい響きをもって迫ってきている．しかし，本書の地域社会と金融システムとの関わりを論じた第8章において了解されるように，アメリカの金融システムには，国内的には地域再投資法（CRA）や住宅抵当貸付開示法（HMDA）を通じて不十分ではあれ銀行行動を社会的に規制しようとする部分がある．こうした点は，従来から日本においてあまり紹介されてこなかった．日本において喧伝されているように，アメリカではすべてが「市場主義」の下で行われていると捉えるのは一面的である．内向きには差別是正政策を採りながら外向きには

「市場主義」を唱えるという意味で，ダブル・スタンダードを採用しているとみることもできる．その意味で，「グローバル化」が歴史の必然だとしても，消費者や労働者，地域社会に目を向けた公平で公正な「日本型」の金融システムを構築することが必要とされるアプローチでなければならない．本書がより民主的で公平な金融システムの構築のために多くの読者に読まれ，新たな日本の金融システム改革を考える際の一助となれば幸いである．

なお，原著との相違についてここでふれておきたい．原著は全375ページに及ぶ大著であったため，出版の都合上，必要な限りで一定の削除を行った．まず，原著各章の冒頭につけられた著者による要約は削除した．次に，ジェームズ・ガルブレイスによる第2章「クリントン政権下の連邦準備」を削除した．ガルブレイスは，連邦準備がインフレ抑止を基本として金融引締め政策を採ったことの誤りをつき，低金利政策の追求を可能にする連邦準備の民主化を提言している．こうした点は第3章のエプシュタインや第11章のポーリンによっても主張されており，重なる点も多々あるので割愛することにした．なお，この措置に伴って以降の章番号も変更している．さらに，第3章の計量分析のための付録についても割愛した．ダリスタによる第8章「もはや銀行救済は必要ない：預金保険改革に関する提案」は，著者による要約のみを付けることにした．というのは，本章は，「アメリカにおける金融保証・保険制度の改革問題」と題されて渋谷博史，北条裕雄，井村進哉編『日米金融規制の再検討』日本経済評論社，1995年の第5章に所収されているからである．

本書の出版を計画したのは，ウォルフソン『金融恐慌：戦後アメリカの経験』（日本経済評論社，1995年）を出版してからのことであった．いろいろな事情によって出版が遅れたことを訳者の方々にお詫びしなくてはならない．本書冒頭の「日本語版への序文」をポーリン教授に依頼するに際しては，掛下達郎松山大学助教授のお世話になった．また，訳語や全体的な文体の統一，索引の作成については原田が当たったが，木村二郎桃山学院大学教授と掛下氏には全体的な訳文の調整にご協力いただいた．各章末の参考文献を一括し

てまとめるにあたっては中原正行君（東北学院大学経済学部）にご助力いただいた．最後に，専門書の出版が困難な今日の情勢において適切なアドバイスを頂き出版にまでこぎ着けることができたのは，日本経済評論社の清達二氏のおかげである．感謝したい．

　　　　　　　　　　　　　　　　　　　　　訳者を代表して
　　　　　　　　　　　　　　　　　　　　　　　原 田 善 教

索　引

【ア行】

インフレ抑止　74, 78, 85, 87
　　連邦準備のゼロ・インフレ目標　87
インフレ
　　経済的コスト　23, 91
　　国内総生産（GDP）　76, 111
　　富の分配に対する影響　76
　　ハイパーインフレ　91-2
　　米独インフレ格差　98-9
M&A（合併・買収）　168, 226, 279-315
　　M&Aの利益　283-4
　　M&Aを原因とする賃金損失　297-8
　　株主に支払われたプレミアム　283-4
　　規模　280-1
　　事例研究　290-6
　　投資支出　304
　　動機：投機 vs 効率性　292-4
　　負債依存のM&A　282-3, 299-302
　　労働者の被る損失　294-99
LBO　16, 68, 173, 217, 226, 256, 291-2, 298, 309
　　LBOからの利潤　283-4
　　R&D（研究開発）支出　306-10
欧州通貨危機　100

【カ行】

家計の負債比率　367
加速度モデル　50-3, 59, 62, 72
株主行動主義　312
カリフォルニア州公務員退職制度
　　（CALPERS）　342
カリフォルニア州教員退職制度
　　（CALSTRS）　342
カンザス州公務員退職制度（KPERS）　346
ガーン・セントジャーメイン預金金融機関法（1982）　167
企業
　　経営慣行　34
　　信用市場債務　204-5
　　成長　60-5
　　説明責任の欠如　370-2
　　負債比率　367-8
　　利潤率と市場価値　368-9
技術変化の影響　125
規制
　　金融機関に対する公的規制　178-86
　　1930年代の規制的アプローチ　27
　　年金基金　16, 328, 352-3
　　年金基金の投資　328-30, 352-3
規制緩和　120, 130, 193
　　地域再投資　262-4
キャッシュフロー　64-5, 284, 286, 291, 293, 304
競争的公平銀行法（CEBA：1987）　157-8
緊急救済
　　コンチネンタル・イリノイ　153, 157, 170-1, 185
　　ニューヨーク市　180-1
　　フランクリン・ナショナル　170-1
銀行
　　国民の銀行不信　242
　　整理統合　137
　　定義　121
　　低所得層やマイノリティに対する銀行サービス　250-1, 254-7
銀行破綻　137-8, 146, 366

索　引　441

銀行保険基金（BIF）　171, 189
銀行保証
　　CP　204-9
　　ファイナンス・カンパニー　208-9
銀行持株会社法（1956）　139-40
　　修正法　204
金利リスク　122
金融機関改革救済執行法（FIRREA：1989）　147, 171
金融構造の定義　120
金融産業免許法提案　193, 229-35
金融部門別資産額　321, 322
金融引締め政策　68, 74, 84
　　資本投資　43-5
金利
　　金利上限規制の撤廃　166
　　財政赤字の影響　79
　　資本投資　42
　　信用配分　107-8
　　米独金利格差　97-8
グラス・スティーガル法　2, 3, 17, 25, 161, 168
グリーンスパン，アラン　1, 2, 8, 9, 78, 85, 86
軍事支出　374
経営難に陥った金融機関への公的投資　185
景気後退（1990-92）
　　原因　74-5
　　財政政策　86
経済目標設定投資（ETI）　337-47, 353-6
　　加入者の共同代表　356
　　国際的な ETI　341
　　社会的責任投資（SRI）　361
　　州・地方自治体の年金基金　341-2
　　発展　337-9
　　批判　343-7
決済勘定の付保　30
研究開発（R&D）支出　61-2, 66
　　LBO　306-10
ケインズ，ジョン・メイナード　25, 289, 365, 397
原油価格の上昇　93, 112
公金預金と連結した政策　276
公的規制　178-86
　　目標　180
公正住宅供給法（1968）　245
公民権法（1964）　125
小切手現金店　190
国際化　75, 126
国際貸出監督法（1983）　148
国際金融市場　94-5
国際通貨基金（IMF）　181
国内債券市場　75, 103
個人退職積立勘定（IRA）　358
コマーシャルペーパー（CP）　196-208
　　銀行保証　204-9
　　残高（1980-92）　200-1
　　ファイナンス・カンパニーによる CP 発行額　165, 200-1, 206-7
ゴンザレス，ヘンリー　156

【サ行】

ザイスマン，ジョン　369-70
財政赤字に対する金利の影響　80
財務省案（1991）　117, 128, 130-2, 156, 174-5
自己資本比率規制　118, 147, 236
資産に対する必要準備率　37, 381-4
市場の効率性　286-90, 302, 316-7
自然失業率　88-9
実質金利
　　1955-92 年期間　78-9
　　投資への影響　62-5
　　負債比率（1961-90）　367-8
資本投資　41-70, 84
　　加速度モデル　50-3, 59, 62, 72
　　キャッシュフローの重要性　65
　　金融制約　53
　　金融引締め　44-5
　　金利　41-2
　　産出量に対する資本投資の割合　58

資金調達コストと調達資金量　42
　　実質金利　62-3
　　GDP に対する割合　45
　　新古典派投資モデル　48-50
　　販売高の影響　51
資本市場対信用市場　369-70
社会契約
　　定義　124
　　更新　149-54
社会的責任投資（SRI）　361
社会保障の便益　47
ジャンクボンド　16, 33, 165
ジャンセン，マイケル　33, 284, 301, 371-2
従業員退職所得保障法（ERISA）　35, 324
　　慎重人の概念　359-60
　　目的専念規則　326
住宅抵当貸付開示法（HMDA）　32, 242-65
　　修正　262
自由放任政策　105-8, 280
上院銀行委員会公聴会（1988, 1992）　261-2, 274-5
商業銀行　168-9
　　国民の信頼の浸食　189, 237-8, 242
　　資産　190-1, 198-9
　　CP 残高　200-1
　　信用市場シェア　191, 198-9
　　年金基金の資産との比較　322, 335
　　ファイナンス・カンパニーとの比較　190-1, 200-1
証券化された貸出　165
消費者負債（1980-92）　204-5
情報開示　253-4, 271-2
新古典派投資モデル　48-50, 286-9, 302-5
新古典派マクロ経済学　88
人種差別　32, 257-61
　　貸出決定手段としての「検定」　260, 275
　　闘い　268-9
　　ボストン連邦準備銀行の研究　243, 258-60

モーゲージ貸出　248-50, 260
　　連邦住宅貸付銀行理事会のデータ　253
信用
　　アクセス　54-5
　　規制されていない貸し手への免許制の提案　229-35
　　証券化（セキュリタイゼーション）　165
　　信用割当　21, 53-8
　　スピルオーバー効果　141-3
　　政府貸出　376
　　直接金融と間接金融　121
　　低所得層やマイノリティの需要　245-7
　　融資の申請の際の差別　260-1
信用機会均等法（1974）　125, 245
信用市場
　　スピルオーバー効果　144
　　対資本市場　369-70
　　短期金融市場投資信託（MMMF）の信用市場に占める割合　198-9
　　債務（1980-92）　204-5
信用配分　110
　　金利　106-7
　　日本　387-8
　　年金基金　35
　　連邦準備制度　37, 384-6, 392-7
スピルオーバー効果
　　銀行信用　141-3
　　信用市場　144
整理信託公社（RTC）　171
政府貸出　376
セキュリタイゼーション（証券化）　165, 189, 206
ゼロ・インフレ目標　87
1930 年代の金融状況　17, 160-3, 385-6
1933 年証券法　221
戦後の金融条件　162-66, 372-3

索　引　443

【タ行】

対外債務準備法（1989）　149
単一銀行持株会社（OBHC）　139
短期金融市場投資信託（MMMF）　164-5
　　資産　196-7
　　信用市場に占めるシェア　198-9
　　ファイナンス・カンパニー　190, 196-203
　　優位性　200-2
地域再投資　31-2
　　過剰リスク　256-7
　　規制緩和　262-4
　　州および地域政策　273-4
　　障害　264-5
　　歴史　242-4
地域再投資法（CRA）　32, 185, 242-65
　　監督当局の失敗　261-2
　　施行　261-2, 379
　　実績評価　150-2, 243-4, 269-71
　　修正　243
地域モーゲージ計画（エクイタブル生命保険会社）　346-7
地区連邦準備銀行　378-9, 399
　　その取締役の直接選挙　36, 378
長期投資
　　定義　323-4
　　年金基金　349-51
貯蓄貸付組合（S&L）　166-8
貯蓄貸付組合の緊急救済　27, 171, 176
　　納税者の負担　13, 189, 366
低所得層
　　銀行サービス　250-1, 269
　　信用需要　246
ディスインターメディエーション　83, 111, 163-4, 166
ディスインフレ論　67
抵当証券　165
敵対的買収　291
デフォルト・リスク　122
TWA買収　296

投機：M&Aの動機　292-4
東京株式市場の崩落　140-1
倒産率　310, 367-8
投資信託
　　年金基金資産との比較　335
トゥー・ビッグ・トゥ・フェイル原則　148, 153, 157, 173, 175
トービン，ジェームズ　101
富の分配　15-6
　　インフレの及ぼす影響　76

【ナ行】

ナロウバンク提案　29, 70, 132-6, 175
日本
　　銀行の損失　140-1
　　信用配分　387-8
　　中央銀行　106-7, 364, 387-8
ニューヨーク市の緊急救済　180-1, 338
ニューヨーク州都市開発公社　340
年金基金
　　株式所有　321-2
　　規制　16, 328-30, 352-3
　　資産　35, 321-2
　　　課税　362
　　　管理　330-4, 360, 371-2
　　　商業銀行資産との比較　321-2, 335
　　租税政策　349-51
　　長期投資の促進　349-51
　　投資
　　　改革　327-8
　　　規制　328-30
　　　目標　35-6
　　投資信託資産との比較　335
　　特質　324-6
　　非課税措置　35, 323
　　労働組合　328, 339, 359

【ハ行】

バーゼル合意　147, 157, 184
発展途上国向け貸出　168
販売高

資本投資に対する影響　50-1
　　　伸び　61
ピアス，ジェームズ　133-6
ファイナンス・カンパニー
　　　FTC規制　235
　　　親会社　223-4
　　　規制された子会社　195, 223
　　　銀行保証　208-9
　　　子会社　223-4
　　　資産　190-1, 198-9, 202-3, 210-1
　　　CP発行　165, 200-1, 206-7
　　　11月の悪夢　214
　　　収益性　202
　　　集中　225-8
　　　商業銀行との比較　190-2, 200-1
　　　所有形態　209-10
　　　信用格付け　222
　　　信用市場におけるシェア　191, 198-9
　　　短期金融市場投資信託（MMMF）
　　　　　190, 196-203
　　　ポートフォリオの多様化　225-6
　　　問題　213-8
ファニーメイやフレディマックによって購入されたモーゲージ　267
ファンド・マネージャー
　　　実績　331-4
　　　「慎重人」の概念　359-60
　　　タイプ　330-1
フィリップス曲線　88, 111
フェデラル・ファンド・レート　78-83, 117
負債
　　　家計の負債比率　204-5, 367-8
　　　企業　204-5
　　　負債比率と実質金利（1961-90）　367
負債による資金調達
　　　家計　367
　　　合併・買収　280-1, 299-302, 313
　　　企業　367
復興金融公社（RFC）　185, 385
不動産の損失　118

ブライアン，ローウェル　133-4
フリー・キャッシュフロー論　284
フリードマン，ベンジャミン　45
フリーマーケット論　17, 25, 128-32, 143, 174-8
プリンシパル・エージェントの対立　34-5, 370-1
ブレイディ・プラン　149, 158
ベンストン，ジョージ　138
ボストン連邦準備銀行　243, 258
ボルカー，ポール　74, 80, 96

【マ行】

マイノリティの地域社会
　　　銀行サービス　32, 250-1, 254-7
　　　信用需要　246
ミンスキー，ハイマン　319, 379-80
ミルケン，マイケル　16, 33, 300
モーゲージ貸出
　　　住宅用モーゲージの情報開示　147-8
　　　人種差別　248-50, 257-61
　　　ファニー・メーとフレディ・マック　266-7

【ヤ行】

預金保険　69, 146, 170-1
預金金融機関規制緩和・通貨管理法（1980）　166
ヨルゲンソン，ディール　48-50

【ラ行】

ライタン，ロバート　28, 133-4
利潤志向ではない銀行　32
流動性リスク　122
ルーカス批判　60, 72-3
連邦公開市場委員会（FOMC）　22, 378
連邦住宅貸付銀行理事会　253, 274
連邦準備制度
　　　意思決定権限の再分配　37
　　　委託された任務　23
　　　金融政策の効果　16, 19-24

索　引

「最後の貸し手」機能　70, 148, 153, 169-70, 219-20, 373
　信用配分　36-7, 384-7, 392-7
　説明責任　22, 377, 379
　地区連銀総裁の役割　22, 36
　民主化　378-9
　目標としてのゼロ・インフレ　87
　歴史　160, 363-4
　割引窓口貸出　379-81
連邦準備と財務省のアコード（1951）　162
連邦取引委員会（FTC）　235
連邦貯蓄貸付保険公社　160

連邦預金保険公社（FDIC）　160
連邦預金保険公社改革法（FDICIA：1991）　117-8, 185
　自己資本比率規制　118, 147, 236
労働組合年金基金　328, 339, 359
労働市場のグローバル化　374-5
労働者の権利の保護　182-3
労働省による年金基金の投資規則　329

【ワ行】

ワイデンバウム，ムーレイ　46
割引窓口貸出　379-81

執筆者一覧（執筆順）

ゲーリー・ディムスキ	カルフォルニア大学リバーサイド校経済学部教授
ジェラルド・エプシュタイン	マサチューセッツ大学アマースト校経済学部教授
ロバート・ポーリン	マサチューセッツ大学アマースト校経済学部教授
スティーブン・ファザーリ	ワシントン大学セントルイス校人文学部教授
マーティン・ウォルフソン	ノートルダム大学人文学部準教授
ジェーン・ダリスタ	Financial Market Center 研究員
トム・シュレジンガー	Southern Finance Project 所長
ジェームズ・キャンペン	マサチューセッツ大学ボストン校経済学部準教授
ジェームズ・クロッティ	マサチューセッツ大学アマースト校経済学部教授
ドン・ゴールドシュタイン	アルゲニー大学経済学部準教授
ランディ・バーバー	Center for Economic Organizing 理事長
テレサ・ギラドゥーチ	ノートルダム大学人文学部準教授

訳者および訳出分担一覧

原田善教	東北学院大学経済学部教授（日本語版への序文，第3, 5, 6, 8章）
青野正道	北海学園大学経済学部教授（第1章）
野下保利	国士舘大学政経学部教授（第2章）
木村二郎	桃山学院大学経済学部教授（第4章）
片桐　謙	和歌山大学経済学部助教授（第7章）
仲村　靖	広島修道大学商学部助教授（第9章）
青山和司	大阪市立大学商学部教授（第10章）
掛下達郎	松山大学経済学部助教授（第11章）

ディムスキ/エプシュタイン/ポーリン編
アメリカ金融システムの転換
21世紀に公正と効率を求めて

2001年8月25日　第1刷発行

監訳者　原　田　善　教
発行者　栗　原　哲　也
発行所　㈱日本経済評論社
〒101-0051 東京都千代田区神田神保町3-2
電話 03-3230-1661　FAX 03-3265-2993
振替 00130-3-157198

装丁＊渡辺美知子　　　　中央印刷・小泉企画

落丁本・乱丁本はお取替えいたします　　Printed in Japan
© HARADA Yoshinori et al. 2001

Ⓡ　本書の全部または一部を無断で複写複製（コピー）することは，
著作権法上での例外を除き，禁じられています．本書からの複写を希望される場合は，小社にご連絡ください．

アメリカ金融システムの転換
（オンデマンド版）

2005年4月5日　発行

監訳者　　原田　善教
発行者　　栗原　哲也
発行所　　株式会社　日本経済評論社
　　　　　〒101-0051　東京都千代田区神田神保町3-2
　　　　　　　電話 03-3230-1661　FAX 03-3265-2993
　　　　　　　E-mail: nikkeihy@js7.so-net.ne.jp
　　　　　　　URL: http://www.nikkeihyo.co.jp/

印刷・製本　株式会社　デジタルパブリッシングサービス
　　　　　　URL: http://www.d-pub.co.jp/

AC612

乱丁落丁はお取替えいたします。
Printed in Japan
ISBN4-8188-1639-6

Ⓡ〈日本複写権センター委託出版物〉
本書の全部または一部を無断で複写複製（コピー）することは、著作権法上での例外を除き、禁じられています。本書からの複写を希望される場合は、日本複写権センター（03-3401-2382）にご連絡ください。